D. Leidig
4/11

Rüdiger Retzlaff

Familien-Stärken

Behinderung, Resilienz
und systemische Therapie

mit einem Vorwort von
Arist von Schlippe

Klett-Cotta

Klett-Cotta
www.klett-cotta.de
© 2010 by J. G. Cotta'sche Buchhandlung
Nachfolger GmbH, gegr. 1659, Stuttgart
Alle Rechte vorbehalten
Printed in Germany
Schutzumschlag: Roland Sazinger, Stuttgart
Unter Verwendung eines Fotos von fotolia/Pawel Nowik
Gesetzt aus der Scala von Dörlemann Satz, Lemförde
Auf säure- und holzfreiem Werkdruckpapier gedruckt
und gebunden von fgb – freiburger graphische betriebe
ISBN 978-3-608-94635-2

Bibliografische Information der Deutschen Nationalbibliothek
Die Deutsche Nationalbibliothek verzeichnet diese Publikation in der
Deutschen Nationalbibliografie; detaillierte bibliografische
Daten sind im Internet über <http://dnb.d-nb.de> abrufbar.

Inhalt

Vorwort 9

I Grundlagen

1 Einleitung 15

2 Behinderungen 21
2.1 Einführung 21
2.2 Körperliche Behinderungen 25
2.3 Geistige Behinderung 26
2.4 Genetisch bedingte Syndrome und Behinderungen 29
2.5 Das Rett-Syndrom 31
2.6 Seelische Behinderung 32
2.7 Chronische Krankheiten 33
2.8 Schwermehrfachbehinderung 33
2.9 Zusammenfassung 35

3 Familie und Behinderung 36
3.1 Einführung 36
3.2 Das Modell der familiären Anpassung an Behinderung
    und chronische Krankheit 37
3.3 Stresserleben und Behinderung 59
3.4 Studien zu kompetenten Familien 72
3.5 Zusammenfassung 78

II Theoretische Modelle

4 Familien-Stresstheorie 81
4.1 Einführung 81
4.2 Das ABCX-Modell 81

4.3	Die Balance von Ressourcen und Stressoren	84
4.4	Ressourcen	85
4.5	Bedeutungsgebungsprozesse im Familien-Stressmodell	88
4.6	Bedeutungswandel und soziokulturelle Faktoren	91
4.7	Zusammenfassung	92

5 Familienresilienz ... 93

5.1	Einführung	93
5.2	Resilienz als individuelles Merkmal	93
5.3	Resilienz von Familien	95
5.4	Schlüsselprozesse der Familienresilienz	98
5.5	Kritische Anmerkungen zum Resilienzbegriff	110
5.6	Zusammenfassung	111

6 Das Familien-Kohärenzgefühl ... 113

6.1	Einführung	113
6.2	Kohärenz als individuelles Konstrukt	113
6.3	Kohärenz auf Familienebene	121
6.4	Eigene Untersuchungen mit dem Familien-Kohärenzbogen	127
6.5	Zusammenfassung	136

7 Narrative Ansätze ... 138

7.1	Einführung	138
7.2	Narrative als Sinnstrukturen menschlichen Erlebens	138
7.3	Krankheit und Bedeutungsgebung	139
7.4	Leitmotive in krankheitsbezogenen Narrativen	144
7.5	Familiengeschichten und therapeutische Zugänge	145
7.6	Zusammenfassung	146

8 Kohärenzerleben aus Familiensicht ... 147

8.1	Einführung	147
8.2	Narrative Typenbildung	149
8.3	Geschichte der wiedergefundenen Balance	151
8.4	Geschichte vom langen, mühsamen Weg bergauf	160
8.5	Zusammenfassung	167

Inhalt

III Therapie und Beratung

9 Beratungspraxis 179
9.1 Einführung 179
9.2 Allgemeine Beratungsprinzipien 183
9.3 Aufgaben in der akuten Anpassungsphase 187
9.4 Aufgaben in der mittleren Anpassungsphase 201
9.5 Aufgaben in der langen Anpassungsphase 244
9.6 Persönliche Themen von Beratern 246

Anhang

Überregionale Behindertenverbände und Selbsthilfegruppen 251

Literatur 252

Personenregister 281

Sachregister 287

Vorwort

Ein Wort nur, es ist doch nur ein Wort: »Behinderung«. Doch Worte sind nicht harmlos, Beschreibungen können in das Beschriebene eingreifen und es verändern, indem sie es mit besonderen Bedeutungen versehen. »Behinderung« ist eine dieser Beschreibungen, die die Kraft haben, Leben zu verändern, Lebenswelten durcheinander zu schütteln. Unsere Kultur hat hier große Fortschritte gemacht; die Haltung zum Thema Behinderung in der Gesellschaft hat sich gewandelt, von der Schule bis zu den Olympischen Spielen stehen die Zeichen auf Integration. Und doch sind bis heute die Betroffenheit und die Hoffnungslosigkeit, in die Menschen hineinfallen können, groß, wenn sie mit diesem Wort konfrontiert werden. Entsprechend groß sind die Belastungen, denen sich die Familien mit dieser Diagnosestellung gegenübersehen.

In dem vorliegenden Buch wird davon ausgegangen, dass Belastung nur die »eine Seite der Medaille« ist. Die andere Seite zeigt sich darin, dass eine Behinderung Menschen auch dazu herausfordern kann, ungeahnte Stärken zu entwickeln. Menschen können eine Widerstandsfähigkeit gegenüber der Bedrohung und der Belastung zeigen, die sie sich selbst nie zugetraut hätten. Der in diesem Zusammenhang seit einiger Zeit bedeutsam gewordene Begriff heißt Resilienz. Er ist im Gegensatz zu »Behinderung« ein »polysemantisches« Wort, d.h. es können sich daran viele neue Bedeutungsfelder und Geschichten ankoppeln. Denn der Begriff Resilienz weist darauf hin, dass Menschen auch mit sehr massiven Belastungen ganz unterschiedlich umgehen können. Behinderung geht nicht zwangsläufig mit Stress einher, mündet nicht zwangsläufig in einer schicksalhaften Katastrophe. Wenn es gelingt, den Assoziationen, die der Begriff nahe legt, »entdämonisierende« eigene Sinnzuschreibungen entgegenzustellen, dann können in der vermeintlichen Belastung auch besondere Kräfte entfaltet werden. Ich persönlich habe in der Arbeit mit Familien mit chronisch kranken Kindern mehr als einmal gehört, dass sie die Krankheit auch als »Glück« bezeichneten – so schwer ich als Nicht-Betroffener dies nachvollziehen konnte. Die Familien beschrieben die Erfahrung als eine besondere Qualität, auch im positiven Sinn »anders als andere Familien« zu sein:

- im Alltag in vielen Momenten das Geschenk, lebendig zu sein, bewusst zu spüren,

- symptomfreie Momente und kleine Besserungen beglückend zu erleben und
- die Beziehungen zueinander intensiv und stark wahrzunehmen.

Die von Rüdiger Retzlaff in diesem Buch veröffentlichten Studien zeigen, dass es möglich ist, Familien darin zu unterstützen, solche Qualitäten für sich nutzbar zu machen, Resilienz zu entwickeln. Dazu gehört als Wesentlichstes, nicht beim »Stigma« und der »Unveränderbarkeit« stehen zu bleiben, sondern weiterzugehen, sich Unterstützung zu holen, Information aufzunehmen und zu verarbeiten und miteinander in Gesprächen zu bleiben. Die Erfahrungen lassen sich in Geschichten wiederfinden. Sie können zu Geschichten davon werden, wie Hoffnungslosigkeit durch eigene Sinngebung und durch Beziehung gebannt werden kann. Die beiden Typen von »Resilienzgeschichten«, die von der »wieder gefundenen Balance« und auch die mühevollere »vom langen, mühsamen Weg bergauf« sind in diesem Buch eindrückliche Belege für diese Prozesse.

Fachleute sind in diesen Prozessen nicht einfach »objektive Beobachter«, sondern sie sind intensiv mit einbezogen. Sie sind mit beteiligt daran, wie Behinderung erlebt wird, denn diese wird durch den Akt der Versprachlichung und Benennung (auch) eine soziale Konstruktion. Spätestens von dem Moment der Diagnose an re-agieren Fachleute nicht nur auf die Behinderung, sondern sie konstruieren die Phänomene mit, mit denen sie es zu tun haben. Daher ist es besonders wichtig, sensibel für den genauen Auftrag zu sein, mit dem man arbeitet. Die Metaphorik, die sich so schnell bei »Behinderung« einstellt, darf nicht zu einer »Problemtrance« des Therapeuten führen. Es sollte etwa nicht unhinterfragt davon ausgegangen werden, dass die jeweilige Familie emotional bedürftig sei und dringend eine Behandlung brauche. Im Gegenteil: Der Blick auf das Potential an Resilienz, das die Familie mitbringt bzw. entwickelt hat und entwickeln kann, hilft aus der Trance heraus. Weit entfernt von reinem Krankheits- oder Belastungs-»Management« geht es hier darum zu verstehen, also um komplexe Prozesse der Sinngebung. Es kann sinnvoll sein, als Fachperson der Familie eine ganze Reihe nützlicher Informationen zu geben und sie in Fragen des Umgangs miteinander zu beraten. Darüber hinaus aber kann man auch von diesen Familien lernen und erfahren, wie Menschen mit den Herausforderungen umgehen, vor die sie das Schicksal gestellt hat. Es kann sein, dass man als Therapeutin oder Therapeut/Beraterin oder Berater beeindruckt ist von der enormen Kraft, die dann entstehen kann, wenn jemand dieses Schicksal annimmt, sich ihm stellt und an ihm wächst. Wohl so mancher Profi mag sich fragen, ob er/sie in einer vergleichbaren Lage zu ähnlichen Leistungen in der Lage wäre – zumindest kann ich persönlich sagen, dass ich mir diese Frage mehr als einmal gestellt habe.

Doch sollen diese Familien hier auch nicht verklärt werden. Natürlich bleibt auch die Belastung bestehen und es gibt viele Familien und Eltern, die länger andauernde Unterstützung wünschen und brauchen. Und natürlich sind auch die soeben beschriebenen Reifungsprozesse alles andere als »ein Spaziergang«. Die Auseinandersetzungen, die Konfrontation mit heftigen eigenen und fremden Gefühlen hinterlassen ihre Spuren, die manchmal aufgearbeitet werden wollen. Es ist daher gut, dass das Buch neben dem Aufzeigen der beschriebenen Dynamiken auch ein ausführliches Kapitel über Beratungspraxis enthält. Hier wird deutlich, dass es weniger um das korrekte Anwenden therapeutischer Instrumentarien geht als vielmehr darum, einen verstehenden Rahmen bereitzustellen, der den Betroffenen hilft, eine eigene kohärente Geschichte zu entwickeln – im gelegentlichen Innehalten, in der Rückschau und der Reflexion des eigenen Weges. Die Anregungen, die für die BeraterInnen dabei gegeben werden, sind weniger technischer Art (obwohl es auch diese gibt). Vielmehr helfen sie, die Aufmerksamkeit zu fokussieren. Sie sind geeignet, gemeinsam mit der Familie nach einer neuen Geschichte zu suchen, die einen passenden integrierenden Sinnrahmen bietet – innerhalb dessen die Behinderung einen angemessenen Platz erhält: nicht als alles überschattendes Zentrum des Lebens, wohl aber als ein wichtiger und nicht wegzudenkender Teil der Familie.

Ich wünsche diesem wichtigen Buch viele Leserinnen und Leser, die sich anregen und bewegen lassen, auf die Geschichten betroffener Familien zu hören, Geschichten zu erzählen und neue Geschichten zu (er-)finden.

Arist v. Schlippe *Osnabrück/Witten, im Mai 2010*

TEIL I Grundlagen

1 Einleitung

> Wo aber Gefahr ist,
> wächst das Rettende auch.
> FRIEDRICH HÖLDERLIN

Dieses Buch befasst sich mit dem Zusammenhang von Schlüsselfaktoren, die zur Resilienz von Familien mit Kindern mit Behinderungen beitragen. Die Zahl der Kinder, die an einer körperlichen oder geistigen Behinderung leiden, ist beträchtlich. Die Mehrzahl von ihnen lebt in ihren Familien und ist auf lange Zeit auf deren Fürsorge, Unterstützung und Liebe angewiesen. Die meisten Kinder sind in der Lage, mit zunehmendem Alter mehr Verantwortung für sich zu übernehmen, und erreichen ein höheres Ausmaß an Autonomie (Seiffge-Krenke 1996). Bei schwer mehrfachbehinderten Kindern ist dies jedoch nur sehr bedingt der Fall. Ungeachtet der Fortschritte der Medizin kann bei ihnen kaum auf eine substanzielle Besserung ihrer Einschränkungen gehofft werden. Ihre Eltern bleiben über einen großen Teil der Lebensspanne hinweg in einer verantwortlichen Position und leisten über viele Jahre hinweg Langzeitpflege. Betroffene Familien sind deshalb mit großen, sich ständig wandelnden physischen, psychischen, sozialen und finanziellen Herausforderungen konfrontiert.

Die Eltern von Kindern mit Behinderung sind oft hochgradig belastet. Die Auswirkungen der Behinderung eines Kindes auf das Leben der Angehörigen werden in der wissenschaftlichen Literatur als ein *kritisches Lebensereignis* oder als *burden* konzeptionalisiert. Das Ausmaß elterlicher Hilfeleistungen und der Akzeptanz des Kindes werden allgemein unterschätzt (Eike & Braksch 2009). Zahlreiche Studien bestätigen den hohen Belastungsgrad der Angehörigen; manche Fachleute zeichnen – anders als eine große Anzahl betroffener Familien (Wikler 1981a) – ein wenig positives Bild von der Situation der Familien (Cummings et al. 1965, Cummings 1976, Floyd & Saitzyk 1992, Olshansky 1962), das vorwiegend Pathologie, Defekte, Mängel und neurotische Entwicklungen fokussiert.[1] Viele Forscher neigen dazu, jedwede Besonderheit und Variationen normaler Familienprozesse als »typische« Behinderungsauswirkung fehlzuinterpretieren und

---

[1] »Es ist unmöglich, dass Eltern unter dem Vorhandensein eines behinderten Kindes in der Familie nicht leiden« (Sorrentino 1988, S. 69).

damit den Fokus vornehmlich auf Defizite zu richten (Antonovsky 1993, Beavers 1989).

In der Medizin, der Psychologie und Psychotherapieforschung hat sich in den vergangenen Jahren neben der pathogenetischen eine ressourcenorientierte Sichtweise etabliert (Holtz & Nassal 2008, Kazak & Marvin 1984). Sie befasst sich mit Faktoren, die zur Resilienz von Menschen und von Familien beitragen und helfen, mit widrigen Lebensumständen fertig zu werden. Für die Situation von Eltern, die ein Kind mit Behinderung haben, spielen viele verschiedene Ressourcen eine Rolle. Familien[2] von Kindern mit Behinderung sind nicht homogen; auch bei schweren Behinderungen eines Kindes entstehen keineswegs in allen Familien Stresssymptome oder dysfunktionale Beziehungsmuster. Die erlebte Stressbelastung, die Qualität der Bewältigung und die Langzeitanpassung hängen nicht ausschließlich von objektiven Faktoren wie dem Grad der körperlichen Beeinträchtigung ab. »Trotz alledem« kommen viele betroffene Familien mit den Folgen schwerer Krankheiten und Behinderungen bemerkenswert gut zurecht und zeigen gegenüber widrigen Lebensumständen Resilienz (Beavers et al. 1986, Goldstein Brooks 2005, Hastings & Taunt 2002, Patterson 1988).

Obwohl die Ressourcenorientierung gerne als Markenzeichen der systemischen Therapie verstanden wird (Schiepek 1999, Sydow et al. 2007), wurde das Thema »Familie und Behinderung« in der deutschsprachigen Literatur mit wenigen Ausnahmen vernachlässigt (Ahlers 1992, Rotthaus 1996, Schubert 1987, Sorrentino 1988). Tatsächlich gibt es eine ganze Reihe fundierter systemischer Modelle, Konzepte und therapeutischer Vorgehensweisen, die sich in der Arbeit mit Familien von Kindern mit Behinderungen bewährt haben. Die systemische Familienmedizin, die Familien-Stressforschung, die Familien-Resilienzforschung und die salutogenetische Forschung befassen sich mit Faktoren, welche die Resilienz von Familien fördern und auf lange Sicht zu einer günstigen Anpassung beitragen.

All dies spricht für eine resilienz- und familienorientierte Perspektive bei der Untersuchung und Beratung von Familien mit von Behinderung betroffenen Kindern (Imber-Coppersmith 1984). Das Resilienzparadigma erscheint für die Zusammenarbeit mit Eltern von Kindern mit Behinderung im Rahmen der Frühförderung als eine sinnvolle Orientierung. Es vermeidet eine Pathologisierung, würdigt die herausfordernden Lebensumstände der Familien und versucht im

---

2 Um die Pluralität von Familienformen erfassen zu können, ist es sinnvoll, eine möglichst weite Definition von Familie zu wählen. Im Folgenden wird Familie als ein System bezeichnet, in dem eine Mutter und/oder ein Vater mit Kindern und gegebenenfalls weiteren Personen zusammenleben. Familie wird verstanden als eine mehrgenerationale, auf Dauer angelegte Lebensgemeinschaft (Haller 2005).

Sinne einer gesundheitsfördernden Zugangsweise, die Eltern in dieser Situation zu unterstützen.

Aus systemischer Perspektive sind drei Klassen von Phänomenen zu unterscheiden, die Auswirkungen auf den Umgang mit einer Behinderung haben und die unterschiedliche Ansatzpunkte für Therapie und Beratung bieten:

Greifbare Belastungen der Familie. Dabei handelt es sich um Einschränkungen, die durch eine Behinderung oder Krankheit hervorgerufen werden, und objektivierbare Daten, zum Beispiel die Kinderzahl, weitere Belastungsmomente wie Krankheiten der Eltern und anderes mehr. Diese Ebene der »harten« Wirklichkeitsbeschreibungen ist durch diagnostische Inventare, Pflegegutachten und medizinische Befunde abbildbar.

Funktionsweise und Prozesse von Familien. Dies ist der klassische Gegenstandsbereich der Familienforschung und der systemischen Familientherapie – Interaktionen, Kommunikation, Grenzen und Konflikte innerhalb der Familien und mit externen Systemen, affektiven Prozessen sowie die Verteilung von Aufgaben. Diese Ebene der Wirklichkeit ist deutlich »weicher« und bezieht sich auf Familien als soziale Organisation. Sie wird üblicherweise durch Beobachtungsverfahren und Fragebogeninventare erfasst. Die Bedeutung von gängigen Formulierungen wie *»level of family functioning«* oder *»the quality of family processes in a given family«* zu übersetzen, ist nicht einfach. Weitaus stärker als im deutschen Sprachraum ist in der amerikanischen Familientherapie-Tradition die Idee verbreitet, dass eine Familie als soziales System, als ein Team betrachtet werden kann, das seine Aufgaben mehr oder weniger gut erfüllt und besser oder schlechter mit neuen Anforderungen zurechtkommen kann (Beavers & Hampson 1993, Cierpka & Stasch 2003, Cierpka et al. 2005). Mit *family functioning* oder *Funktionsweise der Familie* ist hier gemeint, inwieweit eine Familie ein gut aufeinander abgestimmtes Team bildet oder eine lose Gruppierung, die nur wenig miteinander verbunden ist (Patterson 2002a). Die systemische Organisationsberatung beruht auf der Annahme, dass in sozialen Organisationen ein Zusammenhang zwischen einer effektiven Aufgabenerfüllung und der Qualität der Kommunikationsabläufe, des Team-Zusammenhalts, der Flexibilität beim Lösen von Problemen in ungewohnten Situationen und gemeinsamer Team-Überzeugungen besteht (Schmidt 2004); dies gilt analog auch für Familien.

Familiäre Glaubenssysteme sind auf den Lebenswelt-Erfahrungen der Familien und ihren Familien-Geschichten begründet. Dies ist die Ebene einer »weichen Wirklichkeitskonstruktion«. Als geteilte Konstrukte lenken sie die Wahrnehmung und prägen das Handeln der Familie. Familienparadigmen können aus dem Handeln und der Interaktion von Familien erschlossen werden – durch Beobachtung der Familieninteraktion, durch Befragungen und die Rekonstruktion von Leitmotiven aus den Narrativen von Familien.

Für eine präventiv orientierte Beratung von Familien mit Kindern mit Behinderung ist ein besseres Verständnis des Zusammenhangs zwischen der Ausprägung von Krankheiten und Behinderungen, Familienfunktionen und Familienkohärenz von entscheidender Bedeutung. Wiederholt wurde die Forderung nach Beratungsangeboten zur Stärkung der Resilienz für diese Familien erhoben (Hintermair 2002, Sarimski 1998a). In Deutschland gibt es zwar ein breit gefächertes Angebot an Einrichtungen für Kinder im Vorschulalter in Frühförderstellen und sozialpädiatrischen Zentren. Trotz des gut ausgebauten psychosozialen Versorgungsnetzes gelten die vorhandenen psychotherapeutischen Angebote für Menschen mit Behinderungen als unzureichend (Hoppe 2009, Ramisch & Franklin 2008, Werther 2005); insbesondere fehlen familienorientierte Beratungskonzepte. Das vorliegende Buch befasst sich mit folgenden Fragen, die für die Beratung betroffener Familien relevant sind:

- Welche Auswirkungen haben Behinderungen eines Kindes auf das Leben von Familien?
- Was hilft Familien, die mit der Behinderung eines Kindes zurechtkommen?
- Wie gelingt es manchen Familien, »trotz alledem« ein gutes Leben zu führen?
- Welche Familienfunktionen, Haltungen, Rollenverteilungen und familiären Glaubenssysteme helfen ihnen dabei?

In den Versuch, auf diese Fragen Antworten aus Sicht der Familienforschung und der Familientherapie zu geben, fließt meine therapeutische Erfahrung aus der Beratungsarbeit von Familien mit Kindern mit Behinderungen und chronischen Krankheiten ein. Außerdem werden Konzepte der systemischen Familienmedizin vorgestellt, die sich in der Praxis als nützlich erwiesen haben, und durch Befunde aus eigenen Befragungen betroffener Familien ergänzt. In Kapitel 6.4 werden Ergebnisse aus drei Studien mit Familien von Kindern mit körperlichen und geistigen Behinderungen dargestellt – einer Gruppe von Kindern mit einem breiten Spektrum an Diagnosen aus der neuropädiatrischen Ambulanz der Universitäts-Kinderklinik in Heidelberg, einer Gruppe von Familien von Mädchen mit einer neurogenetisch bedingten Behinderung – dem Rett-Syndrom – sowie von Familien von Kindern mit geistiger Behinderung, aus einer bundesweiten Befragung an Schulen für Schüler mit geistiger Behinderung. Neben den Familienbögen zur

Erfassung der Familienfunktionen wurde dabei auch der Familien-Kohärenzbogen von Antonovsky und Sourani (1988) eingesetzt. Diese Zugangsweise vermittelt eine »Landkarte« des Lebens mit einem Kind mit Behinderung aus der »Außensicht« des Familienforschers und Familientherapeuten.

Aus systemischer Sicht sind die eigentlichen Experten für das Leben mit einer Behinderung nicht Fachleute, sondern die betroffenen Familien selbst. Ihre subjektiven Landkarten vermitteln möglicherweise ein anderes Bild des Lebens mit Behinderung als die Theorien von Familienforschern und Therapeuten. Um Familien direkt zu Wort kommen zu lassen und ihre Geschichten zu erfassen, wurden narrative Interviews mit Familien von Kindern mit Rett-Syndrom geführt. Mit den Methoden der *Grounded theory* (Glaser & Strauss 1998) und der narrativen Typenbildung wurden Kernressourcen, die zur Resilienz beitragen, und Typen von Resilienzgeschichten rekonstruiert. Die Berichte der Eltern darüber, wie sie mit den Belastungen zurechtkommen, und ihre Empfehlungen für andere Familien werden in Kapitel 8 referiert.

Nach einer Diskussion der Konzepte und Ergebnisse der systemischen Forschung werden Schlussfolgerungen für die Praxis gezogen und praktische Konzepte, Techniken und Vorgehensweisen für die Beratung von betroffenen Familien beschrieben, mit denen sich ihre Stärken entwickeln lassen.

Eine dritte, ergänzende Perspektive, die in dieses Buch einfließt, sind meine Erfahrungen als Vater einer Tochter, die behindert ist. Vor einigen Jahren, unterwegs zu den Lindauer Psychotherapiewochen, stellte mein Kollege Jochen Schweitzer mir die Frage: »Wie schafft ihr es eigentlich als Familie, trotz der Behinderung eurer Tochter gut zu leben?« Als eine Antwort auf seine Frage ist dieses Buch entstanden, das auch Ausdruck einer ganz persönlichen Auseinandersetzung mit dem Thema Behinderung, Resilienz und Familie ist.

Noch einige Hinweise vorab: Dieses Buch befasst sich vorrangig mit Familien von Kindern, bei denen schwere Entwicklungsstörungen und körperliche und geistige Behinderungen bestehen. Die Konzepte und therapeutischen Herangehensweisen lassen sich weitgehend auf andere Formen von Behinderungen und auf schwere chronische Krankheiten übertragen. Das Wesen des Kindes, seine besondere Persönlichkeit wird von einer ganzen Reihe von Merkmalen und Aspekten bestimmt, die Behinderung ist nur ein Teilaspekt. Im amerikanischen Sprachraum haben sich die Formulierungen *children with special needs* – Kinder mit besonderen Bedürfnissen – oder *people who are physically challenged* – körperlich geforderte Menschen – eingebürgert, was sehr viel freundlicher klingt als *handicapped children* oder etwa der spanische Ausdruck *minusvalido* (vgl. Efran 1991). Menschen allein über ihre Mängel, Einschränkungen und Defizite zu definieren wäre lieblos und eine unzulässige Einseitigkeit. Wenn im Text gelegentlich die Formulierung »behinderte Kinder« statt »Kind mit Behinderung« verwendet wird, geschieht dies lediglich, um allzu sperrige Sätze zu vermeiden. Aus Gründen der Lesbarkeit wird in der vorliegenden Arbeit grundsätzlich die männliche Form verwendet, wobei die weibliche Form selbstverständlich mit eingeschlossen ist. Alle Eigennamen in den Fallbeispielen wurden zur Wahrung der Vertraulichkeit geändert. Bei der Beschreibung von Beratungstechniken und Interventionen habe ich mich um eine möglichst klare Darstellung des Ablaufs bemüht. Es handelt sich dabei um Empfehlungen, die selbstverständlich abgewandelt und an die Arbeitsweise jedes Einzelnen angepasst werden müssen.

2 Behinderungen

2.1 Einführung

Ein erheblicher Teil von Kindern, Jugendlichen und Erwachsenen ist von körperlichen, geistigen und seelischen Behinderungen betroffen, die eine selbstbestimmte Lebensgestaltung und ihre gleichberechtigte Teilhabe am Leben in der Gesellschaft erschweren. Was eine Behinderung ausmacht, wird nicht allein durch die Medizin, Psychologie oder Sonderpädagogik, sondern ist auch im Sozialrecht festgelegt:

> »Menschen sind behindert, wenn ihre körperliche Funktion, geistigen Fähigkeiten oder seelische Gesundheit mit hoher Wahrscheinlichkeit länger als sechs Monate von dem für das Lebensalter typischen Zustand abweichen und daher ihre Teilhabe am Leben in der Gemeinschaft beeinträchtigt ist. Sie sind von Behinderung bedroht, wenn die Beeinträchtigung zu erwarten ist« (§ 2 Abs. 1 Sozialgesetzbuch IX).

Die systemische Therapie nimmt eine kritische Haltung zu Diagnosen und Etikettierungen ein (v. Schlippe & Schweitzer 2007). Diagnoseschlüssel wie die *Internationale Klassifikation von Krankheiten ICD-10* (Dilling et al. 2000) und das *Diagnostic and Statistical Manual of Diseases DSM IV* (APA 1994) wurden wegen ihrer einseitigen Ausrichtung auf Defizite kritisiert (Spitczok von Brisinski 1999). Ein neues ressourcenorientiertes Klassifikationssystem der WHO, die *International Classification of Functioning, Disability and Health* (ICF – »Internationale Klassifikation der Funktionsfähigkeit, Behinderung und Gesundheit«), berücksichtigt eine große Bandbreite menschlicher Fähigkeiten und ihrer Ausprägung. Sie hat explizit den Anspruch, neben Defiziten auch Kompetenzen und Fertigkeiten zu erfassen (Nüchtern & Nitzschke 2004). Behinderung wird in der ICF definiert als eine Beeinträchtigung der Funktionsfähigkeit einer Person. In Anlehnung an das biopsychosoziale Modell schließt der Begriff Funktionsfähigkeit soziale Aspekte mit ein (Engel 1977). Behinderung wird weniger als ein Merkmal einer Person verstanden, sondern als ein komplexer wechselseitiger Zusammenhang von Beeinträchtigungen, die in konkreten Lebenssituationen die Handlungsfähigkeit und Teilnahmemöglichkeiten einschränken. Neben der Schädigung von Körperfunktionen und -strukturen werden in der ICF auch die Dimensionen der konkret durchführbaren Aktivitäten und das Ausmaß der Teilhabe an der Gemeinschaft für die Feststellung einer Behinderung herangezogen (vgl. Schuntermann 2005). Mit der ICF lassen sich mögliche Beeinträchtigungen in den Bereichen der Strukturen und Funktionen des menschlichen Organismus, Aktivitäten einer Person, der Teilhabe an Lebensbereichen vor dem Hintergrund ihrer sozialen und räumlichen Umwelt beschreiben. Die Definitionen der ICF sind in die Neufassung des Sozialgesetzbuchs IX eingeflossen (Keppner 2009).

Nach Angaben des Statistischen Bundesamts (2008) war in Deutschland zum Jahresende 2007 jeder zwölfte Einwohner (8,4 %) schwer behindert; dabei handelte es sich meist um ältere Menschen. Überwiegend wurde die Behinderung durch eine Krankheit verursacht (82 %), 4 % der Behinderungen waren angeboren oder traten im ersten Lebensjahr auf, 2 % waren auf einen Unfall oder eine Berufskrankheit zurückzuführen. Lediglich 2 % der Schwerbehinderten waren Kinder und Jugendliche unter 18 Jahren. Als schwer behindert gelten Personen, denen vom Versorgungsamt ein Grad der Behinderung von 50 % und mehr zuerkannt wurde. Etwa ein Drittel ist von Mehrfachbehinderungen betroffen. In Deutschland gibt es ca. 400 000 bis 450 000 Kinder und Jugendliche mit körperlichen, Sinnes- und geistigen Behinderungen. In 3 % der Mehrpersonenhaushalte lebt ein solches Kind (Eike & Braksch 2009).

Lange Zeit wurden der Körper und die Ebene somatischer Prozesse und damit auch Krankheit und Behinderungen als relevante Systemaspekte in der systemischen Therapie vernachlässigt (Weakland 1977, Sloman & Konstantareas 1990). Diagnosen wurden primär als soziales Konstrukt verstanden und weniger als eine Beschreibung objektiver Merkmale einer Person. Aus dem Wunsch, Menschen nicht auf Defizite festzulegen, werden Diagnosen üblicherweise hinterfragt und mit zirkulären Fragen »verflüssigt«, um ihren relationalen Charakter und die Prozesshaftigkeit von diagnostischen Zuschreibungen zu verdeutlichen. Eine ressourcen- und lösungsorientierte Vorgehensweise ist für Familien mit behinderten Angehörigen sinnvoll (de Shazer & Lipchik 1984, Efron & Veenendahl 1993, Lloyd & Dallos 2006). Bei aller Ressourcenorientierung sollte jedoch nicht übersehen werden, dass sich Menschen in ihrer biologischen Ausstattung unterscheiden. Sie lassen sich nicht hinreichend aus dem Familiengeschehen oder aus »Spielen der Familie« ableiten (vgl. Selvini Palazzoli et al. 1989, Sloman & Konstantareas 1990). Ein Handicap löst sich durch psychologische Interventionen nicht einfach auf.

Eine Diagnosestellung hat soziale Folgen, die nachteilig sein können; dies gilt umgekehrt aber auch für den Verzicht auf eine Diagnose. Diagnosen sind nicht an und für sich gut oder schlecht. Fisch et al. (1982) unterschieden zwei Klassen von Problemen – Situationen, die eigentlich kein Problem darstellen, aber dennoch zu einem gemacht werden, und Situationen, in denen ein Problem besteht, das aber nicht erkannt oder eingestanden wird. Dies ist beispielsweise dann der Fall, wenn eine Familie nicht wahrhaben will, dass bei ihrem Kind eine Behinderung vorliegt. – Dazu ein Fallbeispiel aus der Beratungspraxis:

▶ Herr K. stellte gemeinsam mit seiner Frau die knapp fünfjährigen Zwillinge zur Beratung vor, bei denen eine Entwicklungsverzögerung unklarer Genese diagnostiziert worden war. Beide Jungen konnten nicht sprechen und hatten auffallende Gesichtsdysmorphien. Der Vater klammerte sich an die Hoffnung: »Das Problem ist, dass sie noch nicht sprechen. Wenn sie erst einmal sprechen, platzt der Knoten, werden sie rasch aufholen!«

Der Umgang mit der Diagnose einer Behinderung ist für Eltern und Behandler nicht immer einfach. Manche Eltern zögern, einen Behindertenausweis oder die Eingruppierung in eine Pflegestufe zu beantragen oder ihre Kinder in einem Sonderkindergarten anzumelden. Sie befürchten negative stigmatisierende Auswirkungen oder glauben, ihr Kind aufzugeben, wenn sie sich eingestehen, dass eine bleibende Einschränkung besteht. Viele Kinderärzte gehen zu Beginn der diagnostischen Abklärungsphase sehr vorsichtig mit Diagnosen um, weil sie die Eltern nicht beunruhigen und sich nicht voreilig festlegen wollen.

Das Eingeständnis, dass eine Behinderung oder eine chronische Krankheit vorliegt, kann eine befreiende Wirkung haben, weil so der Weg für notwendige Anpassungsschritte geebnet ist und wichtige therapeutische Weichenstellungen ermöglicht werden (Grunebaum & Chasin 1978, Rolland 1994).

Diagnosen und Beschreibungen wie »chronische Krankheit«, »Behinderung« oder »geistige Behinderung« beziehen sich auf objektivierbare Merkmale, beruhen aber auch auf sozialen Beurteilungen von Phänomenen. Sie können deshalb besser innerhalb des jeweils gegebenen Sinngebungskontextes verstanden werden (Hennicke 1993, v. Schlippe & Lob-Corzilius 1993). Behinderungen gelten als Abweichungen von der Norm, doch wer legt fest, was normal ist? Die Überlegung »Wer wird von wem als behindert definiert?« verweist auf die Bedeutung der Normen und der Interessen der Person, die das Vorliegen einer Behinderung feststellt. Möglicherweise wird ein Mensch von Außenstehenden als behindert wahrgenommen, ohne sich jedoch subjektiv als behindert zu fühlen (Duss-von Werdt 1995). Menschen eignen sich die Welt entsprechend den ihnen gegebenen strukturellen Möglichkeiten an.

Wenn man Behinderungen als Krankheit begreift, ist es folgerichtig, sie als Gegenstand der Medizin zu betrachten, diese Zuordnung ist jedoch nicht zwingend (Duss-von Werdt 1995). Sie können auch als Ausdruck der Vielseitigkeit menschlichen Seins verstanden werden. In manchen ethnischen Gruppen werden Behinderungen als ein Geschenk, in anderen als Strafe Gottes verstanden. Die Bedeutung von sozialen Normen und Konventionen wird bei der Zuschreibung einer geistigen Behinderung besonders deutlich (vgl. Klee 2004).

Vertreter von Behindertenorganisationen haben wiederholt darauf verwiesen, dass der Begriff »Behinderung« kein absolutes Merkmal darstellt, sondern erst innerhalb eines bestimmten sozialen Kontextes Sinn macht. Was als Behinderung gewertet wird, ist abhängig von der Vorstellung, was als »normal« gilt. Dies wird in der saloppen Formulierung »Wer stört, ist gestört« deutlich (Simon 1993, S. 147). Ob das Vorliegen bestimmter körperlicher Einschränkungen als Behinderung gewertet wird, ist auch von sozialen Zuschreibungsprozessen abhängig und von den Erwartungen, die eine Gesellschaft an ihre Mitglieder stellt. Die Unterscheidung normal/behindert kategorisiert Menschen in einer bestimmten Weise, die sich nicht zwingend aus den biologischen Merkmalen der Behinderung ergeben muss (Hohn 1989).

Generell wird das Label »chronisch« für Krankheiten und Zustandsbilder verwendet, die als nicht beeinflussbar gelten. Die Beeinflussbarkeit hängt unter anderem von den Behandlungsmöglichkeiten ab, die in der jeweiligen Gesellschaft verfügbar sind (von Schlippe & Theiling 2002). Kleinwüchsigkeit galt früher als unheilbare Behinderung, heute können einige Formen in Industrieländern mit gut ausgebautem Gesundheitssystem durch die Gabe von Wachstumshormonen therapiert werden. Für Kinder aus ärmeren Ländern ohne Zugang zu teuren Medikamenten stellt sie jedoch nach wie vor eine chronische Krankheit ohne Aussicht auf Heilung dar. Seh- oder Hörbehinderungen können mit einfachen Hilfsmitteln wie Brillen oder Hörgeräten korrigiert werden und lösen in unserer Kultur schwerlich die Assoziation mit dem Begriff »Behinderung« aus. In einer Jäger-und-Sammler-Kultur wären sie jedoch eine ernsthafte Beeinträchtigung, mit nachteiligen Auswirkungen auf die Überlebenschancen. Menschen, die an amelioritischer Lateralsklerose leiden, können mit Hilfe von computerbasierten Hilfsmitteln ihre Behinderungen zumindest partiell kompensieren. Ein anderes Beispiel ist der südafrikanische Sprinter Oscar Pistorius, der mit zwei High-Tech-Beinprothesen die Strecke von 100 m in einer Zeit läuft, die ihn für eine Teilnahme an den Olympischen Spielen qualifiziert hätte. Die Diagnose einer erblichen Krankheit war über zwölf Jahre der deutschen Geschichte hinweg keine »wertfreie« Feststellung, sondern bedeutete eine massive Bedrohung des Lebens der Patienten und ihrer Angehörigen. In vergangenen Jahrzehnten dürfte die Diagnose eines »genetisch bedingten Leidens« überwiegend die Assoziation »nicht therapierbar« ausgelöst haben. Heute bestehen bei genetischen Krankheiten hohe, möglicherweise überzogene Hoffnungen auf Heilungschancen durch die Fortschritte der Gentechnik.

Auf einer pragmatischen Ebene können Diagnosen, Etikettierungen und das Label »Behinderung« als Einschränkung der Freiheitsgrade der Lebensgestaltung verstanden werden, die sich nicht einfach wegdefinieren lassen. Im Sinne von Berger und Luckmann (1966) besitzen sie Realitätscharakter[1]. Behinderungen werden heute weniger als individuelles Merkmal eines Menschen aufgefasst, sondern als ein mehrdimensionales, relationales Phänomen (Lindermeier 2009). Der Schwerpunkt der Betrachtung verlagert sich damit von der Person auf den Lebensbereich, in dem ein Mensch mit geistiger Behinderung spezielle Unterstützung und Begleitung benötigt.

2.2 Körperliche Behinderungen

Unter einer Körperbehinderung wird üblicherweise eine dauerhafte Beeinträchtigung der Bewegungsfähigkeit verstanden. Die Ursachen können sehr unterschiedlich sein. Neben anlagebedingten Behinderungen spielen pränatale Faktoren eine Rolle, zum Beispiel eine Infektionskrankheit der Mutter, perinatale Komplikationen, zum Beispiel Sauerstoffmangel bei der Geburt, und postnatale Faktoren, zum Beispiel Unterernährung im Säuglingsalter, Infektionskrankheiten wie eine Gehirnentzündung in der frühen Kindheit, Unfälle, aber auch Umweltschäden und Medikamentenfolgen wie im Falle von Contergan. Körperbehinderungen stellen eine sehr heterogene diagnostische Gruppe dar. Sie betreffen überwiegend das zentrale oder das periphere Nervensystem und das Stütz- und Bewegungssystem. Häufige Erscheinungsformen sind

- zerebrale Bewegungsstörungen – wie Spastiken, muskuläre Hypotonie einer Körperseite oder der Extremitäten (Tetraplegie, Hemiplegie, Diplegie); Ataxien. Mit betroffen sind oft die Mimik und die Sprechmotorik. Damit verbunden sind oft Einschränkungen der Intelligenz, Sprach-, Hör- und Sehstörungen, Verhaltensstörungen, Leistungsschwächen und Epilepsien
- Querschnittslähmungen durch eine Fehlbildung oder eine Verletzung des Rückenmarks, oft einhergehend mit Störungen der Blasen-, Mastdarmfunktion
- Schädigungen des Skelettsystems, zum Beispiel Rückgratverkrümmungen (Skoliosen, Lordosen, Kyphosen)
- Angeborene Fehlbildungen von Gliedmaßen, zum Beispiel ein Klumpfuß, Fehlen von Gliedmaßen – etwa durch Unfälle oder Erkrankungen

---

1 Unter Realität kann mit Berger und Luckmann (1966) eine Klasse von Phänomenen verstanden werden, die nicht primär unserem Wollen und Wünschen unterworfen ist. Sie lösen sich nicht einfach auf, selbst wenn wir dies gerne hätten.

- Muskelsystemerkrankungen, wie zum Beispiel progressive Muskeldystrophie
- chronische Erkrankungen wie rheumatoide Arthritis, die Schäden von Knochen und Gelenken und erhebliche Bewegungseinschränkungen bewirken
- andere Behinderungen – zum Beispiel hormonell bedingter Zwergwuchs
- Behinderungen von Wahrnehmungsorganen
- Fehlbildungen von Seh-, Hör- und inneren Organen, etwa eine fehlende Anlage der Blase (Anton 2003, Keppner 2009).

2.3 Geistige Behinderung

Als allgemeine Kennzeichen von geistiger Behinderung werden üblicherweise eine seit der Kindheit bestehende Intelligenzminderung und eine aktuell gegebene Beeinträchtigung der sozialen Anpassungsfähigkeit genannt, die so gravierend sind, dass voraussichtlich über das ganze Leben hinweg besondere Hilfen benötigt werden (Davison & Neale 2002). In der Vergangenheit wurde bei der Diagnosestellung nach ICD-10 eine Kategorisierung nach dem Grad der kognitiven Beeinträchtigung in leichte, mittelgradige, schwere und schwerste geistige Behinderung vorgenommen. In den USA werden Lernbehinderungen oder *mild mental retardation* mit einbezogen (Lotz & Koch 1994, Wendeler 1993). Während Kinder mit leichtr geistiger Behinderung sich langsamer als die Norm entwickeln, im Erwachsenenalter jedoch viele praktische Tätigkeiten meistern und sich meist unabhängig versorgen können, ist dies bei einer mittelgradigen Intelligenzminderung nur eingeschränkt der Fall; außerdem hat die letztgenannte Gruppe häufig begleitende Schwierigkeiten beim Spracherwerb. Bei Menschen mit schwerer geistiger Behinderung liegen meist gleichzeitig erhebliche motorische Schwächen vor. Betroffene Personen sind verhältnismäßig passiv und nur für kurze Zeit zu konkreter Kommunikation fähig. Menschen mit schwerster geistiger Behinderung sind meist stark in ihrer Bewegungsfähigkeit eingeschränkt und überwiegend nur zu sehr einfachen Formen nonverbaler Kommunikation fähig. Nach einer Definition des Deutschen Bildungsrats gehört zu dem Personenkreis Menschen mit geistiger Behinderung,

>»wer infolge einer organisch-genetischen oder anderweitigen Schädigung in seiner psychischen Gesamtentwicklung und seiner Lernfähigkeit so beeinträchtigt ist, dass er voraussichtlich lebenslanger sozialer und pädagogischer Hilfen bedarf. Mit den kognitiven Beeinträchtigungen gehen solche der sprachlichen, sozialen, emotionalen und motorischen Entwicklung einher« (Deutscher Bildungsrat 1973, S. 37).

Geistige Behinderung stellt kein klar abgrenzbares Merkmal dar. Holtz et al. (1998) sprechen sich gegen eine Definition von geistiger Behinderung ausschließlich anhand von Intelligenzkriterien aus; die Grenzwerte sind meist willkürlich festgelegt, und eine isolierte Betrachtung des IQ-Wertes bietet kaum Hinweise für die individuelle Förderung. Sarimski (2006a) definiert geistige Behinderung

> »als verlangsamte(n) Erwerb von Fähigkeiten, verzögertes Erreichen von Entwicklungsstufen und als asynchrone(n) Entwicklungsverlauf, bei dem einzelne Informationsverarbeitungsprozesse in unterschiedlichem Maße beeinträchtigt sein können« (S. 93).

Eine Beschränkung auf die Diagnostik der kognitiven Leistungsfähigkeit ist wenig sinnvoll (Duss-von Werdt 1995) – die Fähigkeiten zur emotionalen Selbstregulation und zur Entwicklung sozial-kognitiver Kompetenzen müssen ebenso berücksichtigt werden. Aussagekräftiger sind Beeinträchtigungen der sozialen Anpassungsfähigkeit. Darunter ist die Fähigkeit zu verstehen, Beziehungen zu anderen aufzubauen und beizubehalten, sich an soziale Normen zu gewöhnen und Erwartungen anderer Personen zu erkennen. Hierzu gehört auch die adaptive Funktionsfähigkeit, zum Beispiel die Fähigkeit des Kindes, sich zu waschen und anzuziehen, mit Zeit und Geld umzugehen oder Werkzeuge zu gebrauchen (Davison & Neale 2002).

Nach der Definition der *American Association on Mental Retardation (AAMR)* – die sich bezeichnenderweise in die *American Association of Intellectual and Developmental Disabilities (AAIDD)* umbenannt hat – ist es sinnvoll, Menschen nicht nach Art und Schwere ihrer Behinderungen zu klassifizieren, sondern nach dem Ausmaß der notwendigen Hilfen und deren Art und Intensität:

> »Geistige Behinderung bezieht sich auf substanzielle Einschränkungen der gegenwärtigen Funktionsfähigkeit. Sie ist gekennzeichnet durch erheblich unterdurchschnittliche allgemeine Fähigkeiten, die gleichzeitig mit damit verbundenen Einschränkungen in zwei oder mehreren der folgenden Bereiche des täglichen Lebens auftreten: Kommunikation, Selbstfürsorge, Wohnen daheim, Sozialverhalten, selbstbestimmtes Leben, Gesundheit und Sicherheit, lebenspraktische Schulbildung, Freizeit, Arbeit. Geistige Behinderung tritt vor dem 18. Lebensjahr auf. (...) Geistige Behinderung ist (...) ein spezieller Zustand der Funktionsfähigkeit, der in der Kindheit beginnt und durch eine Begrenzung der Intelligenzfunktionen und der Fähigkeit zur Anpassung an die Umgebung gekennzeichnet ist. Geistige Behinderung spiegelt deshalb das ›Passungsverhältnis‹ zwischen den Möglichkeiten des Individuums und der Struktur und den Erwartungen seiner Umgebung wider« (American Association on Mental Retardation 1992).

Aus ressourcenorientierter Perspektive wird geistige Behinderung zunehmend anhand des Kompetenzkonzepts betrachtet. Das *Heidelberger Kompetenz-Inventar (HKI)* erfasst nicht die Beeinträchtigungen, sondern die Kompetenzen des Kindes. – Die Theorie multipler Intelligenzen geht davon aus, dass es ein komplexes Spektrum an menschlichen Fähigkeiten, intellektuellen Begabungen und Potenzialen gibt, die mit den üblichen diagnostischen Einteilungen nur unzureichend erfasst werden (Gardner, H. 1993, Stern 2002). Neuere Modelle wie der Kompetenzansatz zielen darauf ab, dieses breite Spektrum der individuellen Bedürfnisse und Fähigkeiten zu erfassen (Holtz et al. 1998).

Epidemiologie und Prävalenz geistiger Behinderung

Die Angaben zur Prävalenz geistiger Behinderungen schwanken je nach den Diagnosekriterien, der Operationalisierung und der untersuchten Stichprobe beträchtlich (APA 2003). Nach Davison & Neale (2002) kommt ein Intelligenzquotient unter 70 bei ca. 3% der Bevölkerung vor, darunter 1–2% mit schwerer geistiger Behinderung. In einer epidemiologischen Studie von Bielski (1998) wurde die Prävalenz mit 0,5–1%, im DSM IV mit ca. 1% der Bevölkerung angegeben (APA 2003). Nach DSM IV gehören etwa 85% der Personen mit geistiger Behinderung der Gruppe mit leichter geistiger Behinderung an, etwa 10% der Gruppe mit mittelschwerer geistiger Behinderung, 3–4% zur Gruppe der schweren und 1–2% der schwersten geistigen Behinderung (APA 2003). Häufig bestehen parallele chronische körperliche Erkrankungen und Syndrome.

Auf Basis von Vergleichszahlen verschiedener europäischer Länder wird die Prävalenzrate geistiger Behinderung bei Kindern mit 0,5 bis 1% (Straßburg 1997a) angegeben. Bei Jungen ist die Diagnose 1,5-fach häufiger als bei Mädchen (APA 2003, Bleidick 1992, Davison & Neale 2002, Haupt et al. 1997, Liepmann 1979). In Deutschland betrug der Anteil der Schülerinnen und Schüler mit geistiger Behinderung an der Gesamtschülerschaft im Jahr 2006 0,9% (KMK 2008). An Sonderschulen ist der Jungenanteil mit 63% deutlich höher als der Mädchenanteil mit 37% (Statistisches Bundesamt 2008).

Die Ursachen für geistige Behinderung können sehr unterschiedlich sein. Trotz Fortschritten in der Diagnostik lässt sich in vielen Fällen keine primäre Ursache herausfinden; nur in etwa 25% der Fälle kann eine primäre, meist organische Ursache der geistigen Behinderung festgestellt werden (Davison & Neale 2002). Neben genetischen Faktoren kommen pränatale oder perinatale Schädigungen, exogene Faktoren wie Substanzmissbrauch der Mutter, Umweltgifte, Folgen chronischer Krankheiten und postnatale Faktoren wie Infektionen und Schädel-Hirn-Traumen oder Stoffwechselerkrankungen und endokrine Störungen durch Vergiftungen in Frage (Davison & Neale 2002, Haupt et al. 1997). Schweren Behinderungen liegt in der Regel eine organische Ursache zugrunde (APA 2003).

2.4 Genetisch bedingte Syndrome und Behinderungen

Eine große Bandbreite seltener genetischer Krankheiten kann zu Behinderung führen (Sarimski 1997). Zahlreiche genetische Syndrome stellen die Eltern durch die mit ihnen einhergehenden Mehrfachbehinderungen vor besondere Herausforderungen, die ihre erzieherischen und psychischen Bewältigungskräfte fordern (Sarimski 1998a). Ein besonderer Faktor ist der Umgang mit dem Wissen um ein in der Familie vererbtes Erkrankungsrisiko, mit der Option von Pränataldiagnostik, und der Umgang mit der so genannten genetischen Unsicherheit über den tatsächlichen Verlauf von Erkrankungen (McDaniel et al. 2004, Retzlaff et al. 2001, Street & Soldan 1998).

Gene spielen bei den allermeisten Krankheiten und Behinderungen eine Rolle, zum Teil direkt, zum Teil mittelbar über die körperliche Anfälligkeit oder Widerstandsfähigkeit, den Verlauf von Erkrankungen und die Reaktion auf Behandlungen. Mit dem Abschluss des Genomprojektes im Jahr 2003 ist das Wissen über die Beteiligung von genetischen Faktoren erheblich gestiegen. Bei vielen genetischen Syndromen besteht neben körperlichen Behinderungen auch eine intellektuelle bzw. geistige Behinderung.

Während die Anlagen für erblich bedingte Krankheiten im engeren Sinn von Generation zu Generation weitergegeben werden, gibt es auch spontane Genmutationen und Chromosomenanomalien, die Entwicklungsretardierungen und Behinderungen nach sich ziehen (Neuhäuser 2007). Genetische Syndrome entstehen durch eine Veränderung der Zahl von Chromosomen – wie bei der Trisomie 21, dem Down-Syndrom –, durch eine Veränderung der Struktur eines Chromosoms oder Veränderungen von einzelnen Gensequenzen. Zum Teil sind nicht nur eine, sondern über 1000 Mutationen beteiligt (Feetham & Thomson 2006). Manche, wie das Down-Syndrom, treten relativ häufig auf, andere, wie Prader-Willi-Syndrom, Fragile-X-Syndrom oder Angelmann-Syndrom, sind dagegen selten. Die Penetranz der Mutation kann sehr unterschiedlich sein sie muss nicht immer zum Auftreten einer genetisch bedingten Erkrankung führen.

Zahlreiche genetische Störungen lassen sich bereits pränatal diagnostisch erfassen. Lange vor dem Auftreten von Symptomen können Familien möglicherweise erfahren, ob ihr Kind später erkranken wird. Erfolgt diese Diagnostik pränatal, stellen sich manche Eltern die Frage nach einer Fortsetzung der Schwangerschaft. Möglicherweise erhalten Eltern Informationen über langfristig beeinträchtigte Entwicklungsperspektiven, die nicht leicht auszuhalten sind. Manche

Krankheiten und Behinderungen manifestieren sich erst in einem höheren Lebensalter. Bei inzwischen über 1000 genetisch bedingten Störungen sind Tests verfügbar, die in der pränatalen Diagnostik, bei Screenings nach Geburt, zur Bestätigung von Verdachtsdiagnosen und zur Auswahl von therapeutischen Maßnahmen eingesetzt werden können. Die Anwendung dieser prädiktiven Tests wird in Deutschland durch das 2009 verabschiedete Gendiagnostikgesetz geregelt.

Die Unsicherheit des genetischen Status kann eine besondere Form von Belastung mit erheblichen Rückwirkungen auf die Eltern sein. Für viele andere Syndrome gibt es bislang noch keine Testverfahren zur Sicherung der Diagnose. Vor Einführung genetischer Testverfahren für die Muskeldystrophie Duchenne mussten Eltern zwei oder drei Jahre mit der Ungewissheit leben; heute ist diese Zeit deutlich verkürzt, es bleibt aber auch sehr viel weniger Zeit für die Auseinandersetzung mit der Diagnose und den sich daraus ergebenden Perspektiven.

Bei bestimmten genetischen Störungen besteht ein erhöhtes Risiko einer Erkrankung, ohne dass diese auch wirklich ausbrechen muss. Gegebenenfalls müssen sich Eltern mit der Möglichkeit auseinander setzen, dass ihr Kind eine genetische Belastung weitergeben könnte, falls es einmal selbst Kinder haben will, und ein Enkelkind später ebenfalls behindert sein könnte.

Für die psychischen Probleme, die sich Familien mit von genetischen Krankheiten betroffenen Angehörigen stellen, gibt es kaum soziokulturelle Leitbilder (Retzlaff et al. 2001). Bei manchen Störungsbildern liegt heute ein sehr viel umfassenderes Wissen über die Ursachen von Behinderungen vor. Präzisere Kenntnisse über die genetisch bedingten Besonderheiten einer Behinderung können Eltern helfen, eine bessere Einschätzung der Fördermöglichkeiten und gegebenen therapeutischen Grenzen zu erlangen. Eine richtige diagnostische Einschätzung kann Eltern von der Suche nach immer weiteren Therapiemöglichkeiten abhalten und Schuldgefühle nehmen (Sarimski 1997). Störende Verhaltensweisen wie lautes Schreien, langsames Essen, übermäßiges Essen oder eine hohe Irritierbarkeit werden rasch auf Fehler von Eltern oder als Unart des Kindes wahrgenommen. Wenn nicht das Kind und nicht die Eltern, sondern das Fragile-X-Syndrom, das Prader-Willi-Syndrom oder Angelmann-Syndrom »Schuld« an einem schwierigen Verhalten haben, entlastet dies potenziell auch die Eltern-Kind-Beziehung, weil die persönlichen Eigenschaften und Möglichkeiten des Kindes jenseits der behinderungsbedingten Aspekte deutlicher wahrgenommen werden können.

Als Prototyp einer genetisch bedingten Behinderung, die sowohl mit körperlichen als auch geistigen und seelischen Beeinträchtigungen einhergeht, wird im Folgenden das Rett-Syndrom beschrieben. Zur Resilienz von Familien von Kindern mit Rett-Syndrom wurden eigene Befragungen durchgeführt, die in Kapitel 8 vorgestellt werden.

2.5 Das Rett-Syndrom

Das Rett-Syndrom wurde 1965 von dem Wiener Arzt Andreas Rett entdeckt, erlangte aber erst in den 70er Jahren einen breiteren Bekanntheitsgrad (Hagberg et al. 1983). Es kommt mit einer Häufigkeit von 1:10 000 bis 1:23 000 neugeborener Mädchen vor (Hagberg et al. 2002). Betroffen sind fast nur Mädchen (Kusch & Petermann 2000). Jungen sterben in der Regel vor der Geburt aufgrund der Schwere der Behinderung (Hunter 1999). Das familiäre Wiederholungsrisiko liegt unter 1% (Lindberg 2000).

Das klassische Rett-Syndrom verläuft in vier Phasen. Im frühen Stadium (6–18 Monate) kommt es nach einer normalen Schwangerschaft und Geburt zu einer Verlangsamung und einem Stillstand der Entwicklung mit Reduktion des Blickkontaktes und des Interesses an Spielzeug. Die zweite Phase (ein bis vier Jahre) ist gekennzeichnet durch einen vorübergehenden, oft dramatischen, autistisch anmutenden sozialen Rückzug, mit Verlust bereits erworbener Fähigkeiten und weitgehendem Verlust der sprachlichen Ausdrucksfähigkeit und zielgerichteter Handfunktionen. Das Kopfwachstum ist verlangsamt, der Gang ataktisch (Dobslaff 1999, Hagberg et al. 2002, Hunter 1999). Die Kinder sind leicht irritierbar, haben Schreiattacken und beginnen mit charakteristischen stereotypen Handbewegungen, die als Leitsymptom gelten (Sarimski 1997). Die dritte Phase mit einer relativen Stabilisierung kann lange andauern; es kommt zum Wiedererlangen einzelner Fähigkeiten, vor allem der Kommunikation und des emotionalen Kontakts. Bis auf extrem seltene Ausnahmen können die betroffenen Mädchen nicht sprechen und verlieren eine eventuell entwickelte verbalsprachliche Ausdrucksfähigkeit vollständig. Die Mehrheit der Kinder leidet an epileptischen Anfällen, es kommt zu zunehmenden Bewegungsstörungen, Ataxien und orthopädischen Problemen, insbesondere muskulären Dystonien und Kyphosen und Skoliosen. Zwei Drittel der Kinder sind auf einen Rollstuhl angewiesen. Im späten Stadium nehmen die Funktionen nicht weiter ab, die Bewegungsstörungen und orthopädischen Probleme und insbesondere die Wirbelsäulenverkrümmung jedoch zu (Dobslaff 1999, Hunter 1999, Lindberg 2000). Diese Phasen treffen allerdings nur auf einen Teil der Mädchen zu, der Verlauf variiert hinsichtlich des Beginns, des Tempos der Verschlechterungen und des Ausmaßes der Behinderung (Lindberg 2000).

Unterstützend für die Diagnose sind weibliches Geschlecht, Atemregulationsstörungen, EEG-Abnormitäten, Epilepsie, Hypotonie, Skoliose, hypotrophe und kleine Füße, Wachstumsretardierung und Zähneknirschen (Hagberg et al. 2002, Hunter 1999). Die Mädchen gelten als geistig behindert, wegen der fehlenden sprachlichen Ausdrucksfähigkeit und der Apraxie ist eine genauere Ermittlung der kognitiven Kompetenzen allerdings nur bedingt möglich. Beim Rett-Syndrom handelt es sich um eine neurogenetisch bedingte Behinderung. Seit 1999 ist eine (mit-)verursachende Mutation des MEPC 2-Genoms auf dem X-Chromosom bekannt, seit 2000 gibt es auch in Deutschland einen Gentest (Hunter 1999). Neuere Befunde sprechen für ein komplexes Zusammenspiel von mindestens zwei Genomen, erste Tiermodelle der beteiligten neurogenetischen Prozesse existieren (Chang et al. 2006). Innerhalb des Syndroms besteht eine gewisse Variabilität, genauere Diagnoseschemata für Phänotypen mit unterschiedlichen Verhaltensmerkmalen sind in Entwicklung (Leonard et al. 2001, Mount et al. 2001, 2002, 2003). Die Zuordnung des Syndroms in ICD-10 und DSM IV zu den psychiatrischen Störungen des Kindes- und Jugendalters vermag in Anbetracht der massiven orthopädischen, neurologischen und vegetativen Symptome nicht zu überzeugen (Gillberg 1994), eine Revision steht in DSM V in Aussicht.

Eine Standardtherapie gibt es beim Rett-Syndrom nicht. Verhaltenstherapeutische Maßnahmen greifen kaum. Sinnvoll ist die Kombination mehrerer Verfahren, um die Lebensqualität und Ansätze zur Selbständigkeit und Kommunikation zu verbessern (Dobslaff 1999, Sarimski 1997).

2.6 Seelische Behinderung

Neben körperlichen und geistigen Behinderungen gibt es im deutschen Sozialrecht auch den Begriff der seelischen Behinderung. Grundsätzlich können alle psychischen Störungen im Kindes- und Jugendalter zu einer seelischen Behinderung führen. Psychische Störungen wie körperlich nicht begründbare Psychosen, seelische Störungen als Folge von Krankheiten oder Verletzungen des Gehirns, von Epilepsien, von anderen Krankheiten oder körperlichen Beeinträchtigungen, Suchtkrankheiten und Neurosen und Persönlichkeitsstörungen können eine seelische Behinderung zur Folge haben (vgl. § 3 der Verordnung zum § 47 BSHG). Für die Diagnose einer bestehenden oder drohenden seelischen Behinderung muss die seelische Gesundheit des jeweiligen Kindes oder des Jugendlichen mehr als sechs Monate lang von dem für sein Lebensalter typischen Zustand abweichen. Insbesondere bei anhaltenden kindlichen Entwicklungsstörungen können Abgrenzungsprobleme zwischen seelischer und geistiger Behinderung bestehen – oft treten psychische Störungen kombiniert mit körperlichen und geistigen Behinderungen auf.

2.7 Chronische Krankheiten

Schwere chronische Krankheiten eines Kindes stellen Familien vor ähnliche psychosoziale Anforderungen wie eine Behinderung. Sie können zu schweren Beeinträchtigungen führen – beispielsweise wie eine Mukoviszidose oder Epilepsien, sodass sozialrechtlich eine Behinderung vorliegt. Von einer chronischen Krankheit wird gesprochen, wenn diese länger als drei Monate vorliegt und eine Heilung nicht möglich ist. Chronische Krankheiten bestehen meist das ganze Leben und sind – ähnlich wie Behinderungen – für das betroffene Kind und seine Familien eine erhebliche Belastung.

Die Zahl chronisch kranker Kinder ist hoch, betroffen sind je nach Definition ca. 10–18 % (Gortmaker & Sappenfeld 1984); bei 10 % liegen ernsthafte chronische Leiden vor. Diese Zahlen hängen mit davon ab, ob leichtere Erkrankungsformen dazugerechnet werden. Im Gegensatz zum Erwachsenenalter verteilen sich die Diagnosen im Bereich von Kindern und Jugendlichen auf eine Vielzahl verschiedener Leiden. Die Zahl chronisch kranker Kinder nimmt durch die Fortschritte der Medizin deutlich zu, da heute Kinder mit Krankheiten erfolgreich behandelt werden, die früher keine guten Überlebenschancen hatten. Neben leichteren chronischen Krankheiten mit hoher Prävalenz gibt es seltenere Diagnosen wie Skoliosen, Epilepsie, zystische Fibrose oder Mukoviszidose, die schwere Beeinträchtigungen mit sich bringen (Kamtsirius et al. 2007).

Übersichtsarbeiten zu den Auswirkungen von chronischen Krankheiten auf Kinder, Jugendliche und Familien finden sich bei Petermann und Wiedebusch (1996), Noeker und Petermann (1996), Salewski (2004) und Seiffge-Krenke (1996). Manche Autoren erfassen sowohl chronische Erkrankungen, bei denen ein medizinischer Behandlungsbedarf besteht, als auch körperliche und intellektuelle Behinderungen, bei denen dies nicht der Fall ist (Blanz 1994). Die Zuordnung von Zustandsbildern ist in der wissenschaftlichen Literatur nicht immer eindeutig, ein und dasselbe Syndrom wird manchmal als chronische Krankheit, manchmal als Behinderung gewertet (Blanz 1994).

2.8 Schwermehrfachbehinderung

Eine besondere Herausforderung für Betroffene und ihre Familie ist Schwermehrfachbehinderung, die definiert werden kann als

> »das gemeinsame Auftreten mehrerer Behinderungen wie zum Beispiel die Kombination von geistiger Behinderung und Sehbehinderung oder geistiger Behinderung und Körperbehinderung. Es wird keine Zuordnung zu einem Leitsymptom

wie körperbehindert, geistig behindert oder sinnesgeschädigt vorgenommen, denn dies würde der Komplexität der Behinderung nicht gerecht. Es handelt sich vielmehr um eine Beeinträchtigung des ganzen Menschen in den meisten seiner Lebensvollzüge. Diese Beeinträchtigung ist so schwer, dass die elementare Begegnung mit anderen Menschen erschwert ist« (Biermann 2001, S. 94).

Medizinische Diagnosen sind nur bedingt geeignet, die psychosozialen Belastungen abzubilden, die mit komplexeren Diagnosen einhergehen. Ein Versuch, den Belastungsgrad bei sehr unterschiedlichen Behinderungen zu erfassen, erfolgt bei der Begutachtung, die im Rahmen der Pflegegruppeneingruppierung vorgenommen wird. In Deutschland haben Menschen, die pflegebedürftig sind, nach dem so genannten »Pflegegesetz« (SGB XI) einen Rechtsanspruch auf Leistungen der Pflegeversicherung in Form von Sachleistung bzw. Pflegeeinsätzen, oder als direkte Finanzleistung bzw. Pflegegeld. Abhängig vom Ausmaß der erforderlichen Hilfe werden drei Pflegestufen unterschieden. Außerdem wurde für den erhöhten Pflegeaufwand bei verwirrten, nicht orientierten Menschen mit geistiger Behinderung eine Zusatzpflegestufe eingeführt.

Gegenwärtig erfolgt die Eingruppierung in Pflegestufen durch Gutachter des *Medizinischen Dienstes der Krankenkassen (MDK)*, in der Regel Fachärzten oder -pflegern. Im Abstand von zwei Jahren werden bei einem Hausbesuch in einem Fremdrating der Grad der Einschränkungen des Kindes mit Behinderung und der konkrete Hilfebedarf in einem Manual erfasst (Spitzenverbände der Pflegekassen 1997). Diese Einstufung bezieht sich nicht primär auf Diagnosen oder Krankheitsbilder, sondern auf das Ausmaß an funktionellen Einschränkungen (vgl. Hohmeier & Veldkamp 2004). Wegen der uneindeutigen diagnostischen Befundlage und wegen häufiger komorbider Beeinträchtigungen sind spezifische Diagnosen kein geeignetes Kriterium, um die Beanspruchung von Pflegepersonen zu erfassen. Bei Kindern gilt die Regelung, dass anhand einer Tabelle der Betreuungsaufwand abgezogen wird, der für ein gleichaltriges gesundes Kind zu leisten wäre. Kritiker bemängeln, dass diese Tabelle den Betreuungsbedarf von gesunden Kindern als Vergleichsmaßstab unrealistisch hoch einschätzt und den Mehraufwand systematisch unterschätzt (Wendt & Schädler 1996).

Für eine bestimmte Pflegestufen-Eingruppierung muss der Nachweis von erheblichen Kompetenzdefiziten erbracht werden, und die Begutachtung durch den MDK ist primär defizitorientiert. Dies kann den Effekt haben, die Aufmerksamkeit von Eltern allzu sehr auf das zu lenken, was ihr Kind im Vergleich zu seiner Altersgruppe alles nicht kann, statt auch seine Kompetenzen zu erkennen und zu würdigen, wie sie etwa mit dem Heidelberger Kompetenz-Inventar von Holtz et al. (1998) erfasst werden (Doege 2008). Wie später gezeigt werden soll, besteht eine gelungene Anpassung an eine Behinderung aber gerade in der Wahrnehmung selbst sehr geringer Kompetenzen und liebenswerter Seiten des Kindes.

Der vom Bundesministerium für Gesundheit eingesetzte *Beirat zur Überarbeitung des Pflegebedürftigkeitsbegriffs* kommt in seinem Abschlussbericht (2009) zu der Empfehlung, im Sozialgesetzbuch XI den Pflegebedürftigkeitsbegriff so zu formulieren, dass für die Zuordnung zu Pflegestufen nicht mehr der Hilfebedarf zur Vornahme der »gewöhnlichen und regelmäßig wiederkehrenden *Verrichtungen* im Ablauf des täglichen Lebens« maßgebend sein soll, sondern der Bedarf an Hilfen, die sich den Bereichen oder Modulen Mobilität, kognitive und kommunikative Fähigkeiten, Verhaltensweisen und psychische Problemlagen, Selbstversorgung, Umgang mit krankheits- bzw. therapiebedingten Aufwendungen und Belastungen, Gestaltung des Alltagslebens und soziale Kontakte, außerhäusliche Aktivitäten und Haushaltsführung zuordnen lassen. Der deutsche Pflegebeirat hat deshalb vorgeschlagen, ganz auf den Faktor Zeit zu verzichten und die Zuordnung zu bestimmten Pflegegraden, die in der sozialen Pflegeversicherung eingeführt werden sollen, vom Aufwand oder Grad an personeller Hilfe durch Dritte abhängig zu machen (Bundesministerium für Gesundheit 2009).

2.9 Zusammenfassung

Unter einer Behinderung ist ein anhaltender Zustand zu verstehen, der die Funktionsweise einer Person beeinträchtigt und ihre Freiheitsgrade bei der Entfaltung ihrer Lebensgestaltung einschränkt. »Behinderung ist nicht das Merkmal eines Individuums, sondern eine Beziehung zwischen System und Umwelt. Sie ist ein Interaktionsmuster zwischen beiden« (Duss-von Werdt 1995, S. 79). Behinderungen sind mehr als ein individuelles Merkmal einer Person. Sie lassen sich besser verstehen, wenn das sozial-ökologische System als Betrachtungseinheit gewählt wird, in dem sie leben – in vielen Fällen ist dies die Familie, mit ihrem sozialen Netz, dem Wohnumfeld und der weiteren Lebensumwelt.

Ein Modell für ein besseres Verständnis der Schwierigkeiten von Familien und die mit Behinderungen einhergehenden Probleme bieten die systemische Familienmedizin und das Modell familialer Anpassung an Krankheiten und Behinderungen von Rolland (McDaniel 2005, Retzlaff et al. 2001, Sundermeier & Joraschky 2003).

3 Familie und Behinderung

3.1 Einführung

Die Anfänge der Familientherapie bei körperlichen Erkrankungen reichen zurück bis in die 60er Jahre (Barth 1996, Minuchin et al. 1981). Sie entstand als Teil eines breiteren Paradigmenwandels in Medizin und Psychologie: Menschliches Verhalten, Symptome und Beschwerden werden nicht isoliert, sondern innerhalb ihres jeweiligen Entstehungskontextes verstanden. Das sozialökologische Modell von Bronfenbrenner (1979) ist eine parallel entstandene Richtung der Entwicklungspsychologie. Unter dem Einfluss des *biopsychosozialen Modells* von Engel (1977) wurde die systemische Familienmedizin als Behandlungsansatz für Familien und Patienten mit körperlichen Erkrankungen entwickelt (Altmeyer & Kröger 2003, Doherty et al. 1998, McDaniel et al. 1997, Simon 2000). Betrachtungsfokus der medizinischen Behandlung ist der Patient im Kontext seiner Familie und seines psychosozialen Umfeldes (Cierpka et al. 2001). Bei körperlichen und insbesondere bei chronischen Erkrankungen geht es um das System, das aus den Interaktionen einer Erkrankung mit dem Individuum, der Familie und anderen biopsychosozialen Systemen gebildet wird. Eine relevante Beschreibung muss auch Krankheit als biologisches Geschehen als einen Teilaspekt des Systems umfassen. Familiäre Faktoren können den Krankheitsverlauf günstig oder ungünstig beeinflussen und sind ein wichtiger Ansatzpunkt für therapeutische und präventive Maßnahmen, gerade bei schweren Krankheiten und Behinderungen (Rolland 1994). Sie werden nicht für die Genese von körperlichen Erkrankungen verantwortlich gemacht, biomedizinische Vorgänge und psychosoziales Geschehen beeinflussen sich vielmehr wechselseitig. Körperliche Erkrankungen machen etwas mit einer Familie, aber was Patient und Familie aus der Krankheit machen, ob sie zu einer günstigen oder weniger günstigen Konstruktion von Wirklichkeit finden, hängt unter anderem von Prozessen in der Familie ab, die einer Familientherapie zugänglich sind (Reiss & Oliveri 1980; Reiss et al. 1993). Zum maßgeblichen Betrachtungssystem zählen neben dem Patienten und seiner Familie auch die Behandler und weitere soziale Systeme, die mit beeinflussen, welche Wirklichkeitssicht die Familie von der Krankheit entwickelt. Neben biologischen Faktoren, die einer »harten« Wirklichkeitsebene zugeordnet werden können, sind besonders die Bedeutungsgebungsprozesse und die Erzählungen um das Krankheitsgeschehen herum relevant (Boss 1993, McDaniel et al. 1997b, Patterson 1993, Welter-Enderlin & Hildenbrand 1996). Die Einbeziehung von Angehörigen in die Behandlung von Patienten mit körperlichen Krankheiten kann den Krankheitsverlauf, die Lebensqualität der Patienten und der Angehörigen günstig beeinflussen (Martire et al. 2004, Retzlaff et al. 2009, Sprenkle 2002). Behinderungen und chronische Krankheiten wirken im Familiensystem als organisierendes Prinzip, das die Familienabläufe nachhaltig beeinflusst. Familien müssen ihre Rollenverteilung auf die veränderten Erfordernisse abstimmen und Verantwortungsbereiche zwischen den Familienmitgliedern neu verteilen. Jede Behinderung hat erhebliche psychosoziale Folgen für die Angehörigen; die maßgebliche Betrachtungseinheit ist deshalb nicht allein das von einer Behinderung betroffene Kind, sondern sein soziales und insbesondere sein familiäres Umfeld.

3.2 Das Modell der familiären Anpassung an Behinderung und chronische Krankheit

Dieses von Rolland (1994) entwickelte Modell geht von diagnoseübergreifenden Faktoren aus, die bei unterschiedlichen Formen von Behinderungen und Krankheiten wirksam sind und weitgehend bestimmen, mit welchen psychosozialen Anforderungen betroffene Familien konfrontiert sind.

Um den Umgang mit den Folgen einer Behinderung verstehen zu können, ist es notwendig, drei ineinander verwobene Entwicklungsfäden zu betrachten: den Krankheitsprozess, das Individuum und Zeitfaktoren, insbesondere die Lebenszyklusphase der Familie. Zentrale Faktoren für den Anpassungsprozess sind der *Schweregrad der Krankheit*, spezifische *krankheitsbedingte Einschränkungen*, die *Prognose* der Krankheit, *Zeitphasen* der Krankheitsentwicklung und *Verlaufscharakteristika* (Rolland 2000; vgl. Corbin 1993, Corbin & Strauss 1988). Weitere Faktoren des Modells sind die *Balance zwischen Stressoren und Ressourcen* der Familie, die *Phase im Lebenszyklus*, *generationsübergreifende familiäre Vorerfahrungen* mit Krankheiten und Behinderungen und die *Qualität der Familienfunktionen*, insbesondere Kohäsion, Flexibilität, Kommunikation, emotionaler Austausch.

Neben »harten Fakten« wie dem *Schweregrad einer Behinderung* haben *familiäre Prozesse und familiäre Glaubenssysteme* eine Schlüsselfunktion für die Anpassung. Neben dem körperlichen Krankheitsgeschehen sind auch Einstellungen, Erwartungen und Überzeugungen hinsichtlich der Behinderung von Bedeutung (v. Schlippe & Lob-Corzilius 1993). Die Frage, warum eine Behinderung ausgerechnet die eigene Familie getroffen hat, Vorwürfe an die Herkunftsfamilie, Ideen über Leben und Tod, Schuldgefühle, Hilflosigkeit und eine hektische Suche nach dem »richtigen« Arzt sind Beispiele für emotionale und sprachliche Prozesse, die sich aus den Überzeugungen der Familie ergeben. Welcher Sinn der Behinderung auf einer globalen Ebene angesichts der konkreten Lebenssituation der Familie und ihrer Familiengeschichten gegeben wird, hat erheblichen Einfluss darauf, wie mit den Belastungen umgegangen wird. Als zentrales Glaubenssystem sieht Rolland das *Familien-Kohärenzgefühl* an (Antonovsky & Sourani 1988), das in Kapitel 6 behandelt wird.

Die Anforderungen, die sich aus einer Behinderung ergeben, variieren nach Rolland (1994) mit behinderungsübergreifenden Faktoren. Das von ihm entwickelte, im Folgenden beschriebene Modell von Krankheiten und Behinderungen bildet besser als die einfache medizinische Diagnose das krankheitsbezogene Erleben betroffener Familien ab.

Familiäre Anpassung an Behinderung und chronische Krankheit (Rolland 1993)
- Auftreten der Behinderung
- Verlaufscharakteristika
- Prognose
- Merkmale der Behinderung
  - Schweregrad
  - spezifische Einschränkungen
- Ungewissheit
- Zeitphasen der Anpassung
- Zeitphase im Lebenszyklus
  - Familienprozesse
  - Familienstruktur
- Konfliktmuster
- Generationsübergreifende Erfahrungen im Umgang mit Krankheiten
- Kumulation von Belastungsereignissen
- Balance von Stressoren und Ressourcen
- Krankheitsbezogene Glaubenssysteme

Auftreten der Behinderung

Krankheiten und Behinderungen können *akut* auftreten, etwa nach einem Unfall oder bei einer schweren Gehirnhautentzündung. In anderen Fällen manifestieren sie sich *allmählich*, wie im Fall von Entwicklungsbehinderungen mit unklarer Ätiologie. In beiden Fällen mag die messbare Pflegebelastung ähnlich sein, die psychischen Anforderungen sind jedoch sehr unterschiedlich. Bei einer *plötzlich auftretenden* Behinderung müssen sehr rasch Ressourcen aktiviert und eine Krisensituation emotional ertragen werden; bei einem schleichenden Beginn besteht dagegen über lange Zeit eine Ungewissheit, die schwer zu ertragen sein kann (vgl. auch Corbin 1993).

Verlauf der Behinderung

Bei *progressiven Krankheiten* wie beispielsweise einer Muskeldystrophie nehmen die Einschränkungen und Belastungen mit der Zeit zu, und es gibt bestenfalls kurzzeitige Erholungspausen. In manchen Fällen müssen sich die Angehörigen auf eine verkürzte Lebenserwartung ihres Kindes einrichten. Zu den Behinderungen mit *konstantem Verlauf* zählen unter anderem genetisch bedingte Behinderungen wie das Down-Syndrom. Die Belastung für die Familie ist eher konstant, mit einem gewissen Ausmaß an Stabilität und Vorhersagbarkeit, etwa bei Seh- und Hörbehinderungen oder Kindern mit einem Klumpfuß. *Episodische Krankheiten und Syndrome* wie beispielsweise epileptische Anfälle fordern ein rasches Wechseln zwischen normalen Zeiten und Krisen, der besondere Stress für die Familie entsteht aus der Frequenz des Wechsels von Normalität zu massiven Krisen und verlangt ein besonders hohes Maß an Flexibilität.

Prognose

Viele Behinderungen bleiben *ohne Einfluss auf die Lebenserwartung*, bei anderen ist diese *verkürzt* oder es besteht das Risiko plötzlicher Todesfälle, was neben der emotionalen Belastung für die Familien eine hohe Abhängigkeit von medizinischen Einrichtungen bedeuten kann. Bei Behinderungen mit *tödlichem Verlauf* geht es darum, ein Leben im Schwebezustand zu führen, mit den Belastungen intensivmedizinischer Maßnahmen und mit dem bevorstehenden Abschied zurechtzukommen und das Beste aus der verbleibenden Zeit zu machen (Kröger et al. 2000, Rolland 1990).

Merkmale der Behinderung

Der *Schweregrad* der Behinderung und spezifische krankheitsbedingte *Einschränkungen* beeinflussen nach Rolland (1994) den Umgang mit der Behinderung.

Schweregrad der Behinderung
In empirischen Untersuchungen zum Zusammenhang des Schweregrades einer Behinderung mit dem Belastungserleben werden sehr heterogene Definitionen und Kriterien verwendet. Entsprechend unterschiedlich fallen die Befunde über

den Zusammenhang zwischen dem Ausmaß der Behinderung und dem Belastungserleben aus. Die Kombination der Einschränkungen kann einen erheblichen Unterschied machen; eine Familie mit einem Kind, das nicht laufen kann und gleichzeitig geistig behindert ist, befindet sich in einer gänzlich anderen Situation als eine Familie mit einem Kind, das neben einer Mobilitätseinschränkung zusätzlich sehbehindert ist. Intellektuelle Beeinträchtigungen wiegen besonders schwer, weil sie zusätzlich den kommunikativen Austausch beeinträchtigen und eine soziale Barriere aufbauen.

Als Schweregrad werden unter anderem der Grad an funktionalen Beeinträchtigungen, das Ausmaß intellektueller Beeinträchtigungen, die Prognose, das Vorhandensein von Verhaltens- und Kommunikationsproblemen des Kindes, Pflegeanforderungen oder die wahrgenommene Familienbelastung verstanden (Scorgie et al. 1998).

Zwischen Stresserleben und dem Schweregrad findet sich oft, aber nicht durchgängig ein positiver Zusammenhang (Dyson 1991, Folkman et al. 1979, Frey et al. 1989, Hintermair 2002, Yau & Li-Tsang 1999). Der Schweregrad der kognitiven Beeinträchtigung hatte in einer Untersuchung von Krauss Wyngaarden (1993) keinen Einfluss auf das subjektive Belastungsausmaß. Nach einer Studie von Engelbert (1999) war die Belastung von Eltern bei einem höheren Schweregrad und Mehrfachbelastungen größer, die Lebenszufriedenheit niedriger. Sowohl der Informationsgrad der Eltern als auch die Nutzung von Krankenkassen- und Behördenleistungen stiegen mit der Schwere der Behinderung.

In einer eigenen Untersuchung gingen geringere Kompetenzen (HKI) von Kindern mit geistiger Behinderung mit einer höheren Stressbelastung der Eltern einher (Aschenbrenner 2008), allerdings bestand kein linearer Zusammenhang. Bei Stärken der Familienfunktionen war die Stressbelastung geringer. Bei einem erhöhten Schweregrad und dem Vorliegen von Mehrfachbehinderungen waren die Lebensunzufriedenheit und die Belastung der Eltern ausgeprägter (Engelbert 1999). Ein hohes Maß an Behinderung führt nach Schatz (1987) zu einer Reduzierung der außerhäuslichen Aktivitäten, einem Rückzug aus dem Bekanntenkreis sowie einer Stabilisierung der Kontakte zu engeren Familienangehörigen, die größere emotionale und praktische Hilfen bieten.

Der Umgang mit einem Kind, das eine Behinderung von einem mittleren Schweregrad hat, kann schwerer fallen als bei einem Kind mit einer sehr starken Behinderung; je normaler ein Kind nach außen wirkt, desto eher können sich Eltern unrealistischen Hoffnungen hingeben (Fewell & Gelb 1983).

Familie und Behinderung

Spezifische Einschränkungen
Das Ausmaß der subjektiven Belastung hängt unter anderem von spezifischen Merkmalen der Behinderung ab, wie Einschränkungen der kognitiven Fähigkeiten, der Wahrnehmungsfunktionen, des Antriebs, der Mobilität, und dem Grad der sozialen Stigmatisierung etwa durch ein entstelltes Äußeres. Neben dem medizinisch definierten Schweregrad der Behinderung wird das Stresserleben besonders von spezifischen Entwicklungs- und Verhaltensproblemen und funktionellen Einschränkungen (Canning et al. 1996) und dem Ausmaß der erforderlichen täglichen Pflege (Breslau et al. 1982) der Kinder bestimmt. Weitere Faktoren sind die Sichtbarkeit der Behinderung, mit möglicherweise stigmatisierenden Folgen, und die Beteiligung genetischer Faktoren.

Spezifische Funktionseinschränkungen (Rolland 1994)
- kognitiv
- perzeptuell
- motorisch
- internistisch
- sozial stigmatisierend
- optisch entstellend

Wenn ein Kind funktional stark eingeschränkt ist und Unterstützung durch technische Geräte benötigt, ist die psychosoziale Belastung der Familie generell höher und der Gesundheitszustand der Familienmitglieder eher beeinträchtigt (Patterson et al. 1992). Bei manchen Behinderungen müssen Kind und Eltern aufwändige, zum Teil auch unangenehme medizinische Maßnahmen ertragen, beispielsweise eine Reihe von Operationen wegen orthopädischer Probleme oder tägliche schmerzhafte physiotherapeutische Übungen. Derartige Therapien können den Familienalltag erheblich prägen und die Eltern stark beanspruchen.

In einer Langzeitstudie über Mütter von Kindern mit unterschiedlichen Behinderungen hing die Stresswahrnehmung nur in geringem Ausmaß vom Schweregrad ab (Hanson & Hanline 1990). Am stärksten belastet fühlten sich Mütter von Kindern mit neurologisch bedingten Behinderungen, bei denen in der Regel ausgeprägtere Entwicklungskomplikationen bestanden, das Verhalten mehr Aufmerksamkeit forderte und insgesamt schwer zu akzeptieren war. In einer Studie von Sarimski (1996) war die Belastung von Müttern abhängig vom Grad der mentalen Behinderung, von diagnose- bzw. syndromspezifischen Verhaltensmerkmalen und der Qualität der Familienbeziehungen. Die psychische Gesundheit der Eltern korreliert nach Silver et al. (1998) mit dem Ausmaß funktionaler Einschränkungen des Kindes. Verhaltensstörungen, insbesondere bizarre Verhaltensweisen und selbststimulierendes Verhalten in der Öffentlichkeit beeinflussen unmittelbar das Stresserleben der Mütter (Konstantareas & Homatidis 1989). Bestimmte genetisch bedingte Behinderungen lassen sich Verhaltensphänotypen zuordnen, die mit typischen Verhaltensproblemen einhergehen (Dykens & Hodapp 1997, Sarimski 1997). Mädchen mit Rett-Syndrom neigen in der Pubertät beispielsweise vorübergehend zu heftigen Schreiattacken, die therapeutisch schwer zu beeinflussen sind. Feldman et al. (2007) fanden einen Zusammenhang zwischen depressiven Symptomen der Eltern und stärkeren Verhaltensproblemen des Kindes, unklarer Genese der Entwicklungsverzögerung, Bewältigung durch Flucht und Vermeidung, geringerer sozialer Unterstützung und geringerer Selbstwirksamkeitserwartung.

Der Anpassungsprozess der Eltern wird von weiteren Merkmalen wie dem Alter, dem Geschlecht, dem Temperament (Scorgie et al. 1998) und der sozialen Entwicklung und Integration des Kindes bestimmt (de Maddalena & Arnold 2001). Verhaltensauffälligkeiten und die sich aus ihnen ergebenden besonderen pflegerischen und therapeutischen Anforderungen sind weitere maßgebliche Belastungen (Beckman 1983, Sarimski 1998a).

Die kommunikative Kompetenz des Kindes ist von zentraler Bedeutung für die Qualität des familiären Austauschs (Ogletree et al. 1992, Sarimski 2003, Woodyat & Ozanne 1992). Die subjektiv erlebte Belastung ist abhängig von Einschränkungen, welche die Kommunikationsfähigkeit und damit die Beziehungsentwicklung beeinflussen, zum Beispiel Irritierbarkeit und andere Verhaltensauffälligkeiten (Baker et al. 2002, Retzlaff 2008, Sarimski 2001a). Die Kommunikationsfähigkeit des Kindes beeinflusst insbesondere das Belastungserleben von Vätern (Frey et al. 1989). Dazu ein Vater:

▶ »Also, ich denke, das hat schon angefangen, als diese Schreiattacken und dieses Unausgeglichene bei der Laura nachließen. Nachdem sie auch wieder fixiert hat, und sie auch wieder gelacht hat. Also, das hat mir eigentlich sehr geholfen, dass wir wieder Zugang zum Kind bekommen haben – wenn sie dich anstrahlt, wenn sie dich anlacht. Und das ist eigentlich, sagen wir mal mit den Jahren, immer besser geworden, bis jetzt eigentlich.« Mutter: »Ja, sie ist sehr aufmerksam, sie guckt sehr intensiv jetzt inzwischen wieder.« Vater: »Das hat mir eigentlich auch unheimlich viel gebracht, ja, denn wenn du ein Kind hast, das dauernd verschlossen ist und du nicht weißt, was es will, also, damit habe ich eigentlich meine größten Probleme gehabt.«

Ungewissheit

Der Grad an Vorhersehbarkeit des gesundheitlichen Verlaufs ist eine übergeordnete Kategorie, die alle anderen Kategorien der Typologie prägt. Ungewissheit kann sich darauf beziehen, ob, wann und wie sich die Behinderung bemerkbar macht, verändert oder verschlechtert. Sie kann sich auch auf die Geschwindigkeit beziehen, in denen bedrohliche Beeinträchtigungen möglicherweise voranschreiten. Dazu zählt auch die Frage, ob mit gesundheitlichen Krisen zu rechnen ist, wie häufig sie auftreten, oder ob das Kind laufen und sprechen lernen wird. – Der Vater eines Mädchens mit Rett-Syndrom äußerte:

▶ »Das war ein Kinderarzt, mit so viel Erfahrung, der etwas nicht versteht, und dass ein Arzt mit solch einer Erfahrung sagt »Ich versteh das nicht«, hat uns erst mal einen Schreck eingejagt. Und seit diesem Zeitpunkt begann eigentlich eine Phase, man kann sagen die schwierigste Phase, die belastendste Phase, die begann seit diesem Termin. Da begannen wir, uns Gedanken zu machen, dass mit Anna etwas nicht stimmen könnte, und die Phase dauerte etwa zwei Jahre.«

Ein hohes Ausmaß an Unsicherheit kann den Anpassungsprozess und den Trauerprozess über enttäuschte Erwartungen und Hoffnungen gegenüber dem Kind beeinträchtigen (Jessop & Stein 1985, Pelchat 1993, Pelchat et al. 1999, Sarimski 1998a). Eine anhaltende diagnostische Ungewissheit wird von Eltern überwiegend als stark belastend erlebt (Retzlaff 2008). Eine Diagnose wird bei 4 % der Kinder vor der Geburt gestellt, bei 16 % der Kinder erfolgt dies zwischen der Geburt und dem Alter von 2,5 Jahren, bei 29 % im Alter zwischen 2,5 und 5 Jahren und bei 50 % zwischen fünf und sieben Jahren (Heaman 1995). Die Ungewissheit kann es der Familie erschweren, in der Gegenwart klare Entscheidungen zu treffen.

Zeitphasen der Anpassung

Die Anpassungsleistungen in der ersten *akuten Anpassungsphase* unterscheiden sich deutlich von der sehr viel länger dauernden *mittleren Anpassungsphase* und einer etwaigen *terminalen Phase* (Rolland 1993).

In der akuten Anpassungsphase muss die Familie die *ersten Anzeichen* und Symptome einer Behinderung einordnen und sich auf diagnostische und therapeutische Maßnahmen einstellen. Sie muss sich kurzfristig reorganisieren, um die in der Regel gegebene Krisensituation bewältigen zu können, und lernen, mit einer ungewissen Zukunftsperspektive umzugehen und sich von Hoffnungen und vertrauten Routinen zu verabschieden (McDaniel et al. 1997a). Der Verlust der gewohnten Lebensweise ist zu betrauern, die Familie muss sich auf weitere bevorstehende Härten und ein hohes Ausmaß an Ungewissheit einstellen und sich daran gewöhnen, in Erwartung von neuen Anpassungsleistungen »auf dem Sprung zu leben«. Außerdem steht sie vor der Aufgabe zu lernen, mit der Behinderung zu leben, und muss beginnen, die bleibenden Veränderungen zu akzeptieren. In dieser Phase gibt es häufig einen starken Handlungsdruck und einen hohen Stresspegel. Eltern mobilisieren meist rasch eigene Ressourcen und Anpassungsreaktionen. Dies kann von Ärzten und Betreuern für den Bewältigungsprozess genutzt werden (Taner Leff & Walizer 1992).

Die Diagnose einer Behinderung stellt einen existenziellen Einschnitt in das Familienleben dar und macht entsprechende Anpassungsschritte erforderlich. In der Regel trifft die Feststellung einer Behinderung die Eltern unvorbereitet (Schatz 1987). Die Reaktionen auf die Diagnose einer Behinderung können ganz unterschiedlich ausfallen. Oft wird die Diagnosestellung als Schock erlebt (Engelbert 1994, Sarimski 2003, Müller-Zurel 2008) und es kann eine akute Krise mit Trauer, Wut, Ängsten, Depressionen oder Schuldgefühlen folgen (Heller 1993, Leiling & Ries 2002, Marshak et al. 1999, Sarimski 1998b). Zentrale Annahmen über das Leben sind in Frage gestellt – insbesondere das Vertrauen, über das eigene Leben bestimmen zu können. Der Mythos, dass schlimme Dinge nur anderswo passieren, ist erschüttert. Diese Erkenntnis kann zu hektischen Reaktionen, aber auch zu einem Gefühl der Lähmung führen (McDaniel et al. 1997a).

Mit den Fortschritten der pränatalen Diagnostik steigt die Zahl der Eltern, die bereits vor der Geburt von einer bevorstehenden Behinderung wissen (Kuhn et al. 2007, Miller et al. 2006). Eltern, die lange auf ein Kind gewartet haben oder nach einer Fertilitätsbehandlung schwanger wurden, erleben es als besonders ungerecht, wenn es an einer Behinderung leidet. Wenn sich bei Geburt überraschend herausstellt, dass ein Kind behindert ist, kann dies hochgradig traumatisch wirken, besonders wenn die Beeinträchtigungen sehr offen zu sehen sind. Mögliche ablehnende Reaktionen des medizinischen Personals können den Schock der Eltern noch verstärken. Eine gute Verarbeitung der Diagnose einer Behinderung ist eine Ressource für den künftigen Umgang mit Stress, die Inanspruchnahme sozialer Unterstützung und das Aufrechterhalten einer guten Funktionsweise der Familie (Sheeran et al. 1997). Besonders problematisch ist es, wenn sich die endgültige Diagnosestellung sehr lange hinzieht. – Eine Mutter beschreibt, wie sie sich lange Zeit nicht ernst genommen fühlte:

▶ »Und das war ein totaler Schock erst mal, natürlich. Mir ging es vorher schon nicht so gut, weil ich gemerkt hab: Mit dem Kind stimmt irgendwas nicht. Und da haben mich die meisten nicht ernst genommen, das Kind sei nur verzögert. Aber ich habe gedacht, da stimmt was nicht. Und dann, ja, war's fast eine Erleichterung, als ich wusste, dass ich Recht hatte, weil diese Ungewissheit aufgehört hat.«

Die Mitteilung der Diagnose muss nicht als Einbruch oder Enttäuschung, sondern kann auch als eine Entlastung erlebt werden. Nach einer langen Zeit der Ungewissheit können sich die Familien nun besser orientieren, sich gezielt Informationen über künftige Entwicklungen holen und sich darauf einstellen. Damit sind wichtige Voraussetzungen für die Adaption und eine kognitive und affektive Neueinschätzung gegeben. Die Diagnosestellung befreit von einer mühsamen, aufwändigen, ratlosen Suche nach Antworten und entlastet möglicherweise von sinnlosem Förderstress. Diese Phase wird von einer Familie so beschrieben:

▶ Vater: »Ich weiß noch, als unser Kinderarzt das aussprach, da wurde mir heiß, und es war so amtlich, und ich weiß noch, wir saßen abends zusammen und hatten wirklich fast das Gefühl, wir haben einen Grund zu feiern. Weil wir jetzt wussten, irgendwo sind wir jetzt angekommen und wir können unser Leben jetzt irgendwie normal weiterleben.« Mutter: »Uns traf auch keine Schuld, dass sie so geboren wurde – weil ich wirklich eine Musterschwangere war!«

Nach der Geburt müssen sich Eltern mit zahlreichen unerwarteten Problemen befassen – mit abwehrenden Reaktionen auf körperlichen Kontakt, mit der Neigung zu einer Über- oder Unteraktivierung, anhaltenden Schreiattacken, einer geringen Ansprechbarkeit, ausbleibender Reaktion auf Ansprache, fehlendem Lächeln oder Blickkontakt, Fütterstörungen, einem instabilen Gesundheitszustand, lebensbedrohlichen Krisen, langen Krankenhausaufenthalten, einem entstellten Erscheinungsbild, verschobenen Gesichtszügen, craniofaszialen Dysplasien oder beeinträchtigten Vokalisierungen (Seligman & Darling 1997).
   Nach der Diagnosestellung drängt es Eltern, medizinische Informationen über therapeutische Fördermöglichkeiten, Beratungsangebote in Rechtsfragen, den Zugang zu bestimmten Hilfeleistungen zu erhalten (Eckert 2008, Hobbs et al. 1985). Informationen über die Ätiologie, Prognose und Behandlungsmöglichkeiten stärken das Gefühl von Selbstwirksamkeit und helfen, sich in einer unvertrauten Umgebung orientieren zu können.
   Das *Fehlen von kurativen Möglichkeiten* ist für die Eltern anfangs schwer zu akzeptieren (Overbeck 1981, Street & Soldan 1998). Der Wunsch, wirksame Therapien zu finden, entspringt weniger einem unrealistischen Wunsch auf Heilung,

sondern ist vielmehr Ausdruck einer fürsorglichen Haltung, alles Erdenkliche für das Kind tun zu wollen (Seligman & Darling 1997).

Ein spezielles Problem sind *Schuldgefühle* der Eltern, die möglicherweise unter dem Eindruck leiden, persönlich versagt oder ihr Kind nicht recht geschützt zu haben. Dies kann dazu führen, dass den behandelnden Ärzten Vorwürfe gemacht werden, weil sie keine Heilung zu bewirken vermögen, oder nach eigenen Fehlern gesucht wird (Retzlaff 2008, Sarimski 1998b). – Eine Mutter erinnert sich:

▶ »Das war einfach halt eine schlimme Zeit. Ja, man denkt halt so: Warum das eigene Kind? Und denkt halt: Woher kommt das? Habe ich irgendwas falsch gemacht?«

Kompetente Eltern zeichnen sich unter anderem auch dadurch aus, dass sie nicht in Selbstmitleid versinken und bewusst nicht mit ihrer Situation hadern, was einen emotionalen Abschluss nur verzögern würde:

▶ Vater: »Wir reden eigentlich, wenn wir über ihre Behinderung nachdenken, dann geht es eigentlich mehr um: Wie bewältige ich den Alltag. Weniger, dass wir lamentieren: Unser Kind ist behindert.« Mutter: »Du musst nach vorne schauen. Darfst nicht mehr zurückgucken oder denken: Oh Gott, jetzt ist mein Kind behindert. Ich muss einfach weiterleben und ganz stark sein jetzt für mein Kind. Alles andere schwächt doch nur. Ich muss mein Kind jetzt versorgen und pflegen und bei ihm sein. Und wenn ich jetzt ständig schlecht drauf wäre, deswegen weinen würde – das bringt ja dem Kind gar nichts, im Gegenteil. Das Kind ist dann auch unglücklich. Und in der Zeit könnte man ja mit dem Kind was Gescheites anfangen, mit dem Kind spielen, als wenn man in der Ecke hockt und weint.« Vater: »Ich glaube, es ist ein totaler Fehler, wirklich, in Selbstmitleid zu versinken, und nur auf sich und seine Probleme zu schauen!«

Abhängig vom Ausmaß der Einschränkungen, müssen die Eltern sich im Sinne einer antizipatorischen Trauer von dem Traum verabschieden, ein gesundes Kind zu haben, und den Verlust einer normalen Kindheit mit unbeschwerten Zukunftsperspektiven betrauern (Naumann 2008). Sie müssen sich möglicherweise auf eine verkürzte Lebenserwartung des Kindes einstellen oder darauf, eventuell keine Enkelkinder zu bekommen. Häufig empfinden sie Wut und Hilflosigkeit über die Unveränderbarkeit ihrer Situation (McDaniel et al. 1997a). Das Gefühl der Enttäuschung, ein Kind mit einer Behinderung bekommen zu haben, kann Schuldgefühle auslösen, die es zusätzlich erschweren, das Kind anzunehmen (Gerlicher 1991, Wöhrlin 1997). Betroffene Kinder müssen abhängig von der

Familie und Behinderung

jeweiligen Behinderung möglicherweise den Wunsch aufgeben, sich wie andere Kinder bewegen zu können, den Motorradführerschein zu machen, eine Regelschule besuchen zu können, Freunde außerhalb der Familie zu haben, später selbst einmal Kinder zu bekommen oder unabhängig und selbstbestimmt leben zu können. Anfänglich kann es schwer fallen, andere Familien mit gesunden Kindern im gleichen Alter zu sehen und nicht zu hadern (Retzlaff 2006).

Manche Modelle der Behinderungsverarbeitung nennen Phasen wie Schock, Verleugnung, Trauer- und Wutreaktionen, Adaption und Reorganisation. Diese plausiblen Einteilungen können Beratern und Familien als Orientierungshilfe dienen; allerdings ist fraglich, ob sie wirklich für alle Eltern gelten (Roberts 1984).

Die Diagnoseverarbeitung und die Neufindung der Elternrolle erfordern Zeit (Engelbert 1999). Mittelfristig stellt sich den Eltern die Aufgabe, die bleibenden Veränderungen ihres Lebens zu akzeptieren und ein Gefühl der Selbstwirksamkeit wieder zu erlangen. Eine gelungene Verarbeitung ist Voraussetzung für die Entwicklung einer responsiven Eltern-Kind-Beziehung (Sarimski 2001a) und einer guten Bindung (Ainsworth 1969, Bowlby 1980, Sheeran et al. 1997). Dazu der Vater eines Mädchens mit Rett-Syndrom:

▶ »Bei uns war es ein relativ kurzer Zeitraum, und dann wussten wir, sie hat das Rett-Syndrom. Das war in dem Sinne, in Anführungsstrichen, eine harte Diagnose, aber wir waren nicht so auf der Suche: Was ist jetzt mit unserem Kind? Und da sind wir relativ schnell innerlich zur Ruhe kommen und haben uns gesagt: Okay, sie hat das Rett-Syndrom, wir müssen nicht mehr suchen, es ist das und das Bild. Die und die Krankheit hat sie, die und die Folgen sind da.«

Die veränderte familiäre Lebenssituation (Dittmann & Klatte-Reiber 1993, Krause & Petermann 1997, Schatz 1987, Seifert 1997) und die Dauerbelastung sind zentrale Faktoren, die das Funktionieren der Familie beeinflussen (Cullen et al. 1991, Mangold & Obendorf 1981). Bei Kindern mit Entwicklungsverzögerungen müssen die Eltern über einen längeren Zeitraum als bei einem gesunden Kind intensive Pflege leisten. Eltern von gesunden Kindern freuen sich begeistert über kleine Fortschritte, wie das selbständige Halten der Milchflasche oder das erste Aufrichten. Diese freudigen Ereignisse helfen, die Entbehrungen der Säuglingszeit auszugleichen. Wenn Meilensteine der Entwicklung wie das Krabbeln oder das erste Aufrichten ausbleiben, ist dies für Eltern eine zusätzliche Belastung, wenn sie ihr Kind mit den Fortschritten anderer Kinder vergleichen.

In der *mittleren Phase*, dem langen Abschnitt einer chronischen Erkrankung, stehen oft die Belastung durch Pflege, physische und emotionale Erschöpfung, ambivalente Gefühle gegenüber der kranken Person und die finanzielle Bürde im Vordergrund (McDaniel et al. 1997a). Die Eltern haben sich darauf eingerichtet, dass die Behinderung eine bleibende Beeinträchtigung darstellt. Der Übergang in die chronische Anpassungsphase wird von Familien als ein qualitativ deutlich anderer Abschnitt erlebt. Es geht stärker um kognitive und emotionale Prozesse wie zum Beispiel die Erkenntnis, dass Fördermaßnahmen nicht zu einer vollständigen Genesung führen werden. Die Organisation von Therapien, der Aufbau eines therapeutischen Versorgungsnetzes und eine behindertengerechte Umgestaltung der Wohnung beanspruchen die Familie weiterhin (Leiling & Ries 2002). Das Alltagsleben mit der Behinderung muss mit den mittelfristigen Bedürfnissen der Familie in Einklang gebracht werden.

Die Chronizität der Pflege und Betreuung, die damit verbundenen Sorgen, Belastungen und finanziellen Bürden sind Faktoren, die das Risiko von Stresssymptomen erhöhen (Marshak et al. 1999). Bedingt durch die anhaltenden Herausforderungen können sich alte Konflikte verschärfen, die bereits vor dem Auftreten der Erkrankung bestanden. Langzeituntersuchungen haben gezeigt, dass die Belastung der Eltern über längere Zeiträume gleich bliebt (Hanson & Hanline 1990). Die verlängerte Pflegezeit oder *prolonged burden of care* gilt als eine der größten Herausforderungen für die Familien (Wikler et al. 1981). Als Extraanforderungen von Krankheiten und Behinderungen werden finanzielle Belastungen, Verlust von familiärer Privatsphäre und Spontaneität, persönlicher Druck, Erschöpfung, Zukunftsangst, Probleme mit Dienstleistern und Versicherungen sowie die Erfahrung von Trauer, Isolation, Schuld, Bedrohung der Integrität, die Stigmatisierung und Diskriminierung und schließlich Eheprobleme und Rollenkonflikte genannt (Cohen 1999, McDaniel et al. 1997a).

Das Gleichgewicht der Paarbeziehung und vertraute Muster der Intimität wandeln sich. Mit der Zeit wird deutlich, dass die Behinderung des Kindes das Leben des Paares weitreichend verändert hat und mehr Bereiche erfasst, als die Eltern sich vorstellen konnten. Dies kann zu Konflikten, Vorwürfen und anderen emotionalen Reaktionen führen.

Die Zeit des Übergangs von der akuten Krise zu der chronischen Bewältigungsphase eignet sich besonderes für einen therapeutischen Zugang zu der Familie. In diesem Abschnitt sind die Eltern dabei, ihre Lebenssituation neu zu bewerten. Die Einsicht, dass eine bleibende Behinderung besteht, ist eine Chance, die gegebenen Einschränkungen als etwas anzunehmen, womit man leben muss, statt in der Hoffnung auf Heilung nach immer weiteren Therapien zu suchen (Simon 1988). Manche Eltern tun sich schwer zu akzeptieren, dass eine bleibende Behinderung vorliegt, und sehen beispielsweise die Beantragung eines Behindertenausweises oder einer Pflegestufe als Verrat an. Fragt man Eltern in dieser Phase, ob ihr Kind »krank« ist, wird man eher eine verneinende Antwort hören, weil die Eltern die Behinderung nicht mehr als (akute) Krankheit werten. Ein Vater erzählte dazu:

▶ »Ich erinnere mich, als unsere jüngere Tochter einen Blaseninfekt hatte und ich der Kinderärztin eine Probe für einen Urintest brachte. Ihre Frage – ›das ist von Ihrer gesunden Tochter, nicht wahr?‹ – verstand ich zunächst nicht recht – ›nein, das ist von unserer kranken Tochter, nicht von der Großen, der geht es glücklicherweise gerade sehr gut!‹«

Zeitphase im Lebenszyklus

Menschen durchlaufen im Prozess des Älterwerdens verschiedene Lebensabschnitte, in denen charakteristische Entwicklungsaufgaben auftreten. Diese Aufgaben lassen sich mit dem Modell des Lebenszyklus veranschaulichen. Der Lebenszyklus kann nach dem Lebensalter oder dem entwicklungspsychologischen Alter unterteilt werden (Carter & McGoldrick 1999, Cierpka & Stasch 2003, Duvall 1971, Heller 1993, Schneewind 1999, Zilbach 1989).

Beim Durchlaufen des Lebenszyklus stellen sich Anforderungen, die sich mit dem Entwicklungsalter der Kinder wandeln (Gallagher et al. 1983). Das Belastungserleben der Eltern ist abhängig von den Entwicklungsaufgaben, die sich zum jeweils gegebenen Zeitpunkt stellen (Marshak et al. 1999). Das Vorschulalter, die Zeit des Schuleintritts, die beginnende Adoleszenz und die Erreichung des Erwachsenenalters gelten als kritische Übergangspunkte im Lebenszyklus (Cullen et al. 1991). Der subjektive Belastungsgrad bleibt nach Beavers et al. (1986) über die Lebenszyklusphasen hinweg konstant, vermutlich weil bestimmte Stressoren wie die andauernde Abhängigkeit des »Kindes«, das »Anderssein« der Familie und die Unsicherheit und Angst bezüglich der Zukunft über den gesamten Lebenszyklus hinweg fortbestehen (Beavers et al. 1986).

Das Modell des Lebenszyklus lässt sich als eine Spirale oder als eine Wendeltreppe veranschaulichen (Zilbach 1989). Die Angehörigen verschiedener Generationen befinden sich in der Regel in unterschiedlichen Lebenszyklusphasen. Wenn eine Behinderung in einer Übergangsphase des Lebenszyklus auftritt oder sich verschlimmert, kann dies weitaus gravierendere Folgen haben, weil die Familie durch aktuelle Entwicklungsschritte und Rollenveränderungen belastet ist (Cierpka et al. 2001).

Im Lebenszyklus gibt es zentripetale, mehr auf Kohäsion ausgerichtete Zeiten und zentrifugale Zeiten, in denen Angehörige mehr Abstand suchen (Penn 1983, Rolland 1987). Befinden sich Familien in einer Übergangssituation im Lebenszyklus, in der eine weitere schwere Krankheit auftritt, kann dies ihre Anpassungsfähigkeit zusätzlich belasten (Carter & McGoldrick 1999). Wegen der Anstrengung, die zusätzlichen Aufgaben zu bewältigen, ist der Zusammenhalt der Familie stärker. Entwicklungsbedürfnisse – zum Beispiel von Geschwistern, die im Begriffe stehen sich abzulösen – müssen möglicherweise zurückstehen, weil sie bei der Pflege des Bruders oder der Schwester gebraucht werden (Carter & McGoldrick 1999). Ebenso kann es passieren, dass Wünsche nach Nähe und Intimität und andere Werte der Familie zurückgestellt werden, weil die Behinderung dies erforderlich macht, zum Beispiel das Interesse kulturelle Veranstaltungen zu besuchen oder zu reisen (Penn 1983, Reiss et al. 1993). Dies kann dazu führen, dass Familien in einem Lösungsversuch »einfrieren«, der in der akuten Anpassungsphase eine sinnvolle Anpassungsleistung war, aber keinen guten Dauerzustand darstellt. Das Ergebnis ist oft ein starker Fokus auf das behinderte Kind (Krause 1986, 1997). Wenn das Bild, das die Eltern von ihrem Kind haben, von seiner Behinderung dominiert wird, werden altersentsprechende Entwicklungsbedürfnisse oder anstehende Entwicklungsschritte und Kompetenzen des Kindes leicht übersehen.

Im Laufe des Lebenszyklus von Familien wandeln sich die Rollen, Funktionen und die Balance der Familie. Familien sind nicht immer gleich, sondern in verschiedenen Zeitabschnitten vulnerabler oder belastbarer. Die Bedeutung, die einem Stressor beigemessen wird, ist abhängig von dem Umgang der Familie mit normativen Übergängen im Lebenszyklus oder unerwarteten Ereignissen, wie einer plötzlichen Erkrankung (Walsh 1998).

An Entwicklungsschwellen können vermehrt gesundheitliche Krisen auftreten, etwa wenn ein weiteres Kind geboren wird, oder in der Pubertät, wenn Jugendliche aus der Familie streben. Krankheiten und Behinderungen verstärken kohäsive Tendenzen und führen zu einer stärkeren Binnenorientierung. Tritt eine Behinderung in einem Lebensabschnitt ein, in dem ein starker Familienfokus soziokulturell erwartet wird – etwa in einer Familien mit kleinen Kindern –, gibt es andere Auswirkungen, als wenn eine Behinderung sich im Jugendalter bemerkbar macht und es stärkere Ablösetendenzen von der Familie gibt. Diese Dynamik wirkt sich insbesondere auch auf Geschwister aus, denen es möglicherweise schwerer fällt, in der Ablösephase eigene Wege zu gehen, weil sie das Gefühl haben, daheim gebraucht zu werden.

Ein Problem für viele Eltern ist die Erkenntnis einer wachsenden Diskrepanz zwischen der langsamen Entwicklung ihres behinderten Kindes und den rascheren Fortschritten gleichaltriger Kinder, was ihnen die Retardierung bewusst vor Augen führt. Zur besonderen Situation von Familien mit schwerstbehinderten Kindern gehören die fortgesetzten Anforderungen der Pflege, die mehr denen in der Lebenszyklusphase des Kleinkindes und den damit verbundenen Einschränkungen entsprechen, wie zum Beispiel die Notwendigkeit ständiger Beaufsichtigung. Bei einer Familie mit sehr kleinen Kindern haben Freunde und Angehörige Verständnis für eine starke Binnenorientierung, tun sich aber nicht immer leicht damit, diese Lage zu verstehen, wenn es sich bei dem »Kind« inzwischen um einen Teenager handelt (Roberts 1984).

Mit Beginn der Schulzeit kommt das betroffene Kind stärker mit seiner sozialen Umwelt in Kontakt. Dies erhöht das Risiko, in der Öffentlichkeit ablehnende Reaktionen zu erfahren. Ein kleines Kind, das der Pflege bedarf oder schreit, fällt in der Öffentlichkeit nicht unbedingt auf, ein Schulkind dagegen sehr viel mehr. Wenn Geschwister Freunde mit nach Hause bringen, müssen sie ihnen vermitteln, was es mit der Behinderung der Schwester oder des Bruders auf sich hat (Roberts 1984). Mit dem Eintritt in die Schule wird auch deutlich, dass ein schwer behindertes Kind sich nur sehr bedingt selbständig ein Netz von Freunden aufbauen kann – seine sozialen Kontakte bestehen weitgehend aus Angehörigen und aus professionellen Helfern. Mit Beginn des Schulalters hat die Familie eine mittlere Anpassungsphase erreicht und steht vor der Entwicklungsaufgabe, als Familie eine neue Balance zu finden, statt rigide an Lösungsversuchen und Rollenverteilungen der Anfangsphase festzuhalten (Combrinck-Graham & Higley 1984). Eltern durchlaufen wiederholt einen Anpassungsprozess und nicht einen einmaligen, irgendwann abgeschlossenen Trauerprozess (Wikler et al. 1981). Durch den Kontakt zu Kindern ohne gesundheitliche Beeinträchtigung oder die Einschulung des Kindes an einer Schule für geistig oder körperbehinderte Schüler werden Eltern erneut damit konfrontiert, dass bei ihrem Sohn oder ihrer Tochter bleibende Einschränkungen bestehen.

In Deutschland gibt es eine allgemeine Schulpflicht, die selbstverständlich auch für Kinder mit Behinderungen gilt. Das Finden einer passenden Schule ist für die Eltern nicht immer einfach. Die schulischen Angebote sind in den verschiedenen Bundesländern recht unterschiedlich. Die Schulen sind mit den Folgen knapper finanzieller Mittel der Träger konfrontiert, mit Auswirkungen auf die Personalausstattung und die Ausstattung mit Unterrichtsmitteln. Nach einer Untersuchung von Klauß et al. (2004) spüren die Schüler mit den schwersten Behinderungen diese Situation am stärksten.

In der Adoleszenz kann der Widerspruch zwischen Emanzipationsbestrebungen des Jugendlichen und gleichzeitiger fortgesetzter Angewiesenheit auf Betreuung zu Spannungen führen. Im frühen Erwachsenenalter kann die Organisation des Besuchs einer Werkstatt für Behinderte und die Frage eines weiteren Lebens bei den Eltern oder in einer Einrichtung belastend sein (Marshak et al. 1999).

Behinderung als organisierender Faktor im Familiensystem

Die Belastungen, die mit Behinderungen einhergehen, wirken sich auf die Struktur der Familien aus. Systeme lassen sich prozessual oder strukturell beschreiben (Ropohl 1979). Häufig wiederkehrende Interaktionsabläufe werden von einem Außenbeobachter als Struktur wahrgenommen. Grenzen sind ein psychologisches Konstrukt, das eine Unterscheidung erlaubt, welche Personen innerhalb der Familie Subsysteme bilden (Joraschky & Retzlaff 2008). Ein einfaches Kriterium zur Beschreibung von Grenzen ist die Interaktionsdichte – »Wer macht mit wem bestimmte Dinge besonders häufig? Wer wird von diesen Aktivitäten ausgeschlossen?« Die Grenzen zwischen den Generationen können tendenziell zu durchlässig sein, wenn zum Beispiel eine Mutter vielleicht intensiver mit einer älteren Tochter über das behinderte Kind spricht als mit ihrem Mann. Bedingt durch den erhöhten Betreuungsaufwand kommt es oft zu einer Strukturverschiebung (Cohen 1999, Marshak et al. 1999, Patterson & Garwick 1994). Ein Elternteil ist intensiv mit dem kranken Kind befasst, der andere Elternteil nimmt eher eine periphere Position ein (Schubert 1987). Während Frauen bzw. Mütter oft den Hauptteil der Pflege übernehmen, leisten Väter häufig Mehrarbeit in ihrem Beruf, um die erhöhten finanziellen Belastungen abzudecken (Kazak 1986). Aus systemischer Sicht kann dies als eine Anpassungsleistung verstanden werden, die allerdings potenziell zu Lasten der Intensität anderer Beziehungen geht – zum Partner, zu den Geschwistern oder zu Freunden. Die Akzentuierung der Beziehung zum behinderten Kind führt zu einer intensiven Achse zur Mutter. Die Pflege wird ganz überwiegend von Frauen geleistet, und sie geraten leicht in die Rolle der Gesundheitsexpertin der Familie, die Kontakte zu Ärzten und medizinischen und pflegerischen Diensten managt. Im Sinne der strukturellen Familientherapie haben sich damit die Grenzen innerhalb der Familie verschoben.

Manche betroffene Familien neigen dazu, sich bei der Bewältigung der mit der Behinderung verbundenen Aufgaben zu isolieren und starre Außengrenzen aufzubauen (Doherty et al. 1998). Helfersysteme – Kostenträger, die Pflegekasse oder der Medizinische Dienst der Krankenkasse – verlangen jedoch hochgradig durchlässige Außengrenzen. In der ersten Anpassungsphase besteht eine Tendenz, sich nach außen – auch gegenüber Helfersystemen – abzugrenzen, um sich im Kreis der Familie mit der Behinderung zu befassen (McDaniel et al. 2004). Die sozialen Netzwerke von Familien von Kindern mit Behinderung unterliegen Veränderungen und werden in der Regel im Laufe der Zeit kleiner, verglichen mit Familien von nicht behinderten Kindern. Innerhalb des vorhandenen kleineren Freundeskreises sind der Kontakt und die Interaktionsdichte dafür höher. Dies kann als Anpassungsreaktion im Sinne eines Selbstschutzes vor zu vielen sozialen Verpflichtungen (Kazak 1986) oder als Auswirkung von gesellschaftlichen Stigmatisierungen verstanden werden, die es erschweren, sich in der Öffentlichkeit zu zeigen. Für betroffene Familien ist es aufwändig, eine geeignete Kinderbetreuung zu finden, wenn sie ausgehen wollen (Wikler 1981a).

Im Umgang mit der Krankheit wandeln sich Rollenverteilung und Routinen, oft im Sinne einer Akzentuierung vorhandener Rollenmuster. Zwischen den Familienmitgliedern müssen Aufgaben und Verantwortlichkeiten neu verteilt werden. Vertraute Aktivitäten werden leicht aufgegeben. Familien mit behinderten Kindern zeigen eine Tendenz zu einer innerfamiliären Orientierung (Tunali & Power 1993). Insbesondere wenn das Kind auf einem sehr niedrigen Entwicklungsalter stagniert und die Eltern das Gefühl haben, ein »ewiges Kind« in der Familie zu betreuen, kommt es zu leicht zu dem bereits erwähnten Einfrieren der Rollenkonstellation, die sich in der akuten Anpassungsphase eingestellt hatte. – Eine andere Reaktion auf Behinderungen ist oftmals eine *Verstrickung*, die gegeben ist, wenn Angehörige überprotektiv werden. Es entstehen leicht *Koalitionen* oder »Teams« zwischen dem Indexpatienten und einem Angehörigen, zum Beispiel der hauptsächlich die Pflege leistenden Person. Eine bestehende Koalition kann durch eine Krankheit oder eine Behinderung noch verstärkt werden. Die Erkrankung kann das Familienleben beherrschen, was oft zur Folge hat, dass die Interessen der übrigen Angehörigen vernachlässigt werden. Eine anhaltende Binnenorientierung der Familie bis hin zu einer starren Abgrenzung gegenüber dem Medizin- oder Schulsystem kann dysfunktionale Dynamiken auslösen (Doherty et al. 1998).

Der Kompetenzvorsprung, den Mütter im Laufe der Zeit bei der Versorgung und Förderung des behinderten Kindes erlangen, erschwert eine gleichberechtigte Beziehungsgestaltung (Engelbert 1999, McDaniel et al. 1997a). Mit Übernahme der Hauptverantwortung für das behinderte Kind müssen eigene Bedürfnisse zurückgestellt werden. Viele Frauen geben ihre berufliche Karriere auf Dauer auf. Verstärkt wird diese Tendenz durch die unter Fachleuten verbreitete Haltung, Mütter sollten die Förderung ihres Kindes zu ihrer Hauptaufgabe machen (Seifert 1997).

Die Rollenmuster und Gender-Stereotypien von Familien mit behinderten Kindern entsprechen denen von Familien mit gesunden Kindern (Imber-Coppersmith 1984, Yau & Li-Tsang 1999). In empirischen Untersuchungen zu den familiären Lebensstilen finden sich ähnliche Familien-Typen wie in anderen Familien, etwa hoch kohäsive, kontrollorientierte, kindzentrierte, moralisch-religiös orientierte, leistungsorientierte und betont nicht leistungsorientierte Familien (Mink et al. 1988).

Kinder mit geistiger Behinderung, besonders solche, die nicht sprechen können, nehmen an Aktivitäten der Familie teil, können sich aber wegen ihrer kommunikativen Barrieren nicht aktiv an Austauschprozessen beteiligen und wirken dadurch psychisch nicht erreichbar (Boss & Greenberg 1984). Diese widersprüchliche Grenzsituation ist ein zusätzlicher Stressor für betroffene Familien.

Veränderungen der Familienstruktur
- asymmetrische Rollenverteilung in der Familie
- Mütter übernehmen die Pflege und Förderung sowie Kontakte zu Behandlern
- Väter engagieren sich stärker im Beruf
- Intensivierung der Achse zwischen Mutter und behindertem Kind
- Einfrieren der Rollenkonstellation der akuten Anpassungsphase
- Festhalten an Bewältigungsmustern der akuten Anpassungsphase
- Vernachlässigung anderer Interessen der Familie
- Starke Binnenorientierung der Familie
- Risiko von starren Außengrenzen und Gefahr der Isolation
- diffuse Außengrenzen gegenüber Helfersystemen

Konfliktmuster in Familien

In Familien mit chronisch kranken und behinderten Angehörigen besteht eine Neigung zur Harmonisierung. Dies führt tendenziell zu Problemen mit konflikthaften Entwicklungsschritten, etwa bei der Ablösung und bei Autonomiebestrebungen (McDaniel et al. 2004). Wegen der hohen Dauerbelastung wirken Konflikte besonders bedrohlich, die Familie muss von Tag zu Tag auf einem hohen Level funktionieren und kann sich Unstimmigkeiten kaum erlauben (Perry et al. 1992).

In einer engen Beziehung des betroffenen Kindes zur Mutter, bei einem Vater in einer peripheren Position, besteht das Risiko einer *dysfunktionalen Triangulation* (Libow 1989, Hennicke & Bradl 1990, Penn 1983, Walker 1983). Beziehungskonflikte können stellvertretend im Sinne eines umgeleiteten Konfliktes am Thema der Behinderung ausgetragen werden (Jackson 1965, Sheinberg 1983, Tatzer et al. 1985, Schubert 1987). Typische Adoleszenzkonflikte entzünden sich häufig am Umgang mit der Behinderung.

Großeltern und das erweiterte Familiensystem

Die aus Eltern und Kindern zusammengesetzte Kernfamilie ist in ein erweitertes multigenerationales Familiensystem eingebettet. In unserer Kultur sind unter einem Dach zusammenlebende mehrgenerationale Familien eher die Ausnahme und durch die multilokale Mehrgenerationenfamilie ersetzt worden. Das Verhältnis zwischen Großeltern und ihren erwachsenen Kindern hat sich in den vergangenen Jahrzehnten gewandelt. Die Beziehung zu Enkelkindern ist heute stärker von Wärme, Freude und Nachgiebigkeit geprägt. Ein entspanntes Verhältnis mit einem guten emotionalen Kontakt zu der erweiterten Familie stärkt die Adaption der Kernfamilie (Bowen 1978). Für Eltern von Kindern mit Behinderung ist es wichtig, wie die erweiterte Familie ihr Kind aufnimmt und die eigenen Eltern auf ein behindertes Enkelkind reagieren (Marshak et al. 1999). Bedingt durch die schwindende Geburtenrate sind Enkelkinder oft einem erheblichen Erwartungsdruck ausgesetzt, und zwar nicht nur durch Eltern, sondern zum Teil auch durch Großeltern. Die Geburt eines Enkelkindes mit Behinderung stellt manche Wünsche und Hoffnungen der Großeltern in Frage. Sie müssen ihre Hoffnung auf ein gesundes Enkelkind aufgeben und sich ihrerseits auf dessen Behinderung einstellen. Ähnlich wie die Eltern durchlaufen sie eine Trauerphase und benötigen möglicherweise Unterstützung, wie sie mit ihrem Enkelkind umgehen und Kontakt finden können. Oft sind sie verunsichert, wie sie ihren Sohn oder ihre Tochter bzw. den Schwiegersohn oder die Schwiegertochter entlasten können. Manche Großeltern fühlen sich überfordert, mit einem optisch auffälligen Kind spazieren zu gehen, das sie nicht stolz der Öffentlichkeit vorzeigen können. Für die Eltern des behinderten Kindes sind ablehnende Reaktionen durch die eigenen Eltern und Schwiegereltern, Verleugnungstendenzen und Bagatellisieren (»das wächst sich bestimmt aus!«) eine erhebliche Belastung. Wenn sich Großeltern aus eigenem Gram zurückziehen, kann dies für ihre erwachsenen Kinder als große Zurückweisung erlebt werden. Dazu die Erfahrung von zwei Eltern:

▶ Mutter: »Also, meine Eltern, die waren furchtbar betroffen über die Behinderung von der Laura. Manchmal hab ich das Gefühl, die leiden mehr als wir. Meine Mutter, die wird damit irgendwie nicht fertig. Also, sie liebt unsere Tochter ganz arg.« Vater: »Die werden beide nicht damit fertig, aber auf unterschiedliche Art.« Mutter: »Am Anfang, meine Mutter war die Einzige, die noch etwas Zugang zu unserer Tochter bekommen hat. Und mein Vater, der kann eigentlich überhaupt nichts mit ihr anfangen. Der weiß überhaupt nicht, was er mit ihr machen soll, der verdrängt das auch irgendwie.«

Familien mit behinderten Kindern verbringen mehr Zeit im Kreis der erweiterten Familie (Tunali & Power 1993). Rückhalt von den eigenen Eltern ist eine der zentralen Formen von sozialer Unterstützung, mit positiven Auswirkungen auf die Resilienz. Die Herkunftsfamilie und insbesondere die eigenen Eltern und Geschwister zählen zu den wichtigsten potenziellen Quellen von sozialer Unterstützung. Rückblickend beschreibt ein Vater:

▶ »Noch immer habe ich vor Augen, wie meine Mutter im Garten mit Nadja gespielt hat ... sie war so liebevoll und hat um Kontakt geworben, ihr zum Beispiel ihr Lieblingsobst besorgt, Erdbeeren und Trauben besorgt, auf den Küchentisch vor sie gelegt, damit sie greifen üben. Mich hat es irgendwie versöhnt zu sehen, wie liebevoll meine Mutter und übrigens auch meine Schwiegermutter mit unserer Tochter umgehen.«

Generationsübergreifende Erfahrungen mit Behinderungen, Krankheit und Verlusten

Wie eine Familie mit der aktuellen Lebenssituation umgeht, wird durch die Dynamik der Herkunftsfamilie mit beeinflusst (Boszorményi-Nagy & Spark 1981, Reich et al. 2007, Weber 1993). In Familien werden konstruktive, aber auch weniger gute Erfahrungen im Umgang mit Behinderungen und Krankheit gemacht, die als generationsübergreifende Muster weitergegeben werden können. Wird die Familie später mit der Behinderung eines Kindes konfrontiert, können diese Muster einen wichtigen Einfluss haben (Cierpka et al. 2001, Seaburn et al. 1992). Hierbei sind Erinnerungen an Rollenmuster im Umgang mit Krankheiten und den Mythen und Legenden über diese – als Strafe für Missetaten oder Fehler des Patienten, Versäumnisse der Eltern – ebenso von Bedeutung wie positive Leitbilder.

Manche betroffene Eltern beschreiben, wie sie durch einen behinderten Bruder, einen Vater, der im Rollstuhl saß oder eine Sehbehinderung hatte, darauf vorbereitet waren, dass Behinderungen und Krankheiten zum Leben dazugehören. Erfahrungen aus der Herkunftsfamilie können eine Hypothek darstellen, wenn die Eltern und Geschwister sich bei der Pflege eines behinderten Angehörigen verausgabt hatten und die Grundhaltung entstanden ist: »Das Leben mit einem behinderten Kind ist ganz schrecklich!«

Problemmuster und Lösungsstrategien im Umgang mit Gesundheit lassen sich mit Hilfe des medizinischen Genogramms rekonstruieren. Genogramme sind eine graphische Darstellung der Familienkonstellation und ihrer Entwicklungsgeschichte über mehrere Generationen. Neben wiederkehrenden Problemmustern werden dabei auch anstehende Entwicklungsschritte und Ressourcen der Familie deutlich (McGoldrick & Gerson 1990, Reich et al. 2008).

Vorerfahrungen mit schweren Krankheiten, Verlusten und Behinderungen können eine Ressource oder von Nachteil sein. Letzteres ist der Fall, wenn durch ein gesundheitliches Problem emotional belastende vergangene Erfahrungen reaktiviert werden, die den aktuellen Umgang beeinträchtigen (Retzlaff et al. 2001). Die familiären Überlieferungen über Gesundheit und Krankheit sind ein narrativer Kontext, in den Familien ihre gegenwärtigen Erfahrungen einordnen und aus dem gegenwärtige Handlungen abgeleitet werden. Gute und weniger gute Narrative über die Art und Weise, wie eine Familie in der Vergangenheit Krankheiten gemeistert hat, beeinflussen die Bedeutungsgebungsprozesse in der Gegenwart. Familien können ein Gefühl der Selbstkompetenz oder der Ohnmacht mitgenommen haben (Penn 1983, Walker 1983). Manche Familien haben sich auch in der Öffentlichkeit zu einem behinderten Angehörigen bekannt, während andere Familien – vielleicht unter dem Eindruck der NS-Zeit – diese als Geheimnis behandeln und vor der Öffentlichkeit verstecken.[1]

Gesundheitsbezogene Glaubenssysteme der Familie

Reiss (1981) hat gezeigt, dass Familien Paradigmen entwickeln, wie die Welt funktioniert. Zu diesen Paradigmen zählen auch Vorstellungen über Gesundheit und Krankheit, die mit Fragebögen erfasst werden können (Ransom et al. 1992). Zu den gesundheitsbezogenen Überzeugungen der Familien gehören Auffassungen über medizinische und psychologische Zusammenhänge, Ursachen-Attributionen, Annahmen über die Beeinflussbarkeit einer Behinderung oder Entwicklungsverzögerung. Sie beeinflussen, was einer Familie als sinnvolle Handlungsweise erscheint.

Nach der Diagnosestellung stehen Eltern vor der Herausforderung, die Behinderung in ihr Leben einzuordnen und dem Geschehen Sinn beizumessen. Das Grundvertrauen in den eigenen Körper, das Gefühl der Unversehrtheit und der Unvergänglichkeit und das Vertrauen in die Kräfte des Schicksals sind zutiefst in Frage gestellt. Dies wird an dem Vater eines Jungen mit Angelmann-Syndrom deutlich, der verzweifelt äußerte: »Es kann doch nicht so schwer sein, ein gesundes Kind zu zeugen!«

Die gesundheitsbezogenen Überzeugungen beider Eltern und der Behandler können übereinstimmen oder konträr sein (Rolland 1987). Konflikte mit Behandlern sind oft auf solche divergierende Annahmen und Erwartungen zurückzuführen (Simon 1988). Sie bieten ein Erklärungsmodell für Erkrankungen und sind wirksame Faktoren für die familiäre Adaption. Sie können optimistisch oder fatalistisch geprägt sein, Verantwortung und die Verantwortlichkeit intern oder extern attribuieren.

---

[1] Ein bekanntes Beispiel ist Rosemary Kennedy, die, wegen leichter Behinderungen durch eine Lobotomie misshandelt, von ihrem Vater Joseph Kennedy jahrzehntelang versteckt wurde. Nach langer Ausgrenzung in Heimen bekannte sich die Familie Kennedy später zu ihr und engagierte sich mit zahlreichen Projekten – wie der Gründung der Paralympischen Spiele – in hohem Ausmaß für Menschen mit Behinderungen.

Ethnische und soziokulturelle Faktoren

Kulturell geprägte Überzeugungen, was als normal und was als Abweichung anzusehen ist, haben weit reichende Auswirkungen auf den Umgang mit Behinderungen. In einer modernen Ein-Kind-Familie hat die Behinderung eines Kindes vermutlich einen anderen Stellenwert als in Familien mit großer Kinderzahl, wie sie früher keine Seltenheit waren. Familien mit ausgeprägten internen Kontrollüberzeugungen und Leistungsstreben tun sich mit der Annahme einer geistigen Behinderung eines Kindes schwerer als Familien, die ohnehin mit Lebenswidrigkeiten zu kämpfen haben. In Familien, die in extremer Armut leben, sind Probleme die Regel, nicht die Ausnahme (Minuchin et al. 1967); die Behinderung eines Kindes wird als eine weitere unter vielen vorhandenen Lasten angesehen. Die Grundüberzeugung »das Leben macht es uns nicht leicht« bestätigt sich für sie nur ein weiteres Mal (Rolland 1994).

Die Überzeugungen und Glaubenssysteme von Familien sind in einen weiteren soziokulturellen Kontext eingebunden. Kulturelle Normen und Werte wirken auf Familien und auf behinderte Menschen zurück. Die Ausgrenzung von Personen mit Behinderungen in Sondereinrichtungen geht einher mit der Annahme, sie seien andersartig (Goffman 1961, v. Platen-Hallermund 2006). Zwischen 1993 und 1945 setzte sich in weiten Kreisen der deutschen Öffentlichkeit und besonders in der Medizin und Justiz die Auffassung durch, die Ausgrenzung und Eliminierung von Menschen mit Behinderungen seien eine moralische Pflicht.[2]

Der kulturelle Hintergrund der Familie (Falicov 1983, McGoldrick et al. 1996, v. Schlippe et al. 2004) und ihre spirituellen Vorstellungen können die Einstellung zum Kind mit Behinderung beeinflussen (Walsh 1999). Manche soziokulturellen Gruppen sehen Behinderungen als Makel an oder werten die Annahme von Hilfe als Zeichen von Schwäche (Boss 2002). Eine erfolgreiche Bewältigung ist leichter möglich, wenn die Familie einen Bezugsrahmen hat, der das Geschehen normalisiert, und wenn sie eine realistische Einschätzung entwickelt, welche Faktoren beeinflussbar sind und welche als solche akzeptiert werden müssen. Für den Umgang mit Behinderungen günstig sind kulturelle Normen, welche die Begrenztheit des medizinischen Wissens akzeptieren, die Selbstwirksamkeit der Familie

---

2 Das unfassbare Ergebnis ist bekannt – aus Vorurteilen und ökonomischem Zweckdenken wurden über 45 000 Menschen mit Behinderung – in Kenntnis der juristischen Führungsspitze Deutschlands – ermordet. Nach dem Aussetzen der T4-Aktion nach dem öffentlichen Widerstand durch Kardinal von Galen wurden die Ermordungen versteckt fortgeführt, indem Nahrung und Heizmittel entzogen wurden; viele behinderte Menschen verhungerten und erfroren unter erbärmlichen Umständen (Klee 2004, Weingart et al. 1988).

betonen und offen für die Nutzung verschiedener medizinischer, psychologischer und naturheilkundlicher Behandlungsansätze sind. Glaubenssysteme sind nicht statisch, sie wandeln sich mit der Zeit und müssen immer wieder an die aktuelle Lage angepasst werden.

Nach Aussagen vieler Fachlehrer und Kinderärzte hat ein überproportional großer Anteil von Kindern mit Behinderung einen Migrationshintergrund. In den USA werden die Besonderheiten von Familien aus unterschiedlichen ethnischen Gruppen gewürdigt (McGoldrick 1996), die sich auch auf den Umgang mit Behinderungen auswirken können (Seligman & Darling 1997). Im deutschsprachigen Raum mangelt es an entsprechenden Konzepten und Untersuchungen von Familien von Migranten. Die Religionszugehörigkeit wirkt sich unterschiedlich auf die Akzeptanz von Kindern mit Behinderung aus, zumindest in den USA (Zuk 1959, 1961).

Schichtunterschiede beeinflussen auch die Erwartungen an Kinder und die Toleranz für Abweichungen aus – Unterschichtfamilien haben eine tendenziell höhere Toleranz für abweichendes Verhalten und schwache kognitive Leistungen als Mittelschichtfamilien mit ausgeprägten Leistungserwartungen. Familien mit behinderten Kindern aus niedrigeren sozioökonomischen Schichten haben mehr gesundheitliche, emotionale und finanzielle Probleme und sind stärker auf Unterstützung von ihrer erweiterten Familie angewiesen (Seligman & Darling 1997).

3.3 Stresserleben und Behinderung

Eltern von Kindern mit Behinderungen schätzen sich generell als stärker belastet ein als Eltern von Kindern ohne Behinderung. Insgesamt ist die Befundlage zum Stresserleben recht heterogen. In kritischen Arbeiten wurden methodische Unzulänglichkeiten bemängelt, die vor einer breiten Generalisierung von Einzelbefunden warnen und empfehlen, Familien praktische Hilfen bei der Bewältigung von konkreten Problemen zu geben (Lyon & Lyon 1991, Hastings & Taunt 2002).

Zahlreiche Studien belegen ein erhöhtes Ausmaß an Stress und Depression (Dyson 1991, Hodapp et al. 1997, Innocenti et al. 1992, Kazak & Marvin 1984, Kazak & Wilcox 1984, Krause & Petermann 1997, Roach et al. 1999, Sarimski 2001a, Yau & Li-Tsang 1999). Diese Situation bleibt über längere Phasen des Lebenszyklus bestehen (Flynt et al. 1992). Selbsteinschätzungen der Belastung von Müttern behinderter Kinder erwiesen sich als zuverlässigeres Maß als Fremdeinschätzungen durch den betreuenden Arzt (Canning et al. 1996). Fragebogenerhebungen vermitteln im Gegensatz zu Schilderungen betroffener Eltern ein recht nüchternes Bild der Belastungen. Dazu die Eltern eines entwicklungsbehinderten Kindes:

▶ Vater: »Ja, das ist dann wirklich eine stressige Zeit, wenn sie nur am Schreien ist. Und wenn man dann nur zwei bis drei Stunden Schlaf hat und muss am nächsten Tag wieder arbeiten, das schlaucht schon. Die erste Zeit war das echt extrem schlimm, da konnt' ich nicht viel schlafen. Also, das ging zwei Jahre.« Mutter: »Ja, ja ... und kein Wochenende mehr. Das ist eben auch was, was man vermisst. Mal so ein Wochenende schön Ausschlafen bis neun – ich bin ja schon Gott froh, wenn ich bis um sieben schlafen kann.« Vater: Des Schlimmste is die Zeit, wenn sie schon um vier aufwacht, des ist echt eine blöde Zeit, ja.« Mutter: »Das ist Mord!«

Die Qualität der Familienbeziehungen ist ein wichtiger Prädiktor für das Stresserleben (Gowen et al. 1989, Harris & McHale 1989, Salisbury 1987). Viele Studien belegen die Möglichkeit einer günstigen Anpassung und die Entwicklung einer positiven Lebenseinstellung durch die Eltern (Dyson 1991, Mahoney et al. 1992, Perry et al. 1992). Die Stärkung des innerfamiliären Zusammenhalts, die Anpassung der partnerschaftlichen Rollen, die Neuorientierung familiärer Werte und die Mobilisierung von sozialer Unterstützung erleichtern die Bewältigung der besonderen behinderungsbedingten Anforderungen (Tunali & Power 1993).

Stresserleben von Müttern und Vätern

Mütter haben mehr Kontakt zu Behandlungseinrichtungen (Silver et al. 1998) und sind für Befragungen leichter zu erreichen (Cohen 1999). Aus diesem Grund wurden Studien häufiger mit Müttern als mit Vätern von behinderten und chronisch kranken Kindern durchgeführt (Ribi et al. 2002). In Untersuchungen von Sarimski (1998) und Peterander und Speck (1995) gaben Mütter an, sich stark belastet zu fühlen. Innerhalb der Familien sind sie der höchsten Belastung ausgesetzt (Ray 2002) und weisen vermehrt eigene gesundheitliche Probleme auf (Damrosh & Perry 1989, Patterson et al. 1992). Mütter von Kindern mit Behinderung haben in Fragebogenuntersuchungen generell höhere Depressionswerte (Bailey et al. 2007), dieser Effekt ist allerdings nicht sehr ausgeprägt (Singer 2006). Sie sind einem höheren Ausmaß sozialer Vorurteile ausgesetzt. Sie sind häufiger mit ihrem Kind unterwegs und müssen sich dann manchmal Vorwürfe wegen Verhaltensauffälligkeiten ihres Kindes anhören, die ihnen angelastet werden (Wikler 1981b). Mütter fühlen sich durch ablehnende Reaktionen der sozialen Umwelt belastet (Engelbert 1999, Lam & McKenzie 2002), was das Risiko erhöht, ein negatives Selbstbild zu entwickeln. »Gestandene« Mütter berichten weniger Stress als junge Mütter (Pfeiffer 1989).

Nach einer britischen Studie kommen *Väter* von Kindern mit Down-Syndrom ebenso gut mit Mädchen zurecht wie mit Jungen, unabhängig vom Schweregrad und dem Alter der Kinder (Hornby 1995). Die Qualität der Anpassung hing stärker mit der Zufriedenheit mit der sozialen Unterstützung zusammen als mit dem Ausmaß sozialer Unterstützung per se. Die wahrgenommene Stressbelastung korrelierte umgekehrt mit dem Bildungsstand und der Zufriedenheit mit der finanziellen Situation, nicht jedoch mit der soziökonomischen Schicht. Die Qualität der Partnerschaft der untersuchten Eltern war nicht belastet, die Scheidungsrate nicht erhöht. Die Mehrheit der Väter litt nicht an manifesten Beschwerden oder einer Depression. Ihre Adaption korrelierte signifikant mit psychischer Stabilität bzw. umgekehrt mit Neurotizismus.

Für Familien mit behinderten Kindern ist die Einbettung in ein soziales Netz wichtig, um den besonderen Anforderungen gerecht zu werden (Frey et al. 1989, MacKinnon & Marlett 1984, Stagg & Catron 1986). Insbesondere Mütter sind von Isolation bedroht (Engelbert 1994, Perry et al. 1992). Die Verfügbarkeit von sozialer Unterstützung ist ein wichtiger Prädiktor für das Stresserleben von Müttern (Krauss Wyngaarden 1993, Quittner et al. 1990). Ablehnende Reaktionen der sozialen Umgebung stellen eine erhebliche Belastung dar (Retzlaff 2006). Eine gute Integration des Kindes im Freundes- und Bekanntenkreis der Eltern wirkt sich dagegen positiv aus.

In einer mit Unterstützung der Bundesvereinigung Lebenshilfe e. V. durchgeführten Untersuchung war die Stressbelastung der Mütter höher als die der Väter; eine erhebliche Zahl der Eltern fühlte sich jedoch ihrer Lebenssituation durchaus gewachsen (Eckert 2008). In einer eigenen Untersuchung zeigten sich bei den Müttern signifikant höhere Stressbelastungswerte und stressbedingte Symptome als bei Vätern (Aschenbrenner 2008). Außerdem war der Zusammenhang zwischen der Stressbelastung und Kompetenzen bzw. Verhaltensauffälligkeiten des Kindes ausgeprägter als bei den Vätern.

In Studien, in denen Mütter *und* Väter von Kindern mit Behinderungen gemeinsam befragt wurden, zeigen sich ähnlich starke Belastungen bei beiden Elternteilen (Hadadian 1994, Krauss Wyngaarden 1993, Sarimski 2001, Rousey et al. 1992). Mütter und Väter von chronisch kranken Kindern schätzten nach einer Untersuchung von Knafl und Zoeller (2000) die Auswirkungen auf das individuelle Befinden und die Familienfunktionen weitgehend ähnlich ein. Auch Heaman (1995) fand nur geringe Unterschiede bei der Einschätzung von Stressoren und Bewältigungsstrategien durch Mütter und Väter entwicklungsbehinderter Kinder. Die größten Sorgen beider Eltern waren die ungewisse Zukunft ihres behinderten Kindes und finanzielle Probleme. Eine hohe Fokussierung auf das behinderte Kind geht bei Vätern und Müttern gleichermaßen mit einem deutlich größeren subjektiven Stresserleben einher (Aschenbrenner 2008). Mütter und Väter von Kindern mit genetisch bedingten Entwicklungsstörungen nennen ähnliche Bedürfnisse, etwa das Angebot von Beratungsgesprächen (Sarimski 1998a).

In anderen Aspekten unterscheiden sich die Bewältigungsstrategien von Müttern und Vätern (Cohen 1999, Heaman 1995, Yau & Li-Tsang 1999). Auf die initiale Diagnosemitteilung reagieren Väter weniger emotional als Frauen, machen sich dafür aber mehr Sorgen um den sozialen Status, die späteren Zukunftsaussichten ihrer Kinder und die langfristigen Auswirkungen der Behinderung auf das Leben der Familie (Lamb & Meyer 1991). Väter von Kindern mit Behinderungen konzentrieren sich stärker auf ihren Beruf und sind sich bewusst, dass ihre Arbeit für sie eine Entlastung von der Betreuung ihres behinderten Kindes darstellt (Hinze 2002). Sie neigen stärker zu kognitiven Bewältigungsstrategien und suchen nach Informationen über die Behinderung und Fördermöglichkeiten, während Frauen soziale Unterstützung stärker nutzen als Väter (Damrosh & Perry 1989, Eckert 2008, Sarimski 2001a). Allerdings nutzen Väter, die eine starke Stressbelastung angeben, soziale Unterstützung noch stärker als Mütter (Aschenbrenner 2008). Mütter berichten häufiger von Erschöpfung aufgrund der alltäglichen Pflege und von der Sorge, den Versorgungsbedürfnissen des Kindes nicht angemessen nachkommen zu können. Väter lassen ihre Belastung jedoch oft weniger erkennen und geben seltener Depressivität und Erschöpfung an. Der Wunsch nach einer Auszeit wurde ebenfalls von den Müttern am stärksten betont. Väter thematisierten stärker die Qualität der Ehebeziehung und den Wunsch nach gemeinsamen Unternehmungen und Erholung mit ihrer Partnerin ohne das Kind (Heaman 1995). Sie äußern eher Unzufriedenheit mit ihrer materiellen Lebenssituation (Cohen 1999, Engelbert 1999). Als Stressoren werden von Vätern eher die finanzielle Situation und ihre emotionale Beziehung zum Kind (Holmbeck et al. 1997, Kazak 1997) sowie das Temperament (Krauss Wyngaarden 1993) genannt. Sie fühlen sich stärker als Mütter durch Entwicklungsprobleme ihrer Kinder, zum Teil auch durch den erhöhten Förderaufwand, und Verhaltensauffälligkeiten belastet (Engelbert 1999).

Es gibt Hinweise auf unterschiedliche Verlaufskurven der Anpassung von Vätern und Müttern von Kindern mit geistiger Behinderung; Väter beschrieben überwiegend einen stetigen Anpassungsweg, während die Mütter häufiger Höhen und Tiefen und wiederholte Krisen durchlebten (Damrosh & Perry 1989, Rogner & Wessels 1994).

Ein achtsamer Umgang und mit den eigenen Interessen und Respekt für die Bedürfnisse der eigenen Person – ohne diese egozentrisch in den Mittelpunkt zu stellen – erweisen sich als ein zentraler Faktor, der mit einer gelingenden Anpassung oder in weniger günstigen Fällen mit einer hohen subjektiven Stressbelastung einhergeht. Da die Mütter die Pflege übernehmen, ist es für sie besonders bedeutsam, sich eigene Freiräume zu bewahren (Aschenbrenner 2008).

Stresserleben und Partnerschaft

Zahlreiche Studien belegen, dass bei Eltern chronisch kranker und behinderter Kinder ein erhöhtes Risiko von Depressionen und Eheproblemen besteht (Risdal & Singer 2004, Silver et al. 1998, Wolfensberger 1967). Zwischen Stressbelastung und Partnerschaft bzw. Partnerschaftsqualität besteht ein eindeutiger, statistisch gesicherter Zusammenhang (Bodenmann & Perrez 1995). Bei Paaren mit hohem Belastungsgrad ist das Risiko einer negativen Partnerschaftsqualität erhöht (Bodenmann 1998). Direkte Auswirkungen auf die Paarbeziehung ergeben sich durch Zeitmangel für den Partner und die einseitige Beschäftigung mit den Anforderungen und Belastungen (Harris & McHale 1989). Manche Therapeuten vertreten eine wenig optimistische Einschätzung der Partnerschaft von Eltern behinderter Kinder: »*Das Auftreten der Behinderung und die damit verbundene Rehabilitation zerstören das empfindliche Gleichgewicht der familiären Beziehungen, besonders das zwischen den beiden Ehegatten*« (Selvini Palazzoli 1988, S. 9; Hervorhebung R. R.). Kazak und Marvin (1984) dagegen fanden keinen nachteiligen Einfluss der Belastungen auf die Qualität der Partnerschaft. Die aufwändige Pflege und Versorgung der Kinder, mit ständig neuen Anforderungen und Krisen, beansprucht Zeitressourcen, die wiederum für die Pflege der Paarbeziehung fehlen (Engelbert 1994). Es kann zu Rollenunsicherheit, Zukunftssorgen und Konflikten zwischen den Partnern kommen, durch welche die Paarbeziehung belastet wird. Die Eltern chronisch kranker Kinder befinden sich in einer ähnlichen Lage (Quittner et al. 1998). Wenn beide Eltern den Einfluss, den ein behindertes Kind auf das Familienleben ausübt, ähnlich einschätzen, ist das Belastungserleben geringer (Knafl & Zoeller 2000). Eine Intensivierung der Partnerschaft geht mit einer geringeren Stressbelastung einher (Aschenbrenner 2008).

In einer Untersuchung mit 75 Eltern von Kindern mit geistiger Behinderung, die eine Schule für Schwerstbehinderte besuchten, waren die Kohäsion und Adaptabilität in den *Family Adaptability and Cohesion Evaluation Scales (FACES)* und die Werte des *Family Assessment Measure* – der Originalfassung der Familienbögen – signifikant schlechter gegenüber einer Kontrollgruppe. Insbesondere die Zufriedenheit mit der Partnerschaft und die Qualität des affektiven Austauschs waren beeinträchtigt (Schubert 1987).

In einer Untersuchung von 75 Familien mit Kindern, bei denen ein Down-Syndrom bestand, ging ein höheres Stresserleben mit ungünstigeren Werten der Partnerschaftszufriedenheit und einer allgemeinen Lebensunzufriedenheit einher

(Gabriel et al. 2008). Stresseinflüsse auf die Partnerschaft bleiben lange Zeit unbemerkt und können zu einer schleichenden Verschlechterung der Paarbeziehung führen (Bodenmann 1998). Die unspezifischen Auswirkungen von Stress, fortwährende Alltagssorgen, stressbedingte Gesundheitsprobleme und die Reduktion von gemeinsamen Aktivitäten sind indirekte Belastungseffekte, die zu einer Verschlechterung der Qualität der Paarkommunikation führen können.

Die besonderen Anforderungen begünstigen eine asymmetrische Rollenverteilung in der Paarbeziehung (Damrosh & Perry 1989, Seifert 1997). Für viele Mütter von Kindern mit Behinderung ist die Ausübung einer Berufstätigkeit eine wichtige Möglichkeit, eigene Interessen zu verwirklichen, was sich positiv auf die Bewältigung ihrer Lebenssituation auswirkt (Beresford 1994, Engelbert 1999).
Risikofaktoren für eine Trennung der Eltern von Kindern mit Behinderung sind ein gehobenes Bildungsniveau, ein hohes Ausmaß an Ungewissheit, hohe alltägliche Anforderungen durch die Pflege, eine ungleiche Verteilung der Aufgaben unter den Ehepartnern und Zeitmangel für Freizeitaktivitäten (Taanila et al. 1996). In dieser Stichprobe lebten 82 % der leiblichen Eltern nach der Geburt eines Kindes mit Behinderung weiterhin zusammen, 70 % berichteten keine Veränderung der Partnerschaft, 23 % beschreiben diese als enger als zuvor. Lediglich 7 % geben an, sich voneinander entfernt zu haben.
In einer Metaanalyse zur Auswirkung eines behinderten Kindes auf die Ehe der Eltern werteten Risdal und Singer (2004) Studien aus einem Zeitraum von 30 Jahren aus. Über drei Jahrzehnte hinweg war der Einfluss auf die Ehebeziehung in den ausgewerteten Studien ähnlich – die Scheidungsrate war um 5,9 % erhöht, die eheliche Zufriedenheit gegenüber Kontrollgruppen geringfügig niedriger. Insgesamt war die Ausprägung dieser Effekte eher schwach, zumal die Autoren von einer großen Anzahl von Studien ausgingen, die wegen fehlender signifikanter Effekte nicht publiziert wurden.
Die Scheidungsrate der Eltern von Kindern mit Down-Syndrom war in einer Untersuchung von Urbano und Hodapp (2007) etwas niedriger, verglichen mit Eltern nicht behinderter Kinder und Eltern von Kindern, bei denen nach der Geburt eine andere Behinderung festgestellt wurde. Wenn sich Eltern von Kindern mit Trisomie 21 scheiden ließen, geschah dies meist innerhalb der ersten beiden Lebensjahre des Kindes, und die Eltern waren durchschnittlich jünger.
Die meisten neueren Untersuchungen gehen davon aus, dass die Scheidungsrate von Eltern behinderter oder chronisch kranker Kinder nicht oder nur geringfügig höher ist als in der Allgemeinbevölkerung (Brinthaupt 1991, Ray 2002, Taanila et al. 1996, Wikler et al. 1983). Partnerschaften können in Folge der Belastung durch die Pflege eines kranken oder behinderten Kindes auseinander gehen, sie

können aber auch stärker werden. Der Zusammenhang zwischen Belastung und Partnerschaft ist komplex und nicht eindeutig (Ray 2002, Schatz 1987, Taanila et al. 1996, Yau & Li-Tsang 1999). Nach Schatz (1987) beeinflussen die behinderungsbedingten Belastungen die Partnerschaft eher mittelbar. Durch eine Störung des familiären Gleichgewichts und der Rollenverteilung kann die Familienstruktur in einer Weise beeinträchtigt werden, die eine Trennung begünstigt. Allerdings lassen sich eher Paare scheiden, die vorher schon Probleme in der Beziehung hatten (Ray 2002, Schatz 1987).

▶ Eine Mutter berichtet von ihrer niedergedrückten Stimmung, nachdem ihr erster Mann sie verlassen hat. Die neue Ehe erlebt sie als eine Bejahung der eigenen Person, fühlt sich entlastet und freut sich, dass sie mit ihrem zweiten Mann ein weiteres Kind hat, dass ihr Mann zu ihr hält und an ihr interessiert ist. Mutter: »Ja, für mich ist es auch einfacher, das ist ja klar. Wenn man jemand hat, der zu einem hält, und unterstützt und hilft.«

Stresserleben von Alleinerziehenden

Familien, in denen ein Elternteil ein Kind mit Behinderung allein betreut, sind tendenziell stärker belastet als Familien mit zwei zusammenlebenden Elternteilen (Beckman 1983, Capuzzi 1989, Holroyd et al. 1976, Wikler et al. 1984). Alleinerziehende haben geringere soziale Entlastungsmöglichkeiten und knappere finanzielle Ressourcen. Dies ist besonders dann der Fall, wenn es mehrere Kinder gibt (Cullen et al. 1991). Kinder mit geistiger Behinderung benötigen oft eine konstante Beaufsichtigung, die für ein Elternteil schwer zu leisten ist. Soziale Isolation und Vorurteile beeinträchtigen Ein-Eltern-Familien noch stärker als Familien mit zwei Elternteilen (Wikler et al. 1984). – Diese Situation wird von einer Mutter so beschrieben:

▶ »Und das habe ich dann früher so gehasst: Alleine spazieren laufen am Sonntag. Da kommen dir die Familien entgegen – in Anführungsstrichen –, und du musst dein Kind alleine spazieren führen und dann noch ein behindertes Kind! Ja, da haben sie einen manchmal schon blöd angeguckt, ja. Das war, finde ich jetzt, das ist schön, dass man nicht mehr alleine ist, ja, dass man die Probleme jetzt zu zweit versucht zu meistern.«

Ein überdurchschnittlich hoher Teil von alleinerziehenden Müttern mit behinderten Kindern lebt unterhalb der Armutsgrenze (Statistisches Bundesamt 2009). Die begrenzten finanziellen Möglichkeiten erschweren die Organisation von Pflegeentlastung, knappe zeitliche Ressourcen die Selbstfürsorge. Wegen der verlängerten Abhängigkeit von Kindern mit Behinderung sind ihre Mütter besonders lange durch ihre Betreuung in Anspruch genommen. Sie haben deshalb weniger Gelegenheit, ihr soziales Netz zu pflegen und eigenen Interessen nachzugehen, was für sie besonders wichtig wäre, um die Pflege auf lange Sicht gut tragen zu können. Ihre Stressbelastung ist jedoch nicht höher, wenn sie in hohem Maße Flexibilität und Adaptabilität besitzen (McCubbin 1989).

Stresserleben aus der Sicht betroffener Kinder

Kinder mit körperlichen und geistigen Behinderungen müssen eine Reihe von Aufgaben zusätzlich zu den normalen Entwicklungsschritten meistern. Zum Selbsterleben von Kindern und Jugendlichen mit körperlichen Behinderungen und chronischen Krankheiten in verschiedenen Altersgruppen gibt es eine umfangreiche Literatur (Seiffge-Krenke 1996, Warschburger & Petermann 2002), zu körperlich und insbesondere geistig behinderten Kinder fehlen entsprechende Überlegungen weitgehend.

Kinder mit intellektuellen Behinderungen sind darauf angewiesen, dass ihre Bezugspersonen ihnen mit Wertschätzung begegnen und über ein hohes Maß an Einfühlungsvermögen oder Feinfühligkeit verfügen (Pixa-Kettner & Lotz-Rambaldi 2003). Ist dies nicht der Fall, kann sich dies wegen der eingeschränkten kognitiven Fähigkeiten besonders nachteilig auf die emotionale Entwicklung der Kinder auswirken (Werther & Hennicke 2008, Senckel 2000).

Belastungen sind nicht statisch, sondern wandeln sich über die Zeit und können zyklisch oder phasenweise wieder auftreten. Die emotionale Bewältigung der Behinderung, das Ertragen unangenehmer medizinischer Maßnahmen, der Umgang mit Einschränkungen der Wahrnehmung, die erschwerten Kommunikationsmöglichkeiten sind Aufgaben, die betroffene Kinder zu bewältigen haben. Eine »Übertherapierung« kann bei Kind und Eltern zu einem Förderstress führen. Auch Kinder mit Behinderung möchten Zeit für sich verbringen und nicht ständig gefördert werden. Bei den meisten gesunden Kindern gibt es immer wieder natürliche Stillstandsphasen der Entwicklung, die deshalb nicht automatisch Anlass für besorgte Reaktionen sein sollten.

Das Erleben von Kindern, die sich sprachlich nicht oder nur eingeschränkt mitteilen können, lässt sich nur indirekt erschließen. Wie bei anderen Kindern kann davon ausgegangen werden, dass sie Bedürfnisse nach Anregung, Beschäftigung, Nähe, Wärme, Selbständigkeit und Sexualität haben, die sie jedoch deutlich schwerer verwirklichen können. Nach Marshak et al. (1999) leiden viele Betroffene unter den Einschränkungen der Lebensgestaltung und dem Umstand, eigene Bedürfnisse und Wünsche oft nur mit Hilfe anderer Personen umsetzen zu können.

Die betroffenen Kinder bemerken häufig ablehnende und vorurteilsbehaftete Reaktionen in ihrer Umgebung (Engelbert 1999). Auch Kinder mit intellektuellen Beeinträchtigungen erfassen ihre Situation zumindest teilweise und leiden zum Teil erheblich darunter, dass sie im Vergleich zu ihren Geschwistern oder Gleichaltrigen weniger können. Dies kann zu einem Gefühl erlernter Hilflosigkeit führen. Ihr Selbstbild wird nachhaltig von der Behinderung und ihren Auswirkungen bestimmt. Schule wird oft als ein Ort erlebt, an dem nicht ihre Stärken, sondern ihre Schwächen deutlich werden. Kinder mit geistiger Behinderung und Entwicklungsverzögerungen leiden häufiger an Depressionen (Kobe & Hammer 1994) und Einsamkeit (Saetersdahl 1997). Auch das Risiko von sekundären psychischen Störungen ist erhöht (Sarimski 2001a, Theunissen 2008). Sie haben insgesamt weniger soziale Beziehungen (Klauß 2006), die Zahl von Freunden ist reduziert. Kindergarten- und Vorschulkinder mit leichten intellektuellen Behinderungen spielen eher allein und sind als Spielpartner weniger beliebt (Guralnick & Groom 1988, Guralnick & Weinhouse 1984). Nach Einschätzung von Eltern und Betreuern haben über 40 % dieser Kinder ausgeprägte Probleme mit den Beziehungen zu Gleichaltrigen (Sarimski 2006b). Über ein Viertel geistig behinderter Kinder haben nach Angaben der Eltern keine festen Freunde oder Spielpartner, was sich auf die Ausbildung sozialer und anderer Kompetenzen auswirkt, aber auch in Zusammenhang mit einer verzögerten oder unvollständigen Entwicklung der sozialen Kognition und emotionalen Selbstregulation steht (Gasteiger-Klipcera et al. 2001a, 2001b, Sarimski 2005, 2006). Es fällt ihnen schwerer als anderen Kindern, emotionale Zustände einzuordnen (Kasari et al. 2001). Dies kann damit zusammenhängen, dass die Fähigkeit eingeschränkt ist, soziale Kontakte zu initiieren, sich in soziale Situationen hineinzubegeben, am sozialen Austausch teilzuhaben und positive Interaktionen und Gespräche in Schwung zu halten. Der Aufbau von Freundschaften erfordert soziale Fertigkeiten, über die manche Kinder nicht verfügen. Für potenzielle Spielkameraden mag es weniger interessant sein, mit jemandem zu spielen, der die Regeln nicht leicht versteht oder nicht zu befolgen vermag, Anweisungen nicht folgen kann, oder dem es schwerer fällt, sich mit anderen im Spiel abzuwechseln (Marshak et al. 1999). Dies hat nachteilige Folgen für den sozialen Status der Kinder. Die Ausgrenzung von Spielen und die sozialen Barrieren gegenüber Gleichaltrigen können zu Ausgrenzung und Einsamkeit führen. Von Gleichaltrigen akzeptiert zu werden trägt erheblich zum Selbstwertgefühl bei; Freundschaften sind ein wichtiger Faktor, der eine gute Lebensqualität und eine gute Anpassung fördert und Belastungen erträglicher macht.

Stresserleben und Geschwister

Die Beziehung zu Geschwistern ist die am längsten währende Familienbeziehung, sie überdauert in der Regel die Beziehung zwischen Eltern und Kindern. Geschwister haben einen starken wechselseitigen Einfluss aufeinander, je nach Lebenszyklusabschnitt sind sie Spielkameraden, Gefährten, Vertraute und gegenseitige Stütze (Bank & Kahn 1986). Eltern befürchten oft, dass die Geschwister von behinderten Kindern im Familiensystem zu kurz kommen und unter den Belastungen leiden könnten.

Die Anpassung der Geschwister hängt unter anderem von der Form der jeweiligen Behinderung ab. Beispielsweise kamen Geschwister mit geistiger Behinderung besser zurecht als mit Körperbehinderungen, die vermutlich einen stärker stigmatisierenden Effekt haben (Dyson 1989). Manche Familien fühlen sich durch das Leben mit dem behinderten Kind bereichert, und den Geschwistern kann es sogar besser gehen als in anderen Familien (Yau & Li-Tsang 1999). Ihr Selbstwertgefühl ist häufig besser als das von Gleichaltrigen (Dyson 1996). Familiäre Faktoren wie das Stresserleben der Eltern, die soziale Unterstützung innerhalb der Familie, die Qualität der Familienbeziehungen insgesamt und die Wertschätzung von persönlicher Entwicklung sind wichtig für das Selbstkonzept, das Verhalten und die soziale Kompetenz der Geschwister (Dyson et al. 1989). Die Qualität der Anpassung der Geschwister ist weitgehend davon abhängig, wie gut die Eltern zurechtkommen (Li-Tsang et al. 2001). Die Beziehung zwischen dem gesunden Kind und dem Bruder oder Schwester mit Behinderung ist generell asymmetrisch (Floyd et al. 2009). Jüngere Geschwister von kranken und behinderten Kindern können depressiv, ängstlich und mit Selbstwertproblemen reagieren, wenn ihre Eltern sich dem behinderten Geschwister nicht stärker widmen als ihnen selbst (McHale & Pawletko 1992). In einer australischen Studie war die Beziehung zwischen Jugendlichen und Eltern schlechter, wenn der Eindruck bestand, dass das behinderte Kind von den Eltern nicht hinreichend beachtet wird (Kirkman 1985). Es scheint einen besonderen Sinn für einen Ausgleich und eine gerechte Ordnung unter den Geschwistern zu geben.

Mögliche belastende Momente für Geschwister sind Schuldgefühle wegen alltäglicher Auseinandersetzungen mit der Schwester oder dem Bruder, ein gehemmtes Durchsetzungsverhalten und eine übermäßige Identifikation mit dem behinderten Geschwisterkind (Achilles 1997, Sarimski 2001a), die übermäßige Zurückstellung eigener Bedürfnisse, die Einschränkung außerhäuslicher Aktivitäten und die Auseinandersetzung mit ablehnenden Reaktionen der Umwelt (Seifert 1989). Die Qualität der Beziehung zu ihren Eltern wurde von den Geschwistern behinderter Kinder negativer bewertet als von den Eltern (Schubert 1987).

Etwas über die Hälfte der gesunden Geschwister zeigen psychische Symptome oder Verhaltensauffälligkeiten. Dies kann auf fehlende Beachtung durch die Eltern, aber auch auf Übertragung von Verantwortung für die Pflege und Beaufsichtigung des behinderten Geschwisters, insbesondere an Schwestern, zurückgeführt werden (Ray 2002). Internalisierende Verhaltensweisen, Ängste und depressive Symptome kommen bei Geschwistern von behinderten Kindern etwas häufiger vor; eine 25 Studien umfassende Metaanalyse (Sharpe & Rossiter 2002) ergab eine insgesamt schwache negative Korrelation zwischen dem Aufwachsen mit einem geistig behinderten Geschwister und dem Vorliegen von Beschwerden.

Viele Kinderspiele sind von Bewegung und körperlicher Aktivität geprägt. Kinder mit eingeschränkter Bewegungsfähigkeit zum Beispiel durch Muskelschwund oder Lähmungen können damit an zentralen spielerischen Lernprozessen und Entdeckungen mit Gleichaltrigen nicht teilhaben. Über kurz oder lang bleiben sie von vielen Aktivitäten ausgeschlossen, über die andere Kinder Kontakt zu Gleichaltrigen bekommen und Freunde finden (Rolland 1994). Manchmal müssen Geschwister eines behinderten Kindes feststellen, dass ihr Bruder oder ihre Schwester nicht auf ihre Spiele und Angebote einzugehen vermag. Mit der Zeit verlieren sie dann das Interesse, mit dem Ergebnis, dass Kinder mit Behinderung von vielen Bereichen des Geschwister-Subsystems ausgeschlossen werden.

In Familien, die durch Krankheiten oder Armut belastet sind, übernehmen Kinder bestimmte Aufgaben und Verantwortungsbereiche. Geschwister aus schwächeren sozioökonomischen Schichten wurden stärker von ihren Eltern in Anspruch genommen als Kinder aus Familien, die sich eine Fremdunterstützung finanziell leisten können (Grossman 1972). Aus familientherapeutischer Sicht kann dies eine angemessene Anpassungsstrategie darstellen. Das Risiko einer dysfunktionalen Entwicklung besteht dann, wenn ein Kind parentifiziert ist und zu viele Aufgaben übernimmt, die von Erwachsenen geleistet werden sollten, und dies zu Lasten der individuellen Entwicklungsbedürfnisse des Kindes geht.

Ein mögliches Problem ergibt sich daraus, dass Geschwister aus Rücksichtnahme zu wenig eigene Bedürfnisse artikulieren oder erst dann ausreichend Beachtung finden, wenn sie selbst auffällig werden (Beavers et al. 1986). Häufig bestehen Schuldgefühle, weil sie gesund und normal sind. Mitunter fällt es schwer, sich über Nachteile und Einschränkungen offen zu ärgern, die es gegenüber Gleichaltrigen gibt. Die Leistungserwartungen der Eltern an ein gesundes Kind können überhöht sein (Colman 1991). Es besteht die Gefahr, dass sie durch Betreuungsaufgaben, überzogene elterliche Erwartungen, »unproblematisch« zu funktionieren, überfordert werden (Sarimski 2001a).

Ein großer Teil der Geschwister ist ungewöhnlich aufgeweckt, extrovertiert, selbstbewusst und entwickelt sich positiv (Beavers 1989). Die in der Literatur gelegentlich zu findende kritische Bewertung von Geschwistern, die besonders gut zurechtkommen, als *superachievers* berücksichtigt nicht, dass das Leben mit einem behinderten Geschwister besonderes Potenzial zur Entwicklung von emotionaler Kompetenz mit sich bringt (Marshak et al. 1999). Das Gefühl gebraucht zu werden und die besondere Familienkonstellation können sich günstig auswirken und die Entwicklung einer hohen emotionalen Intelligenz fördern (Beavers 1989).

Gesunde Geschwister zeigen aber auch häufig Reaktionen wie Ärger, Schuldgefühle, Verantwortungsübernahme und eine irrationale Furcht, selbst zu erkranken (Seligman & Darling 1997). Sie werden häufig aus dem Informationsfluss in der Familie ausgeschlossen, weil ihre Eltern sie schützen wollen (McDaniel et al. 1997a). Doch eine altersgerechte Aufklärung über die Behinderung des Bruders oder der Schwester ist für die Geschwister positiv (Featherstone 1980, Seligman & Darling 1997).

Studien über das psychische Befinden der Geschwister von behinderten und chronisch kranken Kindern weisen auf Risiken hin, wie ein vermehrtes Vorliegen von emotionalen Störungen, Verhaltensauffälligkeiten oder schulischen Anpassungsproblemen (Cohen 1999), zeigen aber auch Entwicklungschancen und positive Langzeiteffekte. Summers et al. (1994) kamen in einer Metaanalyse von 13 Studien zu dem Schluss, dass die Tatsache, ein Geschwister mit geistiger Behinderung zu haben, sowohl negative als auch positive Konsequenzen mit sich bringt. Die Geschwister können Neidgefühle entwickeln, aber auch ein hohes Maß an Fürsorge (Sorrentino 1988). – Manche Eltern nehmen sich deshalb bewusst Zeit für weitere Kinder:

▶ Mutter: »Und wir versuchen, nur Zeit mit Doris auch mal zu haben, wo wir die Lea meinetwegen bei Verwandten, wenn wir in Z. sind, geben. Oder bei Freunden oder so. Einfach mal Highlights, zum Beispiel ins Kino gehen.«

Eine Herausforderung für Geschwister ist die Reaktion ihrer Spielkameraden, der Mitschüler oder bei Jugendlichen auch des Freundes oder der Freundin. Eine mögliche Befangenheit wegen der Behinderung des Bruders oder der Schwester kann zu einer vermehrten Außenorientierung führen. Geschwister müssen auch mit begrenzten materiellen und zeitlichen Ressourcen zurechtkommen, und ihre Eltern haben weniger Zeit und Energie für unbeschwerten freien Kontakt. Die Übernahme von helfenden, prosozialen Verhaltensnormen kann für die Geschwister eine bleibende Ressource sein, aber auch eine Hypothek darstellen.

Besondere Aufgaben

Aus den geschilderten Auswirkungen auf das Familienleben und Belastungen ergibt sich eine Reihe von besonderen Aufgaben, die sich betroffenen Familien stellen. Ray (2000) unterschied sechs Bereiche von Anforderungen an Eltern von Kindern mit Behinderungen und chronischen Krankheiten. Drei Verantwortungsbereiche beziehen sich auf den Umgang mit den speziellen Bedürfnissen des Kindes, drei weitere auf den Umgang mit den Auswirkungen der Betreuung und Pflege eines Kindes auf das Familienleben.

Medizinische Pflege
Dazu zählt das Erlernen von technischen Aspekten der Pflege (zum Beispiel Sondenernährung) sowie der Beobachtung und Handhabung von Symptomen bzw. Notsituationen. Letztere führt zu konstanter Wachsamkeit und dem Eindruck der Eltern, ständig verfügbar sein zu müssen.

Zusätzliche Elternaufgaben
Aufgrund der chronischen Beeinträchtigung der Kinder bedürfen sie in ihrer Entwicklung einer intensiveren, teils lebenslangen Unterstützung durch die Eltern. Körperliche, wahrnehmungsbezogene, physiologische, kognitive und kommunikative Fähigkeiten, die das Kind entweder verspätet oder gar nicht entwickelt oder wieder verliert, müssen kompensiert werden. Darüber hinaus investieren Eltern viel Energie in die Planung der Zukunft ihres Kindes und seine Integration in die soziale Umwelt.

Arbeit mit dem sozialen System
Nach Ray stellt dies für Eltern den Bereich der größten Frustration dar. Eltern berichten vorwiegend über Schwierigkeiten mit den Strukturen des Gesundheits- und Sozialsystems, weniger mit Einzelpersonen. Die Suche nach Informationen, Ansprechpartnern und Diensten ist zeitraubend. Der Grad der wahrgenommenen Entlastung durch professionelle Pflege variiert mit der Kompetenz, dem Engagement und der Flexibilität des Pflegepersonals. Familien sind dafür zuständig, soziale und finanzielle Hilfen zu organisieren, ihre Durchführung zu begleiten und die Kooperation der beteiligten Systeme zu managen. Gleichzeitig sind sie Kunden der bereitgestellten Hilfeleistungen. Eine ähnliche Herausforderung stellt das Schulsystem für die Familien dar.

Elternschaft gegenüber Geschwister
Eltern sind besorgt, dass weitere Geschwister nicht zu kurz kommen, was jedoch häufig der Fall zu sein scheint. Durch Extra-Aktivitäten versuchen die Eltern dies zu kompensieren. Oft teilt sich die Familie, weil ein Elternteil das Kind mit Behinderung betreuen muss.

Aufrechterhalten von Beziehungen
Die Beziehungen der Eltern zu Partner, Freunden und der weiteren Verwandtschaft werden auf die Probe gestellt und erfahren gewöhnlich Veränderungen. Menschen, die weiterhin eine soziale Stütze bleiben, sind den Eltern und dem Kind in der Regel sehr verbunden und können die Situation der Familie zumindest allmählich nachvollziehen. Auch bei wertvoller Unterstützung durch andere Eltern aus Selbsthilfegruppen berichten Eltern von einem starken Gefühl der Isolation. Der Zugang zu normalen Familien und Erfahrungsaustausch bleibt eher begrenzt.

Sich selbst am Laufen halten
Viele der von Ray (2002) befragten Eltern berichten, dass sie in erster Linie einfach ihre Aufgabe erledigen und gar nicht erst zulassen, sich Gedanken darüber zu machen, wie sie dem Druck eigentlich standhalten. Letztlich sehen sie keine Alternative und sind absolut bereit, alles für ihr Kind zu tun. Darüber hinaus kann es Eltern mittels verschiedener Strategien gelingen, ihre Situation positiv zu interpretieren. Die Dimensionen einer Krankheit bestimmen im Wesentlichen, welche Möglichkeiten für die Familie bestehen bleiben. Dem Erhalt der körperlichen Gesundheit und Erholung können sich diese Eltern zu wenig widmen. Häufig besteht eine latente Burnout-Gefahr.

Doch welche Prozesse sind dabei auf Ebene der Familien beteiligt? In den folgenden Kapiteln werden Konzepte vorgestellt, die systemische Erklärungsmodelle des Umgangs mit Belastungen ermöglichen.

3.4 Studien zu kompetenten Familien

Ein anderes Bild des Lebens mit einem behinderten Kind wird von der wachsenden Zahl von Studien gezeichnet, die sich nicht primär nach Belastungserfahrungen, sondern mit der ressourcenorientierten Frage befassen, was Familien auszeichnet, die gut zurechtkommen (Koller et al. 1992, Hastings & Taunt 2002, Ziemen 2003).

Kompetente Familien nach Beavers

In diesem Forschungsprojekt in einem Schulbezirk in Dallas wurden 157 Familien mit Kindern, bei denen eine breite Palette unterschiedlicher Behinderungen vorlag, über einen Zeitraum von fünf Jahren untersucht. Die Schüler verteilten sich auf alle Klassenstufen. Neben Selbstberichts-Bögen und strukturierten Interviews wurden die Kompetenzen der Familien in einer standardisierten Beobachtungssituation nach dem »Beavers Families Assessment Model« eingeschätzt (Beavers & Hampson 1993). Die Kompetenzachse des Modells umfasst die Familienstruktur, Grenzen, Machtverteilung in der Familie, Autonomie, Klarheit der Kommunikation, Fähigkeit zu Verhandeln, emotionaler Ausdruck, Stimmungslage und Konfliktlösungsmuster. Die Familien-Achse erfasst folgende Verhaltenstendenzen: Bindung der Mitglieder an die Familie, Loyalität, Nähe, wechselseitige Abhängigkeit, Selbstsicherheit und Ablösungstendenzen.

Beavers erkannte, dass sie es überwiegend mit ganz gewöhnlichen Familien mit einer außergewöhnlichen Aufgabe zu tun hatte:

»Diese anfängliche Haltung führte zu einem einzigartigen Fokus auf dem, was die Familien uns lehren konnten. In jeder Familie, die nach außen durch besondere Merkmale ›andersartig‹ wirkt (weil sie zum Beispiel aus einer anderen Kultur stammt, sehr arm oder reich ist oder ein Elternteil Armeeangehöriger ist) oder die ein Familienmitglied mit einem besonderen Merkmal hat (das zum Beispiel schizophren, homosexuell oder berühmt ist), wird eine effektive Bewältigung des Familienlebens als selbstverständlich hingenommen oder gar nicht beachtet, während problematische Familieninteraktionen sofort ins Schlaglicht geraten. In unserer Studie entdeckten wir sehr rasch, dass Familien mit einem behinderten Kind meistens sympathisch und immer interessant sind. Sie lassen sich nicht in eine Schublade pressen; jede Familie hatte ihre eigene unterscheidbare Identität. Auf einer objektiven Ebene entsprach ihre Verteilung auf dem Kontinuum der Familienkompetenzen der von nichtklinischen Familien« (Beavers 1989, S. 196; eigene Übersetzung).

In einer zweiten Studie untersuchten Beavers und ihre Arbeitsgruppe 40 Familien von Kindern mit geistiger Behinderung und verglichen sie mit Familien ohne Beeinträchtigungen. Die Familien wurden anhand der *Beavers Timberlawn Family Evaluation Scale* eingeschätzt (Thomas 2008). Dabei wurden 22 Familien als gut adaptiert eingeschätzt *(well functioning)*. Bei zehn dieser Familien handelte es sich nicht um klassische Kernfamilien, sondern um Stieffamilien, alleinerziehende Eltern mit neuem Partner und Mehrgenerationenfamilien. In allen Familien, die gut zurechtkamen, wurde die Betreuung des behinderten Kindes von zwei Erwachsenen geleistet. Unter den gut zurechtkommenden Familien ihrer Stichprobe gab es keine einzige Alleinerzieher-Familie ohne Lebenspartner. Beavers et al. (1986) nahmen an, dass dauerhafte Belastungen besser in einem funktionierenden Team zu tragen sind. Die Familien waren sehr bezogen und eingestimmt auf die Bedürfnisse des behinderten Kindes. Gleichzeitig wurde großes Gewicht auf die Wahrung und Umsetzung eigener Interessen gelegt. In keiner der »kompetenten« Familien wurde das Familienleben durch offene oder verdeckte Verhaltensweisen und Manöver des behinderten Kindes beherrscht, die Familienmitglieder gezwungen hätten, eigene Interessen den Bedürfnissen des Kindes unterzuordnen.

Die Geschwisterkinder in dieser Gruppe waren leistungsorientiert und psychologisch reifer und fürsorglicher als Gleichaltrige. Es bestand eine ausgewogene Balance von Geben und Nehmen, ohne dass die Geschwister in eine übermäßig parentifizierte Rolle gedrängt wurden. Der Ausdruck von individuellen Sichtweisen und Erfahrungen wurde von Familien wertgeschätzt. Bis auf eine Ausnahme bestand nicht das Gefühl, das behinderte Kind würde mehr Zeit und Energie beanspruchen; allerdings äußerten Eltern sehr wohl die Sorge, dass die Geschwister zu kurz kommen könnten. Die Fähigkeiten und Einschränkungen des behinderten Kindes wurden realistisch eingeschätzt. Die Eltern hatten sich gezielt über die Behinderung informiert und machten sich Gedanken, wer sich in der Zukunft um ihr Kind kümmern werde.

Die Familien waren stark beziehungsorientiert ausgerichtet und schöpften Kraft aus diesen Beziehungen. Bei den Untersuchungsinstrumenten erhielten sie hohe Werte für Verantwortungsübernahme, das Lösen von Problemen und eine Werteorientierung. Die Familien waren stolz auf ihre Leistungen bei der Pflege des behinderten Angehörigen. Sie diskutierten bereitwillig Themen wie Verletzlichkeit, Sorgen und Nöte. Es gab einen Fokus auf kleine Entwicklungsschritte, spezifische positive Ereignisse – »We slow down and smell the roses« (Beavers 1989, S. 379) – und eine ausgeprägte Gegenwartsorientierung. Die Rolle des behinderten Kindes wurde umgedeutet. Die Familien fokussierten sehr stark auf kleine, liebenswerte Eigenheiten des Kindes und erlebten es als eine Bereicherung des Familienlebens. Bei einem insgesamt guten emotionalen Ausdruck wurden auch negative Gefühle geäußert. Es zeigte sich eine Tendenz zur Verschiebung von Aggression auf externe »Sündenböcke«, etwa in Form von Beschwerden über verständnislose Helfer, die dem behinderten Angehörigen lieblos und negativistisch begegnen, von Aufregungen über unwillige Behördenvertreter oder zornige Äußerungen über ignorante oder tolpatschige Bemerkungen gegenüber dem behinderten Kind durch Dritte. Die Familien verfügten über ein ausgeprägtes

Selbstbewusstsein und verglichen sich voller Stolz mit anderen Familien, die sich ihres behinderten Kindes schämten.

Eine tendenziell problematische Anpassung bestand nach Einschätzung der Untersucher bei 18 Familien, davon sechs alleinerziehende Familien. Diese Familien äußerten, ihr behindertes Kind nicht anders zu behandeln als jedes andere Kind auch, tatsächlich stand es jedoch deutlich im Zentrum der Aufmerksamkeit. Die Eltern wirkten rigider und bemühten sich streng zu sein. Es bestand eine Unsicherheit hinsichtlich der Fähigkeiten und Schwächen des behinderten Kindes. Der Zusammenhalt des Elternteams war weniger ausgeprägt, und häufiger bestanden anhaltende Paarkonflikte. Trotz eines eher restriktiven Interaktionsstils waren diese Eltern hoch motiviert, die Betreuung ihres Kindes gut zu meistern.

Eine *dysfunktionale Anpassung* wurde von Beavers und ihrem Team in 33 Familien beobachtet. Bei ihnen bestanden Probleme mit den interpersonellen Grenzen und Kämpfe um Macht und Kontrolle. Die Interaktion der Familie war stärker durch negative Gefühle, vergebliche Kontrollversuche und Distanzierungen gekennzeichnet. Es herrschte das Gefühl vor, eine unlösbare Aufgabe erhalten zu haben und dieser kaum gerecht zu werden. Individuelle Interessen wurden weniger geachtet, die Generationsgrenzen waren schwächer ausgeprägt. Die Familien waren weitgehend um das behinderte Kind herum organisiert. Es gab kaum Kontakte nach außen, die Gefühlslage war tendenziell depressiv, und die Kinder verhielten sich während des Interviews chaotisch. Die geistigen Fähigkeiten des behinderten Kindes wurden zum Teil fehleingeschätzt und die Tatsache verleugnet, dass es sich um eine bleibende Behinderung handelte.

Als *adaptive Qualitäten* erweisen sich eine ausgeprägte Fähigkeit, Konflikte zu lösen, kongruente Selbst- und Fremdeinschätzung, hohe Wertschätzung von individueller Verantwortlichkeit, das Ertragen von Ungewissheit und Offenheit für unterschiedliche Umgangsweisen mit dem behinderten Kind, es wird nicht nach »dem« richtigen Weg gesucht. Familien, welche die besonderen Bedürfnisse des behinderten Familienmitgliedes realistisch einschätzen und gleichzeitig den individuellen Bedürfnissen der Übrigen gleichermaßen Gewicht beimaßen, kamen gut zurecht. Sie waren sich meist bewusst, dass Bedürfnisse ausbalanciert werden müssen, und bewahrten die Fähigkeit zu positivem Kontakt mit anderen Familienangehörigen. Förderlich hierfür waren eine klare Diagnose und Informationen über die Behinderung.

Gut funktionierende Familien – mit und ohne geistig behinderte Kinder – hatten eine bessere Stimmungslage, eine stärkere elterliche Koalition und waren überwiegend Zwei-Eltern-Familien. Weniger gut funktionierende Familien mit und ohne retardierte Kinder unterscheiden sich dagegen nicht sehr voneinander.

Effektive Bewältigungsmuster von Familien mit behinderten Kindern (Beavers 1989)
- klare Einordnung und Verständnis der Behinderung
- strukturelle Anpassung der Familie an die Lage
- hohes Maß an innerfamiliärer Interaktion und starke Außenaktivitäten
- Problemlöseorientierung
- Selbstreflexion und Selbstbewusstsein
- bewusste Balance von Bedürfnissen
- emotionale Expressivität
- *Reframing* der Rolle des behinderten Kindes

Weitere Übersichtsarbeiten zu kompetenten Familien

In einer Übersichtsarbeit beschrieb Patterson (1993) Familien, die gut mit der Behinderung eines Kindes zurechtkommen, folgendermaßen: Es bestand eine hohe Kohäsion und ein guter emotionaler Zusammenhalt. Widrigkeiten wurden als Herausforderung betrachtet, die zusammen gelöst werden müssen. Gut funktionierende Familien hatten eine Entwicklungsperspektive – sie sahen Probleme in ihrem größeren Zeitrahmen und gingen an sie »mit langem Atem« heran. Stress, Not und Leid wurden normalisiert und kontextualisiert, Schuldgefühle und Vorwürfe als normal angesehen, ohne ihnen viel Raum zu geben. Eltern sprachen warmherzig über ihr Kind, betonten positive Seiten und suchten nach Merkmalen, die man gerne haben konnte. Sie nahmen wie andere Eltern auch ihr Kind einfach so, wie es ist (Patterson & Leonard 1994).

Etwas ältere Eltern mit hohem sozioökonomischen Status und Bildungsstand zeigen eher Resilienz (Li-Tsang et al. 2001, Yau & Li-Tsang 1999). Zu Ressourcen von Eltern, die gut mit der Behinderung ihres Kindes zurechtkommen, zählen eine gut angepasste Persönlichkeit vor Geburt des behinderten Kindes, eine geringe Beschäftigung mit negativen Gedanken (Li-Tsang et al. 2001, Yau & Li-Tsang 1999) und elterliche Kompetenzen, wie das Vermögen zu einer realistischen Einschätzung der Fähigkeiten des Kindes, die dem Kind gerecht wird und es nicht idealisiert (Pollner & McDonald-Wikler 1985), sowie eine positive Sicht des Kindes.

Ressourcen des Familiensystems nach Patterson (2002a)
- Klarheit von Regeln, Aufgaben, Rollen und Routinen
- klare Generationsgrenzen
- Flexibilität
- Kohäsion

Familie und Behinderung

- Problemlösefertigkeiten
- Konfliktlösungspotenzial
- Offenheit und Klarheit der Kommunikation
- emotionaler Ausdruck
- Qualität der Ehe

In Übersichtsarbeiten kamen Scorgie at al. (1998) und Wilgosh et al. (2000) zu folgenden Aussagen über Familien mit effektiven Bewältigungsstrategien:

- Die Familien zeichnen sich durch einen *hohen Zusammenhalt* aus, sind zuversichtlich, Probleme *konstruktiv und selbstkompetent* lösen zu können.
- Die Eltern sind mit der Partnerschaft zufrieden.
- Das Kind wird mit seiner Behinderung angenommen. An das Kind werden realistische Erwartungen gestellt, die seine Möglichkeiten und Einschränkungen berücksichtigen. Das Familienleben wird so gestaltet, dass es den Bedürfnissen aller Familienmitglieder gerecht wird.
- Die Familien verfügen über gute soziale Unterstützungssysteme und die Fähigkeit, sich Hilfen zu erschließen.

Zwei Übersichtsstudien aus Hongkong führen *fünf wesentliche Bereiche* in Familien auf, die gut zurechtkommen (Li-Tsang et al. 2001, Yau & Li-Tsang 1999).

- Die *Familien* hatten ein kleines, aber gut funktionierendes, intensives soziales Unterstützungsnetzwerk und Ansprechpartner, die sie unterstützten. Sie verfügten über adäquate Ressourcen zur Bewältigung aktueller Krisen. Die Eltern hatten einen höheren sozioökonomischen Status und Bildungsstand. Die Strukturmerkmale der Familien waren günstig – eine geringe Kinderzahl und zwei Eltern. Außerdem lebten die Familien eher in einem Gemeinwesen oder einer Region mit Akzeptanz und Offenheit gegenüber behinderten Menschen und wenig Vorurteilen.
- Die *Eltern* verfügten über gute personale Ressourcen, waren eher älter, mit höherem Bildungsstand, und kamen vor Geburt des behinderten Kindes gut zurecht. Sie hatten gute Fähigkeiten zur Entwicklung von kreativen Lösungen und gute Problemlösefertigkeiten, insbesondere auf Seiten der Väter, und damit bessere Lösungen von kindbezogenen Problemen, und sie beschäftigten sich wenig mit negativen Gedanken.
- Besondere *elterliche Fertigkeiten* halfen bei der Bewältigung. Die Eltern besaßen die Fähigkeit, mit dem Kind zu kommunizieren, und verstanden es, die Ausdrucksfertigkeiten des Kindes zu fördern. Bei einer positiven Sicht des Kindes,

das auch als Bereicherung erlebt wurde, wurden die Fähigkeiten des Kindes realistisch eingeschätzt. Das Kind wurde mit seiner Behinderung angenommen, und das Familienleben wurde so umgestaltet, dass die Bedürfnisse der anderen Familienmitglieder verwirklicht werden konnten. Die Väter beteiligten sich an der Pflege des behinderten Kindes und zogen sich nicht auf eine eng festgelegte Rolle zurück.
- Die *Paarbeziehung* war eng, vertrauensvoll und von Zuneigung geprägt und wirkte als Quelle gegenseitiger Unterstützung.
- Durch die *Teilnahme an Selbsthilfegruppen* und intensive Kontakte zu anderen betroffenen Familien erhielten Eltern Informationen, Unterstützung und gezielte Handlungsmöglichkeiten.

Ein hoher Anteil der Familien mit gutem Bewältigungsmuster hatte eine *kirchliche Orientierung* (Yau & Li-Tsang 1999). Der Schweregrad spielte bei diesen Studien mit von leichten und mittelgradigen Behinderungen Betroffenen keine Rolle.

3.5 Zusammenfassung

Der Anpassungsprozess von Familien an eine Behinderung wird unter anderem vom Schweregrad und spezifischen behinderungsbedingten Funktionseinschränkungen beeinflusst. Die Anforderungen an Familien unterscheiden sich in der akuten und der chronischen Anpassungsphase. Der Umgang damit hängt von der Phase im Lebenszyklus ab, generationsübergreifenden Vorerfahrungen mit Krankheiten sowie der Qualität der Familieninteraktion. Behinderungen wirken im Familiensystem als ein organisierendes Prinzip und führen häufig zu Strukturveränderungen und typischen Rollenmustern. Viele Studien bestätigen den hohen Belastungsgrad der Angehörigen und insbesondere von Müttern. Die Qualität der Partnerschaft kann beeinträchtigt sein, die Scheidungsrate ist insgesamt nicht wesentlich erhöht. Betroffene Kinder sind häufig einsam. Bei den Geschwistern von behinderten Kindern besteht ein etwas erhöhtes Risiko von Anpassungsproblemen, es gibt aber auch positive Effekte wie eine ausgeprägte prosoziale Einstellung. In den Arbeiten von Beavers, Patterson und Yau und Li-Tsang werden Merkmale von Familien beschrieben, die zu einer guten Langzeitanpassung und Resilienz beitragen. Neben der Qualität der Familienfunktionen sind bestimmte Einstellungen und Bedeutungsgebungsprozesse für die Entwicklung von Resilienz maßgeblich.

TEIL II Theoretische Modelle

4 Familien-Stresstheorie

4.1 Einführung

Die Familien-Stresstheorie begreift eine gelungene Adaption von Familien an die Herausforderungen, die eine anhaltende Belastung durch Behinderung eines Kindes mit sich bringt, als Ergebnis einer dynamischen Mobilisierung von Ressourcen in Antwort auf Stressoren, die über die Zeit zu einer neuen Organisation und schließlich einem Gleichgewicht auf einer höheren Ebene führen (Boss 2002, McCubbin 1989, McCubbin & McCubbin 1988, Patterson 1988, 1993). Für diese Adaption sind neben der Aktivierung von Ressourcen Veränderungen auf Ebene der familiären Bedeutungsgebung und Glaubenssysteme maßgeblich.

4.2 Das ABCX-Modell

Die Anfänge der Familien-Stresstheorie reichen in die 30er Jahre zurück (McCubbin & McCubbin 1988, McCubbin 1989). Aus Studien über die Auswirkung der Weltwirtschaftskrise und des Zweiten Weltkrieges auf Familien entwickelte Hill (1958) das so genannte ABCX-Familienkrisen-Modell (Hofer et al. 2002, Schneewind 1999). Die Familien-Stresstheorie versteht die Stressverarbeitung als ein dynamisches Geschehen, das am sinnvollsten auf der Ebene des Familiensystems untersucht wird. Das Modell geht davon aus, dass es keinen linearen Zusammenhang zwischen einem Stressereignis und der Reaktion auf den Stressor gibt, entscheidend sind vielmehr die kognitive Einschätzung und die Bewertung einer potenziell belastenden Situation (Benninghoven et al. 2003). Diese Bewertungsprozesse können die Wirkung von Stressoren abpuffern, verstärken oder zusätzlichen Stress erzeugen:

> Ein Stressereignis (A) interagiert mit den Ressourcen einer Familie zur Krisenbewältigung (B), die mit der Definition des Stressereignisses durch die Familie (C) interagiert, und ergibt potenziell eine Krise (X), falls es zu einer Störung im Gleichgewicht der Stressoren und Ressourcen kommt und Druck entsteht, durch den das Familiensystem blockiert wird (Hill 1949, 1958).

Krisen führen im Unterschied zu einfachem, alltäglichem Stress zu einer Neuordnung der Familie. Zentrale Dimensionen der Stressbewältigung sind Flexibilität – oder Adaptabilität – und die Integration – oder Kohäsion – von Familien.

Familien-Ressourcen nach Hill (1949)
- Vorherrschen einer nichtmaterialistischen Orientierung
- Flexibilität und Bereitschaft, starre Rollen von Ehemann/Ehefrau oder Vater/Mutter aufzuheben
- Übernahme von Verantwortung für Familienaufgaben durch alle Familienangehörigen
- Bereitschaft, persönliche Interessen zugunsten von familiären Belangen zurückzustellen
- Stolz auf die Herkunftsfamilie und die Familientraditionen
- Vorhandensein einer starken emotionalen Einheit und Verbundenheit
- hohes Maß gemeinsamer Familienaktivitäten
- ausgeprägte gleichberechtigte Muster bei Entscheidungsprozessen
- gleichberechtigte Verteilung von Macht in der Familie
- starke affektive Bindung zwischen den Eltern, Eltern und Kindern und den Kindern untereinander

Stress ist ein normales Phänomen und kann als Spannung oder Druck auf das Familiensystem definiert werden (Boss 2002). Familien sind dann resilient, wenn ein erheblicher stresserzeugender Risikofaktor besteht, etwa die Behinderung eines Angehörigen, mit der die Familie kompetent umgeht, ohne dass eine gute Anpassung zu Lasten einer Einzelperson geht (Patterson 1991a). Das Modell wurde vielfach auf Familien mit schweren Krankheiten und Behinderungen angewendet. Patterson und McCubbin und Patterson (1983) erweiterten das ABCX-Modell zum ABC2X-Modell und berücksichtigten auch Stressereignisse, die sich in der jüngeren Vergangenheit kumuliert hatten, sowie gleichzeitig bestehende zusätzliche Stressoren. Neben der primären Einschätzung der Stressoren umfasst es ebenfalls die Wahrnehmung der Ressourcen und Coping-Möglichkeiten im Sinne einer sekundären Einschätzung.

Familien-Stresstheorie

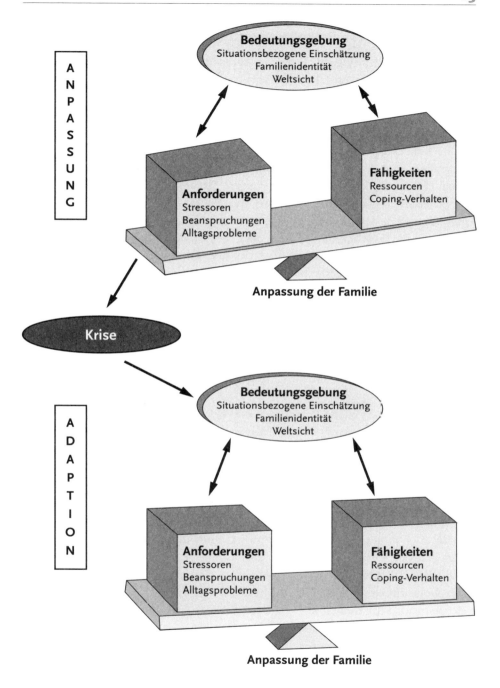

Abbildung 1 Das Familienanpassungsmodell (FAAR; nach Patterson, 1988)

4.3 Die Balance von Ressourcen und Stressoren

Mit der Umbenennung in *Family adjustment and adaptation response model (FAAR)* wollte Patterson (1988) den zentralen Stellenwert der Anpassungsleistung betonen. Ebenso wie das parallel von Boss und Greenberg (1984) entwickelte *Contextual Model of Family Stress*, das stärker soziokulturelle Faktoren berücksichtigt, betont es den zentralen Stellenwert von Bedeutungsgebungsprozessen bei der Stressbewältigung und ist im Wesen dialektisch angelegt.

Familien sind soziale Systeme und streben danach, einen Gleichgewichtszustand zu erhalten, um den Anforderungen, Stressoren und Belastungen begegnen zu können, die an sie gestellt werden. Sie besitzen die Fähigkeit und das Potenzial, mit Belastungen umzugehen. Zu einer Krise kommt es dann, wenn die Familie zu der Einschätzung gelangt, dass die aktuell verfügbaren Stressoren die Anpassungsfähigkeit der Familie überschreiten. Diese Einschätzung einer gegebenen Situation geschieht auf dem Hintergrund entsprechender Erfahrungen in der Familiengeschichte. In anhaltenden Belastungssituationen versuchen Familien, zusätzliche Ressourcen zu mobilisieren, sich neu zu organisieren und auf einer höheren Ebene eine neue Balance zu finden.

Familien sind bestrebt, einen ausgeglichenen Zustand zwischen Fähigkeiten, Ressourcen und Bewältigungsmechanismen aufrechtzuerhalten, um Anforderungen und alltäglichen Beanspruchungen zu begegnen. Dazu stehen drei Wege zur Verfügung:
- 1. die Aktivierung neuer Ressourcen und Coping-Strategien,
- 2. eine Entlastung durch Reduzierung der Anforderungen und
- 3. eine Veränderung der Sichtweise der belastenden Situation.

Das Ergebnis dieser Anpassungsreaktion ist eine mehr oder weniger gut gelingende Adaption der Familie an ihre Lebensumstände. Es handelt sich weniger um eine einfache Re-Aktion auf Stressoren auf Verhaltensebene, sondern um einen Wandel auf höherer Ebene, eine Änderung zweiter Ordnung. Im Prozess des Umgangs mit der Krise entwickelt die Familie neue Regeln, findet neue Freunde, erschließt sich Unterstützungsangebote in der Gemeinde oder wechselt in ein anderes Wohnumfeld, was ihr hilft, die Krise zu überwinden.

Krisen und Belastungen können dazu führen, dass eine Familie überfordert ist und zerbricht, sie kann aber auch über sich hinauswachsen. Nach einer Krise kommt es zunächst zu einer stabilen Phase, bis irgendwann neue Anpassungsleistungen erforderlich werden. Entscheidend für eine gelingende Anpassung durch die Behinderung eines Kindes sind die verfügbaren Ressourcen und familiäre Deutungsmuster.

4.4 Ressourcen

Ressourcen helfen Familien bei der Bewältigung von Belastungen und haben eine protektive Wirkung gegen Stress. Die Erfassung der Ressourcen der Familie gehört neben der Erhebung des Belastungsstatus zur diagnostischen Einschätzung von Familien hinzu (McDaniel et al. 2004). Die Ressourcenorientierung in der Psychotherapie wird oft mit der Familientherapie (Imber-Black 1986, Karpel 1986, von Sydow et al. 2007) und der Ericksonschen Hypnotherapie in Verbindung gebracht (Erickson et al. 1978, Seemann 1999), findet sich aber auch in humanistischen Therapieansätzen (Maslow 1968) und anderen Modellen. Sie gilt heute als ein primäres Wirkprinzip der Psychotherapie (Grawe & Grawe-Gerber 1999). Ressourcen werden als Bedingungen und Faktoren definiert, die als Kraftquelle zur Gesundheit und zur Befriedigung von grundlegenden Bedürfnissen beitragen (Schemmel & Schaller 2003).

Zur Klassifikation von Ressourcen gibt es zahlreiche Schemata. Eine übliche individuumzentrierte Einteilung unterscheidet interne und externe Ressourcen (Oda 2000). Klemenz (2003) nennt aus individuumzentrierter Perspektive personale Ressourcen, die er in physische und psychische Ressourcen differenziert, und externe oder Umweltressourcen, die er in soziale, ökonomische und ökologische Ressourcen unterteilt. Patterson (1991a) unterscheidet Ressourcen auf individueller, familiärer und sozialer Ebene. Als eine übergeordnete Ressource gilt Zeit, die beispielsweise beim Management von Anforderungen immens wichtig ist.

Individuelle Ressourcen

Bei der Familie von Kindern mit Behinderungen unterschieden Marshak et al. (1999) zwischen individuellen – oder personalen – Ressourcen des betroffenen Kindes und denen der Bezugspersonen. Individuelle *Ressourcen des Kindes* sind unter anderem der Entwicklungsstand, das Kompetenzprofil, die Kommunikationsfähigkeit und persönliche Merkmale wie Charme (Dolto 1989). Das Kind kann für Eltern eine Ressource sein und als positiv, sinnstiftend und bereichernd erlebt werden (Beavers et al. 1986). Eine Rolle spielt auch das Geschlecht, viele Studien belegen, dass Eltern mit behinderten Mädchen besser zurechtkommen als mit behinderten Jungen (Hintermair 2003).

Zu den individuellen Ressourcen der Bezugspersonen zählen physische Gesundheit, Problemlösefertigkeiten, Persönlichkeitsvariablen wie Optimismus, Extraversion, Humor etc. sowie Bildungsstand, sozioökonomischer Status, Überzeugungen und Wertevorstellungen, positive Eigenschaften, Selbstbewusstsein, emotionale Stabilität Überzeugungen und Handlungsmuster der Eltern (Beresford 1994, Hintermair 2002). Etwas ältere Eltern mit hohem sozioökonomischen Status und Bildungsstand zeigen eher Resilienz (Li-Tsang et al. 2001, Yau & Li-Tsang 1999). Weitere Ressourcen von Eltern, die gut mit der Behinderung ihres Kindes zurechtkommen, sind eine gut angepasste Persönlichkeit vor Geburt des behinderten Kindes, eine geringe Beschäftigung mit negativen Gedanken (Li-Tsang et al. 2001, Yau & Li-Tsang 1999) und elterliche Kompetenzen, wie die Fähigkeit zu einer realistischen Einschätzung der Kompetenzen des Kindes, die dem Kind gerecht wird und es nicht idealisiert (Pollner & McDonald-Wikler 1985), sowie eine insgesamt positive Sicht des Kindes.

Familiäre Ressourcen

Nicht nur die Einzelpersonen, sondern auch die Familie als Ganze verfügt über Ressourcen, die zur Resilienz beitragen, wie Anpassungsfähigkeit, Flexibilität, Kohäsion, Ausdruck von Emotionen, emotionale Verbundenheit, offene Kommunikation und die Qualität der Ehebeziehung (Marshak et al. 1999). Weitere Kinder sind potenziell eine Ressource, die Eltern bereichernde Erfahrungen ermöglichen (Wilgosh et al. 2000), eine hohe Kinderzahl kann aber auch eine Belastung darstellen. Die genannten Faktoren sind weitgehend synonym mit den Schlüsselprozessen der Familienresilienz (Beavers & Hampson 1993, Patterson 2002a, Walsh 1998), die im folgenden Kapitel weiter ausgeführt werden.

Soziale Ressourcen

Zu den sozioökologischen Ressourcen zählen die verfügbare soziale Unterstützung, ein Arbeitsplatz und sozioökonomische Gegebenheiten. Soziale Ressourcen können den Eltern in primären Netzwerken zur Verfügung stehen, also durch Partner, Familie, Freunde, Nachbarn, oder in sekundären Netzwerken wie zum Beispiel Elterninitiativen. Eine wichtige Rolle spielen tertiäre Netzwerke durch professionelle Helfer und institutionelle Versorgungssysteme. Die Netzwerkgröße, die Dichte des Netzwerks und die Zufriedenheit mit der Unterstützung sind relevant. Die Relevanz von sozialen Ressourcen für Familien ist durch die Familientherapie (Imber-Black 1988, Speck & Attneave 1973) und die Netzwerkforschung gut belegt (Röhrle 1994).

Externe Ressourcen

Bei den materiellen Ressourcen ist die finanzielle Lage, das verfügbare Nettoeinkommen und das Pflegegeld, zu nennen. Eine der größten Belastungen stellen die Kosten für eine erforderliche Beaufsichtigung durch Betreuungspersonen dar

(Seligman & Darling 1997), die nur zu einem sehr geringen Teil durch Leistungen der Pflegeversicherung kompensiert werden. Im deutschen Sozial- und Steuersystem wird nicht angemessen berücksichtigt, dass die Erwerbsmöglichkeiten von Eltern behinderter Kinder eingeschränkt sind.

Ein *Arbeitsplatz*, ggf. auch Teilzeitarbeit, und *ökopsychologische Faktoren* wie ein geeignetes Wohnumfeld stellen weitere makrosystemische Ressourcen dar. Die Flexibilität der Arbeitszeitgestaltung spielt eine Rolle für die Anpassung. Stresseffekte können durch finanzielle Ressourcen gemindert werden, insbesondere wenn diese für eine Entlastung durch Fremdbetreuung genutzt werden (Hintermair 2002, Patterson et al. 1992b, Retzlaff et al. 2006, Yau & Li-Tsang 1999). Räumliche Gegebenheiten, die behindertengerechte Ausstattung der Wohnung und des Wohnumfeldes, die Erreichbarkeit von medizinischen und therapeutischen Einrichtungen und die Verfügbarkeit von Rückzugsmöglichkeiten in der Familie tragen wesentlich zur Lebensqualität oder umgekehrt zur Stressbelastung der Familie bei (Kaminski 1976, 1995, Proshansky et al. 1970). Menschen mit Behinderung haben einen erhöhten Platzbedarf. Ihre Familien benötigen insgesamt mehr Raum, auch um den einzelnen Angehörigen Rückzugsmöglichkeiten zu bieten.[1]

Zeit als Ressource

Zeitliche Ressourcen, insbesondere die Flexibilität der Zeitorganisation zwischen Partnern, erleichtern den Umgang mit Belastungen. Frei verfügbare Zeit wird in den Familien eine knappe, äußerst wertvolle Ressource.

Ressourcen sollten nicht isoliert als statische Größen verstanden werden – es hängt vom einzelnen Fall ab, wie Familien mit ihrem besonderen biografischen Hintergrund in ihrer gegebenen Lebenswelt mit Stress und Belastungen umgehen und es verstehen, die ihnen zur Verfügung stehenden Ressourcen zu nutzen (Li-Tsang et al. 2001). Das Zusammenwirken von personalen und sozialen Ressourcen ist komplex (Klemenz 2003). Dabei geht es weniger um vereinfachende Bedingungsmodelle im Sinne einer kausalen Linie (»wenn Ressource A vorhanden ist, führt dies zu einem Bewältigungsverhalten X bei den Eltern«).

---

1 Bemerkenswerterweise gibt es in Deutschland keine adäquate Förderung von behindertengerechtem Wohnraum. Nach der bestehenden Rechtsprechung der deutschen Finanzgerichte gelten behinderungsbedingt notwendige Umbauten von bestehendem Wohnraum nicht als außergewöhnliche Belastung, sondern sind eine Privatsache der Betroffenen.

4.5 Bedeutungsgebungsprozesse im Familien-Stressmodell

Entscheidend für das Erreichen eines neuen Gleichgewichts im Umgang mit anhaltenden Belastungen sind Bedeutungsgebungsprozesse (Patterson & Garwick 1998). Familien mit behinderten Kindern müssen ihre Werte neu ausrichten und bestimmen, was ihnen wichtig ist, um ihre Lebenssituation zu bewältigen (Saetersdahl 1997). Sie entwickeln im Sinne von Berger und Luckmann (1966) eine neue soziale Wirklichkeit.

Nach einer Krise kommt es zu einer Neuordnung von Bedeutungen. Dieser Prozess hat einen Einfluss darauf, wie mit zukünftigen Belastungen umgegangen wird. Patterson und Garwick (1994) unterschieden drei Ebenen, auf denen es zu einer Neuorganisation von Bedeutungen kommt: *Veränderungen der Einschätzung der Belastungen*, eine *veränderte Konstruktion des Selbstbildes der Familie* und *Veränderungen der Realitätskonstruktion oder Weltsicht der Familie*.

Veränderte Einschätzung der Belastungen

Im Laufe der Zeit werden die alltäglichen Belastungen und die verfügbaren Ressourcen anders eingeschätzt und bewertet. Was anfangs als Belastung gesehen wurde, kann als »normale« Alltagsroutine umgedeutet werden, die für eine andere Familie eine enorme Belastung wäre, oder als eine Herausforderung (Maier 2005). Aus einem Interview mit den Eltern eines Mädchens mit Rett-Syndrom:

▶ Vater: »Lea braucht da doch das Doppelte 40, 45 Minuten – beim Essen oder so. Das kostet einfach mehr Zeit, und –« Mutter: »Also, ihren Tee kann sie im Liegen selber trinken, wenn man so einen Teddy auf ihre Brust legt ... sonst braucht sie beim Essen und überhaupt Komplettthilfe. Für jeden Lagewechsel, sage ich mal. Ja, was kann sie allein? Also, sie kann sich sehr gut allein beschäftigen, das ist toll.« Vater: »Also, unsere Lea kann in dem Sinne nur sitzen, sage ich mal, ja.«

Diese Eltern beschreiben, wie sie enorme Belastungen und Einschränkungen der Tochter als normal ansehen und selektiv Kleinigkeiten beachten und hervorheben. Im Sinne des Familien-Stressmodells entspricht dieser Vorgang einer veränderten primären Einschätzung und Bewertung von Stressoren (Patterson 2002b). Bestimmte lästige Dinge werden defokussiert, andere positive Aspekte des Lebens mit dem Kind dagegen selektiv hervorgehoben, beispielsweise seine Herzlichkeit und Offenheit. Pflegeleistungen werden als Teil des Alltags gewertet. Das Familienleben wird als normal und unauffällig empfunden, ohne Diskrepanzen zwischen dem Ist- und einem idealen Soll-Zustand, die zu erklären oder zu begreifen wären. Einschränkungen werden minimiert, indem man sich zum Beispiel mit Familien vergleicht, denen es weitaus schlimmer geht. Stressoren werden umgedeutet – eine Belastung ist eigentlich nichts Besonderes, sondern gehört zum Leben einfach dazu. Die Veränderung der Bedeutung von Belastungen bildet sich auch in den Gesprächen der Familie ab, in denen im Laufe der Zeit eine veränderte Realitätssicht konstruiert wird. Die Familie findet zu einer gemeinsamen Deutung der Belastungen, die auch Raum für unterschiedliche Sichtweisen lassen kann, die komplementäre Teile der gemeinsamen Sicht der Dinge sind (»Mein Mann sieht dies so, ich dagegen ...«). Der Prozess kann auch dysfunktional ablaufen. Es gibt beispielsweise Eltern, die Einschränkungen des Kindes bagatellisieren, die Behinderung verleugnen, sich der Illusion hingeben, der Entwicklungsrückstand werde sich auswachsen (Wikler 1981a) oder alles werde gut, sobald erst einmal ein Entwicklungsschritt, zum Beispiel Spracherwerb, vollzogen ist.

Veränderung der Familieninteraktion und der Familienidentität

Der Umgang mit der Behinderung des Kindes führt zu veränderten Familienabläufen und Routinen, Rollen und Aufgaben werden neu verteilt – mit der Zeit wandelt sich die Familie mehr oder weniger bewusst. Die veränderte Einschätzung situationsbezogener Stressoren führt zu einem Wandel der Familienidentität (Patterson & Garwick 1994). Sie wird in der Struktur und den Interaktionsprozessen der Familie sichtbar und manifestiert sich in alltäglichen Routinen und Ritualen, Rollenverteilungen, Normen und impliziten Beziehungsregeln und Interaktionsmustern, die den Familienmitgliedern nicht sprachlich bewusst sein müssen, sondern sich durch Beobachtung des Alltagshandelns erschließen lassen (Imber-Black et al. 1993, Reiss & Oliveri 1980).

Im Gegensatz zu Familienmythen ist die Familienidentität in erfahrbarer Wirklichkeit gegründet und besitzt weniger subjektiven Charakter (Patterson 2002a). Im Laufe der Zeit verändert sich auch das Selbstbild; die Familien sehen sich als gewöhnliche Familie an, mit einem Kind mit Behinderung, statt sich als eine überwältigte »behinderte Familie« zu verstehen. Dazu äußern zwei Mütter von Mädchen mit Rett-Syndrom:

▶ »Wir sind eine normale Familie – ein Kind behindert, eines nicht. Dem Kind geht es gut – das ist wichtiger als die Behinderung!«

▶ »Der Alltag ist auch einfach so normal geworden, irgendwie fliegt uns alles zu. Ich mach sie fertig, bring sie in den Kindergarten, hole sie ab, und alles geht seinen normalen Gang. Ich finde, es ist normaler Alltag bei uns jetzt eingetreten.«

Ein übersteigerter Fokus auf das behinderte Kind im Sinn der Haltung: »Wir tun alles für unser Kind, egal was es uns kostet« wäre dagegen ein Beispiel für ein problematisches Familienselbstbild. Dies ist auch der Fall, wenn das Familienselbstbild weitgehend von der Behinderung geprägt wird und sich als »behinderte Familie« statt als Familie mit einem Kind mit Behinderung sieht.

Veränderung der Weltsicht der Familie

Familien mit behinderten Kindern müssen ihrer Situation auf einer übergeordneten Ebene Sinn zuschreiben (Saetersdahl 1997). Der eigenen Geschichte wird insgesamt eine neue Bedeutung verliehen, und eine andere Sicht der Zukunft entwickelt, die meist eine veränderte Werteorientierung beinhaltet. Die prinzipielle Bejahung oder Akzeptanz, dass zum Leben auch Krankheit, Tod und Behinderung hinzugehören, ist ein Beispiel hierfür. Im Prinzip ist dieser Vorgang ein Reframing auf Makroebene, bei dem komplexe Erfahrungen in einen weiteren Betrachtungskontext gestellt werden. Der Prozess der Konstruktion einer veränderten Wirklichkeitssicht hat eine entlastende Funktion und kann als eine Form von sekundärer Kontrolle verstanden werden; die Dinge werden nicht auf Handlungsebene verändert, sondern auf kognitiver Ebene (Patterson & Garwick 1994). Beispielsweise können Familien eine Hier-und-Jetzt-Orientierung entwickeln, sich an kleinen Dingen erfreuen, den Stellenwert von Leistung anders bewerten oder sich mit dem Gedanken anfreunden, dass schlimme Dinge auch »guten« Menschen passieren können. Es geht um grundlegende, gemeinsam geteilte Glaubenssysteme der Familie über die Außenwelt (Reiss & Oliveri 1980), über ihre Sicht der Realität und der Bedeutung, welche die Welt und das Leben in ihr hat – um den Sinn, den existenziellen Stellenwert von Krankheit und Behinderung (Patterson & Garwick 1994). Oft wird von den befragten Familien berichtet, wie sie durch die Anforderungen über sich hinausgewachsen sind. Sie betonen beispielsweise, sich auch durch die Behinderung des Kindes weiter entwickelt zu haben, mit Auseinandersetzungen besser umgehen zu können, einen stärkeren Zusammenhalt entwickelt zu haben, oder sie berichten, die Geschwister hätten ein großes Einfühlungsvermögen entwickelt (Retzlaff 2006):

▶ Mutter: »Ich habe ein ganz großes Herz für behinderte Menschen jetzt auch in dieser Zeit entwickelt einfach, ja, weil der Wert dieser Menschen ist kein Stück geringer, und ich denke, es ist einfach toll, also zu sehen, was die für Eigenschaften, was die für Werte haben, was ihr Wesen ausmacht und unser Leben eigentlich nicht von Leistung abhängig ist, von dem, was wir können.«

Manche Eltern beschreiben, dass sie oder die Familie insgesamt sich durch die Auseinandersetzung mit der Behinderung verändert hat:

▶ Mutter: »Es macht stark. Also, früher hätte ich mich bestimmt nicht so oft getraut, den Mund aufzumachen, etwa bei dem Kampf in Krankenhäusern, mit Ärzten und Krankenkassen ... Man wird sensibler, also, ich bin sehr sensibel geworden, man freut sich wirklich über Kleinigkeiten, also am Kind und auch an anderen Sachen. Man lebt bewusster eigentlich. Also, es gibt schon einiges, auch an positiven Seiten – und die muss man sich bewusst machen.«

4.6 Bedeutungswandel und soziokulturelle Faktoren

In ihrem *Contextual Model of Family Stress* betonte Boss (2002) die Bedeutung des externen, sozialen, kulturellen und historischen Kontextes für die Konstruktion von Bedeutungen durch die Familie, die ja nicht in einem sozialen Vakuum lebt, sondern eingebettet ist in weitere Meso-Systeme wie die soziokulturelle Gemeinschaft, die Gemeinde, in der sie lebt.

Makro-Glaubenssysteme, wie sie von Kluckhohn und Strodtbeck (1961) untersucht wurden, haben auch einen Einfluss auf die Bedeutungsgebung von Krankheiten und Behinderungen (Boss 2002). Die in westlichen Ländern vorherrschende, Kontrolle und Herrschaft über die Natur betonende Kultur kann sich positiv auswirken, wenn eine Krankheit konkretes Handeln erfordert. Sie basiert auf der Annahme einer gerechten Welt, in der ein gutes Leben durch eigenes Zutun erreichbar ist. Die Erfahrung von Unkontrollierbarkeit, schicksalhaften Gegebenheiten und scheinbaren Ungerechtigkeiten wie Krankheit, Not und Behinderung ist dagegen dissonant zu diesem westlich geprägten Glaubenssystem. In vielen nichtwestlichen Kulturen ist dagegen eine fatalistische Grundorientierung vorherrschend (Kluckhohn & Strodtbeck 1961), die von der Annahme geprägt ist, dass Menschen nur geringen Einfluss auf ihr Geschick haben. Diese Haltung ist ungünstig, wenn man einem kranken Kind durch aktives Tun und konkrete Förderung helfen kann. In Situationen, in denen aktives Tun dagegen nicht weiterbringt, in denen keine Einflussmöglichkeiten bestehen, ist eine »fatalistische« Grundorientierung hilfreich, bei der sich Menschen ihrem Schicksal unterordnen. Eltern, die Werte wie Autonomie und Eigenverantwortlichkeit betonen, die für gehobene sozioökonomische Schichten typisch sind, tun sich mit der Erziehung von leicht geistig behinderten Kindern vergleichsweise schwerer als Eltern (Floyd & Saitzyk 1992), die infolge ihrer Schichtsozialisation stärker Anleitung und Kontrolle in der Erziehung praktizieren (Marshak et al. 1999).

Für eine Familie mit Migrationshintergrund, die von Abschiebung bedroht ist, hat ein Kind mit Behinderungen potenziell eine andere Bedeutung als für eine Familie, die in gesicherten Verhältnissen lebt. Die ökonomische Gesamtlage und das jeweilige Gesellschaftssystem wirken sich auf die Bedeutung aus, die ein behindertes Kind für Familien hat. Der gesellschaftliche Diskurs über den Umgang mit der Pränataldiagnostik und die rechtlichen Regelungen von Schwangerschaftsabbrüchen wirkt sich auf die gesellschaftliche Sicht von Behinderten aus und hat eine Auswirkung auf die Eltern. Globale soziale Veränderungen – beispielsweise in der Art und Weise, wie die Leistungen im Gesundheitswesen erbracht werden – haben ebenfalls Auswirkungen auf Resilienzprozesse in Familien (Kaslow 2000).

4.7 Zusammenfassung

Neben Risikofaktoren und Belastungen müssen auch Ressourcen beachtet werden. Die Familien-Stresstheorie geht davon aus, dass Familien in Belastungssituationen Ressourcen mobilisieren, um sich neu zu organisieren und auf einer höheren Ebene eine neue Balance zu finden. Sie begreift die Bewältigung von anhaltenden Belastungen als systemisches Geschehen, das in einem konkreten, bedeutsamen soziokulturellen und ökonomischen Kontext stattfindet. Die Verfügbarkeit oder Mobilisierung von personalen, familiären, materiellen und soziökologischen Ressourcen ist Voraussetzung für eine Adaption an die Anforderungen. Belastungen und Stress sind ubiquitär, Familien passen sich fortwährend an widrige Gegebenheiten an und sind potenziell in der Lage, sich über sich hinauszuentwickeln. Zu Krisen kommt es, wenn die zur Verfügung stehenden Ressourcen nicht ausreichen. In Krisenzeiten aktivieren Familien weitere Ressourcen, versuchen Belastungen zu reduzieren und beginnen, ihre Situation anders zu bewerten. Entscheidend für eine gelingende Adaption an die Herausforderungen, zum Beispiel durch die anhaltende Belastung aufgrund der Behinderung eines Kindes, sind neben greifbaren Ressourcen und bestimmten Prozessen der Familie Veränderungen in der Bedeutungsgebung. Beim Umgang mit anhaltenden Belastungssituationen werden die Belastungen situationsbezogen neu bewertet und gewinnen eine andere Bedeutung. Die Funktionsweise und die Identität der Familien wandeln sich explizit und implizit und Familien entwickeln eine neue Weltsicht und gemeinsam geteilte Sinnstrukturen, etwa als Gefühl der Kohärenz.

Familien, denen dieser Prozess gut gelingt, werden als resilient bezeichnet. Im folgenden Abschnitt werden Konzepte der Familien-Resilienztheorie dargestellt, die für Familien mit behinderten Angehörigen maßgeblich sind.

5 Familienresilienz

5.1 Einführung

Das *Familien-Resilienzmodell* greift Konzepte und Ergebnisse der individuellen Resilienzforschung, der Familien-Stresstheorie und des Familien-Kompetenzen-Modells auf (Beavers & Hampson 1993, Patterson 2002a, Walsh 1998). Krankheiten, einschränkende Lebensbedingungen und Behinderungen werden nicht als kritische Ausnahmen, sondern als ubiquitäre Bestandteile des Lebens verstanden. Die Qualität des Lebens wird weitgehend davon geprägt, wie Menschen mit Widrigkeiten umgehen (Hawley 2000, Nichols & Schwartz 2004). Zu den Schlüsselprozessen der Resilienz zählen Familienprozesse, die familiäre Kommunikation, die Aufgaben- und Rollenverteilung, der Umgang mit Grenzen und Konflikten und die Aktivierung von sozialer Unterstützung. Zur Resilienz einer Familie trägt insbesondere auch eine positive Bedeutungs- und Sinngebung bei (Lee et al. 2004, Patterson 1991a, Walsh 2003).

5.2 Resilienz als individuelles Merkmal

Das Interesse an Stärken und resilienzfördernden Faktoren hat in der Familientherapie lange Tradition. Dies gilt insbesondere für die Arbeit mit Familien, die von Armut betroffen sind (Conen 2002, Minuchin et al. 1967). Das Resilienzkonzept geht von der Beobachtung aus, dass Menschen selbst mit massiven Belastungen sehr unterschiedlich umgehen – es gibt erhebliche individuelle Unterschiede bei der Verarbeitung von Stressoren. Es kennzeichnet einen Perspektivenwandel von einer pathogenetisch orientierten zu einer ressourcen- und salutogenetischen Sichtweise. Resilienz wird üblicherweise als widerständiges Verhalten gegen Belastungen aus der Umwelt definiert. Walsh (1998) versteht unter Resilienz die »*Fähigkeit, angesichts belastender Lebensherausforderungen zu bestehen und zu wachsen, d.h. neue Kraftquellen zu entdecken und zu nutzen*« (S. 4). Eine Krise kann die Familie aus dem Gleichgewicht bringen, besitzt aber auch das Potenzial für eine Transformation der einzelnen Personen und der Beziehungen (Boss 2002). Familien mit behinderten Kindern berichten beispielsweise, dass sie neue Prioritäten setzen, bewusster miteinander umgehen und in einer anderen Weise Sinn und Erfüllung im Leben finden. Manche

Familien zerbrechen unter Belastungen, andere nutzen und entwickeln ihre Stärken.

Es gibt eine Fülle von Belegen dafür, dass Menschen auf Belastungen und widrige Lebensumstände eine enorme Bandbreite an Reaktionen zeigen (Rutter 1990, 1999). Belastende Faktoren wie Armut, körperliche und sexuelle Gewalt, psychische und körperliche Erkrankungen, Sucht, Streit zwischen den Eltern oder Scheidungen haben Folgen (Felitti et al. 1998). Doch es gibt keine Kombination von Risikofaktoren, die bei mehr als der Hälfte der Menschen bleibende Schäden verursacht (Rutter 1987).

Die bekannteste Langzeitstudie zur Resilienz stammt von Werner (1993), die ab 1955 die Entwicklung von Kindern einer Risikopopulation auf der Hawaii-Insel Kauai über 30 Jahre hinweg verfolgte. Sie konnte belegen, dass ein Drittel dieser Kinder trotz widriger Umstände in der Kindheit gut zurechtkam und psychisch unauffällig blieb. Einem weiteren Drittel ging es bei späteren Nachuntersuchungen im mittleren Lebensalter sozial und psychisch gut, obwohl sie vorübergehend zum Teil massive Verhaltensschwierigkeiten gezeigt hatten. Eine besondere Rolle spielten eine aktive, zukunftsorientierte Haltung, gute Berufschancen, spirituelle Orientierung und positive Erfahrungen mit einer »Paten«-Person oder einem liebevollen Ehepartner (Werner 2005). Psychotherapeutische Erfahrungen waren dagegen von einer weit untergeordneten Rolle (Anthony & Cohler 1987, Rutter 1987, Werner 1993, Werner & Smith 1992).

Resilienzfördernde Faktoren nach Lösel & Bender (1999)
- Akzeptieren der Krise und der damit verbundenen Gefühle
- aktive Suche nach Lösungen
- aktive Suche nach Unterstützung
- proaktive Haltung
- Optimismus
- Vermeidung von Selbstanklagen
- Zukunftsorientierung und Planung
- eine warme, stabile, emotionale Beziehung zu mindestens einem Elternteil oder einer anderen Bezugsperson
- ein emotional positives, unterstützendes und strukturgebendes Erziehungsklima
- Rollenvorbilder für ein konstruktives Bewältigungsverhalten bei Belastungen
- soziale Unterstützung durch Personen außerhalb der Familie
- dosierte soziale Verantwortlichkeiten
- Temperamentsmerkmale wie Flexibilität, Annäherungstendenz
- Soziabilität

Familienresilienz

- kognitive Kompetenzen wie z. B. eine zumindest durchschnittliche Intelligenz
- Erfahrungen der Selbstwirksamkeit und ein positives Selbstkonzept
- ein aktives und nicht nur reaktives oder vermeidendes Bewältigungsverhalten
- Erfahrungen der Sinnhaftigkeit und Struktur der eigenen Entwicklung

Die Resilienzforschung war in ihren Anfängen individuumzentriert ausgerichtet (Schumacher et al. 2002). Begriffe wie *Unverwundbarkeit* (Anthony 1987, Wolin & Wolin 1993) und Zähigkeit oder *hardiness* (Kobasa 1979) weisen darauf hin, dass Resilienz als Persönlichkeitsmerkmal verstanden wurde (Holtmann et al. 2004, Holtmann & Schmidt 2004). Persönlichkeitseigenschaften und genetisch bedingte biologische Merkmale mögen zur Resilienz beitragen, doch: »Resilience does not constitute an individual trait or characteristic« (Rutter 1999, S. 135).

5.3 Resilienz von Familien

Das Konzept der individuellen Resilienz wurde auf Familien als soziales System übertragen (Boss 2002, Patterson 2002a, Walsh 2003). Lebenskrisen haben Auswirkungen auf jedes einzelne Mitglied, aber auch auf die Familie insgesamt. Psychosoziale Faktoren und resilienzförderliche Interaktionsmuster von Familien spielen eine wesentliche Rolle (Gorell Barnes 1999, Werner 1993, Rutter 1999). Dies gilt auch für Familien mit behinderten Kindern (Kühl 2003, Steiner 2003). Resilienz kann als Systemgeschehen verstanden werden (Bender & Lösel 1998), der Fokus liegt dann auf Prozessen der Familie, die trotz widriger Verhältnisse zu einer kompetenten Anpassung beitragen. Resiliente Familien haben die Fähigkeit, sich bei widrigen Ereignissen zu regenerieren und auf Veränderungen einzustellen. Sie verfügen über besondere Kompetenzen – psychologische, gesundheitliche und konstitutionelle Stärken, die bei der Bewältigung der Behinderungsfolgen helfen (Sheridan et al. 2005).

Familienresilienz kann definiert werden als »*characteristics, dimensions and properties of families which help families to be resistant in the face of change and adaptive in the face of crises situations*« (McCubbin & McCubbin 1988, S. 247). Diese Begriffsbestimmung setzt voraus, dass die Familien ihre Lebensumstände trotz Vorhandensein einer signifikanten Belastung wie der Langzeitpflege eines behinderten Kindes gut meistern (Patterson 2002a). Luthar et al. (2000) verstehen unter Resilienz einen »*dynamischen Entwicklungs-Prozess, der positive Adaptation innerhalb eines Kontexts von signifikanter Widrigkeit umfasst*« (S. 543). Signifikante Risikoerfahrung, protektive Faktoren und Ergebnis-Variablen müssen für wissenschaftliche Untersuchungszwecke eindeutig zu differenzieren sein, um entscheiden zu können, ob sich eine Familie in einem Resilienzprozess befindet.

Resilienz kann als dynamischer Prozess verstanden werden, was impliziert, dass Familien nicht zu allen Zeiten und unter jeglichen Bedingungen resilient sein müssen. Familien und Organismen leben nicht in Gleichgewichtszuständen, das Leben ist vielmehr gekennzeichnet durch Veränderungen, die dynamische Anpassungsprozesse erforderlich machen. Dabei geht es um mehr als den Umgang mit Stress und Belastung, es geht darum, mit einer Krise so umzugehen, dass man über sich hinauswachsen kann (Walsh 2003). Familien können gestärkt aus der Krise hervorgehen und nachfolgende Ereignisse und Krisen besser meistern.

Als abhängiges Maß für eine gelungene Adaption dient oft das Ausmaß, in dem Familien ihre zentralen Funktionen erfüllen und den Familienmitgliedern körperliche und psychologische Sicherheit geben oder Kinder und Erwachsene in ihrer Entwicklung fördern (Patterson 2002a). Aus systemischer Perspektive ist diese Interpunktion nicht sehr sinnvoll: Ein resilientes Familiensystem kann das Resultat eines gelungenen Adaptionsprozesses an eine widrige Lebenssituation und gleichzeitig Mediatorvariable oder Ursache der guten Adaption sein.

Das Konzept der Resilienz basiert auf der Prämisse, dass sich das soziale System Familie zumindest partiell autonom gegenüber der Wirkung bestimmter kontextueller Bedingungen entwickeln kann. Aus biopsychosozialer Perspektive ist Resilienz als Prozessgeschehen zu verstehen, in dem es rekursive Prozesse zwischen Individuen, der Familie und dem weiteren sozialen System gibt.

Resilienz von Familien mit behinderten Kindern (Patterson 1991)
- Balance zwischen den Bedürfnissen der übrigen Familie und den Erfordernissen der Behinderung
- Bewahren von klaren Grenzen der Familie nach innen und außen
- Entwicklung von kommunikativer Kompetenz
- der Situation eine positive Bedeutung beimessen
- die Flexibilität der Familie erhalten
- Verbundenheit mit der Familie als Ganzem bewahren
- aktive Bewältigungsschritte
- soziale Integration und aktive Pflege des sozialen Netzes
- kooperative Beziehungen mit Helfern aufbauen

Stressvolle Lebensereignisse entfalten ihre Bedeutung in einem jeweils besonderen sozialen und kulturellen Kontext. Resilienzprozesse variieren mit unterschiedlichen soziokulturellen Kontexten, sozioökonomischen Bedingungen und Lebensherausforderungen. Die Einschätzung des familiären Funktionierens geschieht nach Walsh (1998) vor dem Hintergrund der spezifischen Situation einer

Familie. Die gesamte soziokulturelle Situation der Familie und ihre Lebenswelt sollte dabei beachtet werden. Auch die Familienzusammensetzung ist von Bedeutung – Zwei-Eltern-Familien mit niedriger Kinderzahl haben es leichter, gut zurechtzukommen als Familien mit einer hohen Kinderzahl oder Alleinerziehende, die arbeiten müssen und zeitlich weniger Spielräume haben. Verfügbare materielle Ressourcen helfen bei der Bewältigung aktueller Krisen und sind ebenso wie das Leben in einer Gemeinde mit hoher Akzeptanz von Behinderten und geringer Ausgrenzung resilienzfördernd (Li-Tsang et al. 2001, Yau & Li-Tsang 1999).

Die besondere Kultur der Familie, ihre Lebenswelt und ihre Familien-Geschichten sind bei der Einschätzung ihrer Resilienzprozesse unabdingbar. Resilienz ist eng mit den besonderen Eigenheiten der jeweiligen Familie verbunden. Für eine Familie kann es Ausdruck von Resilienz sein, einen schwer kranken Angehörigen bis zuletzt zu pflegen, für eine andere Familie kann sich Resilienz darin ausdrücken, dies nicht zu tun, sondern sich lieber von einem Pflegedienst helfen zu lassen. Bestimmte Familienfunktionen sind nicht an und für sich gut oder schlecht oder resilienzfördernd. Eine offene Kommunikation und durchlässige Familiengrenzen gegenüber Außensystemen mögen in der heutigen Zeit resilienzfördernde Faktoren darstellen, in der Zeit von 1933 bis 1945 gefährdeten sie dagegen das Überleben der Familie mit behinderten Angehörigen.

Ein Stressor ist kein isoliertes Ereignis, sondern stellt vielmehr ein komplexes Set wandelnder Risikobedingungen dar (Rutter 1987). Isolierte, singuläre Anpassungsreaktionen reichen nicht aus, um von Resilienz zu sprechen. Zeitfaktoren wie die Abfolge von Stressereignissen im Leben der Familie, ihr Auftreten in Relation zu anderen Entwicklungsprozessen der Familie sind ebenfalls von Bedeutung.

Familien, die mit behinderungsbedingten Belastungen gut zurechtkommen, verfügen über einen Sinn für Zeitverläufe und beachten Entwicklungsphasen im Lebenszyklus (Patterson 1991a). Diese Orientierung am Familienlebenszyklus trägt dazu bei, schwierige Übergänge als wichtige Meilensteine zu verstehen. Stress, Not und Leid werden normalisiert und in einen weiteren Bezugsrahmen gestellt. Dadurch können Familien ihre Erfahrungen, Reaktionen und Schwierigkeiten als verständliche Reaktion auf schmerzliche Verluste und Erfahrungen einordnen.

Eine zeitliche Häufung von Stressereignissen kann Familien überlasten, wenn beispielsweise neben der Behinderung eines Kindes ein Elternteil erkrankt oder arbeitslos wird oder sich Eltern trennen.

5.4 Schlüsselprozesse der Familienresilienz

Auf einer übergeordneten Ebene lassen sich Heurismen benennen, die potenziell Stress und Belastungen reduzieren und Familien helfen, auch mit anhaltenden Widrigkeiten gut zurechtzukommen. Familienforscher wie Patterson (1991a), Shapiro (2002) und Walsh (1998) haben Schlüsselprozesse der Familienresilienz beschrieben. Neben personalen Ressourcen und allgemeinen sozialen Ressourcen haben Familienprozesse einen besonders hohen Erklärungswert für einen langfristig guten Umgang mit Belastungssituationen (vgl. auch Lee et al. 2004). Zu den resilienzfördernden Schlüsselprozessen von kompetenten Familien zählen *familiäre Organisationsmuster* (wie Flexibilität, Verbundenheit und die Mobilisierung sozialer und ökonomischer Ressourcen), *Kommunikations- und Problemlöseprozesse* und *Überzeugungen oder Glaubenssysteme*.

Schlüsselprozesse der Resilienz (Walsh 2003)
- Organisationsprozesse
  - Flexibilität
  - Verbundenheit
  - soziale und materielle Ressourcen
- Kommunikationsprozesse
  - gute Kommunikation
  - offener emotionaler Austausch
  - gemeinsames Problemlösen
- Geteilte Glaubenssysteme von Familien
  - Widrigkeiten Sinn geben
  - positive Zukunftssicht
  - Transzendenz und Spiritualität

Das Rahmenmodell von Walsh eignet sich für die Identifizierung und Förderung von Prozessen, die Familien stärken. Es ist nicht als eine abgeschlossene Liste konkreter Verhaltensweisen zu verstehen, die ein gutes Leben fördern. In Anbetracht der Vielfalt bestehender familiärer Lebensformen geht es nicht um das Rezept für das richtige Leben. Familien müssen vielmehr abhängig von ihrer jeweiligen Lebenssituation, ihrer Familienform, den gegebenen besonderen gesundheitlichen Einschränkungen diejenigen Schlüsselprozesse nutzen, die individuell zu ihrem Kontext passen. Die konkrete Umsetzung ist von Familie zu Familie spezifisch. Walsh (1998) empfiehlt, für jede Familie individuell zu erkunden, welche resilienzfördernde Faktoren zu ihr passen, denn es gibt nicht *die* Strategie für das Problem, wie man mit einem Kind mit Behinderung gut lebt.

In der systemischen Therapie wurde unter Rückgriff auf erkenntnistheoretische Positionen des Konstruktivismus hinterfragt, welche Gültigkeit verallgemeinernde Aussagen über Familien und Familienprozesse besitzen. In der sozialwissenschaftlichen und psychologischen Forschung wird zwischen einem nomothetischen, verallgemeinernden, und einem ideographischen, stärker am Einzelfall orientierten Vorgehen unterschieden (Allport 1968, Fraenkel 1995). Die Schlüsselprozesse von Walsh sind als eine Klasse von resilienzfördernden Faktoren zu verstehen, sie haben den Charakter von allgemeinen heuristischen Strategien,[1] nicht von konkreten Handlungsanweisungen. Ihre Umsetzung hängt von den Besonderheiten der Familie, ihren Lebensbedingungen und Geschichten ab und hat mehr mit Lebenskunst als mit einer Gebrauchsanweisung zu tun.

Familiäre Organisationsmuster

Das Aufrechterhalten einer guten familiären Funktionsweise wird als Indikator für eine gelungene Anpassung der Familie an die Situation mit einem Kind mit Behinderung gewertet (Beresford 1994, Dyson 1991, Patterson 1988, Tunali & Power 1993). Die elterliche Stressbelastung korreliert umgekehrt mit der Qualität der Funktionsweise der Familien (Dyson 1991, 1993).

Flexibilität

Die moderne Gesellschaft verlangt von Familien nicht nur ihre Identität zu wahren, sondern auch eine hohe Bereitschaft, flexibel auf widrige Verhältnisse zu reagieren. Familien mit chronisch kranken oder behinderten Angehörigen können sich kaum erlauben rigide zu sein; sie müssen gewohnte Abläufe immer wieder neu anpassen, in akuten Krankheitsphasen rasch reagieren, neue Rollenaufteilungen ausprobieren, ihre Rituale und Werte verändern. Dies gilt auch für berufliche Ziele und den Umgang mit Situationen, die von einem hohen Maß an Ungewissheit geprägt sind (Tunali & Power 1993).

Eine hohe *Adaptabilität* der Familie ist erforderlich, um sich an wandelnde Lebensumstände anzupassen. *Familien mit rigidem Muster* fällt es schwerer, sich rasch auf die akuten Anforderungen einer Krankheit umzustellen. *Familien mit chaotischem Muster* können sich rascher auf unerwartete Situationen umstellen,

---

[1] Diese Unterscheidung verdanke ich Jeff Zeig. Algorithmen schreiben keine konkrete Abfolge von Schritten vor, die wie bei einer Montageanleitung einzuhalten ist. Heurismen geben Empfehlungen auf einer Meta-Ebene, sind weniger spezifisch: »Achte auf Deine Gesundheit! Pflege die Partnerschaft! Habe Freude an Deinem Kind!« Vgl. dazu Batesons (1981a) Konzept von drei verschiedenen Ebenen des Lernens.

weil ihre Rollen weniger festgelegt sind; sie kommen dagegen weniger gut mit Gesundheitsproblemen zurecht, die in hohem Grad die Einhaltung von Therapieschemata verlangen, wie dies etwa bei Mukoviszidose der Fall ist.

Ein veränderter Gesundheitszustand, Übergänge im Lebenszyklus oder einfach der Verlauf des Schuljahres verlangt von Familien ein hohes Maß an Flexibilität. In einigen deutschen Bundesländern sind die Behindertenschulen drei Monate vollständig geschlossen. In dieser Zeit bleiben die Kinder zu Hause, die gewohnte Förderung setzt komplett aus und die Familien, insbesondere mit berufstätigen Müttern, müssen hoch flexibel ihre Zeitabläufe umstellen. Die Flexibilität wird durch eine gute Vereinbarung von Berufs- und Familienleben begünstigt, die es ermöglicht, Rollen und Aufgaben so zu verteilen, dass sich beide Partner mit ihrer Lebenssituation zufrieden fühlen.

▶ Mutter: »Mir ist es halt wichtig, dass er merkt, jetzt kann sie nicht mehr, dass er für mich dann einspringt. Früher war ich ja alleine, da musst ich das 24 Stunden selber machen. Ich finde es sehr gut, dass er mich da gut unterstützt, das ist für mich sehr wichtig. Oder dass er sieht, jetzt geht es ihr nicht gut – oder komm, bleib mal liegen, ich steh heut Morgen mal früher auf, zwei, drei Stunden. Dann macht er die Frühschicht und ich mache halt die Mittagsschicht.« Vater: »Ja, wir müssen uns das einteilen.« Mutter: »Und da ist er für mich schon eine große Hilfe!«

Verbundenheit

Das Gefühl der Verbundenheit oder Kohäsion ist ein entscheidender Faktor für ein effektives Funktionieren von Familien (Beavers & Hampson 1993, Olson et al. 1989). *Kohäsion* ist ein wichtiger Prädiktor, wie Familien Krankheiten bewältigen. Familien müssen ein Gefühl von Zusammenhalt bewahren und gleichzeitig individuelle Unterschiede respektieren. Nach Stierlin et al. (1977) streben Menschen nach Bezogenheit und haben gleichzeitig den Wunsch nach Individuation. Kompetente Familien zeichnen sich durch eine hohe Kohäsion und einen hohen emotionalen Zusammenhalt aus (Beavers & Hampson 1993). Das familiäre Zusammengehörigkeitsgefühl wird durch gemeinsame Aktivitäten, geteilte Aufgaben und Verantwortungen gestärkt (Olson et al. 1983, Perry et al. 1992, Scorgie et al. 1998). Durch das Gefühl von Zusammenhalt und die praktische Unterstützung durch die weitere Familie wird die Resilienz der Familie bestärkt. In Belastungssituationen kann die Kohäsion von Familien stärker werden. Bei einer hohen Kohäsion in der Familie erleben Mütter subjektiv eine geringere Stressbelastung (Minnes 1988).

Familiärer Zusammenhalt kann förderlich sein, eine niedrige Kohäsion kann aber ebenso wie ein zu hohes Ausmaß an Kohäsion eine nachteilige Wirkung haben (Minuchin et al. 1981). Dies hängt unter anderem von der Phase im Lebenszyklus, vom psychosozialen Typ der Behinderung, den aktuellen Entwicklungsbedürfnissen und der Phase der Anpassung an die Krankheit ab (Kazak 1989, Reiss et al. 1986).

Balance der Bedürfnisse

Die besonderen Bedürfnisse von behinderten Kindern, wie zum Beispiel die medizinische Versorgung, Arztbesuche und Fördermaßnahmen können zu einer einseitigen Zentrierung auf die Behinderung führen, was zu Lasten des Familienlebens und der Bedürfnisse der übrigen Familienmitglieder gehen kann. Resiliente Familien stellen eine Balance zwischen den normalen altersgemäßen Entwicklungsbedürfnissen – zum Beispiel in der Pubertät – des betroffenen Kindes, aber auch der übrigen Familie her (Patterson 1991a). Sie erreichen ein Gleichgewicht zwischen den Bedürfnissen des betroffenen Kindes und den Interessen der übrigen Familie, pflegen eigene persönliche Interessen, tun etwas für die Partnerschaft und lassen nicht zu, dass das Familienleben durch die Behinderung beherrscht wird. In solchen Familien gibt es ein Leben jenseits der Behinderung, die nicht zum zentralen Kristallisationspunkt der Familienidentität geworden ist (Krause & Petermann 1997).

Aufrechterhaltung einer klaren Familienstruktur

Die Behinderung eines Kindes hat einen direkten Einfluss auf die Rollenverteilung und die Binnendifferenzierung der Familie. In Familien mit einem chronisch kranken oder behinderten Kind gibt es oft eine Strukturverschiebung in Folge des erhöhten Betreuungsaufwandes, bei dem ein Elternteil intensiv mit dem kranken Kind involviert und ein Elternteil ausgeschlossen ist. Die Bedeutung der Qualität der Ehebeziehung für die Resilienz von Familien mit Kindern mit Behinderung ist durch zahlreiche Studien belegt. Resiliente Familien schützen die Ehebeziehung als die zentrale Beziehungsachse mit der größten Intimität (Rolland 1994). Eine vertrauensvolle Partnerschaft mit guter Kommunikation hat eine protektive Wirkung (Beavers & Hampson 1993, Tunali & Power 1993). Besonders wichtig ist die Zuneigung zum Partner (Li-Tsang et al. 2001, Yau & Li-Tsang 1999). Eine Partnerschaft bietet potenziell Sicherheit und emotionale Unterstützung (Beresford 1994, Marshak et al. 1999, Taanila et al. 1996, Yau & Li-Tsang 1999). Die Zufriedenheit mit der Partnerschaft wird durch Unterstützung bei Pflege und Betreuung des Kindes im Haushalt durch den Vater erhöht (Beresford 1994, Fewell 1986a, Heaman 1995, Taanila et al. 1996, Willoughby & Glidden 1995).

Eine hohe Ehezufriedenheit gilt als bester Prädiktor für eine gute Bewältigung der Lebenssituation mit einem geistig behinderten Kind (Friedrich 1979). Nach Bender und Lösel (1998) wirkt sich ein starkes Kohärenzgefühl im Sinne von Antonovsky stabilisierend auf die Partnerschaft aus. Kohärenz wird nicht als individuelle Persönlichkeitseigenschaft verstanden, sondern als Ergebnis der sozialen Wirklichkeitskonstruktion beider Partner (Bender & Lösel 2003). Bei einer starken Paarbeziehung sind die Eltern in geringerem Maße auf soziale Unterstützung angewiesen (Krause & Petermann 1997). Eine nahe emotionale Beziehung zum Ehepartner wirkt einer allzu großen Fokussierung auf das behinderte Kind entgegen. Dazu eine Mutter:

▶ »Also, ich finde, gerade mein Mann ist besonders liebevoll und besonders fürsorglich zu unserer Tochter. Und steht voll dazu, dass sie so ist, wie sie ist, und ich genauso. Das hilft mir wirklich auch – eine tolle Unterstützung habe ich. Man hört immer andere Sachen, dass es dann nicht so klappt, weil das Kind behindert ist. Und mir gibt das natürlich auch gleich Kraft.«

Resiliente Familien haben einen Weg gefunden, wie der behinderte Angehörige in den Alltag einbezogen werden kann. Kinder brauchen Kontinuität, Sicherheit, Vorhersagbarkeit ihrer Welt, was in der Familie durch Rituale gewährleistet wird. Gerade für Kinder mit kognitiven Einschränkungen und in Familien, in denen die medizinischen Erfordernisse häufig das Alltagsleben durcheinander bringen können, sind nachvollziehbare Regeln und Routinen eine Hilfe (Imber-Black 1987, Scott 1984).

Mobilisierung von sozialen und materiellen Ressourcen

Die Resilienz wird durch das Vorhandensein eines kleinen, intensiven sozialen Unterstützungsnetzwerkes (Frey et al. 1989) und durch Unterstützungsgruppen für Eltern gestärkt (Li-Tsang et al. 2001, Yau & Li-Tsang 1999). Die Möglichkeit, im weiteren sozialen Netzwerk soziale Unterstützung zu aktivieren, ist von entscheidender Bedeutung (Barakat & Linney 1992, Berger & Fowlkes 1980, Werner 1993). Ein gutes soziales Beziehungsnetz ist ein Schutzfaktor gegenüber Belastungen (Rutter 1990, 1999) und unterstützt die Bindung zum Kind (Capuzzi 1989). Im sozialen Umfeld fehlen meist Rollenmodelle für den Umgang mit einer Behinderung. Der Aufbau und die Pflege eines kompetenten Netzwerks, das ihnen Informationen, praktische Tipps und emotionalen Rückhalt bietet, kostet Energie und Zeit. Freunde und die erweiterte Familie können wichtige praktische Hilfeleistungen in ihrem sozialen Umfeld erbringen, durch die gelegentliche Betreuung des behinderten Kindes oder finanzielle Hilfen, etwa bei Umbaumaßnahmen. – Dazu ein Vater:

▶ »Dazu kommt halt, dass wir durch diese Kirchengemeinde sehr, sehr gute Kontakte haben. Dort haben wir auch Babysitter, die dann kommen, wenn wir mal unterwegs sein wollen, oder so ... Wir merken, wir sind nicht eine Familie, die irgendwie ausgegrenzt ist.«

Eine Behinderung bedeutet für die Familie eine erhebliche finanzielle Bürde; Resilienz hängt unter anderem auch von sicheren materiellen Rahmenbedingungen ab (Dangoor & Florian 1994). Armut ist ein hoher Risikofaktor für problematische Anpassungsmuster. Materielle Ressourcen fördern die Resilienz, dies zeigt sich, wenn man Gruppen von Eltern mit ähnlichem Bildungsstand und Schweregrad der Behinderung, aber unterschiedlichen finanziellen Mitteln vergleicht (Dangoor & Florian 1994).

Familien mit behinderten Kindern sind in hohem Maße auf Außenstehende angewiesen, auf Ärzte, Pflegehelfer, Therapeuten und viele andere Personen. Eine wichtige Entlastung sind Pflegekräfte, die in die Familie kommen und bei der Betreuung des behinderten Kindes helfen (Patterson et al. 1992). Das Ausmaß des Erhalts professioneller Hilfen wird oft überschätzt (Eike & Braksch 2009). In einer Untersuchung von Eckert (2008) wünschen sich Eltern, von Fachleuten klare und offene Rückmeldung auf Fragen zu erhalten, die das Kind und die Eltern betreffen, und zu Therapeuten, Betreuern und Lehrern einen partnerschaftlichen Kontakt aufzubauen. Familien, die soziale Unterstützung zum Beispiel von Beratungsstellen, Frühfördereinrichtungen oder familienentlastenden Diensten annehmen können, kommen insgesamt besser zurecht. Dabei ist wichtig, sich nicht »das Heft aus der Hand nehmen lassen«, gegenüber Helfern selbstbewusst aufzutreten und die eigene Autonomie zu behalten (Patterson 1991a). Das Herstellen einer kooperativen, zielorientierten Beziehung (Verres 2005) und die Vermeidung von symmetrischen Konflikten im komplexen Netzwerk der Institutionen verlangt von Familien eine hohe soziale Kompetenz (Patterson 1991a, b, 2002b). Eine gelingende Familienresilienz ist abhängig von einer guten Passung zu einer möglichst förderlichen sozialen Umgebung und soziopolitischen Rahmenbedingungen, die konkrete Hilfen bereitstellen und Familien nicht sich selbst überlassen (Berger 1984, MacKinnon & Marlett 1984).

Statt einer Hilfe kann das Helfersystem für Eltern eine zusätzliche Last darstellen (Rotthaus 1996, Sloman & Konstantareas 1990). Kompetente Familien nutzen soziale Unterstützung durch Helfer, wahren aber ihre Autonomie (Walsh 2003). Oft sind Familien auf die Behandler angewiesen und nehmen es ihnen übel, wenn diese nicht wirklich hilfreich sind oder sie sich von ihnen übergangen und missachtet fühlen. Es besteht die Gefahr, dass Eltern abhängig werden, wenn Entscheidungen über ihren Kopf hinweg getroffen werden. Symmetrische Eskalationen und Kreisläufe negativer Reziprozität zwischen Helfern und Eltern kosten sehr viel Energie (Imber-Black 1988). Die Wahrung einer gewissen Distanz zwischen Helfern und Eltern fördert die Resilienz (Libow 1989).

Als besondere Belastung empfinden Eltern eine mangelnde Verfügbarkeit und fehlendes Engagement von Helfern, ablehnende und kritische Äußerungen und diagnostische und prognostische Fehleinschätzungen (Retzlaff 2006). Entsprechend äußerte die Mutter eines geistig behinderten Schülers:

▶ »Meine Erfahrung ist, dass man mit seinen Problemen allein zurechtkommen muss. Mit den Jahren lernt man besser und gelassener mit Problemen umzugehen. Ehrliche Hilfe von außen gibt es so gut wie nicht. Im Gegenteil, die Umwelt und die Gesellschaft machen einem noch mehr Probleme durch Intoleranz und Leistungsdruck.«

Engagierte Helfer und Fachleute können eine große Entlastung sein, wenn sie Eltern das Gefühl vermitteln, die Verantwortung für die Förderung an kompetente Personen abgeben zu können:

▶ Vater: »Das schätzen wir sehr, dass wir so einen guten Therapeuten haben. Und wir gehen auch zur Ergotherapie mit ihr. Sie ist in einem sehr guten Kindergarten. Da gibt es eine Kommunikationsschulung. Wir merkten, die Erzieher geben sich richtig Mühe. Also, Lea läuft da nicht einfach nur mit, so im Kindergarten, sondern sie hat definitiv auch ihren Platz und es wird sich richtig Mühe mit ihr gegeben, dass sie sich entwickelt. Und das hilft ja auch uns Eltern, dass wir uns da nicht allein darum kümmern müssen, wie sich Lea entwickelt. Sondern dass wir durch die Krankengymnastik, durch die Kindertagesstätte dort wirklich gute, fachliche Hilfe bekommen.«

Kommunikations- und Problemlöseprozesse

Die Fähigkeit zu einer guten, klaren Kommunikation gilt als ein generell förderlicher Aspekt für das Familienleben. Familien mit behinderten Kindern sind mit einer Vielzahl von Problemen konfrontiert und besonders darauf angewiesen, sich gut verständigen zu können. Häufig müssen heikle Themen besprochen und schwierige Entscheidungen getroffen werden, und die Familien müssen sich mit medizinischer und juristischer Fachsprache vertraut machen.

Die meisten Schlüsselfunktionen der Resilienz, wie die Mitteilung und das Aushandeln von Bedürfnissen, die Aktivierung von sozialer Unterstützung oder die Entwicklung von neuen Sinnstrukturen werden über sprachliche Kommunikationsprozesse vermittelt (Antonovsky 1987, McCubbin & Patterson 1983, Walsh 1998). Eine hohe kommunikative Kompetenz, klare und kongruente Kommunikation sind gut für ein effektives Familienleben (Epstein et al. 1983, 1993) und wirken sich positiv auf den Umgang mit Helfern und Behörden aus.

Eine zentrale Variable für die Anpassung der Familie ist die Fähigkeit, mit dem behinderten Kind zu kommunizieren. Dieser Aspekt wird in der Literatur zur Familienresilienz kaum beachtet. Eine hohe Feinfühligkeit der Eltern im Sinne von Ainsworth (1969) nutzt auch nichtsprachliche Ausdrucksformen und ermöglicht das Herstellen einer reziproken Beziehung; das Bindungsverhalten wird gefördert und die kommunikative Selbstwirksamkeit der Eltern erhöht (Dolto 1989). Die Entwicklung einer kommunikativen Beziehung zum Kind wirkt einer Grenzunsicherheit im Sinne von Boss (2002) entgegen, bei der das Kind in der Familie körperlich anwesend ist, aber psychisch als abwesend erscheint (Ogletree et al. 1992, Papousek 1996). Familien, die mit ihrem Kind kommunizieren können und es verstehen, die kommunikative Fertigkeit des Kindes zu fördern, kommen besser zurecht (Li-Tsang et al. 2001, Yau & Li-Tsang 1999).

Kulturabhängige und gendertypische Unterschiede im Kommunikationsstil können als Ressource gewertet werden (Patterson 1991a), beispielsweise die Neigung zu einer stark instrumentellen, sachbezogenen Kommunikation oder zu einem offenen emotionalen Ausdruck, die bei der Verarbeitung von Problemen und Gefühlen wie Trauer, Hilflosigkeit und Ärger hilfreich sein kann. Langfristig ist es für Familien mit Angehörigen, die von Krankheiten und Behinderungen betroffen sind, wichtig, miteinander im Gespräch zu bleiben, auch heikle Themen anzusprechen und aus dem Gesundheitszustand kein Geheimnis zu machen, weil dies weitere Probleme nach sich ziehen kann (Imber-Black 1995, McDaniel et al. 1997c).

Offener emotionaler Ausdruck

Die Bereitschaft zu einem offenen emotionalen Ausdruck gilt als eine weitere resilienzfördernde Stärke von Familien (Beavers & Hampson 1993, Walsh 1993). Ein guter Gefühlsausdruck geht mit höherer sozialer Kompetenz der Geschwister von behinderten Kindern einher (Dyson et al. 1989) und gilt in der Psychotherapieforschung als günstiges Verhaltensmuster, das Stresskrankheiten entgegenwirkt (Juli & Engelbrecht-Greve 1978, Krause & Petermann 1997, Pennebaker 1993). Wenn die mitunter widersprüchlichen Gefühle, die in Zusammenhang mit der Behinderung auftreten, als normal, verständlich gewertet werden, verringert dies die Neigung zu Schuldgefühlen und Selbstvorwürfen und Scham (Patterson 1991b). Die Mutter eines geistig behinderten Kindes schildert:

▶ »Was mir besonders hilft – der Zusammenhalt, miteinander reden, wenn es einem schlecht geht. Die Freude am Leben meines ›besonderen‹ Sohnes. Sein Lachen, seine Liebe, die er uns täglich spüren lässt. Und auf jeden Fall viel miteinander reden, über alles, was einen bedrückt. Mein Mann und ich, wir haben da eine gute Basis, das hilft uns wirklich.«

Die in der systemischen Theoriebildung vorherrschende Gleichsetzung von Emotionen mit Information oder Mitteilung wird der Bedeutung von Gefühlen im menschlichen Zusammenleben nicht gerecht (Welter-Enderlin & Hildenbrand 1998). Das Familiengefühl, die charakteristische Stimmungslage der Familie und das Gefühl zur eigenen Familie, ist eine wichtige Dimension des Familienlebens (Cierpka et al. 2001, Satir 1964). Wenn Emotionen von Familien mit behinderten Kindern in der Literatur thematisiert werden, geht es überwiegend um Gefühle wie Trauer, Schuld, Groll und dergleichen mehr. Potenziell sind Familien jedoch ein Ort, an dem Spiel, Spaß und Humor ihren Platz haben (Beavers 1989). Patterson (1991b) beschrieb, wie resiliente Familien voll Warmherzigkeit über ihr Kind sprechen und ungeachtet seiner Einschränkungen aktiv nach Merkmalen suchen, die sie lieben können. Diese Beobachtung stimmt mit den Ergebnissen eigener Untersuchungen überein, in denen die Freude am Kind seine Lebensfreude, sein Lachen und die Liebe, die es sie spüren lässt, als ein wichtiger Faktor für Resilienz angegeben wurde (Aschenbrenner 2008, Retzlaff 2006, 2008, vgl. Hastings & Taunt 2002).

Gemeinsames Problemlösen

Die Fähigkeit, gemeinsam Konflikte und Probleme zu lösen, wird von Walsh (1998) als zentrale Voraussetzung für das Entstehen der familiären Resilienz gesehen. Patterson (2002b) nahm an, dass die Zuversicht, Lösungen zu finden und Kräfte mobilisieren zu können, die Entwicklung protektiver Mechanismen entscheidend beeinflusst. Mit zunehmendem Alter und höherem Bildungsstand der Eltern werden Problemlösestrategien gezielter genutzt (Heaman 1995). Dazu zählen Strategien für das Lösen von akuten Krisen, das Ausbalancieren von familiären Bedürfnissen und das Bewahren von vertrauten Familienroutinen und -ritualen (Patterson 2002a, Li-Tsang et al. 2001, Yau & Li-Tsang 1999). In der mittleren Phase der Anpassung an Behinderungen entwickeln manche Familien eine neue Form, wie sie ihr Leben positiv gestalten können. Walsh (2003) spricht von *bouncing forward:* »*Each family must find its own pathways through adversity fitting their situation, their cultural orientation, and their personal strengths and resources*« *(S. 13).*

Geteilte Glaubenssysteme von Familien

Gemeinsam von der Familie geteilte Überzeugungen bestimmen, wie Krisen und Leid wahrgenommen werden und welche Handlungsoptionen gesehen werden (Walsh 2003). Überzeugungen, Einstellungen, Vorlieben und Annahmen werden als Grundprämissen des Seins verinnerlicht. Die geteilte Wirklichkeitskonstruktion der Familie entsteht aus den sozialen und familiären Transaktionen; sie beeinflusst die Familienprozesse und wird rekursiv durch Erfahrungen im Umgang mit Krisen verändert (Reiss 1981). Sie lösen emotionale Reaktionen aus und bestimmen Entscheidungsprozesse mit. Geteilte Glaubenssysteme sind nach Walsh (1998) das »Herz« von Familien. Sie haben zentralen Einfluss auf die Familienprozesse und beeinflussen insbesondere auch den Umgang mit Gesundheit und Krankheit (Ransom et al. 1992) und das subjektive Stresserleben (Frey et al. 1989).

Widrigkeiten Sinn geben

Hoch kompetente Familien legen Wert auf einen guten Familienzusammenhalt und sie verstehen die Belastungen als eine Aufgabe, die gemeinsam zu lösen ist (Beavers & Hampson 1993). Sie haben ein Empfinden für Veränderungsprozesse und den Wandel der Familie über Zeitphasen, kontextualisieren ihre Not in einem weiteren Zeitrahmen. Durch Vergleiche mit anderen betroffenen Familien erscheint die eigene Lebenssituation weniger außergewöhnlich, und das Empfinden von Not, Schuld oder Vorwürfen relativiert sich (Beavers & Hampson 1993).

Im Umgang mit widrigen Lebensumständen kommen Familien besser zurecht, die über ein Gefühl von Kohärenz verfügen – die Krisensituation erscheint als verstehbar, handhabbar, und es macht Sinn und lohnt, die Herausforderungen anzupacken. Eine positive Sinngebung angesichts widriger Umstände sowie eine optimistische, zupackende Haltung sind resilienzfördernd. Die gemeinsam konstruierten Überzeugungen von Familien darüber, wie die Welt funktioniert und welche Rolle die Familie darin spielt, beeinflusst, wie Familienmitglieder Ereignisse und Verhalten interpretieren und beurteilen (Reiss 1981). Dazu der Vater eines geistig behinderten Kindes:

▶ »Unserer Familie hat es geholfen immer positiv zu denken und daran zu glauben, dass durch unsere und die Bemühung der Therapeuten eine Besserung bei unserem Kind eintritt. Heute hilft uns, dass wir diese Behinderung unseres Kindes angenommen haben, so wie sie ist. Und uns darauf besser einstellen können als früher.«

Positive Sicht der Zukunft

Die Bedeutung einer positiven Zukunftsorientierung für den Umgang mit Krisen und widrigen Lebensumständen ist empirisch gut belegt (Werner 1993). In seinen Büchern über seine Zeit in deutschen Konzentrationslagern beschrieb Viktor Frankl (1982), wie ihm die Vision einer Zeit nach dem Lager Kraft und Hoffnung gab. Resiliente Familien betrachten Alltagsprobleme als lösbar, sehen sie in einer weiteren Perspektive, statt ihre Bedeutung zu katastrophisieren (Patterson 1991a), und schauen auf das, was möglich ist. Kompetente Familien haben eine optimistische Auffassung vom Leben (Beavers & Hampson 1993). Dabei geht es weniger um eine Verleugnung vorhandener Probleme als um eine Sowohl-als-auch-Haltung, in der neben den Nöten auch Raum für Positives ist. Hoch kompetente Familien verfügen über ein Gefühl der Selbstwirksamkeit und gehen ihr Leben proaktiv und zukunftsorientiert an, statt in einer passiv abwartenden Haltung zu verharren (McDaniel et al. 2004, Werner 1993). Aktive Coping-Bemühungen sind beispielsweise die gezielte Suche nach Informationen über die Behinderung, spezielle Dienste und Behandlungsmöglichkeiten (Antonovsky & Sagy 1990, Patterson 1991a). Ein Vater beschreibt dies so:

▶ »Also, wichtig ist nicht zu passiv sein, sondern in die Offensive zu gehen. Wir dürfen uns die Situation nicht aus der Hand nehmen lassen. Da kommen andere Leute und bemitleiden uns, und dann kommt es auf uns an, wie reagieren wir darauf. Ein guter Freund hat uns geraten: ›Lasst es euch nicht aus der Hand nehmen. Sagt ihr den Leuten, wie sie mit euch umgehen sollen.‹ Das würde ich jeder Familie wirklich empfehlen – nicht passiv zu sein, sondern in dem Sinne in die Offensive zu gehen, sich schlau machen, erkundigen, nach Möglichkeiten, was man mit so einem Kind trotz alledem machen kann. Halt anders. Aber jetzt nicht die Hände überm Kopf zusammenschlagen und sagen: Oh, wie will das nur alles werden? Und auch nicht mit sich alles machen lassen, also zum Arzt gehen und sagen, das wollen wir, und das wollen wir nicht.«

Sie akzeptieren aber auch menschliche Grenzen, statt zu erwarten, die »Dinge in den Griff zu bekommen«, aus dem Wissen heraus, dass es Faktoren gibt, über die sie keine Kontrolle haben (Beavers & Hampson 1993). Insgesamt haben sie das Vertrauen, etwas bewirken zu können. Dazu eine Mutter:

▶ »Ja, gut, ich bin halt der Typ, ich rufe dann halt bei der Kasse an und informiere mich. Weil ich gebe dann auch keine Ruhe. Jeder andere würde vielleicht sagen, na ja, gut, was soll es. Nein, also wenn es um die Amelie geht und darum, dass sie ihr Recht kriegt und das, was ihr zusteht, da werde ich schon wild, teilweise.«

Transzendenz und Spiritualität

In der amerikanischen Literatur finden sich viele Hinweise darauf, dass Menschen und Familien in spirituellen und religiösen Traditionen Stärke und Trost finden (Beavers & Hampson 1993, Heaman 1995, James 1982, Walsh 1999). Religiöse und weltanschauliche Systeme sind ein wesentlicher Weg, wie Menschen Sinn in schwierigen Lebenssituationen, die keinen Sinn zu machen scheinen, suchen und finden (Frankl 1982). Spirituelle Übungen wie Gebet, Meditation und religiöse Rituale begünstigen und fördern Resilienz und können einen direkten gesundheitsfördernden Einfluss haben (Hodge 2005). In unserem Kulturraum werden diese gesundheitsförderlichen Aspekte der Spiritualität wesentlich weniger beachtet (Jellouschek 1991). Eine Reihe von Untersuchungen bestätigt, dass eine spirituelle Orientierung hilfreich für Familien mit behinderten Kindern ist (Bennett et al. 1995, Fewell 1986b, Libow 1989, Perry et al. 1992). Die Mutter eines Kindes mit geistiger Behinderung schildert ihre Erfahrungen:

▶ »Seit einiger Zeit – seit drei Jahren – sind wir nun nicht allein, ich und wir wurden Christen. Diese Erfahrung lässt mich innerlich zur Ruhe kommen. Wir sind nicht allein. Ich muss nicht allein alles tragen, was auf meinen Schultern lastet. Ich habe seitdem viele neue Menschen kennen gelernt, die uns aufgenommen haben. Ich muss mich niemandem erklären oder irgendetwas entschuldigen. Wir können so sein, wie wir sind. Das hat mich sehr befreit und gibt mir immer aufs Neue Mut und Kraft.«

Spiritualität kann aus psychologischer Sicht als sinnstiftendes Makro-Glaubenssystem verstanden werden (Walsh 1999). Neben der Wissenschaft haben Menschen seit Generationen über andere Erkenntniswege wie Dichtung, expressive Kunst und Musik, Religion und Weltanschauungen versucht, einzeln und als Gemeinschaft Antworten auf Grundfragen der menschlichen Existenz wie Not, Krankheit und Leid zu finden.

Eine resilienzfördernde Haltung, die psychologisch fassbar ist, gleichzeitig aber weltanschauliche Themen berührt, ist eine akzeptierende, bejahende Haltung zum Leben und zur Behinderung, die eine Versöhnung mit der Situation begünstigt. Für diese Haltung mag es vielfältige Begrifflichkeiten geben, wie Akzeptanz, *surrender*, »die Dinge nehmen, wie sie sind« oder Demut. Im Bereich der Psychotherapie war es Viktor Frankl (1982), der bei der Schilderung seiner Überlebensstrategien in Konzentrationslagern die Position beschrieb, dass Freiheit in der Annahme der gegebenen Verhältnisse besteht, statt in einer ohnmächtigen Position zu resignieren. In der systemischen Theoriebildung haben Bateson (1981b) und Selvini Palazzoli et al. (1978) auf die Bedeutung einer akzeptierenden Haltung hingewiesen, die dadurch geprägt ist, dass Menschen eine komplementäre Position einnehmen, statt aus Hybris gegen das Schicksal anzukämpfen.

Für Familien mit behinderten Kindern bedeutet dies, zu akzeptieren, was jenseits der eigenen Kontrolle ist, und sich auf das zu konzentrieren, was man tatsächlich bewirken kann, beides zu bejahen und das Beste daraus zu machen. Ein Beispiel für ein resilienzförderliches Glaubenssystem ist das Kohärenzgefühl nach Antonovsky (Beavers & Hampson 1993, Patterson 2002a, Walsh 1998), das Familien beim Umgang mit Lebenswidrigkeiten hilft und im folgenden Kapitel eingehender erörtert wird.

5.5 Kritische Anmerkungen zum Resilienzbegriff

In einem nachdenklichen Artikel hinterfragte die norwegische Familienforscherin Saetersdahl (1997), selbst Mutter eines behinderten Sohnes, das Konzept der Resilienz: Das erstarkende Interesse an positiver Bewältigung, an Familien, die kompetent zurechtkommen, verstand sie als Ausdruck eines Zeitgeistes, in dem Leistung ein sehr hoher gesellschaftlicher Wert beigemessen wird. Die Bereitschaft, sich leidvollen Geschichten auszusetzen, nicht auf vorschnelle Lösungen zu setzen und auszuhalten, dass die Narrative von Familien mit behinderten Kindern auch von Leid, auch von Mühen, auch von Einsamkeit handeln, sei gering. Menschen mit Behinderung sollten möglichst auch noch dafür zuständig sein, ihren Mitmenschen die Konfrontation mit diesen lästigen Erfahrungen zu ersparen, und nur auf die glanzvollen Seiten schauen:

> »Der Wunsch erfolgreich zu sein hat im Zeitalter der Gentechnik eine neue Aktualität gewonnen. Unter dem Druck einer sich stetig beschleunigenden Entwicklung innerhalb der Biotechnologie, durch welche die Güteeinteilung und Verleihung von Prüfsiegeln für Föten ständig verfeinert werden, ist es für Behinderte und ihre Familien doppelt wichtig, dass ihr Leben in jeder Hinsicht neue, positive

Dimensionen gewonnen hat, was bedeutet, dass die unvermeidliche Plackerei und Erschöpfung, die Behinderungen mit sich bringen, legitimiert und zu positiven Tugenden aufgewertet werden« (Saetersdahl 1997, S. 443).

Diese kritischen Überlegungen sprechen dafür, dass man das Konzept der Resilienz nicht zu einem idealisierten psychologischen Allheilmittel aufbauschen darf. Eine Form der Anpassung kann die Nichtanpassung sein, die Weigerung, eine unerträglich scheinende Situation zu akzeptieren, und die Auflehnung gegen die gegebenen Verhältnisse. Resilienz ist weniger als ein konservatives Bewahren eines vorgegebenen Gleichgewichtszustandes zu verstehen, sondern entspricht einer Veränderung zweiter Ordnung im Sinne von Watzlawick et al. (1974). Diese kann auch herbeigeführt werden, indem die schwierige Situation verlassen wird (Boss 2002). Ein anderer Kritikpunkt bezieht sich auf die Gefahr, aus Faszination am Resilienzkonzept Familien als isolierte soziale Systeme zu sehen, die sich durch die Kraft ihrer eigenen Familienprozesse und Überzeugungen weitestgehend frei von ihrem sozialen Kontext und medizinischen Gegebenheiten machen könnten.

Als Kriterium für Resilienz gilt eine gute Adaption von Familien trotz anhaltender widriger Lebensumstände. Doch wie genau wird eine gute Anpassung definiert? Für Familien aus Heidelberg-Neuenheim oder Berlin-Dahlem bedeutet gute Adaption vermutlich etwas anderes als für Familien aus Mannheim-Neckarau oder Berlin-Kreuzberg. Man kann die Zahl der Freunde, die Häufigkeit von Ehekonflikten, das Eingebundensein in Vereine oder anderes als Kriterium nehmen. Adaption kann als Lebenszufriedenheit operationalisiert werden. Alternativ können auftretende psychische oder körperliche Beschwerden, finanzielle Nöte und subjektives Befinden oder das Befinden von Geschwistern als Maß für eine gute Anpassung gelten. Was unter Resilienz verstanden wird, ist aber immer auch eine Frage der sozialen Normen, die als Maßstab zu Grunde gelegt werden.

5.6 Zusammenfassung

Das Familien-Resilienzparadigma befasst sich mit Prozessen, die es Familien ermöglichen, trotz vorliegender erheblicher Belastungen und Widrigkeiten ihre Aufgaben gut zu erfüllen. Das Modell der Familienresilienz greift wesentliche Elemente der Familien-Stresstheorie auf. Aus systemischer Perspektive kann Resilienz als das Potenzial von Familien als Organisationseinheit verstanden werden, Belastungen abzupuffern, sowie als Ergebnis gelungener Adaptionsprozesse an eine widrige Lebenssituation.

Zur Resilienz einer Familie tragen insbesondere *Familienprozesse* bei, wie hohe familiäre Kohäsion, Flexibilität, Engagement für die Partnerschaft, die Qualität der Kommunikation, gute Grenzen und Rollenverteilungen sowie familiäre Glaubenssysteme und insbesondere ein Gefühl der Sinnhaftigkeit und Kohärenz.

Resilienz ist dabei mehr als eine Re-Aktion auf Stress. Sie bezieht sich auch auf die Fähigkeit von lebenden Systemen, sich nach vorne zu entwickeln und sich in einer Weise zu organisieren, die künftigen Belastungen vorwegnehmend gerecht wird. Als wichtigster Aspekt des Konzepts der Resilienz erscheint ein Perspektivenwandel und ein Reframing: Aus kritischen Lebensereignissen, die verarbeitet und bewältigt werden müssen und vielleicht einer Erklärung bedürfen, werden Widrigkeiten, die nicht positiv sind, aber per se zum Leben dazugehören. Im (Familien-)Leben gehört der Umgang mit Widrigkeiten zu den Lebensumständen dazu und nicht die Frage, ob, sondern wie mit ihnen umgegangen wird. Ein besonderes gesundheitsbezogenes Glaubenssystem ist das *Familien-Kohärenzgefühl* (Antonovsky & Sourani 1988), das in den letzten Jahren vor allem im Zusammenhang mit gesundheitspsychologischen Fragestellungen breit erforscht wurde.

6 Das Familien-Kohärenzgefühl

6.1 Einführung

Das salutogenetische Modell von Antonovsky (1993) geht von grundlegend anderen Prämissen aus als die herkömmliche Stressforschung: Gesundheit ist kein passiver Gleichgewichtszustand, sondern ein aktives, labiles, dynamisch reguliertes Geschehen. Nicht Homöostase, sondern Ungleichgewicht, Stress, Krankheit und Leid prägen die menschliche Existenz (Bengel et al. 1998). Krankheiten sind keine Ausnahmezustände, sondern Teil der menschlichen Existenz. Mindestens ebenso lohnend wie die Erklärung von Pathologie ist es, der Frage nachzugehen, was Menschen gesund erhält (Ebbecke-Nohlen 2004, Lorenz 2004).

6.2 Kohärenz als individuelles Konstrukt

Das Modell der Salutogenese wurde von Antonovsky ursprünglich aus Studien über israelische Überlebende der Massenmorde in deutschen Konzentrationslagern entwickelt; das zentrale Konstrukt ist das Kohärenzgefühl. Kohärenz ist

> »eine globale Orientierung, die das Ausmaß ausdrückt, in dem jemand ein durchdringendes und dennoch dynamisches Vertrauen hat, dass erstens die Anforderungen aus der internalen und externalen Umwelt im Verlauf des Lebens strukturiert, vorhersagbar und erklärbar sind und dass zweitens die Ressourcen verfügbar sind, um den Anforderungen gerecht zu werden, und drittens, dass diese Anforderungen Herausforderungen sind, die Interventionen und Engagement verdienen« (Antonovsky 1993, S. 12).

Das Kohärenzgefühl ist eine Einstellung, eine Sicht der Welt, die beeinflusst, wie eine Situation wahrgenommen wird. Die Welt wird nicht als sinnloses, chaotisches Rauschen, sondern als ein Muster geordneter Zusammenhänge erlebt, als ein Ort, der Sinn macht. Der Einfluss von sozialen und historischen Faktoren wie Krieg, Hunger oder schlechten Lebensbedingungen wird anerkannt. Dennoch gibt es Unterschiede im körperlichen und seelischen Gesundheitszustand, auch unter ähnlich guten oder schlechten Bedingungen. Das Kohärenzgefühl setzt sich nach Antonovsky aus drei Komponenten zusammen:

- dem Gefühl der Verstehbarkeit (kognitiver Aspekt),
- dem Gefühl von Handhabbarkeit bzw. Bewältigbarkeit (pragmatischer Aspekt)
- und dem Gefühl von Sinnhaftigkeit/Bedeutsamkeit (emotional-motivationaler Aspekt).

Mit dem Gefühl der *Verstehbarkeit* ist gemeint, dass Menschen ihre Erfahrungen einzuordnen wissen. Ereignisse, die in der Welt geschehen, erscheinen strukturiert, vorhersehbar und erklärbar. Belastungen und Schwierigkeiten können in einem größeren Bezugsrahmen eingeordnet werden. Für Familien mit behinderten Kindern bedeutet dieser kognitive Aspekt des Kohärenzgefühls, dass zum Beispiel medizinische Auswirkungen und Erfordernisse der Erkrankung oder Behinderung des Kindes eingeordnet werden.

Unter dem Gefühl von *Handhabbarkeit bzw. Bewältigbarkeit* wird die Überzeugung verstanden, über geeignete Ressourcen zu verfügen, um den Anforderungen gerecht zu werden. Schwierigkeiten, die auftreten, erscheinen als prinzipiell lösbar. Dazu gehört das Vertrauen, die Kompetenzen zu besitzen, im Großen und Ganzen mit widrigen Anforderungen zurechtzukommen, und die Zuversicht, neue Ressourcen zu erschließen, wenn eigene Kompetenzen nicht ausreichen sollten. Der pragmatische Aspekt des Kohärenzgefühls bedeutet beispielsweise, dass man sich zutraut, kompetent mit Ärzten und Versicherungen zu verhandeln und einen Weg zu finden, wenn gesundheitliche Krisen auftreten.

Mit dem Gefühl von *Sinnhaftigkeit bzw. Bedeutsamkeit* ist die Zuversicht gemeint, dass es sich lohnt, die gestellten Herausforderungen anzunehmen, aktiv anzupacken und sich auf lange Sicht zu engagieren (Hintermair 2002, Jahrreis 1996, Kröger & Altmeyer 2000). Der emotional-motivationale Aspekt des Kohärenzgefühls entspricht einer bejahenden Haltung zur Lebenssituation und einer aktiven, zukunftsorientierten Herangehensweise.

Nach Antonovsky (1997) sind die drei Komponenten miteinander verwoben. Als übergeordneter Faktor wird die Fähigkeit angesehen, Lebensereignisse als sinnvolle Herausforderungen wahrzunehmen. Antonovsky selbst hat nach der Kritik an der theoretischen Dreiteilung seiner Skala und der Zuordnung der Items zu den Subskalen eine Faktorenanalyse des Kohärenzgefühls an der israelischen Stichprobe, auf der sein Konzept basiert, vorgenommen und konnte die Unabhängigkeit der Subskalen nicht bestätigen (Antonovsky 1998a).

Das Kohärenzgefühl ist nicht nur ein spezifischer Bewältigungsstil, sondern vielmehr eine übergeordnete, globale Orientierung, die motivationale und kognitive Prozesse bei der Bewertung von Stressoren beeinflusst und spezifische Coping-Strategien auslöst. Menschen mit hohem Kohärenzgefühl nehmen bei der primären Einschätzung im Sinne von Lazarus (1966) Belastungen eher als nicht stresshaft oder als unbedeutend wahr und vertrauen darauf, dass »wie in der Vergangenheit im Großen und Ganzen alles gut ausgehen wird« (Antonovsky 1997, S. 127). Solche Menschen wählen gezielt Verhaltensweisen aus, die sich als günstig erwiesen haben (Bengel et al. 1998). Menschen mit niedrigem Kohärenzgefühl verhalten sich dagegen weniger flexibel. Durch ein hohes Kohärenzgefühl werden vorhandene Ressourcen aktiviert und langfristig Stress erzeugende Situationen verhindert (Antonovsky 1997).

Entwicklung des individuellen Kohärenzgefühls

Das Kohärenzgefühl wurde zunächst als eine relativ überdauernde Haltung verstanden, die aus persönlichen Lebenserfahrungen in der Kindheit und Jugendzeit entsteht (Antonovsky & Sourani 1988). Individuelle Ressourcen und soziokulturelle Faktoren, wie erlebte Unterstützung, kulturelle Stabilität, finanzielle Ressourcen tragen zu der Entwicklung eines guten Kohärenzsinns bei (Bengel et al. 1998, Hölzl & Reiter 1992). Ein starkes Kohärenzgefühl begünstigt weitere Lebenserfahrungen, die es bestärken. Umgekehrt können nachteilige Erfahrungen ein schwach ausgeprägtes Kohärenzgefühl bewirken, das weniger günstige Lebenserfahrungen nach sich zieht. Ab dem 30. Lebensjahr soll sich nach Antonovsky das Kohärenzgefühl nur durch gravierende Lebensereignisse ändern; akute kritische Lebensereignisse würden nur vorübergehende Veränderungen des Kohärenzgefühls im Sinne einer »Fluktuation um einen Mittelwert« bewirken (Antonovsky 1997, S. 118). Er ging davon aus, dass eine aktuell bestehende Ausprägung des Kohärenzgefühls von den unmittelbar bestehenden soziokulturellen und soziodemographischen Einflüssen weitgehend unabhängig ist. Bei der postulierten Stabilität des Kohärenzsinnes dachte er weniger an ein niedriges Kohärenzgefühl, dass sich nicht erhöht, sondern mehr an ein hohes Kohärenzgefühl, das sich nicht mehr verringert (Antonovsky 1997, S. 115). Zunächst nahm er an, dass sich das Kohärenzgefühl nur geringfügig durch eine Psychotherapie beeinflussen lässt (Antonovsky 1987, S. 124), hielt dies aber später prinzipiell für möglich (Antonovsky 1997).

Die Stabilitätsannahme von Antonovsky konnte bisher nicht bestätigt werden. Der Kohärenzsinn steigt bei Erwachsenen parallel zum Lebensalter an (Bengel et al. 1998, Sack & Lamprecht 1994). In Studien mit stationären Psychotherapiepatienten stieg der Kohärenz-Gesamtwert insbesondere von jüngeren Patienten (Jahrreis 1996, Sack & Lamprecht 1994). Antonovsky (1998a) warnte vor der Annahme, statistisch signifikante Veränderungen des Kohärenzwertes um einige Punkte würden automatisch zu klinisch bedeutsamen Veränderungen führen. Das Kohärenzgefühl ist also weniger als ein festes, in frühen Jahren erworbenes Persönlichkeitsmerkmal zu verstehen, sondern muss immer wieder an den konkreten Lebenserfahrungen, die ein Mensch macht, hergestellt werden.

Antonovsky (1997) unterschied zwischen einem starken und einem nicht authentischen rigiden Kohärenzgefühl. Ein starkes Kohärenzgefühl ist bei Menschen gegeben, die ein starkes Selbst und eine stabile Identität aufweisen. Ein rigides, aufgesetztes Kohärenzgefühl lässt sich nach Antonovsky am besten durch Interviews erkennen.

Kohärenz im Vergleich zu anderen Gesundheitskonstrukten

Parallel zu den Arbeiten von Antonovsky wurden salutogenetische Konzepte von anderen Autoren entwickelt, die viele Übereinstimmungen aufweisen. Eine Persönlichkeitseigenschaft, die als *hardiness* bezeichnet wurde, bewirkt nach Kobasa (1979), dass Menschen trotz objektiv gleicher Belastungen in Stresssituationen unterschiedlich reagieren. Es macht sie resistent gegen negative Wirkungen von Stress und wirkt körperlichen Schäden entgegen. *Hardiness* umfasst die Komponenten Engagement, Kontrolle und Herausforderung. Sie bedeuten, dass Menschen neugierig auf das Leben sind, sich in allen Lebensbereichen engagieren und Interesse an Auseinandersetzung geweckt wird. Außerdem bestehen die Überzeugung, in die Umgebung kontrollierend eingreifen und Einfluss nehmen zu können, und die Gewissheit, dass Probleme und Krisen immer neue Lernprozesse und damit persönliches Wachstum ermöglichen. Die Inanspruchnahme von Unterstützung ist nach Kobasa problematisch, weil die Kontrolle über Entscheidungen an Dritte verloren gehen kann. In der systemischen Familienmedizin und im Modell von Antonovsky wird das Annehmen von Unterstützung dagegen als positive Anpassungsleistung verstanden.

In Anlehnung an seine *Locus of control*-Theorie unterschied Rotter (1966) internale, externale und fatalistische gesundheitliche Kontrollüberzeugungen in Bezug auf die Erwartungen eines Individuums, dass Gesundheit und Krankheit beeinflussbar sind. Personen mit internalen Kontrollüberzeugungen sind von der Beeinflussbarkeit ihres Gesundheitszustandes durch eigenes Handeln überzeugt. Menschen mit externalen Überzeugungen erleben sich als abhängig von anderen Individuen oder äußeren Umständen. Fatalistische Kontrollüberzeugungen entsprechen dem Glauben an Schicksal, an Glück oder Zufall. Internale Kontrollüberzeugungen werden von Rotter als besonders günstig angesehen.

Unter *Selbstwirksamkeitserwartungen* verstand Bandura (1977) die subjektiven Überzeugungen einer Person, ein Verhalten erfolgreich ausführen zu können. Sie entstehen aus konkreten, erfolgreichen Bewältigungserfahrungen, stellvertretendem Lernen, verbaler Wissensvermittlung und aus physiologischen und affektiven Zuständen, die mit Bewältigungserfahrungen einhergehen, sowie aus deren subjektiver Interpretation oder Bewertung (Jonas & Brömer 2002). Dabei ist zu unterscheiden zwischen den *Ergebniserwartungen* – dem Wissen *(savoir)*, dass ein Zusammenhang zwischen einem Verhalten und einem angestrebten Zielzustand besteht – und *Effizienzerwartungen* – dem Vertrauen, dieses Verhalten auch kompetent ausführen zu können *(pouvoir)*. Ähnlich wie das Kohärenzgefühl handelt es sich nicht um einen spezifischen Coping-Stil, sondern um einen übergeordnet wirkenden globalen Faktor (Antonovsky 1997). Diese Gemeinsamkeiten wurden als Hinweise auf Kriteriumsvalidität des Kohärenzgefühls gedeutet (Hintermair 2002, Vossler 2003). Andere Autoren verstehen dies eher als Beleg für eine fragliche Eigenständigkeit des Kohärenz-Konstruktes (Geyer 2000, Hintermair 2002, Vossler 2003).

Das Gegenstück zur gelernten Hilflosigkeit ist *gelernter Optimismus* (Seligman 1990). Seligman konnte in experimentellen Untersuchungen zeigen, dass das Gefühl, sich in einer aussichtslosen Lage zu befinden, in der jeder Entscheidungsspielraum verloren ist, zu Resignation, einer passiven Opferhaltung und einer depressiven Position führt. Umgekehrt entsteht durch die erfolgreiche Bewältigung von Problemen ein gelernter Optimismus, eine positive Erwartungshaltung im Sinne einer hoffnungsvollen Sichtweise »wir schaffen das schon!«. Das Konzept des *dispositionellen Optimismus* von Scheier und Carver (1987) geht von einem relativ stabilen Persönlichkeitsmerkmal im Sinne einer Erwartungshaltung aus, dass die Dinge gut ausgehen werden (Bengel et al. 1998). Es entspricht etwa der Handhabbarkeit und Verstehbarkeit des Kohärenzkonstruktes, berücksichtigt aber anders als Antonovsky weniger soziale und kulturelle Kontextfaktoren. Das Wecken von Hoffnung gilt bei Autoren wie Frank (1961) und M.H. Erickson (Short et al. 2005) als eine zentrale unspezifische Therapievariable.

Erfassung des individuellen Kohärenzgefühls

Ein von Antonovsky (1998) konstruierter Fragebogen und dessen Kurzversion sind die am meisten verbreiteten Instrumente zur Messung des Kohärenzgefühls (Bowman 1996, Flannery et al. 1994, Frenz et al. 1993). Eine validierte deutsche Übersetzung der Kohärenzskala liegt vor (Schumacher et al. 2000, 2002, Singer & Brähler 2007). Daneben gibt es eine Reihe anderer Fragebögen zur Kohärenz (Geyer 2000).

In einer Untersuchung protektiver Faktoren für die Ehestabilität korrelierte das individuelle Kohärenzgefühl hoch mit der Ehequalität und Persönlichkeitsmerkmalen wie Emotionalität und Neurotizismus (Bender & Lösel 1998). Möglich ist aber auch eine Wechselwirkung, das Leben in einer langfristigen, befriedigenden Partnerschaft könnte das Kohärenzgefühl stärken.

Antonovsky nahm an, dass ein hohes Kohärenzgefühl die psychische und die körperliche Gesundheit beeinflusst. In einer Untersuchung an 163 Patienten einer psychosomatischen Klinik korrelierte der Kohärenzwert mittelgradig mit der Gesamtskala des Gießener Beschwerdebogens, der körperliche Symptome wie zum Beispiel Gliederschmerzen oder Bluthochdruck erfasst (Broda et al. 1995). Insgesamt sind die Befunde für einen protektiven Effekt des Kohärenzgefühls auf die körperliche Gesundheit weniger eindeutig als für das psychische Befinden (Bengel et al. 1998).

Untersuchungen zur Abhängigkeit des Kohärenzgefühls von Bildungsstand, sozioökonomischem Status und der Art der Berufstätigkeit ergaben ein uneinheitliches Bild. Offenbar bestehen kaum Geschlechterunterschiede bezüglich der Höhe des Kohärenzsinns. Wenn überhaupt Unterschiede bestanden, wurden niedrigere Werte bei Frauen gefunden (Franke 1997). In einer groß angelegten schwedischen Studie schätzten Männer ihre Kohärenz durchschnittlich einen Punkt höher ein als Frauen, wobei der Unterschied in diesem Fall zwar statistisch signifikant, aber angesichts der großen Stichprobe von zweitausend Personen kaum bedeutsam war (Larsson & Kallenberg 1996). Margalit et al. (1992) berichteten von höheren Kohärenzwerten der Väter behinderter Kinder im Vergleich zu den Müttern.

Es gibt Hinweise auf eine Zunahme des individuellen Kohärenzgefühls mit steigender sozialer Schichtzugehörigkeit (Geyer 2000). In der Untersuchung von Larsson und Kallenberg (1996) konnte kein Einfluss des Bildungsstands auf den Kohärenzwert nachgewiesen werden, wohl aber ein Zusammenhang mit Beschäftigungsart und Einkommen; Selbständige und gut verdienende Probanden hatten ein höheres Kohärenzgefühl als Arbeiter. Abhängig beschäftigte Menschen können ihre Umwelt weniger selbstbestimmt gestalten und verfügen möglicherweise über weniger Gelegenheiten zur Entwicklung eines starken Kohärenzsinns.

Als Kritikpunkte an Antonovskys Fragebogen wurden die nicht vollständig befriedigenden psychometrischen Eigenschaften genannt, etwa die Korrelation mit Maßen für Angst und Depression (Flannery & Flannery 1990). Wegen der hohen Korrelation mit psychischer Gesundheit wurde hinterfragt, ob das Kohärenzgefühl ein unabhängiges Konstrukt oder nur der Gegenpol zu Persönlichkeitseigenschaften wie Ängstlichkeit und Depressivität ist (Flannery & Flannery 1990, Frenz et al. 1993, Jahrreis 1996, Sack & Lamprecht 1994). In einer Untersuchung von Schmidt-Rathjens et al. (1997) bestanden keine Unterschiede zwischen dem durchschnittlichen Kohärenzwert von Gesunden und Patienten mit Herz- und Krebsleiden, wenn der Einfluss von Depressions- und Neurotizismuswerten herauspartialisiert wurde. Manche der Fragen des Kohärenz-Fragebogens ähneln denen des *Beck Depression Inventory* (Flannery & Flannery 1990). Offen ist auch die Frage der transkulturellen Gültigkeit des Kohärenzkonstrukts (Bengel et al. 1998). Geyer (2000) kritisierte die allzu kognitive Konzeptualisierung des Kohärenzsinnes und die Vernachlässigung von Emotionen. Selbst wenn der Kohärenzsinn tatsächlich das Gegenteil von negativer Affektivität messen sollte, rechtfertigt dies nicht automatisch eine Infragestellung der theoretischen Konzepte, auf denen die Skala aufbaut (Larsson & Kallenberg 1999). Antonovsky (1997) äußerte sich positiv zu Ähnlichkeiten seines Konzepts mit denen anderer Autoren und fasste dies als Bestätigung seines Modells auf. Ungeachtet dieser Kritik hat sich das Konzept der Salutogenese insbesondere bei psychischer Gesundheit empirisch bewährt und mit seinem hohen Bekanntheitsgrad eine Orientierung hin zu gesundheitserhaltenden Faktoren anstelle von krankmachenden Faktoren bestärkt (Bengel et al. 1998).

Individuelles Kohärenzgefühl und Behinderung

Das Kohärenzgefühl hat einen günstigen Einfluss auf den Umgang mit schwierigen Lebenssituationen, etwa einer Behinderung oder Pflege eines Angehörigen (Gallagher et al. 1994, Rena et al. 1996). Dangoor und Florian (1994) untersuchten an einer Stichprobe von Frauen mit verschiedenen Behinderungen die Auswirkungen von demographischen Variablen, dem Schweregrad der Behinderung und dem Kohärenzgefühl auf die psychosoziale Anpassung. Neben dem sozioökonomischen Status und Aspekten wie Arbeitslosigkeit, Bildung oder dem verfügbaren finanziellen Einkommen war das Kohärenzgefühl der wichtigste Faktor für die Qualität der Anpassung. In einer Studie zur Überlastung von pflegenden Angehörigen fanden Gallagher et al. (1994) einen Schwelleneffekt. Bis zu einem gewissen Schweregrad der Erkrankung des zu pflegenden Angehörigen hatte ein hohes Kohärenzgefühl eine protektive Wirkung, bei schwerstkranken Patienten war dieser Effekt jedoch weniger ausgeprägt. Diese differenzielle Wirkung des Kohärenzgefühls in Abhängigkeit vom Schweregrad wird mit dem Faktor der Unvorhersehbarkeit der Pflegesituation erklärt, der eine zusätzliche Form von Belastung darstellt und bei extrem fordernden akuten Belastungen nicht kompensiert werden kann.

In einer Studie mit alleinerziehenden Müttern von Kindern mit Entwicklungsbehinderungen im Alter von 3 bis 18 Jahren war bei einem hohem Kohärenzwert das soziale Netzwerk dichter und die emotionale Unterstützung intensiver, und der Anteil von Kindern mit Verhaltensstörungen war geringer (Gottlieb 1998). Ihr Familienleben war stabiler, sie waren häufiger teilzeitbeschäftigt, verfügten über ein höheres Einkommen und hatten einen höheren Bildungstand. Auch die Zufriedenheit mit ihrem Kind und dessen Pflege war größer. Mütter mit niedrigem Kohärenzgefühl nannten eine höhere Anzahl stressreicher Lebensereignisse und berichteten am häufigsten von finanziellen Sorgen, obwohl auch viele Mütter in den Gruppen mit mittlerem und hohem Kohärenzwert ein geringes Einkommen hatten.

Hintermair (2003) führte eine quantitative und qualitative Untersuchung mit 330 Eltern von hörgeschädigten Kindern durch, um die Bedeutung des Kohärenzgefühls für die Behinderungsverarbeitung zu überprüfen. Eltern mit einem hohen Kohärenzgefühl konnten die Diagnosemitteilung rascher verarbeiten. Das Kohärenzgefühl korrelierte hoch signifikant umgekehrt mit dem Belastungserleben und signifikant positiv mit der allgemeinen Lebenszufriedenheit. Hoch kohärente Eltern hatten das Leben seit der Diagnosestellung stärker als Herausforderung erlebt und ihr Alltagsleben normalisierte sich rascher. Es gelang ihnen leichter und effektiver, geeignete Coping-Strategien zu aktivieren, die es ihnen ermöglichten, mit der Behinderung umzugehen. Sie berichteten sehr viel häufiger, dass ihr Leben sich normalisiert hatte und es ihnen gelang, wieder ihr eigenes Leben zu führen und sich gegen Förderstress abzugrenzen. Eltern mit niedrigem individuellem Kohärenzgefühl waren stärker emotional belastet, hatten das Gefühl, zu wenig für ihr Kind zu tun, waren traurig oder äußerten andere Ängste. Für die Verarbeitungsprozesse der Mütter waren personale und soziale Ressourcen sowie vorhandene zusätzliche Behinderungen bedeutend, bei den Vätern die erlebte soziale Unterstützung. Das Kohärenzgefühl ist nach Hintermair ein generalisiertes Maß der Bewältigungskompetenz.

Margalit et al. (1992) verglichen das Kohärenzgefühl, das Familienklima und die Bewältigung einer Gruppe von Familien mit behinderten Kindern und einer Gruppe von Kontrollfamilien. Eltern behinderter Kinder hatten ein niedrigeres Kohärenzgefühl und sie neigten – abhängig vom Bildungsstand – zu einem stärker vermeidenden Bewältigungsstil. Außerdem beschrieben sie ein Familienklima, das weniger Gelegenheiten zu persönlichem Wachstum und gegenseitiger Unterstützung bot. Dieser Befund spricht für eine Wechselwirkung zwischen Belastungen und Kohärenzgefühl. Aus systemischer Sicht würde es zu kurz greifen, Kohärenz als Persönlichkeitsmerkmal anzusehen und Kontextfaktoren wie erlebte soziale Unterstützung und Prozesse im familiären Umfeld zu vernachlässigen.

6.3 Kohärenz auf Familienebene

Bereits in seiner ersten Veröffentlichung zur Salutogenese wies Antonovsky (1979) auf die Möglichkeit hin, das Konzept der Kohärenz auf soziale Gruppen zu übertragen. Er nahm an, dass es auch ein Kohärenzgefühl auf Familienebene gibt. Das individuelle Kohärenzgefühl wird durch das familiäre Kohärenzgefühl geformt und verändert. In Anlehnung an systemische Konzepte betonte er, dass Belastungen wie die Diagnose einer Behinderung bei einem Kind oder der Übergang in den Ruhestand Ereignisse sind, welche die ganze Familie betreffen. Viele der bekannten Stressoren betreffen Menschen kollektiv, zum Beispiel die Arbeitslosigkeit eines Familienmitglieds, eine Frühberentung, der Zusammenbruch eines Gesellschaftssystems oder die Geburt eines behinderten Kindes. Derartige Stressoren können am besten im Kollektiv effektiv bewältigt werden (Antonovsky 1998, Sagy & Antonovsky 1992). Bei einer Gruppe kann dann vom Vorliegen eines starken Kohärenzgefühls gesprochen werden, wenn ihre Mitglieder »... *dazu tendieren, die Gemeinschaft als eine zu sehen, die die Welt als verstehbar, handhabbar und bedeutsam ansieht*« und zwischen ihnen »*ein hohes Maß an Übereinstimmung dieser Wahrnehmung besteht*« (Antonovsky 1997, S. 157).

Als Voraussetzung für die Entwicklung eines Gruppen-Kohärenzgefühls nannte Antonovsky (1979) das Gefühl eines Gruppenbewusstseins und zeitliche Stabilität der sozialen Beziehungen in der Gruppe. Diese Voraussetzungen werden von primären Gruppen wie Familien, dem Freundes- oder Kollegenkreis und kleineren Gemeinden erfüllt.

Das Familien-Kohärenzgefühl ist eine kognitive Landkarte, eine Familien-Weltsicht: »*The family SOC refers, however, to a cognitive map, a family perception, a family world view*« (Sagy & Antonovsky 1992, 1998). In der ursprünglichen Definition basiert das Familien-Kohärenzgefühl auf der Einschätzung der familiären Wirklichkeit, ihrer Konstruktion einer sozialen Wirklichkeit und der Übereinstimmung in ihrer Sicht der Dinge (Antonovsky & Sourani 1988). Später wurde die Definition präzisiert. Familienkohärenz ist das Ausmaß, in dem die Angehörigen übereinstimmend die Interaktion der Familienmitglieder, die Bewältigung des Alltags und der Anforderungen und die »Passung« der Familien mit der sozialen Umwelt als befriedigend erleben und ihrer (Belastungs-)Situation eine übereinstimmende Bedeutung beimessen (Anderson 1998). Das Familien-Kohärenzgefühl ist demnach nicht deckungsgleich mit dem individuellen Kohärenzgefühl. Eltern mit hohem Familien-Kohärenzgefühl sind in der Lage, auch in schwierigen Situationen Sinn zu finden, aktiv zu handeln und eine Balance zu finden. Lavee, Hamilton und McCubbin (1985) definierten Familienkohärenz als die Einschätzung der Gesamtsituation durch die Familie, insbesondere die Passung zur

Gemeinde, in der sie lebt, das Gefühl der Handhabbarkeit von Lebensereignissen, das Gefühl der Vorhersehbarkeit von Ereignissen sowie das Gefühl von Zuversicht und Kontrolle über gegenwärtige und zukünftige Ereignisse. Familien mit hohem gemeinsamem Kohärenzgefühl kommen nach Krisen rascher wieder zurecht und können bei Belastungen eine bessere Familienorganisation aufrechterhalten. Das Familien-Kohärenzgefühl geht mit einer größeren Zufriedenheit mit dem Familienleben und einer guten Passung der Familie mit ihrer sozialen Umwelt einher.

Voraussetzung für ein ausgeprägtes Familien-Kohärenzgefühl ist eine hohe Übereinstimmung zwischen den Angehörigen (Antonovsky & Sourani 1988). Ein ausgeprägtes Familien-Kohärenzgefühl ist die Basis eines starken individuellen Kohärenzgefühls. Sagy und Dotan (2001) untersuchten den Zusammenhang zwischen Familien-Kohärenzgefühl und psychosomatischen Beschwerden von misshandelten Kindern. Kinder mit Gewalterfahrungen hatten niedrigere FSOC-Werte (Gottlieb 1998).

Anderson (1998) fasste das Familien-Kohärenzgefühl als eine familiäre Widerstandsressource auf, die die spezifische Stressbelastung mindert, die familiäre Anpassung an Krisenereignisse fördert und das subjektive Befinden verbessert. Antonovsky sah das Familien-Kohärenzgefühl als salutogene Ressource, die das Bewältigungsverhalten und die Anpassung in Stresssituationen moderiert (Lavee et al. 1987). Es hat einen Einfluss auf die primäre Bewertung von Stressoren, auf sekundäre Bewertungsprozesse und verändert die Einschätzung von Ressourcen und Coping-Möglichkeiten. Das Familien-Kohärenzgefühl erfasst die Übereinstimmung der Einschätzung der befragten Angehörigen, dass Anforderungen und Belastungen bewältigbar, verstehbar und handhabbar sind.

Familienkohärenz im Vergleich zu anderen kollektiven Konstrukten

Zwischen dem Familien-Kohärenzgefühl, dem Familienklima (Moos & Moos 1976) und den Familien-Paradigmen von Reiss (1981), die im Kapitel über die Resilienz beschrieben wurden, bestehen nach Antonovskys Überzeugung Ähnlichkeiten. Familienkohärenz kann als eine besondere Form eines Familien-Paradigmas im Sinne von Reiss (1981) verstanden werden (Antonovsky & Sourani 1988, Patterson 2002a, Rolland 1993, Walsh 2003). Während das Kohärenzgefühl und Selbstwirksamkeitserwartungen durch Fragebogendaten erschlossen werden, entwickelte Reiss sein Konzept in Experimenten zur Familieninteraktion. In Laborstudien über Problemlöseprozesse von Familien konnte er nachweisen, wie das Verhalten von Familien von unterschiedlichen Wirklichkeitskonstruktionen beeinflusst wird (Joraschky & Cierpka 1990, Reiss & Oliveri 1980).

Nach Reiss (1981) nutzen Familien ein gemeinsames, geteiltes System von Überzeugungen und Begriffen, um ihre Welt zu verstehen. Menschen haben das Bedürfnis, ihre Anschauungen mit anderen zu teilen, und konstruieren in diesem Prozess ihre soziale Wirklichkeit. Die dabei entstehenden geteilten Konstrukte sind ein gemeinsamer Interpretationsraum. Mit der Zeit entstehen ein geteiltes System der Wirklichkeitskonstruktion und übergeordnete Familienparadigmen oder *shared beliefs* (Reiss & Oliveri 1980). Andauernde Kontakte, Intimität und *Face-to-face-Interaktion* führen zur Angleichung, Integration und geteilten Entwicklung solcher Glaubenssysteme (Berger & Luckmann 1966). Dies zeigt sich unter anderem im Problemlösestil der Familie, aber auch in Alltagsroutinen und Familienritualen.

Die geteilte Konstruktion der Wirklichkeit bestimmt, wie sich die Familie in sozialen Situationen verhält, insbesondere wenn sie sich in einer unvertrauten, schwierigen oder mehrdeutigen Lage befindet. Sie spielt eine besondere Rolle bei der Reaktion und Neuordnung nach Krisen, wie zum Beispiel der Krankheit eines Familienmitglieds (Patterson & Garwick 1998, Reiss & Oliveri 1980).

Reiss und Oliveri (1980) unterschieden drei Dimensionen der Realitätskonstruktion. *Organisation* – Familien verstehen die Welt als ein mehr oder weniger geordnetes, strukturiertes, verstehbares Ganzes, das von einem zugrunde liegenden und stabilen Set entdeckbarer Prinzipien regiert wird. Dies entspricht der Verstehbarkeit von Antonovsky. *Koordination* bezieht sich auf das Ausmaß, in dem Familien Probleme aus Überzeugung heraus einvernehmlich lösen, dabei verschiedene Perspektiven der Familienmitglieder berücksichtigen, ohne falsche Kompromisse einzugehen (Reiss & Oliveri 1980). Wenn es Familien gelingt, einen Konsens auszuhandeln, spricht dies nach Reiss dafür, dass es sich um eine kompetente Familie handelt; nach Antonovsky ist dies Ausdruck eines starken Familien-Kohärenzgefühls. *Geschlossenheit* bezieht sich auf die Bereitschaft, mit Entscheidungen und Handlungen zu warten, bis möglichst viele neue Informationen vorliegen (Antonovsky 1997). Dieser Stil nutzt bei der erfolgreichen Lösung von aktuellen Problemen vergangene Erfahrungen, ist offen für neue Informationen und ist dabei grundlegend kooperativ ausgerichtet (Reiss & Oliveri 1980). Nach Antonovsky entspricht dies dem Optimismus, dem Zurückstellen vorschneller Lösungen und kooperativem Problemlösen.

Das Selbstwirksamkeits-Konzept wurde ebenfalls auf soziale Gruppen übertragen Bandura (2000). Menschen leben in sozialen Gemeinschaften und sind in den meisten Lebensbereichen auf andere angewiesen. Soziale Systeme, wie Familien, Gemeinwesen, Firmen, soziale Institutionen und Nationen entwickeln kollektive Selbstwirksamkeitserwartungen (Bandura 2000). Kollektive Selbstwirksamkeit wird definiert als »*a group's shared belief in its conjoint capabilities to organize and execute the courses of action required to produce given levels of attainments«* (Bandura 2000). Das Zusammenspiel von Selbstwirksamkeitserwartungen einzelner Personen erklärt nicht hinreichend die Dynamik der Gruppenmitglieder, die mehr ist als die Summe der individuellen Persönlichkeitsmerkmale. Selbstwirksamkeit und kollektive Selbstwirksamkeit wirken ähnlich und entstehen durch analoge Prozesse und haben ähnliche Quellen und Funktionen. Beide Konstrukte sind eigenständig, korrelieren aber moderat miteinander. Für die kollektive Selbstwirksamkeit auf Familienebene gibt es kein geeignetes Messinstrument; eine nahe liegende Konstruktvalidierung der familiären Kohärenz mit Banduras Konzept ist daher nicht möglich (Vossler 2001).

Erfassung des Familien-Kohärenzgefühls

Für die kollektive Kohärenz liegt ein Familien-Fragebogen, der FSOC vor (Antonovsky & Sourani 1988), der aus den familienbezogenen Items des individuellen Kohärenz-Fragebogens entwickelt und mit Fragen ergänzt wurde, die sich mit dem alltäglichen Zusammenleben einer Familie beschäftigen und die drei Komponenten des Konstrukts beinhalten (Schwarzer & Schmitz 1999). Die Fragen sollen das Kohärenzerleben von Familien unter spezifischen Belastungen abbilden. Daneben gibt es einen aus dem Fragebogen abgeleiteten Interviewleitfaden für Familien (Haour-Knipe 1999) und eine Skala zur Erfassung der salutogenen Kompetenz von Kindern (Sagy 1998).

Wie bei anderen Familien-Fragebögen werden beim FSOC individuelle Antworten der befragten Familienmitglieder erhoben. Hier zeichnet sich ein klassisches methodisches Problem der Familienforschung ab: Die meisten Familienmaße sollen die Familie als Ganzes abbilden, beruhen aber meist auf Papier-und-Bleistift-Daten und müssen aus individuellen Maßen zusammengefasst werden, was andere Probleme mit sich bringt (Fisher et al. 1985). Bei Untersuchungen mit dem FSOC kommt als weiteres methodisches Problem hinzu, dass überwiegend Eltern und nicht Familien befragt werden. Bei schwer geistig behinderten Kindern, die sich verbal nicht ausdrücken können, wäre dies allerdings auch kaum möglich.

In der Studie von Antonovsky und Sourani (1988) erwies sich der gemeinsame gemittelte Wert der Partner als besserer Prädiktor für die familiäre Anpassung als andere Rechenmodelle wie Dissenswerte zwischen Partnern (Anderson 1998) oder gewichtete Werte (Haour-Knipe 1999). Die Vor- und Nachteile der Summation von individuellen Werten zur Bildung von Kollektivwerten wurden von Fisher et al. (1985) diskutiert. Auch Bandura (2000) empfahl zur Ermittlung der kollektiven Selbstkompetenz die Zusammenfassung der individuellen Werte. Eine aufwändige Alternative besteht darin, Interaktionsmaße durch direkte Beobachtung

Das Familien-Kohärenzgefühl

zu gewinnen, wie dies Reiss in seinen Problemlöseexperimenten praktizierte. Antonovsky sieht die Aggregierung als gute Lösung an (Antonovsky & Sourani 1988). Männer und Frauen unterscheiden sich nicht signifikant in ihrer Einschätzung der Familienkohärenz (vgl. dazu Aschenbrenner 2008, Müller et al. 2007, Retzlaff et al. 2006). Wie in der Studie von Antonovsky und Sourani (1988) erwies sich der gemittelte Wert (Kollektivwert) der Ehepartner als besserer Prädiktor für die familiäre Anpassung (Aschenbrenner 2008, Doege 2008, Retzlaff et al. 2006, Müller et al. 2007). Antonovsky (1988) selbst hat nach der Kritik an der theoretischen Dreiteilung seiner Skala und der Zuordnung der Items zu den Subskalen eine Faktorenanalyse des Kohärenzwerts an der israelischen Stichprobe vorgenommen, auf der der Kohärenzwert basiert, und konnte die Unabhängigkeit der Subskalen mit der vorgegebenen Itemzuordnung nicht bestätigen.

Familienkohärenz und Behinderung

Antonovsky und Sourani (1988) untersuchten Paare, in denen ein Partner von einer Behinderung betroffen war. Zwischen der Höhe des Familien-Kohärenzgefühls und dem Ausmaß der wahrgenommenen Zufriedenheit der Eheleute bestand ein enger Zusammenhang. Nach Auffassung der Autoren unterstützen diese Ergebnisse die theoretische Annahme, dass eine hohe Familienkohärenz eine günstige motivationale, perzeptuelle und behaviorale Basis für die erfolgreiche Lösung von Lebensproblemen darstellt, die rekursiv zu Erfahrungen führt, die das Kohärenzgefühl der Familie bestärken.

Der Zusammenhang des Familien-Kohärenzgefühls mit der Qualität des Familienlebens und der subjektiven Krankheitsbelastung in Familien mit einem schwerkranken Angehörigen war Gegenstand einer Untersuchung von Anderson (1998). Das Familien-Kohärenzgefühl korrelierte positiv mit der Qualität des Familienlebens, gemessen mit dem *FACES III*-Fragebogen (Olson et al. 1985), und umgekehrt mit der subjektiven Krankheitsbelastung des betroffenen Familienmitglieds. Der FSOC war der stärkste Prädiktor für die Qualität der Adaption der Familien.

In einer Studie mit Familien, die einen chronisch kranken, zur Zeit der Untersuchung stationär behandelten Angehörigen betreuten, fand Newby (1996) eine signifikante positive Korrelation zwischen der Familienkohärenz, dem *Family Coping Coherence Index (FCI)*, einem Maß der Familienresilienz, dem *Family Hardiness Index* und eine umgekehrt positive Korrelation mit der *Family Perception of Adaptation Scale*.

In zwei Studien über Familien mit erwachsenen Kindern mit geistiger Behinderung verwendete Lustig (1997, 1999) den Familien-Kohärenzbogen. In der ersten Studie wurden familiäre Ressourcen wie Kohäsion, Adaptabilität und soziale Unterstützung, Familienkohärenz und die Qualität der Familienbeziehungen untersucht. Zwischen den Werten im FSOC und den Familienbeziehungen bestanden signifikante positive Korrelationen, insbesondere mit der Kohäsion und der Adaptabilität. Es gab drei Gruppen mit verschieden ausgeprägter Familienkohärenz (hoch, niedrig, sehr niedrig), die unterschiedlich gut an die Situation mit ihren erwachsenen Kindern mit geistiger Behinderung angepasst waren und unterschiedliche Ausprägungen der Variablen für Familienfunktionen aufwiesen.

In einer weiteren Studie erhob Lustig (1999) zusätzlich das Vorliegen von Verhaltensauffälligkeiten bei den Menschen mit Behinderung, weil diese den häufigsten Grund für eine Unterbringung in einer Einrichtung darstellten. Der FSOC erwies sich als bester Prädiktor zur Vorhersage der Adaption der Familien.

In einigen neueren Studien (Greeff & Merwe 2004, Greeff et al. 2006, Wickens & Greeff 2005) wurde der Familien-Kohärenzbogen bei nichtklinischen Stichproben verwendet. Vossler (2003) setzte in einer Studie zur Kompetenzförderung von Familien eine deutschsprachige Kurzform, den *Fragebogen zum Familien-Kohärenzsinn (FFKS)*, in einer Umfrage an Erziehungsberatungsstellen ein. Die Wirkrichtung des Zusammenhangs ließ sich durch die Untersuchung nicht feststellen. Das Familien-Kohärenzgefühl korrelierte schwach positiv mit der Beratungszufriedenheit und der Wirkung der Beratung.

Kritik am Familien-Kohärenzkonstrukt

Wie bei vielen anderen Konstrukten fehlen Längsschnittuntersuchungen zur Entwicklung und Veränderung des Familien-Kohärenzgefühls. Offen ist auch die Frage nach dem Verhältnis von Ursache und Wirkung: Führt eine gute Familienkohärenz zu hoher Resilienz und guten Bewältigungserfahrungen? Ist es das Ergebnis solcher Bewältigungserfahrungen oder handelt es sich – wie dies für das Familienstressmodell von Boss, das FAAR-Modell von Patterson und die systemische Familienmedizin angenommen wird – um einen zirkulären, dialektischen Prozess? Die Adaption einer Familie sollte nach Lavee et al. (1985) nicht durch Maße erfasst werden, die Familienprozesse abbilden. Unter einer guten Adaption ist eher eine gute Passung der Familienangehörigen untereinander und zwischen Familie und sozialer Umwelt zu verstehen.

Der berechtigte Vorbehalt, kollektive Konstrukte über salutogenetische Prozesse auf Familienebene würden dem individuell differenzierten Erleben nicht gerecht (Perrez 2000, Vossler 2001), gilt auch umgekehrt. Konzepte, die ausschließlich auf individueller Ebene ansetzen, vernachlässigen die Bedeutung des Familiensystems. Aus klinisch-therapeutischer Perspektive hat sich die Nützlichkeit der

Annahme von gemeinsamen Wirklichkeitskonstruktionen erwiesen.[1] In der Organisationspsychologie wird davon ausgegangen, dass ein entscheidender Faktor für die Zufriedenheit mit dem Unternehmen und dessen Produktivität das Bild ist, das sich die Teammitglieder oder Betriebsangehörigen gemeinschaftlich von »ihrer« Firma machen, bzw. die Geschichten, die über die Firma erzählt werden.

6.4 Eigene Untersuchungen mit dem Familien-Kohärenzbogen

Zur Überprüfung, welche Faktoren zur Resilienz von Familien mit Kindern und Jugendlichen mit schweren, körperlichen und geistigen mehrfachen Behinderungen beitragen, wurden eigene Untersuchungen durchgeführt. Insbesondere sollte untersucht werden, wie sich der Schweregrad einer Behinderung, der Stressbelastung und die Verfügbarkeit von familiären Ressourcen, Bewältigungsstrategien, die Qualität der Familienfunktionen und der Familien-Kohärenzsinn auswirken. Außerdem sollte geprüft werden, welche Bewältigungsmuster in Familien mit hoch oder niedrig ausgeprägter Familienkohärenz zur Behinderungsbewältigung beitragen, um Hinweise für mögliche therapeutische Zugangsweisen zu erhalten. Insgesamt wurden drei Stichproben erhoben. Mit einer kleineren Unterstichprobe wurde eine ergänzende Interviewstudie durchgeführt, die in Kapitel 8 vorgestellt wird. Befragt wurden überwiegend Familien mit zwei Elternteilen, die Kinder im schulpflichtigen Alter hatten.

Die erste Gruppe bestand aus 37 Kindern, die von ihren Eltern innerhalb eines Zeitraums von 18 Monaten in der neuropädiatrischen Ambulanz der Universitätskinderklinik vorgestellt wurden und bei denen die Diagnose einer geistigen Behinderung nach ICD-10 vorlag. Die Mehrzahl dieser Kinder war zwischen sechs und zwölf Jahren alt, mit einem Altersdurchschnitt von 9,5 Jahren. Neben der geistigen Behinderung litten sie an weiteren, sehr unterschiedlichen Erkrankungen und Beeinträchtigungen in den Bereichen Kognition, Wahrnehmung, Motorik und zum Teil auch an Verhaltensstörungen. Eine zweite Untersuchungsgruppe bestand aus Familien von Kindern mit Rett-Syndrom aus zwei Regionalgruppen der Elternhilfe Rettsyndrom e. V. Auch bei diesen Kindern lag sowohl eine körperliche als auch eine geistige Behinderung vor. Mit einem Teil der Eltern wurden ergänzend Interviews durchgeführt, die in Kapitel 8 dargestellt werden.

Der Familien-Kohärenzbogen wurde aus dem Amerikanischen übersetzt und zur Überprüfung der Güte der Übertragung von einer ebenfalls bilingualen Psy-

---

[1] Beim Beziehungswahn der »Folie à deux« zeigt sich eindrucksvoll, wie Delusionen eines Familienmitglieds von einem Angehörigen geteilt werden, der sich in einer emotional abhängigen Position befindet.

chologin rückübersetzt. Die deutsche Fassung der FSOC-Skala erreichte eine ähnlich hohe Reliabilität wie die amerikanische Originalfassung (Hornig & Müller 2005). Der *Grad der Belastung und Bewältigung* wurde mit dem Fragebogen für die *Soziale Orientierung von Eltern behinderter Kinder (SOEBEK)* erfasst, mit vier Bewältigungsskalen – Intensivierung der Partnerschaft, Nutzung sozialer Unterstützung, Fokussierung auf das behinderte Kind, Selbstachtung/Selbstverwirklichung und die Stressbelastungsskala (Krause & Petermann 1997, Sarimski 2001b). Die *Familienfunktionen* wurden mit den *Familienbögen/Allgemeiner Teil* (Cierpka & Frevert 1994, Skinner et al. 1983) – mit den Bereichen Aufgabenerfüllung, Rollenverhalten, Kommunikation, Emotionalität, Affektive Beziehungsaufnahme, Kontrolle, Werte und Normen – erfasst. Zur *Einschätzung des Entwicklungsstands* diente die *Fertigkeiten-Skala Münster-Heidelberg (FSMH)*, mit den Bereichen Fortbewegung, Körperpflege, Verständigung, Essen/Trinken, allgemeine Unabhängigkeit, Schreiben/Lesen/Rechnen (Wolff et al. 1996), die nur bei der Kinderklinik-Stichprobe verwendet wurde. Der *medizinisch-pflegerische Aufwand* in Kombination mit der *psychosozialen Belastung* durch die Behinderung des Kindes wurde mit einem selbst erstellten *Schweregrad-Fragebogen* erfasst, um eine genauere Differenzierung zu ermöglichen, als dies über die Pflegestufen-Einteilung möglich ist. Neben der jeweiligen Diagnose, dem Alter zum Zeitpunkt der Diagnosestellung, dem Grad der geistigen Behinderung wurden der Förderbedarf des Kindes, die Mobilitätsbeeinträchtigung, Beeinträchtigungen verschiedener Funktionsbereiche (Sinneswahrnehmung, Sprechen etc.), die Notwendigkeit von Unterstützung und Anregung für das Kind bei der Nahrungsaufnahme, Körperpflege, Bewegung, sozialen Kontakten und Verhaltensweisen (Spiel, Kommunikation, Beschäftigung etc.), der Grad des Verstehenkönnens der Äußerungen des Kindes, Verhaltensauffälligkeiten (Schlafschwierigkeiten, Essstörungen, Autoaggressivität etc.) sowie der wöchentliche Zeitaufwand für Therapien erhoben (Retzlaff et al. 2006).

Ausschlaggebend für den Coping-Prozess der Eltern waren in beiden Stichproben die Wahrnehmung und Nutzung von Unterstützung, die Familienbeziehungen, die Kohäsion der Familie insgesamt und die partnerschaftliche Beziehung, unabhängig von einer bestimmten Diagnosekategorie. Familien mit einem hohen Kohärenzgefühl zeichneten sich in beiden Stichproben durch gute Familienprozesse aus. In beiden Gruppen waren Aufgabenerfüllung und die Kommunikation von hoher Bedeutung, in der Rett-Stichprobe auch die Qualität der Ehe, die Inanspruchnahme von Pflegeunterstützung und sozialer Unterstützung. Die wahrgenommene Stressbelastung war bei Familien mit hohem Familien-Kohärenzgefühl gering. In beiden Gruppen war das Familien-Kohärenzgefühl bei einem hohen Beeinträchtigungsrad oder einer hohen Pflegestufe niedriger. In beiden Gruppen

Das Familien-Kohärenzgefühl

gab es bei niedrigem Familien-Kohärenzgefühl eine tendenzielle Schwäche der Familienprozesse und der Ehebeziehung. Möglichkeiten der Unterstützung und Entlastung wurden weniger in Anspruch genommen, die Stressbelastung wurde am stärksten eingeschätzt.

Kinderklinik-Stichprobe

Familien mit hoher Kohärenz verfügten über ein tragfähiges soziales Netzwerk, durch das im Bedarfsfall emotionale und auch praktische Unterstützung gewährt werden kann. Sie organisierten sich tendenziell wenig in Selbsthilfegruppen. Der im Durchschnitt mittlere Schweregrad der Behinderung resultierte nicht direkt in einer erhöhten Stressbelastung der Familie. Diese Familien hatten im Schnitt die höchste Kinderzahl; weitere Kinder wurden eher als Ressource wahrgenommen. Die Eltern dieser Gruppe kamen mit behinderten Söhnen und Töchtern gleichermaßen zurecht. Die familiäre Interaktion war gekennzeichnet durch Wertschätzung des Einzelnen, gemeinsame Ziele, eine gute Machtbalance, die Aufrechterhaltung von Routinen, Klarheit, den Ausdruck von Gefühlen, eine Ausgewogenheit zwischen Kohäsion und Autonomie, die Bewahrung von Generationengrenzen, Empathie und gegenseitigen Respekt. Die Eltern unterstützten sich in ihrer Partnerschaft gegenseitig sehr stark. Hoch kohärente Familien nutzten weniger außerfamiliäre Unterstützungssysteme und investierten weniger in sie. Ihre Wertschätzung galt familieninternen Ressourcen, die sie mittels intensiver Beziehungen kultivieren, wobei die elterliche Koalition eine tragende Rolle hat.

Familien mit *mittlerer Familienkohärenz* hatten ebenfalls ein tragfähiges soziales Netzwerk, das sie zum Erlangen von emotionaler und praktischer Unterstützung sehr stark in Anspruch nahmen. Sie organisierten sich intensiv in Selbsthilfegruppen, um behinderungsbezogene informelle und formelle Unterstützung durch Informationsangebote und Beratung zu erhalten. Der höhere Behinderungsgrad der Kinder und die damit einhergehende höhere Pflegestufe standen in keinem linearen Zusammenhang mit der durchschnittlich mittelgradigen Stressbelastung der Familien. Die Eltern kamen auch mit behinderten Söhnen in befriedigender Weise zurecht. Die Organisation und Kommunikation und die gegenseitige Unterstützung der Eltern hatten eine mittelgradige Ausprägung. Familien mit mittlerer Kohärenz nutzten außerfamiliäre Netzwerken und engagierten sich sehr intensiv in ihnen. Der partnerschaftliche Austausch war weniger intensiv.

Familien mit *niedriger Kohärenz* stand ein tragfähiges *soziales Netzwerk* eher weniger zur Verfügung und sie organisierten sich ebenfalls eher wenig in Selbsthilfegruppen. Die *familiäre Stressbelastung* war trotz des relativ geringen Behinderungsgrades der Kinder bei entsprechend niedriger Pflegestufe sehr hoch. Weitere

Kinder wurden eher als zusätzliche Belastung erlebt. Der Anteil der Söhne mit Behinderung war in diesen Familien besonders hoch, die Wahrnehmung der behinderten Kinder allgemein von Sorge und Problemen geprägt. Die *familiäre Interaktion* war gekennzeichnet durch eine geringere Beachtung von individuellen Interessen, weniger gemeinsam getragenen Zielen, einer weniger ausgeglichenen Verteilung von Aufgaben und Rollen, weniger ausgeprägten Alltagsroutinen, einer weniger klaren Kommunikation und geringerem emotionalem Ausdruck, einem Ungleichgewicht zwischen Kohäsion und Autonomie, unklaren Generationengrenzen und einer weniger intensiven Partnerbeziehung. Die Familien bemühten sich um sozialen Austausch und um den Erhalt von lösungsrelevanten Informationen, suchten emotionale Unterstützung, jedoch eher außerhalb des Familienkreises und kaum in der elterlichen Partnerschaft. Die Selbstberichtsdaten der Familien korrelierten in der Kinderklinik-Untersuchung gut mit der Pflegestufe. Vermutlich bildete das Patientenkollektiv der kinderneurologischen Ambulanz die Vielfalt von Diagnosen ab, wie sie im Alltag von Klinikambulanzen und Beratungsstellen anzutreffen sind.

Rett-Stichprobe

Familien mit hoher Familienkohärenz zeigten bei den *Familienprozessen* – Aufgabenerfüllung, Rollenverhalten, Kommunikation, Emotionalität, affektive Beziehungsaufnahme, Kontrolle, Werte und Normen – insgesamt eine gute Funktionsweise. Die Eltern nutzten kompetent verschiedene *Bewältigungsstrategien*. Die Paarbeziehungen wiesen einen hohen Intensitätsgrad auf, dafür war die Inanspruchnahme sozialer Unterstützung von außerhalb nur durchschnittlich. Es gab kaum eine einseitige Fokussierung auf das behinderte Kind – und die Selbstachtung und Verwirklichung eigener Wünsche waren entsprechend gut. Im Zusammenhang mit der guten Qualität der Partnerschaft und der Nutzung der Möglichkeiten zur Verwirklichung eigener Interessen stand die *Berufstätigkeit der Mütter*. Viele Mütter arbeiteten regelmäßig in Teilzeit oder gingen zeitweise arbeiten, die wenigsten waren ausschließlich zu Hause.

Diese Familien verfügten über das durchschnittlich höchste *Nettogesamteinkommen*, mit Resultat der Berufstätigkeit der Frauen. Diese finanzielle Ressource gewährt Sicherheit und erschließt aber auch die Möglichkeit der *Entlastung durch Fremdbetreuung*, etwa die Inanspruchnahme von Kurzzeitpflege oder Pflegeunterstützung durch soziale Dienste, die im Vergleich der Gruppen von diesen Eltern am stärksten genutzt wurde. Die *wahrgenommene Stressbelastung* war bei den Eltern mit hoher Familienkohärenz am niedrigsten. Eine geringere Stressbelastung ging mit einer hohen Intensität der Paarbeziehung, geringer Fokussierung auf das behinderte Kind und guter Selbstachtung einher. Die Kinder dieser Gruppe hatten den höchsten *Schweregrad* an Beeinträchtigungen. Dies wirkte sich jedoch nicht in einem erhöhten Belastungserleben aus, was in Zusammenhang mit den verfügbaren finanziellen Ressourcen (Einkommen von zwei Personen und Pflegegeld) und der Nutzung dieser Ressourcen zur Entlastung der Eltern durch Fremdbetreuung gesehen werden kann. Zusätzliche *Belastungsfaktoren*, wie eine höhere Geschwisterzahl oder höhere Zahl der im Haushalt lebenden Personen, waren bei dieser Gruppe nicht oder kaum gegeben.

Familien mit mittlerer Kohärenz nahmen bei den meisten Variablen überwiegend eine mittlere Position ein. Die Fokussierung auf das Kind in dieser Gruppe war am stärksten ausgeprägt, möglicherweise eine Funktion des etwas niedrigeren durchschnittlichen Alters der Kinder. Die Selbstachtung und Verwirklichung eigener Interessen war entsprechend niedriger ausgeprägt.

Bei den *Familien mit niedriger Familienkohärenz* war die *Funktionsweise der Familie* insgesamt eher ungünstig. Die Partnerschaften wiesen eine eher geringe Intensität auf. Der positive Effekt, den eine vertrauensvolle Partnerschaft mit offener Kommunikation, Verbundenheit und geteilten Zielen bietet, stand weniger zur Verfügung. Die Beachtung der eigenen Interessen war gut, bei durchschnittlicher Fokussierung auf das behinderte Kind. Soziale Unterstützung außerhalb der Kernfamilie wurde eher wenig genutzt. Eine mögliche Erklärung kann darin liegen, dass die Familien eher isoliert sind und deshalb soziale Unterstützung weniger nutzen. In den Bereichen Aufgabenerfüllung und Rollenverhalten bestanden Schwächen. Eine adäquate Aufgabenerfüllung und Rollenverhalten sind für die Bewältigung von Krisensituationen, die psychosoziale Entwicklung des Einzelnen und die materielle Versorgung erforderlich (Cierpka & Frevert 1994).

Ein Elternteil – meist die Mutter – trug die Hauptlast der Verantwortung. Hinweise darauf gab der *Berufstätigkeitsstatus der Mütter*. Die Frauen dieser Gruppe waren in der Mehrzahl zu Hause, alle Männer waren in Vollzeit berufstätig. Die Eltern kannten die Diagnose ihrer Kinder kürzer als die Eltern in der Gruppe mit hoher Familienkohärenz, obwohl sich die Kinder vom Alter her kaum unterschieden. Dies bedeutet eine größere Zeitspanne, in der Unsicherheit und eingeschränkte Handlungsoptionen bestanden, verbunden mit einer erschwerten Verarbeitung der Diagnose.

Mädchen dieser Gruppe hatten die durchschnittlich höchste *Pflegestufen-Eingruppierung*, und die meisten Mädchen hatten eine *Zusatzpflegestufe*. Die damit verbundenen finanziellen Mittel durch das Pflegegeld wurden von den Eltern allerdings nur in geringem Umfang für Entlastung bei der Pflege und Betreuung eingesetzt. Eltern dieser Gruppe hatten die geringste Entlastung durch Fremdbetreuung. Das dreistufige Pflegestufen-System scheint nur bedingt zur Differenzierung von spezifischen Behinderungen und Einschränkungen geeignet zu sein. Auf dem Schweregradbogen war bei den Mädchen dieser Gruppe die Beeinträchtigung als mittelgradig eingeschätzt, dennoch war die wahrgenommene Stressbelastung bei den Eltern mit geringer Familienkohärenz am höchsten.

Es ist davon auszugehen, dass die höhere wahrgenommene Stressbelastung der Eltern zum Teil auf realen Gegebenheiten beruht, wie einer größeren Zahl der Kinder und der im Haushalt lebenden Personen, die in dieser Gruppe beide am höchsten sind. Auch das niedrigere durchschnittliche Einkommen bedeutet in diesem Zusammenhang einen weiteren Belastungsfaktor.

Familienkohärenz und Stressbelastung

In den Untersuchungsgruppen aus der Kinderklinik und der Rett-Initiative gab es einen deutlichen Zusammenhang zwischen den Familienfunktionen – gemessen mit den Familienbögen – und der Familienkohärenz. Hohe Kohärenzwerte gingen mit einem tendenziell von Stärken geprägten Familienleben einher. In der homogenen Rett-Gruppe war dieser Effekt ausgeprägter als in Kinderklinik-Stichprobe.

Eine stärkere Familienkohärenz ging in beiden Stichproben mit einer geringeren subjektiven Stressbelastung einher, gemessen mit der Stress-Skala des SOEBEK. Die Stressbelastung von Eltern mit hohem Familien-Kohärenzgefühl war geringer; allerdings erreichte dieser Befund nur in der Rett-Stichprobe statistische Signifikanz. Diese unterschiedliche Ausprägung des Zusammenhangs von Familienkohärenz mit der subjektiven Stressbelastung spricht dafür, behinderungsbedingte Beeinträchtigungen und die Stressbelastung pflegender Angehöriger differenzierter zu erfassen, als dies mit der SOEBEK-Stress-Skala möglich ist. Gallagher (1994) fand in einer Untersuchung zur individuellen Kohärenz von pflegenden Angehörigen Hinweise für einen Schwelleneffekt. Ein hohes Kohärenzgefühl hatte nur bis zu einem gewissen Schwellenwert oder einer bestimmten Stärke an Stressbelastung eine protektive Wirkung. Akute krankheitsbedingte Faktoren – wie eine demenzbedingte Verwirrtheit – und Pflegesituationen, die von einem hohen Maß an Unvorhersehbarkeit gekennzeichnet sind, können diesen schützenden Effekt vorübergehend aufheben. Die Anpassungsprozesse von Familien bei akuten Krankheiten unterschieden sich von der chronischen Anpassungsphase (Patterson 1988, Rolland 1994). Die Wirkung des Kohärenzgefühls muss also differenziert untersucht werden; behinderungsimmanente Faktoren und spezifische psychosoziale Anforderungen stellen Faktoren einer »harten« Wirklichkeit dar, die durch psychologische Variablen nicht völlig aufgehoben werden.

Das Familien-Kohärenzgefühl

Aufgrund der geringen Stichprobengröße, der klinisch validen, aber nicht repräsentativen anfallenden Stichprobe und des retrospektiven Charakters der Untersuchung ist eine Generalisierbarkeit der Ergebnisse nur bedingt möglich. Immerhin wurden mit der *Rett-Stichprobe* etwa 10% *der Eltern* von Mädchen mit Rett-Syndrom der Elterninitiative erreicht.

Die Ergebnisse der Untersuchungen bestätigen den von Lustig (1997, 1999) belegten hohen Erklärungsbeitrag des Familien-Kohärenzgefühls für eine gelingende Familienanpassung bei Langzeitbelastungen von Eltern mit Kindern mit Behinderungen. Eine positive Sinngebung, das Erleben von Handhabbarkeit, Verstehbarkeit und Sinnhaftigkeit der familiären Lebenssituation tragen zu einem konstruktiven Umgang mit Belastungen bei und gehen mit einer geringeren subjektiven Stressbelastung einher. Wichtige Ressourcen bei der Bewältigung waren die Nutzung von Unterstützung und die Entlastung innerhalb und außerhalb der Familie, die Einschätzung dieser Entlastung und die Qualität und das Funktionieren von zwischenmenschlichen Beziehungen in der Familie. Ähnlich wie in Studien zum individuellen Kohärenzgefühl scheint es einen deutlichen Zusammenhang zwischen dem Befinden, der Stresswahrnehmung und der erlebten sozialen Unterstützung zu geben.

Befragung von Familien von Schülern mit geistiger Behinderung

In Kooperation mit der Pädagogischen Hochschule Heidelberg wurde eine weitere Untersuchung durchgeführt, mit dem Ziel, Zusammenhänge zwischen Familien-Kohärenzsinn, Familienfunktionen, subjektiver Stressbelastung, Bewältigungsverhalten und den besonderen Kompetenzen der Kinder mit geistiger Behinderung zu überprüfen (Aschenbrenner 2008, Doege 2008). An der Studie nahmen Mütter und Väter von 327 Kindern teil, die in neun verschiedenen deutschen Bundesländern Förderschulen für geistig Behinderte besuchten. Für die Normierung des *Heidelberger Kompetenz-Inventars* (HKI; Holtz et al. 1998, Holtz & Nassal 2008) wurden anhand von bundesweiten Schulverzeichnissen per Zufallsziehung 50% aller Förderschulen für Kinder mit geistiger Behinderung ausgewählt, an denen für jeden 10. Schüler der HKI von den jeweiligen Klassenlehrern bearbeitet werden sollte (Holtz et al. 1998).

Das Heidelberger Kompetenz-Inventar dient zur Einschätzung von Kompetenzen von geistig behinderten Kindern und Jugendlichen im Alter von 7 bis 16 Jahren durch Lehrer oder Bezugspersonen. In den Gesamtwert des HKI gehen die übergeordneten Bereiche praktische, kognitive und soziale Kompetenz ein. Verhaltensauffälligkeiten des Kindes werden mit einer separaten Skala erfragt. In den ausgewählten Schulen sollten die Eltern derjenigen Schüler, für die Lehrerbeurteilungen mit dem HKI vorgenommen wurden, den Allgemeinen Teil der Familienbögen, den Familien-Kohärenzbogen und den Fragenbogen *Soziale Orientierung von Eltern behinderter Kinder SOEBEK* (Krause & Petermann 1997) bearbeiten, einen Kurzfragebogen mit allgemeinen Angaben zum Kind und zur familiären Lebenssituation, sowie eine offene Frage zu »weiteren Ressourcen«, die von den Eltern freiwillig beantwortet werden konnte.

Die Schüler waren durchschnittlich 12,6 Jahre alt, mit einem überdurchschnittlich hohen Anteil an Jungen (61,8 %). Der Ausländeranteil lag, vermutlich bedingt durch das Problem hinreichender Sprachkenntnisse, bei nur 5 %, gegenüber 22,7 %, die als Durchschnitt für Baden-Württemberg genannt werden (Schwarz-Jung 2007). Bei jeweils einem Drittel der untersuchten Kinder bestand keine Pflegegruppeneinstufung bzw. die Pflegestufe I oder eine höhere Pflegestufe. 31 % der Eltern schätzten die geistige Behinderung ihres Kindes als leicht, 49 % als mittelschwer und 20 % als schwer ein. Zwei Drittel der Eltern gaben an, dass man ihrem Kind die Behinderung ansähe. Weder die Pflegestufe noch der Schweregrad oder die Sichtbarkeit einer Behinderung hatten Einfluss auf FSOC oder subjektive Stressbelastung, die Korrelationen bzgl. Pflegeaufwands differieren. Die meisten Kinder hatten eine Behinderung mit chronischem Verlauf (77 %), ca. 10 % litten unter Behinderungen, die in Schüben verlaufen. Nur wenige Kinder litten unter progredient verlaufenden Erkrankungen (3 %).

Der Fragebogen zum Familien-Kohärenzgefühl erwies sich auch in dieser Untersuchung als sehr reliables Instrument, dessen drei Subskalen Handhabbarkeit, Verstehbarkeit und Sinnhaftigkeit allerdings wie in anderen Untersuchungen hoch miteinander korrelierten. Familien mit einem hohen Kohärenzgefühl berichteten im Durchschnitt eine geringere Stressbelastung und günstigere Familienfunktionen. Dies spricht für die Konstruktvalidität des FSOC-Fragebogens und die Annahme, dass das Familien-Kohärenzgefühl in Belastungssituationen als vermittelnde Variable wirkt und die elterliche Anpassung günstig beeinflusst.

Zwischen der Stressbelastung der Mütter und der Väter bestand eine signifikante positive Korrelation. Die insgesamt höhere subjektive Stressbelastung der Mütter zeigte sich auch in einem mehr als doppelt so hohen Prozentsatz an stressbedingten Erkrankungen, etwa Kopf- und Rückenschmerzen (58,8 %), wie bei Vätern (24,8 %). Verhaltensauffälligkeiten des Kindes wirkten sich stärker auf die Stressbelastung der Mütter als der Väter aus. Kompetentere Kinder waren insgesamt weniger verhaltensauffällig. Das Vorliegen von Verhaltensauffälligkeiten hatte einen stärkeren Einfluss auf die Stressbelastung als die Kompetenzen der Kinder im HKI.

Zur Vorhersage der familiären Stressbelastung und der individuellen Stressbelastung von Müttern und von Vätern durch das Familien-Kohärenzgefühl, die

Das Familien-Kohärenzgefühl

Familienfunktionen und das Bewältigungsverhalten beider Eltern wurden multiple lineare Regressionen berechnet. Unter Konstanthaltung der übrigen Prädiktoren ging eine niedrigere familiäre Stressbelastung mit einem höheren Familien-Kohärenzgefühl, Stärken in den Familienfunktionen, größerer Selbstbeachtung/Selbstverwirklichung, geringerer Inanspruchnahme sozialer Unterstützung und geringerer Fokussierung auf das behinderte Kind einher. Im Gegensatz zu bisherigen Befunden in der Literatur war bei den Vätern die Intensivierung der Partnerschaft geringer. Familiäre Resilienzfaktoren wie das Familien-Kohärenzgefühl und die Funktionalität der Familie hatten einen größeren Einfluss auf das Stresserleben von Eltern geistig behinderter Kinder als deren Beeinträchtigungen und Kompetenzen (Doege 2008); von allen Prädiktoren war das Familien-Kohärenzgefühl der Faktor mit dem größten Erklärungswert.

Bei der Interpretation der Ergebnisse sind einige methodische Einschränkungen zu beachten. Es handelte sich um Selbstberichtsdaten, und obwohl versucht wurde, auch Eltern mit Migrationshintergrund zu erreichen, gelang dies wegen der Sprachproblematik nur unzureichend, und ihr Anteil war niedriger als zu erwarten. Auch die Kinderzahl der befragten Familien war höher als in der Allgemeinbevölkerung. Unter Umständen nehmen an Befragungen überwiegend Familien teil, die sich als kompetent ansehen und von ihren Stärken berichten möchten, während stärker belastete Familien mit geringerem Familien-Kohärenzgefühl nicht antworten.

Sowohl bei Müttern als auch bei Vätern gab es eine signifikante Korrelation zwischen dem Familien-Kohärenzgefühl, den Familienfunktionen und den Werten auf der Skala Soziale Erwünschtheit und Abwehr, die zur Sicherung der Validität dienen sollen (Cierpka & Frevert 1994). Die Familienbögen wurden allerdings nicht für die Population von Familien mit Kindern normiert, die von Behinderungen betroffen sind. Es ist daher fraglich, ob sich die Fragebogennormen für Eltern unauffälliger Kinder aus der älteren Normstichprobe der Familienbögen auf Eltern geistig behinderter Kinder übertragen lassen. Eine Anpassungsstrategie von Familien mit behinderten Angehörigen besteht darin, sich als normal zu definieren, Unterschiede zu anderen Familien zu minimieren und normale Familienfunktionen aufrechtzuerhalten (Rolland 1994; Patterson & Garwick 1998). Wenn eine Familie mit einem Kind mit Behinderung die Frage »Ich kann mir nicht vorstellen, dass irgendeine Familie besser klarkommt als unsere« dahingehend beantwortet, völlig normal zu sein, kann dies als Zeichen einer gelungenen Reorganisation der Familienstruktur und familialen Wertehierarchie und einer Freiheit von unrealistischen Erwartungshaltungen gewertet werden. Das gleiche Argument trifft auf die Skala »Abwehr« zu. Diese Items richten sich insbesondere auf das Einräumen von gelegentlichen Konflikten im Alltagsleben. Familien mit körperlich kranken Angehörigen neigen nach McDaniel et al. (2004) dazu, sich zugunsten einer hohen Aufgabenorientierung weniger Konflikte einzugestehen. Der alltägliche Umgang mit den Belastungen erfordert so viel an Kooperation, dass Konflikte als zu bedrohlich erscheinen und eher ausgeblendet werden. Eine weitere, schlüssige Interpretation der hohen Werte in der Sozialen Erwünschtheit ist folgende: Fragt man Familien von Kindern mit Behinderung, wie eine durchschnittliche Familie mit ihrer Situation umgehen würde bzw. wie eine Familie idealerweise mit ihrer Situation umgehen würde, antworten die Familien typischerweise mit »So wie wir!« (Retzlaff 2008). Es ist daher möglich, dass diese Familien keine überzogenen Ansprüche an sich entwickeln, sondern zufrieden damit sind, wie sie ihren Alltag und die Herausforderungen bewältigen, die an sie gestellt werden.

Folgt man dieser Argumentation, müssten Instrumente wie die Familienbögen speziell für die Population von Familien von Kindern mit geistigen Behinderungen normiert werden. Hohe Werte bei Skalen für »Soziale Erwünschtheit« und »Abwehr« können als Coping-Strategien verstanden werden, die mit guten Familienfunktionen und einem hohen Familien-Kohärenzgefühl einhergehen.

Möglicherweise sind Familien mit behinderten Kindern in einer bestimmten Weise tatsächlich zufriedener als der statistische Durchschnitt, weil sie aufgrund ihrer besonderen Lebenssituation gelernt haben, Prioritäten zu setzen, ihre Wertehierarchie verändert haben und ihre Partnerschaft pflegen. Möglicherweise stellen sich Familien heute insgesamt positiver dar als bei der Normierung des Tests. Es könnte aber auch sein, dass es im Sinne von Saetersdahl (1997) für Familien von Kindern mit einer Behinderung aus kulturellen Gründen besonders wichtig geworden ist, sich als gut funktionierend zu präsentieren – aufgrund einer geringen gesellschaftlichen Bereitschaft, sich leidvolle Geschichten und Narrative anzuhören, die von Einsamkeit, Ablehnungserfahrungen und Belastungen handeln. Soziale Erwünschtheit und Abwehr können als Anpassungsleistungen verstanden werden, die Familien von Kindern mit Behinderungen als kognitive Ressource nutzen, um – ganz im Sinne von Patterson und Garwick (1994) – eine Anpassung der Einschätzung ihrer Lebenssituation vorzunehmen.

6.5 Zusammenfassung

Insgesamt belegen diese Untersuchungen die Bedeutung familiärer Variablen für den Anpassungsprozess der Eltern an das Leben mit der Behinderung eines Kindes. In den vorgestellten Untersuchungen kam ein Teil der Familien mit den anhaltenden Belastungen bemerkenswert gut zurecht. Neben greifbaren Entlastungen – wie finanzieller Unterstützung, Pflegeentlastung, Zeitressourcen und guten

Das Familien-Kohärenzgefühl

Familienfunktionen – haben Glaubenssysteme und insbesondere das Familien-Kohärenzgefühl einen starken Einfluss auf den Umgang mit einer Behinderung. Die Aktivierung von Ressourcen gilt als zentrales Wirkprinzip der systemischen Familientherapie (Baird & Doherty 1986) und der Psychotherapie allgemein (Grawe & Grawe-Gerber 1999). Dies trifft in besonderer Weise auf die Beratung von Familien mit einem Kind zu, bei dem eine Schwermehrfachbehinderung vorliegt (Patterson 1991, Yau & Li-Tsang 1999). Das Familien-Kohärenzgefühl stellt eine globale Ressource auf Ebene der familiären Überzeugungsmuster dar (Hintermair 2002, Vossler 2001, 2003) und ist mit dem Instrument des FSOC-Fragebogens messbar.

7 Narrative Ansätze

7.1 Einführung

In den vorangegangenen Kapiteln wurden verschiedene Theorien und Modelle vorgestellt, die aus der Außenperspektive von Wissenschaftlern und Therapeuten beschreiben, wie Familien mit einer Behinderung umgehen. Neben objektivierbaren Faktoren – wie beobachtbaren Beschwerden oder Familieninteraktionen – haben aber auch gesundheits- und *krankheitsbezogene Narrative eine wichtige Bedeutung* (Welter-Enderlin & Hildenbrand 1996, White & Epston 1989). Das Erleben von Menschen wird in Erzählungen organisiert, die als übergeordnete Sinnstrukturen zu verstehen sind. In ihnen manifestieren sich ihre Überzeugungen, die Glaubenssysteme, und gute wie leidvolle Erfahrungen werden in doppeltem Sinne aufgehoben und transformiert.

7.2 Narrative als Sinnstrukturen menschlichen Erlebens

Das Erleben von Krankheiten und Behinderung ist, wie menschliches Erleben und alle menschlichen Handlungen überhaupt, in einen erzählerischen oder auch narrativen Kontext eingebunden. Was Menschen als Wirklichkeit ansehen, beruht auf Beschreibungen von Ereignissen und auf Geschichten über Erlebnisse und Erfahrungen, die sie gemacht haben. Durch das Erzählen von Geschichten werden soziale Wirklichkeiten konstruiert (Berger & Luckmann 1966) – zum Teil leidvolle Geschichten, aber auch Geschichten der Resilienz. Sinnzusammenhänge des bisherigen Lebens sind als Geschichten organisiert, in denen Erfahrungen aufgehoben, aber auch transformiert werden (Welter-Enderlin & Hildenbrand 1996). Aus der Binnenperspektive von betroffenen Familien manifestieren sich resilienzbezogene Überzeugungen und Sinnstrukturen als Narrative. In den Geschichten, die Familien erzählen, spiegeln sich ihre Familienmuster wider, die für den Umgang mit Gesundheit und Krankheit bedeutsam sind. Beispielsweise verarbeiten viele Eltern ihre Erfahrungen, indem sie Bücher über das Leben mit ihrem behinderten Kind schreiben. Geschichten geben Richtungen und Orientierung und informieren über zu erwartende Reaktionen der sozialen Umwelt und die Wege und Abwege anderer Menschen (Polster 1987).

7.3 Krankheit und Bedeutungsgebung

Menschen, die an Krankheiten leiden, fassen ihre Erfahrungen in Geschichten zusammen, in denen es um Annahme oder Verleugnung, Hoffnung oder Verzweiflung, Abhängigkeit oder Selbstkompetenz, Isolation oder das Erleben von Gemeinschaft gehen kann und die sinnlos oder sinnhaft erscheinen können (McDaniel et al. 1997b). Kranke Menschen müssen sich mit den Gegebenheiten aussöhnen, die Folgen annehmen und ertragen. Sie müssen sich konfrontieren mit dem, was nicht mehr möglich ist, die Krankheit kontextualisieren und sie in ihre eigene Geschichte integrieren (Corbin & Strauss 1988). Chronisch Kranken stellt sich nach der Diagnosestellung die Aufgabe, ihr Leben wieder neu zu ordnen, die Veränderungen zu kontextualisieren und in ihren sozialen Alltag einzubauen. Zum Wiederherstellen der Identität unter Berücksichtigung der Behinderung gehört auch das Aushandeln von Umgangsweisen mit anderen Menschen in der sozialen Umgebung, die sich ihrerseits auf die Veränderungen beim Kranken einstellen müssen (Corbin & Strauss 1988). Insgesamt müssen Krankheit, Lebensgeschichte und Alltag in ein neues Gleichgewicht gebracht werden.

Geschichten können mehr oder weniger mit den Geschichten von anderen Personen übereinstimmen. Sie sind nur eine Perspektive neben anderen möglichen Perspektiven. Geschichten können leidvolle oder hoffnungsvolle Aspekte hervorheben. Das Erzählen von Geschichten ist ein Prozess der Wirklichkeitskonstruktion, durch den familiäre Konstrukte und Familienparadigmen entstehen, verändert und tradiert werden. Dabei gestalten Menschen aktiv die selbst gelebten Geschichten mit und heben – in einem dialektischen Sinne – das Erlebte durch ihre Erzählungen auf:

> »Indem wir Geschichten über uns selbst erzählen, werden wir zu Autoren unseres Lebens. Dieser Prozess der Autorschaft besteht darin, zu entscheiden, was wir andere über unsere Erfahrungen wissen lassen wollen, dabei wird eine stimmige Fassung der Vergangenheit konstruiert, indem wir bestimmte Aspekte auswählen und die Erzählsequenz in einer bestimmten Weise organisieren und präsentieren. Beim Erzählen von Geschichten über sich selbst konstruieren Menschen eine Version der Ereignisse in einer Weise, die es ihnen ermöglicht, ihre Sicht der Ereignisse anderen zu vermitteln« (Madanes 1990, S. 254–255; eigene Übersetzung).

In der narrativen Therapie, die zu einer Hauptströmung der systemischen Therapie geworden ist, wird das Leben als eine Erzählung verstanden (Boeckhorst 1994, Bogdan 1984, Fiese & Wamboldt 2003, Hildenbrand & Jahn 1988, McDaniel et al.

1997b, Oda 2000, Penn & Sheinberg 1991, White & Epston 1990). Kranke als Erzähler sind auch ein Thema der psychodynamischen Therapie (Boothe 1994, Boothe et al. 1998). Erzählen ist dabei nicht nur ein individueller, sondern ein kollektiver Prozess, der in Gemeinschaften geschieht. Erzählen ist eine Familienaktivität, die hilft, Wirklichkeit zu konstruieren und die soziale Welt zu verstehen. Familien haben eigene Erzähltraditionen (Welter-Enderlin & Hildenbrand 1996), sie erzeugen ihre eigenen Bilder davon, was sie als wirklich ansehen (Gergen 1991). Geschichten sind meist gerichtet, sie gewinnen Lebendigkeit durch einen Spannungsbogen und haben einen Anfang, einen mittleren Teil und ein mehr oder weniger offenes Ende (Polster 1987). Ohne diese Struktur würden Geschichten zu einer bedeutungslosen Aneinanderreihung von Begebenheiten werden. Sie können dicht oder lose sein und eingebettete Geschichten enthalten, folgen aber oft einem erkennbaren Leitmotiv. Zwischen den Erfahrungen und den Bedeutungen, die ihnen beigemessen werden, besteht Diskontinuität: »*There is no given proportion in personal experience between an event and its meaning*« (Polster 1987, S. 102).

Die Wirklichkeitsbilder, die Familien in ihren Narrativen transportieren, unterscheiden sich; manche glauben, Kontrolle über ihr Leben ausüben zu können, andere sehen sich als Opfer einer chaotischen oder unkontrollierbaren Welt. In Familien, die leiden, dominieren häufig *problemgesättigte Narrative*, in denen Beschwerden und Belastungen das Leben zu beherrschen scheinen und sich Eltern in einer hilflosen Position wähnen. Erzählungen von fehlgeschlagenen Lösungsversuchen und erfolglosen Konsultationen von professionellen Helfern dominieren. Die organisierenden Metaphern handeln von anstrengenden, erfolglosen Kämpfen und Bemühungen. Affektiv überwiegen Gefühle von Hilflosigkeit, Resignation oder Anklage. Ressourcen, Ausnahmen von der Problemsituation und Handlungsoptionen werden übersehen; der Aufmerksamkeitsfokus ist auf einen engen problembehafteten Wirklichkeitsausschnitt reduziert, und Handlungsoptionen werden ausgeblendet (Retzlaff et al. 2006). Die Bedeutung des Erlebten ist mit abhängig vom Bezugsrahmen, in dem es wahrgenommen wird (Bandler & Grinder 1982, de Shazer & Lipchik 1984, Trömel-Plötz 1980).

Hier bieten sich Ansatzpunkte für (familien-)therapeutische Zugänge: Familien, die gerne an ihrer Sicht der Dinge festhalten möchten, werden eingeladen, andere Geschichten zu er-finden, die ihnen die Möglichkeit eines günstigeren Umgangs mit ihren Erfahrungen bietet (Minuchin 1983, Minuchin & Fishman 1983).

Eltern erzählen immer wieder spontan Geschichten, zum Beispiel aus der eigenen Kindheit, was dazu beiträgt, dass Kinder in die besondere Welt der jeweiligen Familie sozialisiert werden. Die familiäre Konstruktion von Wirklichkeit wird in Geschichten, Mythen und Legenden tradiert, die regelmäßig wiederholt werden. Mythen wirken nach Ferreira (1963) wie handlungsleitende »Blaupausen« oder

Skripte für künftiges Verhalten. Familienskripte stellen Interaktionsmuster für bestimmte Kontexte bereit und werden über viele Jahre durch Wiederholung gelernt. Solche Legenden (Byng-Hall 1988, Madanes 1990) sind aktiv hochgeladen und können funktional oder dysfunktional sein. Geschichten über den Umgang mit Krankheit, Verlusten und Not, aber auch von Schwierigkeiten, die trotz alledem gemeistert wurden, sowie von einem fröhlichen Leben selbst im Angesicht von Einschränkungen und Geschichten mit gutem Ende sind Teil der familiären Wirklichkeitskonstruktion.

Die narrativen und konstruktivistischen Ansätze der systemischen Therapie nehmen an, dass Geschichten aus Ideen und *Annahmen* über die Wirklichkeit bestehen. Ideen sind letztlich beliebig austauschbar. Die Weltsicht einer Familie, die sich in ihrer Erzählung über das Leben mit ihrem behinderten Kind widerspiegelt, wird als eine Erfindung, als Fiktion angesehen. Als grundlegender Baustein von Narrativen können aber auch *Erlebnisse* verstanden werden, die sehr viel stärker in Erfahrungen, Tun und Interaktionen gegründet sind. Sie sind stärker emotional und weniger beliebig als Kognitionen und Ideen. Neben dem Genre der *fiction story* gibt es Erfahrungsberichte, die als narrative Strukturen eine Interpretation darstellen, sich aber stärker an der harten erfahrbaren Wirklichkeit orientieren (Polster 1987). Der Weg, den Familien mit behinderten Kindern beschreiten, mag mit ähnlichen Hindernissen gepflastert sein und Mühen und Beschwerden mit sich bringen. Die langen Steigungen, Schikanen und das schwere Gepäck als Kognitionen und Konstruktion zu definieren, würde der Realität der Familien nicht gerecht werden. Doch – *the road is as you walk it*; ob diese Reise als eine Plage oder als Abenteuer wahrgenommen wird, ob die Mühen oder auch die kleinen Freuden unterwegs das Erleben prägen und ob es gelingt, den Weg frohgemut zu beschreiten, macht einen entscheidenden Unterschied aus.

Nicht jede Beschreibung besitzt Gültigkeit

Menschliche Wirklichkeiten sind immer interpretierte Wirklichkeiten. Diese Interpretation ist jedoch nicht beliebig (Hildenbrand 1990). Sie hängt mit von den Aspekten der »harten« Wirklichkeit ab – die Welt ist mehr als eine Erfindung (vgl. Segal 1988). Ebenso wenig, wie Menschen vollständig Opfer von prägenden Einflüssen sind, die ihr Erleben oder Handeln determinieren, sind sie völlig autonom bei der Erfindung ihrer Wirklichkeit, wie dies der radikale Konstruktivismus postuliert. Krankheiten oder materielle Lebensbedingungen machen etwas mit Familien, aber was diese aus den gegebenen Umständen machen, ist Teil des Gestaltungsspielraums, über den Menschen verfügen; Familienwelten sind mehr als sprachliche Systeme. Die durch Krankheiten und Behinderungen hervorgerufenen Beeinträchtigungen lassen sich nicht zu einer beliebigen Ansichtssache reduzieren. Ein ausschließliches Interesse an Sprache, kognitiven Strukturen und den subjektiven Bedeutungsgebungen, wie dies in der systemischen Therapie lange en vogue war, läuft Gefahr, Leid zu negieren und Menschen schwere Erfahrungen abzusprechen. Diese Sicht begünstigt ein Nichteinlassen auf die affektive Not und das Leid von Klienten. Diagnosen sind – egal wie man sie definiert – ein Maß für Beeinträchtigung und Limitierungen von Freiheitsgraden der Lebensgestaltung. Die Reduktion aller menschlichen Systeme und Probleme auf sprachliche Probleme (Anderson & Goolishian 1990, Dell 1986) erscheint in Anbetracht der realen Einschränkungen, mit denen Menschen mit Behinderung täglich ringen, schon bei einfachem Nachdenken als naiv. Latent wird eine Unterscheidung eingeführt zwischen Menschen, die am sozialen Diskurs teilnehmen, und solchen, die dazu nicht im Stande sind. Zwangsläufig würde dies einen Personenkreis aus dem therapeutischen Diskurs ausschließen, der zwar aktiv kommunizieren kann, bei genauer Betrachtung jedoch einen sprachlichen Verständigungscode nur sehr bedingt meistert. Diese Reduktion von Menschsein auf die Beherrschung von verbaler Sprache ignoriert die kommunikativen Akte von Menschen, die einen sprachlichen Code nicht meistern, wie etwa sehr junge, sehr alte oder in ihrer sprachlichen Ausdrucksfähigkeit behinderte Menschen. Vor dem Hintergrund unsäglich leidvoller Erfahrungen, die behinderte Menschen und ihre Familien in der NS-Zeit nach Ausgrenzung und Selektion durch den deutschen Staat, Teile des deutschen Volkes, durch Ärzte, Pfleger und Juristen erdulden mussten, erscheint diese Position mehr als fragwürdig. Die Zugehörigkeit zur sozialen Gemeinschaft kann nicht vom Vorhandensein bestimmter Attribute oder intellektueller Fähigkeiten abhängig gemacht werden (v. Platen-Hallermund 2006).

Die soziale Konstruktion von Menschlichkeit

Bogdan und Taylor (1989) setzten sich kritisch mit der scheinbar neutralen Position auseinander, jedwedes Wirklichkeitsbild von Menschen – auch solchen mit Behinderungen – sei austauschbar und gleichermaßen gültig. Mit der Fragestellung: »Welche Haltungen, welche Konstruktionen zeichnen Menschen aus, die nicht stigmatisieren oder ausgrenzen?« untersuchten sie mit qualitativen Interviews Betreuungspersonen von Menschen mit Behinderungen.

Die Betreuer kennzeichnete eine annehmende Beziehung, Akzeptanz und eine bejahende Haltung zu den Menschen mit Behinderung. Obwohl manche einen sehr niedrigen Intelligenzquotienten hatten von unter 20, sahen sie diese uneingeschränkt als Menschen an. Denken wurde von ihnen nicht mit Sprache gleich-

Narrative Ansätze

gesetzt, sondern sie gingen davon aus, dass der behinderte Mensch ein verstehendes Wesen ist, über Geist oder Verstand – mind – verfügt, dessen freie Entfaltung aber verstellt ist. Viele der Betreuer verfügten über ein genaues Einfühlungsvermögen, nutzten in hohem Maße ihre Intuition und behaupteten, sie können kleine Töne, Bewegungen, Gesten oder Augenrollen verstehen. Kommunikative Äußerungen wurden sehr genau erkannt, und sie besaßen ein hohes Maß an Feinfühligkeit. Fachjargon und Begriffe wie zum Beispiel »debil« wurden nur sehr zurückhaltend gebraucht, diagnostische Urteile wurden dagegen oft hinterfragt und das vorhandene medizinische und klinische Wissen als unzureichend kritisiert. Stattdessen sahen sie die Individualität der von ihnen betreuten Menschen, wie etwa das hübsche Haar, bestimmte Vorlieben, oder Wesenzüge wie Verschmitztheit. Die Betreuer verwendeten Kosenamen und ein reiches Repertoire an Adjektiven für die betreuten Personen. Sie sahen Vorlieben und Abneigungen, erkannten Gefühle und Motive und gingen davon aus, dass im Grunde genommen die gleichen Gefühle vorhanden waren wie bei nicht behinderten Menschen. Sie schrieben ihnen Würde zu und konstruierten den Betreuten als Mensch, der über eine eigene Lebensgeschichte verfügt.

Die Beziehung wurde als Wechselbeziehung gesehen, in der nicht einseitig gegeben wird, sondern eine Reziprozität besteht. Der betreute Mensch wurde nicht als »Etwas«, sondern als ein Gegenüber gesehen. Die Behinderung war zweitrangig gegenüber dem Menschsein, dem Personsein, sie wurden nicht primär als Behinderter, sondern zunächst als Mensch, als Person gesehen, der sekundär eine Behinderung hat. Sie sahen auch den Platz im sozialen Netzwerk (»*dies ist mein Sohn!*«), feierten Rituale und Festtage und hatten den Alltag darauf abgestimmt, dass Raum für die Belange des Menschen mit Behinderung besteht. »*We bring them to all gatherings (...) The family accepts them as part of family*« (Bogdan & Taylor 1989, S. 145).[1]

In den in Kapitel 8 beschriebenen Interviews mit Familien von Kindern mit Rett-Syndrom wurden ähnlich liebevolle Aussagen über die Kinder gemacht:

▶ Vater: »Das ist unglaublich eigentlich, was ein behindertes Kind einem plötzlich so geben kann. Jedenfalls speziell die Anna. Ich kam nach Hause und habe sie so angefasst, und die hat mich so angestrahlt, dass meine ganzen Probleme fort waren – kein Mensch kann das sonst schaffen, in dieser Art und Weise. Die Probleme sind von mir abgefallen, ich weiß nicht, das war unglaublich!«

---

1 Die Darstellung der Studie von Bogdan und Taylor wäre unvollständig ohne Erwähnung der liebevollen Zwischentöne, mit denen die Autoren über Menschen mit Behinderungen und betreuende Personen schreiben. Diese Haltung erinnert an den personenzentrierten Ansatz in der Psychotherapie und Behindertenarbeit (Pörtner 1996).

Bei der Analyse der Resilienzgeschichten in Kapitel 8 wird gezeigt werden, wie relevant diese Beschreibungen für die Kohärenz von Familien mit behinderten Kindern sind. Die in dieser Untersuchung beschriebene Konstruktion von Wirklichkeit über Menschen mit Behinderung erzeugt ein gänzlich anderes Bild mit einer anderen Wirkung als etwa die Beschreibungen des Umgangs in totalen Institutionen, in denen Menschen als Objekte gesehen und behandelt werden (vgl. Goffman 1961).

7.4 Leitmotive in krankheitsbezogenen Narrativen

Aus narrativer Perspektive stehen Menschen mit kranken und behinderten Angehörigen vor der Aufgabe, die Krankheit zu kontextualisieren. Corbin und Strauss (1988) sprachen von krankheitsbezogener Arbeit, Alltagsarbeit und Biografie-Arbeit, die den drei Bedeutungsebenen von Patterson und Garwick (1994) entsprechen. Die Geschichten von Familien über ihre Erfahrungen im Umgang mit Leid, mit Krankheit und Behinderung unterscheiden sich formal in ihrer narrativen Kohärenz, ihren Tilgungen und der Organisation der Geschichten. Sie unterscheiden sich aber auch inhaltlich nicht nur im Hinblick auf konkrete, unterschiedliche Erfahrungen, sondern auch durch unterschiedliche Leitmotive. Man kann zwischen Geschichten der glorreichen Auferstehung, Geschichten des Scheiterns und Versagens, Geschichten der langen und mühsamen Reise bergauf unterscheiden.

Geschichten der glorreichen Auferstehung oder Heilungsgeschichten geben die Hoffnung der allermeisten Patienten wieder, die an einer Krankheit leiden. Zu heilen und Krankheiten zu kontrollieren und zu besiegen ist ein Leitmotiv der modernen Medizin. Wie in den kritischen Anmerkungen zum Resilienzkonstrukt bereits erwähnt wurde, deckt sich das Interesse an Resilienz mit einem kulturellen Erwartungsdruck, dass Menschen ihre Not besiegen, es trotzdem irgendwie hinbekommen und nicht klagen und leiden. Diese Geschichten folgen der Figur: »*Am Anfang war es gut, dann passierte ein Ereignis X, dann kam die Behinderung unseres Kindes, eine Zeit war es schlimm, jetzt ist wieder alles gut*«.

Geschichten des Untergangs und Scheiterns passen oberflächlich betrachtet nicht recht zu Ressourcenorientierung, Salutogenese und Resilienz. Sie folgen der Figur: »*Am Anfang war es noch ganz gut, dann passierte ein Ereignis X, seither ist alles schlimm.*« Die Grundhaltung ist geprägt von geringer Kohärenz, einem niedrigen Gefühl der Selbstwirksamkeit und einer geringen Bejahung der gegebenen Einschränkungen. In Psychotherapeutenkreisen wird die Option, dass Menschen unter widrigen Lebensumständen auch scheitern und zerbrechen, als gültige Option gewürdigt. Auch die Weigerung, eine unerträglich erscheinende Situation zu ertragen, kann als eine gültige Anpassungsreaktion gewertet werden.

Geschichten vom langen, mühsamen Weg bergauf sind von einem hohen Grad an Realismus geprägt. Sie erinnern an den Mythos von Sisyphos, den wir uns nach Camus (1980) als einen glücklichen Menschen vorstellen müssen. Die Grundhaltung ist geprägt von hoher Kohärenz und Selbstwirksamkeit sowie einer ausgeprägten Bejahung der gegebenen Einschränkungen bei gleichzeitigem Kontakt mit der andauernden Belastung. Sie folgen der Figur: »*Am Anfang war es gut, dann passierte X, es ist schwer, und trotz alledem geht es leidlich gut.*« Diese Geschichte führt bei manchen Hörern zu einer Abwendung. Eine typische Erfahrung von schwer Kranken ist, dass Freunde sich zurückziehen. Manche wissen nicht, wie sie reagieren können, oder halten es nicht aus, etwas anderes zu hören als »schöne« Geschichten.

Eine solche hilflose Position kann auch für Helfer ein Problem sein. Sie sind von ihrer Sozialisation her überwiegend handlungs-, kontroll- oder lösungsorientiert und reagieren verunsichert, wenn nichts getan werden kann und es keine Lösung gibt. Doch Psychotherapie mit schwer Kranken beruht darauf, eine Beziehung einzugehen, die auf dem Erzählen und Austausch von Geschichten basiert (Frank 1998). Zuhören impliziert die tiefe Wertschätzung: »*Ihr lebt eine Geschichte, es ist wert, sie zu erzählen und sie zu hören.*«

7.5 Familiengeschichten und therapeutische Zugänge

Erinnern als Akt des Erzählens, als Rekonstruktion der eigenen Geschichte in einem anderen affektiven Kontext, mit Zuhörern, die bedeutsam sind, kann heilsam wirken (Pennebaker 1993, Verres & Bader 2000). Dies ist eine Erkenntnis der Traumatherapie (Janet 1925), eines der Wirkprinzipien der Kindertherapie (Retzlaff 2009), der verstehenden Therapieansätze (Welter-Enderlin & Hildenbrand 1996) und der Bibliotherapie und gilt auch für analoge Ausdrucksformen wie Bildergeschichten (Hanney & Kozlowska 2002).

Anders als in der lösungsorientierten Therapie (de Shazer 1989) besteht der Auftrag nicht primär in der Veränderung der gegebenen Situation: Die Patienten sind weder *Kunden* für Veränderungsschritte noch *Geschickte* oder *Schaufensterkunden*, sondern Menschen, die Leid klagen. Therapeuten müssen diese Berichte lediglich annehmen; sie gehen nicht zielorientiert vor, sondern sind im besten Sinne neugierig (Cecchin 1988, Cecchin & Ray 1992), zeigen Mitgefühl und begreifen die therapeutischen Gespräche als Begleitung.

Empathisches Zuhören und Beachtung der Geschichten des Patienten und der Familie sind zentral für die klinische Arbeit (Kleinman 1998, Verres 2005). Die therapeutische Aufgabe besteht im Anhören der Geschichten, als eine Form der Begleitung. Doch manche Geschichten können nicht erzählt werden, bevor ein

Gegenüber da ist, das bereit ist, sie zu hören. Erzählen impliziert auch, in Beziehung zu sein, in einer nicht entfremdeten Form, und einen Status der Gegenseitigkeit einzunehmen, als angenehme Form der Beziehung, in der es kein »Oben« und kein »Unten« gibt. Aus dem Erzählen der eigenen Krankheitsgeschichte können Veränderungen im Leben des kranken Menschen hervorgehen oder Veränderungen des Umgangs mit der Krankheit und der Behinderung eines Angehörigen (Frankl 1982, Oda 2000, Seaburn et al. 1992).

In diesen therapeutischen Gesprächen hört der Therapeut aktiv zu und versucht, die Geschichte des Klienten zu transformieren – mit Hilfe von Fragen, Kommentaren, selektiver Beachtung, positiver Konnotationen, Interpunktionen und Aufwertung der Kompetenz des Klienten gegenüber der des Therapeuten. Inhaltlich muss die neue Geschichte aus der alten hervorgehen (Sluzki 1992). Sie enthält Elemente der alten Geschichte, die jedoch anders geordnet werden, und auch Neues. Die neue Geschichte darf sich nicht allzu sehr von der alten unterscheiden, muss aber einen Unterschied machen, der bedeutsam ist.

Problembeschreibungen sind aus Narrativen oder Geschichten aufgebaut. Eine Veränderung der Geschichte verändert rekursiv auch die Problemdefinition – zum Beispiel, ob eine Situation überhaupt als Problem gewertet wird. Von Sluzki (1992) wurde eine Reihe von Mikro-Gesprächsfertigkeiten beschrieben, die dazu beitragen, eine freundlichere Geschichte zu entwickeln, indem im Prozess des Erzählens alternative Sichtweisen und Aspekte hervorgehoben und gefestigt werden. Es gibt einen breiten Fundus an Büchern, in denen Eltern Erfahrungen über ihr Leben mit einem behinderten Kind niedergeschrieben haben, um ihr Wissen weiterzugeben und ihr Erleben zu verarbeiten. Diese Bereitschaft zur erzählerischen Verarbeitung von Lebenserfahrungen kann als Ressource für die Beratung betroffener Familien genutzt werden.

7.6 Zusammenfassung

Für Familien ist die Entwicklung einer Geschichte wichtig, welche die Behinderung in die Lebensgeschichte einbindet, ihr Sinn verleiht, zu einem *empowerment* führt und gleichzeitig auch existenzielle Fragen anspricht. Gesundheitsbezogene Glaubenssysteme sind eingebunden in weitere Sinnstrukturen, in Familien-Erzählungen über die Geschichte des Umgangs mit Krankheit und Behinderung, über die diese Glaubenssysteme konstruiert und rekursiv verändert werden. Narrative sind näher am unmittelbaren Erleben von Familien. Das Verständnis von dem Prozess der Entwicklung dieser Geschichten hat Bedeutung für die Möglichkeit therapeutischer Zugänge.

8 Kohärenzerleben aus Familiensicht

8.1 Einführung

Verschiedene der bislang vorgestellten systemischen Modelle messen Narrativen und Bedeutungsgebungsprozessen eine zentrale Rolle für den langfristigen Umgang mit der Behinderung eines Kindes zu. Ob sich solch komplexe Sinngebungsprozesse mit Fragebögen angemessen beschreiben lassen, ist jedoch fraglich. Die Ergebnisse der Fragebogenforschung haben den Nachteil einer gewissen Ferne zur unmittelbaren Lebenswelt der Familie und lassen sich nur mittelbar in der Beratung von Familien therapeutisch umsetzen. Aus systemischer Perspektive bestand lange eine gewisse Skepsis gegenüber objektivierenden Beschreibungen von Familiensystemen durch externe Beobachter. Mit Hilfe von Fragebogendaten kann ein Ist-Zustand des Ressourcen- und Kohärenzstatus erhoben werden. Doch standardisierte Instrumente können nur sehr bedingt abbilden, wie sich der Bewältigungsprozess aus Sicht der Betroffenen entwickelt hat.

Phänomene wie Resilienz und Kohärenz sind eng an das Familienleben, das subjektive Erleben und an sprachlich und emotional repräsentierte familiäre Konstruktionen von Wirklichkeit gekoppelt, die in den Lebenswelten und Familien-Geschichten begründet liegen. Über das subjektive Erleben der Behinderungsbewältigung und das Entstehen von Resilienz bei Eltern von Kindern mit schweren Behinderungen liegen nur wenige Studien vor (Maier 2005). Psychotherapie und Beratung setzen zu einem erheblichen Teil an erzählten Geschichten an. Wiederholt wurden deshalb Forderungen nach qualitativen Studien gestellt, um die Sicht der Betroffenen besser zu erfassen und Ansatzpunkte für die ressourcenstärkende Beratung von Familien zu finden (Beavers et al. 1986, Boss 2002). Durch die Erfassung von Geschichten über günstige oder weniger günstige Erfahrungen beim Umgang mit einer Behinderung können therapeutische Strategien entwickelt werden. Eine explorative Interviewmethode mit offenem Design erscheint geeignet, Informationen über die Genese von kohärenten Geschichten zu liefern, um das Erlebenswissen betroffener Familien zu erfassen und den Familien direkt eine Stimme zu geben (Schütze 1983). Ergänzend zu den bereits beschriebenen Befragungen wurden deshalb qualitative Interviews mit Eltern behinderter Kinder durchgeführt. Mittels dieser Interviews sollte der Anpassungsprozess aus der Binnenperspektive der betroffenen Eltern nachvollziehbar gemacht werden.

Durch die Analyse subjektiver Geschichten über das Erleben des Umgangs mit der Behinderung und den Sinnzusammenhängen in den Narrativen sollte ein tieferes Verständnis der Anpassungsprozesse gewonnen werden, um Ansatzpunkte für therapeutische Interventionsstrategien zu finden. Das Ziel der qualitativen Interviews bestand darin, die Prozesse besser zu verstehen, die aus Sicht betroffener Familien zu einer guten Kohärenz und einer gelungenen Anpassung beitragen: Was erachten Familien mit unterschiedlich ausgeprägtem Familien-Kohärenzgefühl als wesentlich für die Bewältigung der behinderungsbedingten Belastungen? Was glauben die Eltern selber, hat ihnen geholfen, was waren die besonderen Belastungen, aber auch die rettenden Faktoren? Wie erleben Eltern mit hohem und mit niedrigem Kohärenzgefühl die Entwicklung der Behinderungsbewältigung? Welchen Zusammenhang stellen Familien zwischen Ressourcen, Familienprozessen und der Behinderungsbewältigung her?

Mit den Familien, die an der in Zusammenarbeit mit der »Elterninitiative Rett-Syndrom« durchgeführten Umfrage teilgenommen hatten, wurden Gruppen jeweils aus dem Viertel mit den besten bzw. am wenigsten günstigen Familien-Kohärenzwerten gebildet, die sich bei der Rücksendung der Fragebögen schriftlich bereit erklärt hatten, an einem ergänzenden Interview teilzunehmen. Die Mädchen dieser Untersuchungsgruppe hatten alle eine klassische Form des Rett-Syndroms. Fünf von ihnen waren durch den Medizinischen Dienst der Krankenkassen in die Pflegestufe III eingestuft, was bedeutet, dass ihre Eltern wöchentlich mindestens 28 Stunden Pflege leisteten; beim jüngsten Mädchen lief gerade die Überprüfung der Eingruppierung in die Pflegestufe III.

Aus den Subgruppen mit den höchsten und niedrigsten Familien-Kohärenzwerten wurden jeweils drei Familien ausgewählt, die in einem Radius von drei Fahrstunden wohnten. Die eineinhalb- bis zweistündigen Interviews fanden nach telefonischer Verabredung bei den Familien zu Hause statt. Gegen Ende des Interviews wurden die soziodemographischen Daten ergänzt, weitere medizinische Daten erhoben und ein Genogramm der Familie erstellt (Hildenbrand 2004, 2005, McGoldrick & Gerson 1990).

Zur Datenerhebung und -auswertung wurde eine Verbindung der *Grounded-Theory*-Methode (Strauss & Corbin 1996) mit der narrativen Typenbildung nach Gerhardt (1995) verwendet. Die Auswertung erfolgte in zwei Schritten, der Kategorisierung der Ressourcen und Belastungen nach der Methode der qualitativen Inhaltsanalyse (Mayring 1983) und der Typisierung der Resilienzgeschichten. Das auf Gerhardt (1986, 1995) zurückgehende Verfahren der vergleichenden Typenbildung beruht auf der *Grounded-Theory*-Methode und wurde für vorliegende Fragestellung modifiziert. Die Individualität einer Fallgeschichte wird dabei aufgelöst und verallgemeinert, indem fallübergreifend Typen gebildet werden, welche das gesamte Spektrum der vorhandenen Ausprägungen der Daten systematisch rekonstruieren. Dabei war zunächst beabsichtigt, die Methode der fallrekonstruktiven Familienforschung (Hildenbrand 2004) zu nutzen; diese verstehende, am einzelnen Fall orientierte Perspektive hätte es aber weniger erlaubt, Typen von Resilienzgeschichten zu erfassen. Einige Familien fokussierten in ihren Narrativen sehr stark auf das Hier und Jetzt und taten sich schwer mit einer Rückbeziehung auf ihre Familiengeschichte(n). Außerdem hätte ein solches Vorgehen bei einer so seltenen Störung wie dem Rett-Syndrom zu unlösbaren Datenschutzproblemen geführt.

Die Kategorisierung der Interviewprotokolle führte zur Entwicklung eines Kategoriensystems für die gesamte Stichprobe. Das methodische Vorgehen entsprach einer Kombination aus zusammenfassender und strukturierender Inhaltsanalyse. In den Interviews nannten die Familien spontan Belastungsfaktoren, die in sechs Kategorien gruppiert werden konnten – emotionale Schwierigkeiten, zum Beispiel Hadern, gesundheitsbezogene Belastungen, zum Beispiel epileptische Anfälle, Schreiattacken, Unsicherheit über die Behinderung, offene Ablehnung durch die soziale Umwelt, mangelnde Verfügbarkeit von Fachleuten und Vergleiche mit gesunden Kindern und deren Familien.

Aus Perspektive der Familien waren folgende Ressourcen wichtig: greifbare Ressourcen – zum Beispiel finanzielle Mittel, eine behindertengerechte Wohnumwelt –, Zugang zu Information über die Behinderung, personale Ressourcen, Ausdruck von Gefühlen, kindbezogene Ressourcen wie Fröhlichkeit, die Paarbeziehung, die Familienbeziehungen, Unterstützung von Freunden, Angehörigen und der sozialen Umgebung allgemein, Unterstützung durch professionelle Helfer und Veränderungen von Werten und der Weltsicht der Familie. Alle Familien identifizierten soziale Unterstützung und Veränderungen der Werte als Kernressourcen für eine gute Adaption der Familie.

Die verschiedenen von den Eltern genannten Belastungsfaktoren und Ressourcen wurden nach der Methode der qualitativen Inhaltsanalyse ausgewertet (Mayring 1983). Die so gebildete große Zahl der Kategorien von Belastungsfaktoren und resilienzfördernden Ressourcen wurde fallübergreifend verglichen und in Oberkategorien zusammengefasst.

8.2 Narrative Typenbildung

Die von Gerhardt entwickelte narrative Typenbildung basiert auf Max Webers Konzept des Idealtyps (Weber 1988). Anders als in der Grounded-Theory-Tradition wird der Einzelfall als Ganzheit betrachtet. Ziel ist das Erschließen einer narrativen Gestalt und das Bilden einer übergeordneten kohärenten Geschichte

(Fiese & Wamboldt 2003), wobei beachtet wird, was für eine Geschichte erzählt wird, wie sie erzählt wird, und wie man sie benennen könnte. Die Typenbildung hat zum Ziel, im Datenmaterial Muster zu finden, sie abstrahiert vom Einzelfall und bündelt die Muster von mehreren Familien zu einem übergeordneten charakteristischen Ganzen (Gerhardt 1986).

Die narrative Typenbildung erfolgte in zwei Schritten. Die Resilienzgeschichten wurden am Einzelfall rekonstruiert und Inhalte, Themen und Leitmotive der einzelnen Geschichten über den Bewältigungsprozess kategorisiert. Durch die Generierung von idealtypischen Geschichten sollen die rekonstruierten Faktoren, die zur Behinderungsbewältigung und Resilienz beitragen, geordnet und als übergeordnete Sinnstrukturen erschlossen werden. Dabei wurden Metaphern, Legenden und Leitmotive besonders beachtet. Schließlich wurden den Fallgeschichten Namen gegeben, die ihre Essenz verdichtend widerspiegeln, zum Beispiel: »Geschichte vom langen, mühsamen Weg bergauf«. Die in dieser Weise rekonstruierten Fallgeschichten wurden miteinander verglichen und nach Unterschieden und Gemeinsamkeiten untersucht. Die von den Eltern erzählten Daten sind als narrative Gestalt verstehbar. Die einzelnen Ressourcen oder Belastungen sind nicht als isolierte Elemente zu analysieren, sondern bilden eine übergeordnete Geschichte, die in sich stimmig und kohärent ist, gegebenenfalls aber auch Brüche und Widersprüchlichkeiten aufweisen kann, die ihren Charakter ausmachen. Für die zu bildenden maximal kontrastierenden Typen war neben den Komponenten der Geschichte bedeutsam, was für eine Geschichte erzählt wurde und wie sie erzählt wurde. In diese Typisierung ging mit ein, welche Hauptkategorien von Belastungen und Ressourcen in den Geschichten genannt wurden. Die Fallgeschichten wurden miteinander verglichen und nach Unterschieden und Gemeinsamkeiten geordnet. Die über die Fälle hinweg generierten Geschichten werden auch als Typen der Resilienzgeschichten bezeichnet.

Der Prozess der Typenbildung ist eine Abstraktion von den individuellen Geschichten und fasst verschiedene Muster zu einem charakteristischen Ganzen zusammen (Gerhardt 1986). Bei der narrativen Typenbildung wurden zwei Typen von Resilienzgeschichten entwickelt. Qualitative Interviews sind näher am Erleben der Betroffenen und ermöglichen potenziell eine andere »Tiefe« der Ergebnisse. Die in qualitativen Studien erhobenen Daten haben nicht den gleichen Anspruch auf Validität wie Daten aus quantitativen Untersuchungen, ihre Gültigkeit entspringt stärker der inhaltlichen Nachvollziehbarkeit der Ergebnisse als Gütekriterium. Eine übliche Maßnahme zur Erhöhung der Qualität der Ergebnisse ist die konsensuelle Validierung durch eine Teamauswertung. Zur konsensuellen Validierung der Ergebnisse wurden das Kategoriensystem und die Konstruktion, Plausibilität und Trennschärfe der Kategorien fortlaufend in einer familienmedizinischen Intervisionsgruppe anhand der Interviewtranskripte überprüft und gegebenenfalls korrigiert (Flick 1998, Flick et al. 1995).

Aus den Narrativen wurden zwei Typen von Resilienzgeschichten rekonstruiert, die im Folgenden vorgestellt werden. Der erste Typ wird als *Geschichte der wiedergefundenen Balance* bezeichnet, der zweite Typ als *Geschichte vom langen, mühsamen Weg bergauf*.

8.3 Geschichte der wiedergefundenen Balance

Dieser Geschichtentyp handelt im Wesentlichen von einem guten Familienleben, das durch beunruhigende, nicht schlüssige medizinische Befunde über den Zustand der Tochter gestört wird. In den Geschichten vom Typ I wird *ein gutes Familienleben in der Vorgeschichte* beschrieben, in das beunruhigende Wahrnehmungen und ungewisse medizinische Befunde über die Gesundheit der Tochter einbrechen.

▶ Familie Dörner beginnt ihre Erzählung mit der Schilderung von verwirrenden Aussagen von Ärzten: Von einem Arzt wurde mitgeteilt, dass eine Entwicklungsverzögerung vorliege, von einem anderen Spezialisten wurden die Eltern jedoch als übervorsichtig eingeschätzt, es handele sich um ein putzmunteres Kind, sie sollten einfach abwarten.

Rückblickend wird diese Phase als eine hoch belastende, quasi traumatische Zeit beschrieben. Auf die erste Beobachtung, dass sich die Tochter erwartungswidrig entwickelt, folgt bei den Familien eine Phase der Ungewissheit, der Suche nach diagnostischen Erklärungen und nach Therapiemöglichkeiten. Dies ist eine Zeit der maximalen Beunruhigung und des permanenten Dauerstresses, geprägt von Orientierungslosigkeit, erratischer Suche und emotionalen Wechselbädern.

▶ Herr Dörner: »Und diese zwei Jahre waren für uns sicherlich schwer. Das waren Tage mit vielen Diskussionen, mit zahlreichen Arztbesuchen und unglaublich vielen Untersuchungen und Eingriffen, Diskussionen auch innerhalb der Familie, wo man sich Gedanken macht, dass tatsächlich was nicht stimmen kann, zwischen Hoffen und Bangen, bis du letztendlich dann auch anfängst, dich damit abzufinden. Es lief dann so ungefähr ein Jahr – ich kann mich nicht mehr genau daran erinnern – und die Ärzte tappten völlig im Dunkeln ... Und ja, eigentlich sind wir von einer Untersuchung in die nächste getorkelt, kann man sagen, waren dabei, so langsam auch die Hoffnung zu verlieren, wie geht es jetzt eigentlich weiter, was haben wir eigentlich jetzt noch für Möglichkeiten, unserem Kind zu helfen?«

Diese Phase wird umso belastender erlebt, je länger die Ungewissheit und die Suche dauern. Nach einer *langen Odyssee von Experten zu Experten* ergreifen die Familien selbst die Initiative und besinnen sich auf ihre eigenen Kräfte. Sie erinnern sich an ihre Selbstkompetenz und verzichten bewusst darauf, sich allzu sehr von Fachleuten abhängig zu machen, aus der Erkenntnis heraus, dass diese nur begrenze Antworten zu geben vermögen. Es folgt eine *aktive Suche* nach einem Weg.

▶ Herr Dörner: »Ich wollte einfach mehr mit jemand darüber sprechen, wie das ist, ein behindertes Kind zu haben. Und mir nicht irgendwelche abstrusen Theorien anhören, wie man vielleicht die Behinderung doch noch beseitigen könnte. Weil ich eigentlich schon sehr früh mit niemandem darüber sprechen wollte, dass man vielleicht auf einem Delphin reiten könnte, und alles wird gut. Das war mir, das hat mich, ehrlich gesagt, immer etwas belastet. Ich wollte mit den Leuten eigentlich eher darüber sprechen, was es jetzt für mich jetzt bedeutet, damit zu leben, ein behindertes Kind zu haben. Ich wollte mich auf dieser Ebene austauschen und nicht permanent das Gefühl haben, die Leute wollen mir was Gutes tun, weil das hat mir auch das Gefühl gegeben, die wollen diese Behinderung selbst nicht.«

Die Vorstellung eines planbaren, verstehbaren und handhabbaren Lebens wird durch die Ratlosigkeit der Experten erschüttert. Das Fehlen einer kognitiven und affektiven Landkarte für den Umgang mit der sich abzeichnenden Behinderung wird als hoch aversiv erlebt. Versuche von Angehörigen, die Lage der Familie schönzureden, werden als unangemessen und wenig hilfreich zurückgewiesen.

▶ Herr Dörner: »Das ist das Schlimme. Man weiß nicht genau, was ist es eigentlich? Und man lebt immer mit dem Gefühl: Hat man wirklich alles getan, um meinem Kind in jeder Form zu helfen? Da kommen die Leute mit abstrusen Vorschlägen – das kann zu einer Belastung werden.«

Eine Wende, eine Neuorientierung wird möglich, wenn alte, überholte Konstrukte und Lösungsversuche aufgegeben worden sind. Als einen entscheidenden *Wendepunkt* beschreiben die Familien, dass sie sich nicht oder nicht länger von professionellen Helfern abhängig gemacht haben, sondern ihre Geschicke in die eigene Hand genommen hatten. Dies geht einher mit einem Gefühl des Stolzes und der Befreiung aus der Abhängigkeit von Helfern.

▶ Herr Dörner: »Und davor, muss man sagen, gab es auch noch eine Zäsur. Wir haben natürlich mit vielen Ärzten gesprochen, aber es wurde nie wirklich ausgesprochen, was eigentlich so auf uns zukommt. ... Und da habe ich ihn versucht,

Kohärenzerleben aus Familiensicht

festzunageln: Sie reden immer von Vitamin-Cocktails und dies und jenes. Was können wir denn eigentlich tun? Wenn wir gefunden haben, was wir suchen: Wie geht es denn dann weiter? Können wir dann vielleicht sagen, na ja, sie wird vielleicht irgendwann einmal sprechen können und irgendwann einmal laufen können, aber nicht so gut? Womit müssen wir eigentlich rechnen? Dann hat er gesagt: Sie müssen damit leben, dass Sie eine schwer behinderte Tochter haben, dass Sie Ihr Leben lang ein schwerstbehindertes Kind haben werden. Das hat er vorher nie gesagt. Und das war für uns natürlich schon ein unglaublicher Schlag. Und dann haben wir dagesessen und es war ein unglaublicher, unbeschreiblicher Moment und wir sind dann, wie in Trance eigentlich, nach Hause gefahren und dann kam meine Schwester zu uns, kam zu uns ans Bett und hat viel geweint an dem Tag. Und das war also so der Tiefpunkt, kann man sagen, dass wir so plötzlich damit konfrontiert wurden und dass das plötzlich so klar war, ohne dass wir wussten, was das genau ist. Und dann, ab dem Tag, kann man sagen, ging es irgendwie voran.«

Es folgt eine *emotionale Trauerphase*, die von intensiven Gefühlen, einer emotionalen Auseinandersetzung und Gefühlen von Schmerz und Aufgewühltheit gekennzeichnet ist. Neben der ausgeprägten Trauer ist es explizit der Faktor Zeit, der Wunden heilen lässt.

▶ Herr Dörner: »Ich bin jeden Morgen ins Büro gefahren, habe immer klassische Musik gehört und dazu geheult, und es war für mich wie eine Medizin. Es war für mich wie eine Befreiung. Und danach ging's mir wieder gut. Und, na ja, so nach und nach haben wir uns dann ein bisschen gefangen.«

Die *Mitteilung der Diagnose*[1] eines Rett-Syndroms wird als Befreiung erlebt. Nach einer langen Zeit der Ungewissheit können sich die Familien nun orientieren und sich Informationen holen, was die Zukunft bringen wird. Sie befreit von der mühsamen, aufwändigen, ratlosen Suche nach Antworten, entlastet von Förderstress. Die Eltern berichten bei diesem Geschichtentyp sehr rasch *kindbezogene Ressourcen* und besondere liebenswürdige Seiten, die für sie eine große Bedeutung für die Anpassung haben.

---

1 Die Diagnosestellung steht nicht am Anfang der Geschichten, sondern erfolgt oft nach einer längeren Zeit der Suche; bei älteren Rett-Mädchen zum Teil erst mit zehn Jahren oder später. Aber auch bei jüngeren Rett-Kindern erfolgt die Diagnosestellung meist einige Zeit nach dem Auftreten der einsetzenden Entwicklungsverzögerung.

▶ Herr Dörner: »Sie ist ein ausgesprochenes Sonnenkind ... sie strahlt etwas aus, nämlich was ganz Besonderes. Das empfinden wir als Eltern natürlich so, das ist klar, sie lacht sehr viel, ist wahnsinnig fröhlich, und sie ist einfach ein Engel, das war sie schon immer.«

Als die Diagnose sicher feststeht, kommt es zu einer emotionalen Krise und einem klar definierten Abschluss, der zur *Akzeptanz*, zu einem bewussten »Ja« und der Annahme der Behinderung führt. Dieser Aspekt wird sehr früh spontan in den Interviews benannt.

▶ Herr Dörner: »Und so lange es ihr gut geht und sie glücklich ist, und das vor allen Dingen auch so ausstrahlt, geht es uns gut. Und die Behinderung rückt dann plötzlich völlig in den Hintergrund. Jedenfalls nach einer gewissen Zeit. Wenn man aufgehört hat, sich dadrüber Gedanken zu machen den ganzen Tag, was man jetzt noch für sie tun könnte, für sie aus medizinischer Sicht. Das haben wir immer als Belastung empfunden, die ewigen Diskussionen: Was können wir noch tun, und die gut gemeinten Ratschläge – aber das ist dann eine Belastung. Und wenn man endlich leben kann und sagen kann: Das ist mein Kind, und ich nehm' das so an und akzeptiere das, dann ist das, glaube ich, relativ leicht – also, wir haben das so empfunden, denn uns geht es wirklich gut.«

Einer der befragten Väter beschrieb diese Erkenntnis als eine »fast christliche« Einsicht. Die Familien nehmen ihr Kind, wie es ist – »die Anna ist die Anna« –, und gehen wie selbstverständlich auf seine besonderen Bedürfnisse ein, ohne daran zu leiden, dass Kind oder Familienleben nicht einem anderweitigen Ideal oder dem Vergleich mit anderen Familien entsprechen. Die Welt erscheint als ein guter Ort. Die Familien haben das Bewusstsein, den Anforderungen gut gerecht zu werden, und äußern mit diskretem Stolz: »*Unsere Familie macht ihre Aufgabe gut!*« Diese innere Gelöstheit kommt deutlich in einer Übereinstimmung von Ideal und Realität zur Erscheinung; auf die Nachfrage, wie eine durchschnittliche oder »normale« Familie mit der Situation umgehen würde, lauteten die Antworten:

▶ Frau Dehner: »Schwierige Frage. Also, ich schätz', das liegt vielleicht daran, dass ich uns gar nicht so schlecht einschätze. Ich glaub', wir sind so eine normale Familie.«

▶ Frau Ehret: »Ja, ich denk', so ganz normal, so wie wir halt.«

▶ Frau Dörner: »So wie wir!« Herr Dörner: »Es ist keine Leistung, die wir bringen. Deswegen sind wir auch nicht überdurchschnittlich oder erbringen etwas, sondern wir sind einfach nur Mama und Papa. Mama und Papa lieben ihr Kind, weil wir eben Mama und Papa sind.«

Die *Belastungen erscheinen im Großen und Ganzen tragbar*. Mit der Zeit ist eine gewisse Ruhe eingekehrt, die Familien haben gelernt mit der neuen Situation zu leben. Belastungen durch die Pflege werden eher beiläufig oder auf gezielte Nachfrage angegeben.

▶ Herr Dehner: »Und das ist, ja, müssen wir sagen, mit unserer Lea ist bis jetzt alles ganz problemlos; wir haben zwar zusätzlich Termine: Krankengymnastik, Ergotherapie und natürlich müssen wir sie hier zu Hause pflegen, aber, aber das Miteinander und das, das Spielen ist sehr bereichernd für uns.«

Alle Familien klagen über, wie sie meinen, unnötige Behinderungen durch Behörden, Krankenkassen, Schulen und Ämter.

▶ Frau Dehner: »Aber zusammenfassend find' ich das am anstrengendsten, diese Bürokratie, also, irgendwelche, jetzt muss ich wieder die unterstützte Kommunikation beantragen, sämtliche Zettel bei der Stadt halt, dass die dafür einstehen. Also, das find' ich wirklich mit am schwierigsten an der Behinderung, das Herumschlagen mit Ämtern.«

Freunde, Angehörige und professionelle Helfer entlasten die Familien:

▶ Frau Dehner: »Ich muss auch sagen, mir haben Freunde sehr viel geholfen, die einfach getröstet haben, da waren.«

Die Unterstützung der Herkunftsfamilien wird dankbar angenommen. Eine große Entlastung sind engagierte *Helfer als Unterstützung*, die den Eltern das Gefühl vermitteln, die Verantwortung für die Förderung der Tochter an fachlich kompetente Personen abgeben zu können. Die Familien erleben diese Unterstützung von Freunden und Angehörigen als etwas, das ihnen das Gefühl gibt, dass auch die soziale Umwelt das Kind bejaht.

Die Notwendigkeit, sorgsam mit den eigenen Kräften umzugehen und auf die Möglichkeiten der Regeneration zu achten, wird erkannt und beherzigt. Den Familien gelingt es tatsächlich, etwas für sich zu tun und es nicht bei guten Vorsätzen bewenden zu lassen – bewusst Musik hören, mit Freunden einen Kneipenbummel machen, mit Freundinnen schwimmen gehen, Motorrad fahren. Die Arbeit und die damit verbundene Identität als berufstätige Frau sind für die Frauen sehr wichtig. Für diese Familien gibt es ein Leben jenseits der Behinderung der Tochter. Die *Partnerschaft* hat durch die Auseinandersetzungen mit den Belastungen an Tiefe gewonnen:

▶ Frau Dehner: »Ich glaub' eher, man ist jetzt durch eine Leidphase gegangen, hat gemeinsamen Schmerz empfunden. Aber auch gemeinsam, ja, eine Bewältigung geschafft ... Also, ich glaube eher, dass es einen zusammenschweißt, denn man merkt, man braucht den anderen, man möchte es auch gar nicht alleine bewältigen.

Sie wenden Zeit, Energie und finanzielle Mittel auf, um die Partnerschaft zu pflegen, etwa um auszugehen und gemeinsam Sport zu machen:

▶ Frau Dörner: »Es kommt schon mal die Mutter oder ein Babysitter, das geht alles völlig unproblematisch. Das brauchen wir nur zu organisieren, wenn wir das möchten. Und dann funktioniert das auch.«

In diesem Geschichtentyp ist die *Rollenverteilung* der Partner *flexibel*, es gelingt ihnen, ihre Ehebeziehung vor zu großen Belastungen zu schützen und die Anforderungen mit ihren *persönlichen Interessen auszubalancieren*. Beispielsweise organisiert das Paar eine *Pflegeentlastung* oder Kurzzeitpflege, um sich Zeit füreinander und für die eigene Person nehmen zu können.

▶ Frau Dehner: »Gut, vorteilhaft ist sein Beruf auch dadurch, dass er sehr flexibel ist. Also, wir haben eigentlich eher selten Probleme, eher Abendtermine, brauchen wir ab und zu einen Babysitter, sodass ich bis jetzt auch eine halbe Stelle auch weiter arbeiten kann. Und das merk' ich, auch toll eigentlich, rauszukommen und dann mal acht Stunden was ganz anderes zu denken.«

Dabei geht es um Entlastung und eine gute Aufgaben- und Rollenverteilung:

▶ Herr Dehner: »Also, wie gesagt, das war von Anfang mir auch wichtig, dass wir dann gesagt haben, sie soll diese Last nicht alleine tragen, sie soll sich auch weiterhin, zum Beispiel beruflich, investieren können. Und es ist halt so: Da hat sie bei der Arbeit dann acht Stunden lang etwas ganz anderes im Kopf. Und das tut ihr auch gut. Und wir reden halt viel, das merken wir, das ist halt wichtig, eine gute Kommunikation is wichtig. Und solang wir viel, das machen wir, miteinander reden, kommunizieren, dann läuft das halt auch rund in der Partnerschaft.«

Dazu zählen auch eine *gelingende Vereinbarung von Berufs- und Familienleben:*

▶ Herr Dehner: »Das ist auch ein Stück weit durch meinen Beruf möglich, ich kann auch in meinem Büro zu Hause arbeiten, bin deshalb auch relativ viel daheim, sodass ich die Kinder dann auch spontan vom Kindergarten abholen kann, hinbringen kann. Also, dass nicht einer allein die Last jetzt zu Hause trägt mit der Lea, sondern dass wir uns die Last auch in dem Sinne gemeinsam teilen, das Pflegen. Das ist schon sehr hilfreich.«

Eine behindertengerechte Wohnung und ein entsprechendes Wohnumfeld erleichtern das Alltagsleben erheblich. Die Umgestaltung der Wohnung entsprechend den Bedürfnissen des behinderten Kindes ist ein praktischer Anpassungsschritt und zugleich symbolischer Ausdruck dafür, dass sich die Familie auf das Leben mit der Behinderung einstellt.

Die Familien benennen bewusst, wie wichtig es ist, sich nicht ausschließlich auf die Behinderung zu fokussieren, sondern eine *Balance* zu den Interessen der übrigen Familie herzustellen, eigene individuelle Interessen zu pflegen, etwas für die Partnerschaft zu tun und nicht zuzulassen, dass das Familienleben durch die Behinderung beherrscht wird. Dabei hilft beispielsweise ein weiteres Kind:

▶ Frau Dehner: »Wir versuchen, nur Zeit mit Doris auch mal zu haben, wo wir die Lea meinetwegen bei Verwandten abgeben oder bei Freunden. Einfach mal Highlights, zum Beispiel ins Kino gehen.«

Am Beispiel der Auseinandersetzung mit Behörden zeigt sich, wie Familien gestärkt aus Schwierigkeiten hervorgehen und das Vertrauen entwickeln, auch in Zukunft die Kraft zu haben, etwas bewirken zu können, gegebenenfalls auch kämpfen und dabei gelassen bleiben zu können. Diese Haltung äußert sich ganz praktisch in dem Vertrauen, erfolgreich *die lästigen Auseinandersetzungen mit Behörden durchzustehen:*

▶ Herr Dehner: »Wir kämpfen, und wir erreichen auch das Ziel, in dem Sinne auch. Und das ist auch gut. Aber wir kämpfen nicht mit zusammengebissenen Zähnen, in dem Sinne, sondern sind da auch sehr entspannt.«

Die Familiengeschichte und insbesondere Lebenserfahrungen wie schwere Krankheiten und Leid führen neben persönlichen Lebensplanentscheidungen – wie einer bestimmten Berufswahl – zu Ressourcen, die dazu beitragen, die Familiensituation besser zu tragen:

▶ Herr Dörner: »Und diese Frage ›warum?‹ halt, oder ›warum hat es uns getroffen?‹, ›warum haben grade wir so ein Rett-Mädchen?‹ Das, diese Frage war für mich schon im Vorfeld geklärt, weil ich, ja, mir klar war, das Leben ist nicht einfach, wir müssen halt in dem Sinne das Beste draus machen. Leid gehört zum Leben mit dazu.«

Sie betonen, dass sich das Familienleben durch die Behinderung *positiv gewandelt hat und neue bedeutsame Werte entwickelt* wurden.

▶ Frau Dehner: »So wie Lea sich über Sachen freut, kann sich kein anderer Mensch freuen!« Herr Dehner: »Wir finden sie so als Geschenk. Ihr ganzes Wesen, wir lieben das so sehr, dass wir gar nicht so ... also im Gegenteil, wir sind so dankbar, dass sie hat, was sie so hat. Und denken nicht darüber nach, was sie alles nicht hat.«

Auf psychologischer Ebene wird das vermeintliche Defizit der Tochter zu einer Ressource, zu einem Anlass für eine *Veränderung von Glaubenssystemen*, eine tiefere Entwicklung der eigenen Persönlichkeit, der Partnerschaft oder der gesamten Familie – zum Beispiel durch eine Neuorientierung auf andere zentrale Werte und eine veränderte philosophische Weltsicht, etwa durch die Erkenntnis, dass Leistung im Leben nicht alles ist, dass Not und Elend zum Leben dazugehören und letztlich nicht zu vermeiden sind, dass Menschen ein inneres Wesen besitzen, dass sie reine Gefühle wie Freude und Liebe ausstrahlen können und eine Bereicherung sind, unabhängig von den kognitiven oder anderweitigen Kompetenzen.

▶ Herr Dehner: »Und doch gehört Krankheit und Leid zu uns, zum Leben dazu. Das gehört dazu. Und von dem her schenkt Gott viel Kraft, auch viel gute Situationen, aber auch nicht, dass man ein perfektes und sorgenfreies Leben hat.«

▶ Herr Dehner: »Also, ich bin auch schon, bevor Lea da war, war für mich klar: Das Leben hat seine Herausforderungen.«

Im Prozess der Anpassung werden das Leben der Familie und die Behinderung als völlig normal angesehen. Die Familien von diesem Typus beschreiben ein Leben in Balance, die sie nach unruhigen Zeiten gefunden haben und die sie, metaphorisch gesprochen, wieder Rückenwind spüren lässt; sie fühlen sich mit sich, mit ihrer Umgebung – im Falle von Familie Dehner mit Gott und der Welt – im Reinen, sind sich dessen bewusst und erleben dieses Befinden mit Stolz: *Das Leben geht weiter*, und auch wenn neue Herausforderungen zu erwarten sind, besteht die Zuversicht, dass diese gemeistert werden:

▶ Frau Dehner: »Wir sind eine normale Familie – ein Kind behindert, eines nicht. Dem Kind geht es gut – das ist wichtiger als die Behinderung.«

Blick nach vorn

Die Familien sind sich bewusst, dass in der Zukunft neue Herausforderungen auf sie zukommen werden und sie sich umstellen müssen, wenn die Tochter größer wird. Doch es besteht die Zuversicht, dass auch die kommenden Kapitel der Familien-Geschichte zu meistern sind.

In einem Subtyp der Geschichte von der wiedergefundenen Balance ist der Anpassungsprozess rascher und direkter: Die Familie lehnt es von vornherein ab, sich auf medizinische Experten zu verlassen. Ohne Verzögerung nimmt die Familie die Dinge selbst in die Hand und richtet ihr Leben neu ein. Unterstützt durch die Liebe zur Tochter und eine starke, glückliche Partnerschaft, herrscht ein pragmatisches familiäres Glaubenssystem vor: Tu, was zu tun ist! Dies spiegelt eine starke pragmatische Haltung wider, etwas zu tun, um den Anforderungen der Behinderung gerecht zu werden, im Gegensatz zu Veränderungen von familiären Glaubenssystemen auf einer stärker kognitiven Ebene. Diese eine Variante der Geschichte der wiedergefundenen Balance wurde von Familie Ehret erzählt. Sie berichtet von einem sehr pragmatisch geprägten Umgang im Sinne eines »Just do it!«. Nachdem sich herausstellt, dass die Tochter behindert ist, trennt sich ihr Mann von ihr. Nach dem anfänglichen Schock sammelt sie sich sehr rasch wieder und besinnt sich auf eine Kernressource, über die sie verfügt.

▶ Frau Ehret: »Ja, gut. Erstens einmal ist es halt mein Kind und zweitens denk ich, sie hat's halt einfach verdient.«

Der zentrale Unterschied zum Haupttyp besteht in der sehr raschen Besinnung auf die eigene Kompetenz, der starken Handlungsorientierung ohne eine berichtete längere Auseinandersetzungsphase. Von Anfang an vermeidet es die Familie bewusst, sich von Ärzten oder Fachleuten abhängig zu machen, stellt auch die Diagnose selbst und leitet die erforderlichen Fördermaßnahmen ein. Das Erleben von Handhabbarkeit wird gefördert durch die akzeptierende Haltung ihrer Eltern, die sie unterstützen und es ihr ermöglichen, Beruf und Familie zu vereinbaren. Die Bedeutungsgebung verändert sich nicht wesentlich, sondern die Erzählung ist geprägt durch ein starkes, als selbstverständlich angesehenes Leitmotiv »*Das ist meine Tochter!*«, und aus dieser Akzeptanz und der Bereitschaft die Dinge zu nehmen, wie sie kommen, ergibt sich die Kraft, die Belastungen aufrecht zu tragen.

Für die Mutter hat sich ihr Leben auch dadurch entscheidend gebessert, dass sie sich, nach einer Zeit als Alleinerziehende mit einem schwerstmehrfachbehinderten Kind, durch den Partner entlastet fühlt, die Rollen- und Arbeitsaufteilung wird als gut empfunden. Die Zuneigung ihres Mannes, der sie annimmt und ihre Tochter so akzeptiert, wie sie ist, wird als großer Liebesbeweis erlebt. Sie ist glücklich, ein weiteres Kind zu haben. Dieser Untertypus einer Balance-Geschichte ist auch durch eine sehr viel pragmatischere, die Dinge anpackende Haltung geprägt – nach der Devise: *Was muss, das muss!* Bemerkenswerterweise hat diese Familie den höchsten Familien-Kohärenzwert von allen befragten Familien, trotz der sehr schwierigen gesundheitlichen Situation und den besonders hohen pflegerischen Anforderungen.

8.4 Geschichte vom langsamen, mühsamen Weg bergauf

In diesem zweiten Typ von Bewältigungsgeschichten erzählen die Familien stärker von ihren Belastungen. Zentrales Thema oder Leitmotiv dieser Geschichten sind anhaltende Herausforderungen.[2] Die soziale Unterstützung wird nicht als befriedigend beschrieben, dennoch geht es irgendwie weiter. Die Behinderung prägt den Beginn der Narrative und zieht sich als Leitthema durch die Interviews hindurch; es wird von wiederkehrenden Krisen berichtet und davon, wie mit ihnen umgegangen wurde. Die Welt erscheint als ein Ort der Mühen, an dem man irgendwie doch zurechtkommt. Über die erweiterte Familie wird wenig berichtet, der Rückhalt durch die Herkunftsfamilie wird als nicht gut beschrieben, hilfreiche Helfer scheinen wenig verfügbar, die Aufgabenverteilung in der Partnerschaft ist nicht so ausgewogen. Diese Familien nennen in deutlich geringerem Umfang Veränderungen auf Ebene der Bedeutungsgebung; im Untertyp IIa wird ein langer Weg beschrieben, auf dem sie eine Anpassung vollzogen haben. Kernressource in diesen Geschichten ist die starke Aufgabenorientierung. Bestimmend für diesen Geschichtentypus ist fortwährender Stress, der nicht wirklich handhabbar erscheint, das permanente Gefühl, gefordert zu sein, und die Haltung, dass die Dinge eigentlich nicht wirklich in Ordnung sind.

In diesem zweiten Geschichtentyp gibt es in der Familiengeschichte bereits vor der Geburt des Kindes mit einer Behinderung ein Ereignis, das später die Anpassung an die Behinderung erschwert: Die Herkunftsfamilie wuchs in kargen Verhältnissen auf, der Vater kehrte krank und arbeitsunfähig aus dem Krieg heim oder es gab eine körperbehinderte Schwester und den stillen Gedanken: »Hoffent-

---

2 Der nicht einfach zu übersetzende Buchtitel *Unending work and care* von Corbin und Strauss (1988) gibt die Essenz dieser Geschichten treffend wieder.

Kohärenzerleben aus Familiensicht

lich bekommst du kein behindertes Kind!« Die Erkenntnis, dass bei der Tochter etwas nicht in Ordnung ist und ernsthafte gesundheitliche Probleme bestehen, wird als massiver Einbruch, als Schock erlebt. Die Schilderung dieses Einbruchs hat anders als im Typus I nicht die Qualität der Beschreibung einer zurückliegenden, überwundenen, schweren Lebensphase. Diese besteht mehr oder weniger fort. Die sich anschließende Krise wird nur sehr allmählich überwunden, ohne einen klaren Wendepunkt.

Die Zeit der Suche nach einer Diagnose ist eine Phase massiver Unsicherheit, auf die weitere Belastungen und anhaltende widrige Erfahrungen folgen. Auch diese Familien berichten über eine Zeit der Orientierungslosigkeit und eine *Odyssee von Experte zu Experte* und betonen, dass Helfer sich nicht hilfreich gezeigt hätten, sondern zum Teil sogar Schuldzuweisungen an die Familie gerichtet hatten.

▶ Frau Behrendt: »Mir hat keiner gesagt: Da gibt es eine psychologische Beratung, da könnte ich hingehen. Und das hätte mir bestimmt gut getan, wenn einer gesagt hätte, dass es so was gibt. Und mit dem Kind, da wussten wir eigentlich auch nicht, wo wir da eigentlich hingehen sollen, zu was für Ärzten und ...« Herr Behrendt: »Das wusste ja keiner, das ist ja die Problematik.« Frau Behrendt: »Ja, man ist sich so alleine vorgekommen. Die Ärzte wussten nicht Bescheid, und wir wussten es nicht und zuletzt haben uns dann andere Eltern geholfen.«

Dieses Gefühl, auf sich gestellt zu sein, wird durch die Reaktion der sozialen Umwelt noch verstärkt – die erweiterte Familie reagiert nicht unterstützend und die soziale Umgebung verhält sich offen ablehnend, mit feindseligen Verhaltensweisen im Dorf und sozialer Isolation.

▶ Frau Behrendt: »Und schwer waren natürlich auch die Reaktionen der anderen, die uns teilweise gemieden haben, geschnitten haben dann. Dann kam zum ersten Mal auch natürlich Verbitterung, Neid auf andere, auf andere Mütter mit gesunden Kindern. Das war die Zeit, da hab' ich den Kontakt zu allen abgebrochen, die irgendwie ein Kind in dem Alter hatten. Das Schlimme fand ich, als ich andere gesehen habe, die gesunde Kinder haben. Das Problem hatte ich am Anfang. Das war eines meiner Hauptprobleme.«

Die Familien klagen über *Dauerbelastungen*, ohne eigentliche Wende – aufgrund der Ungewissheit in der Zeit vor der Diagnosestellung sowie über die lang anhaltende Belastung durch medizinische Begleitsymptome –, durch die sie nicht zur Ruhe kommen. Die Diagnose *Rett-Syndrom* beendet für die Familien eine Zeit der Ungewissheit, führt aber nicht auf Dauer zu einer wesentlichen Erleichterung: Es fehlen Handlungsoptionen, ohne die es nicht zu einem Wandel der familiären Weltanschauung kommen kann.

▶ Herr Behrendt: »Obwohl es dann, wo das Rett-Syndrom zum ersten Mal ins Gespräch kam, eigentlich war es genau eine Erleichterung – jetzt wissen wir wenigstens, was es ist. Jetzt kann man was dagegen machen. Und dann eigentlich, so nach und nach, da hat man gemerkt, dass da eigentlich gar nicht so arg viel zu machen ist, im Moment.«

In den Schilderungen dominiert das Gefühl *unaufhörlicher Belastungen* und einer fortwährenden Daueranspannung.

▶ Herr Behrendt: »Also, diese Schreiattacken, das war schon, das ist mir eigentlich am schlimmsten oder am stärksten in Erinnerung geblieben. Das fand ich sehr schlimm und deprimierend.«

Die Eltern erleben sich in einer Welt, in der sie selbst, aber auch die Behandler die medizinischen Komplikationen nicht wirklich verstehen:

▶ Herr Behrendt: »Es bleibt ein ewiges Rätselraten.«

Die praktischen Alltagssituationen sind eine ständige Herausforderung, die auch in den üblichen Aus- und Erholungszeiten nicht wirklich aufhört, das Urlaubsdomizil darf nicht allzu weit von deutschsprachigen Ärzten entfernt sein und muss so eingerichtet sein, dass andere Leute sich nicht belästigt fühlen.

▶ Frau Fuchs: »Urlaub ist eigentlich für mich anstrengender, als zu Hause.«

Ein großes Problem ist Zeitmangel:

▶ Frau Behrendt: »Also, ich hab' immer ein etwas schlechtes Gewissen, allen Kindern gegenüber. Ich habe immer das Gefühl, ich werd' keinen meiner Kinder gerecht. Allen drei nicht, weil es kommt jeder im Prinzip zu kurz. Aber es geht irgendwie nicht anders.«

Alle Familien beschreiben als weitere belastende Faktoren lästige Auseinandersetzungen mit Behörden. In diesen Narrativen erscheint die Welt als geprägt von Widrigkeiten, mit denen man zurechtkommen kann, die aber nicht wirklich gemeistert werden. Das Gefühl einer Balance oder Bewältigbarkeit will sich nicht einstellen und scheint nicht in Aussicht zu stehen. Der Umgang mit dem Helfersystem erfordert zusätzliche Energie, es wird als träge erlebt, und offen bleibt, ob es sich überhaupt lohnt sich zu engagieren. *Helfer bieten keine verlässliche Unterstützung.* Ihr Verhalten erscheint nicht vorhersehbar. Ob man an kundige und engagierte Helfer gerät, ist dem Zufall überlassen. Die Verantwortung für die Förderung kann nicht abgegeben werden, die Eltern bleiben quasi zwangsläufig überengagiert, müssen auch noch die Helfer anleiten, sich aber gleichzeitig anhören, sie seien zu sehr auf das Kind fixiert.

▶ Frau Fuchs: »Es ist einfach so, dass man sich ja um alles irgendwie selber bemühen muss. Also, dass man sich selber zur Fachfrau oder zum Fachmann entwickeln muss.«

▶ Frau Fuchs: »Wenn man Glück hat, findet man einen guten Therapeuten, wenn nicht, dann einen ganz normalen eben, der sich weniger auskennt als man selber.«

▶ Herr Behrendt: »Man ist also als Eltern dann ziemlich auf sich allein gestellt. Das ist eigentlich immer das, was mich sehr, sehr stark immer belastet. Und dann ist es eben immer sehr arbeitsintensiv. Früher haben wir das und das gemacht, praktisch, ja, eine gewisse Richtung vorgeben, wie die Förderung stattfinden kann. Also, man kann sich wirklich nicht drauf verlassen und das Kind abgeben und sagen: So, jetzt warten wir mal, die werden das schon können, das sind ja schließlich die Pädagogen. Den Eindruck, den Eindruck habe ich nicht mehr.«

Kindbezogene Ressourcen haben auch für diese Familien eine Bedeutung, sie treten neben Beschwerden allerdings weniger deutlich hervor als im Typ I:

▶ Herr Behrendt: »Also, das hat mir, das hat mir eigentlich sehr geholfen, dass sie wieder, ja, Zugang zum Kind, da kommt auch was entgegen, ja. Wenn sie dich anstrahlt, wenn sie dich anlacht. Und das ist eigentlich, sagen wir mal mit den Jahren, immer besser geworden, bis jetzt eigentlich. Dass dieser Zugang immer mehr da ist.«

▶ Frau Hiller: »Oder wenn sie lacht, dann denk' ich: Oh, das kann mir keiner mehr nehmen, sozusagen. Sie lacht ja wirklich herzlich. Und wie die lachen kann!«

Auch diese Familien sprechen liebevoll über das Kind, mit viel Anteilnahme, Witz und Freiheit.

▶ Frau Fuchs: »Wir könnten jetzt ja wirklich sagen: Oh Gott, wie geht es uns schlecht! Aber es geht uns ja eigentlich nicht schlecht. Also, die Janine ist ein ganz lieber Mensch, unkompliziert, völlig anspruchslos in ihrem Wesen. Natürlich hat sie 'nen hohen Pflegebedarf und braucht viel Schlaf und alles. Aber sie gibt halt auch total viel.«

Alle Familien mit dem zweiten Typus von Resilienzgeschichten nennen *individuelle Ressourcen* und Aktivitäten, wie zum Beispiel arbeiten gehen, die Fähigkeit abgeben können, sich abgrenzen können. Die Berufstätigkeit ist eine wichtige Ressource.

▶ Frau Hiller: »Also, das würd' ich mir jetzt auch nicht nehmen lassen, meine ein bis zwei Tage in der Woche arbeiten zu gehen. das ist zwar auch Stress, da renne ich also auch so sechs Stunden. Also, da renne ich von sechs Uhr abends bis um zwölf Uhr nachts. Und das ist für mich so zum Auspowern, so zum andere Gedanken Kriegen, das ist wichtig.«

Anders als in der *Geschichte der wiedergefundenen Balance* werden gute Einsichten nicht oft umgesetzt, es bleibt bei der Idee »man sollte auch was für sich selbst tun«, die aber nur selten realisiert wird. Im Ablauf der Woche gibt es kaum fest eingeplante Freiräume, in denen in ritualisierter Form immer wieder Zeit für eigene Interessen bleibt.

▶ Frau Behrendt: »Man ist schon sehr angebunden.« Herr Behrendt: »Du bist halt immer abhängig von irgendwelchen anderen Leuten, ja. Das ist nicht nur mit Aufwand verbunden, das ist auch mit Geld verbunden. Ja.«

▶ Herr Hiller: »Hilfreich ist es schon, wenn ich ab und zu zu meinen Kumpels geh', und wenn es nur einmal im Monat ist.« Frau Hiller: (lacht). Herr Hiller: »Das ist nicht mehr so oft, wie es früher war.«

Die Paare klagen darüber, zu wenig Zeit zu haben oder es sich nicht leisten zu können, zusammen auszugehen.

▶ Frau Behrendt: »Des war also ganz toll, da sind wir in so eine Sauna gegangen.« Herr Behrendt: »Ja, gut, das war einmal in sieben, einmal in sieben Jahren.« Frau Behrendt: »Ja, aber es war total schön!«

Die Rollenaufteilung in der *Partnerschaft* gelingt nur bedingt in beidseits zufriedenstellender Weise:

▶ Frau Fuchs: »Ja, ich muss alles organisieren. Ich bin wie alleinerziehend, immer wenn ich irgendwelche Termine habe, muss ich dann gucken, wie kriege ich das geregelt. Also, förderlich war's nicht für die Ehe.«

Die Familien berichten, *wenig sozialen Rückhalt und Freunde* zu haben; insgesamt erleben sie sich eher isoliert:

▶ Frau Behrendt: »Also, viele haben sich zurückgezogen, weil sie nicht wussten, wie sie damit umgehen sollten.«

▶ Herr Fuchs: »Ja, wir haben Arbeitskollegen, aber einen Freundeskreis in dem Sinne eigentlich nicht.«

Unterstützung von der erweiterten Familie wird nicht als wesentliche Ressource benannt, die Eltern leben weit entfernt oder wissen nicht, wie sie mit der Behinderung umgehen sollen.

▶ Frau Hiller: »Also, meine Mutter hat es nicht akzeptiert. Sie ist immer noch der Meinung, das wird noch, sie hat eigentlich nie akzeptiert, dass die Nicole behindert isch. Herr Hiller: Ja, und die Schwester genauso nicht.«

In diesem Geschichtentypus ist der *Familienfokus auf das Kind* gerichtet, das Leben ist um das Kind herum organisiert:

▶ Herr Behrendt: »Also, der Mittelpunkt ist halt immer die Caroline.« Frau Behrendt: »Es richtet sich halt alles nach dem behinderten Kind, das ist ja klar.«

▶ Herr Fuchs: »Das Leben dreht sich um die Behinderung. Und wenn man das akzeptiert, und das muss man eigentlich akzeptieren, dann, ja, kann es auch Freude machen.«

Ein zentraler Unterschied der Geschichtentypen besteht in bei der *Veränderung von Glaubenssystemen* – dass das Gefühl »Es ist ok, es macht Sinn« die Geschichten nicht durchdringt und erst sehr viel später in den Erzählungen erwähnt wird.

▶ Herr Fuchs: »Wir sind ja nicht gefragt worden, wir mussten uns anpassen und haben uns angepasst, und es gab gar keine Alternative.«

Die Familien vom Typ II beschreiben ihr Leben als ein Auf und Ab, der Alltag ist schwer, aber dennoch lässt es sich leben. Die Welt ist ein Ort, der von Widrigkeiten, von kleinen und großen Mühen geprägt ist. Eine wirkliche Ruhephase oder Balance ist nicht wirklich erreicht, dennoch werden kleine Alltagsfreuden beschrieben, das Leben geht weiter, auch wenn es mitunter recht mühsam ist. Die Familien sind sich bewusst, dass sie eine große Leistung erbringen, die Erzählungen scheinen jedoch unerhört zu verhallen und nicht die Resonanz eines Hörers auszulösen, der die Mühen, Sorgen und Liebe der Familien versteht und anerkennt.

Sie wirken wie Menschen, die mutig bergauf schreiten, dabei mit weiteren Schwierigkeiten und künftigen Herausforderungen rechnen, von denen sie nicht wissen, ob sie sie meistern werden. Dennoch haben sie sich im Laufe der Zeit an diese Lebenssituation gewöhnt und begonnen, sie zu akzeptieren. Auch wenn die Familien mit den Belastungen erfolgreich umgehen, gibt es statt des Gefühls »Wir werden das auch in Zukunft meistern!« die Erwartung *von künftigen Problemen*.

▶ Herr Hiller: »Aber wenn sie mal größer wird, isch's bestimmt mal schwieriger.«
Frau Hiller: »Da habe ich nämlich auch mal Bedenken, denn, Jesus Gott, wie kriege ich dieses Kind mal gewickelt?«

Im Untertypus IIa, der von der Familie Fuchs repräsentiert wird, besteht ein weitgehend ähnliches Muster wie im Haupttypus, im Unterschied dazu wird ausführlich über die Veränderung von Glaubenssystemen erzählt, die sich als Ergebnis harter Arbeit in einem langen Prozess eingestellt hat:

▶ Herr Fuchs: »Also, ich habe mir irgendwann auch so gedacht, also, ich habe mindestens fünf bis zehn Jahre gebraucht, um mich mit der Behinderung von Janine irgendwo zu arrangieren. Aber irgendwo, sagen wir mal, das Gefühl, dass es auch irgendwie ganz gut ist, das hab' ich erst so die letzten Jahre ...«

Freiheit wird in dieser Hinsicht als Einsicht in das Notwendige erlebt. Trotz alledem arrangiert man sich irgendwie:

▶ Herr Fuchs: »Wir nehmen das Rett-Syndrom rundherum und machen das Beste draus. Wir haben uns arrangiert. Es geht gar nicht anders, man muss sich immer mit dem Leben arrangieren, egal wie's kommt. Und wir haben uns eben damit arrangiert. Also, ich persönlich weiß halt, so die letzten Jahre hab ich viele meiner Aktivitäten aufgegeben, weil, wenn ich mit Janine zusammen bin, mache ich viele Dinge nicht mehr, die ich früher gemacht habe.«

Obwohl sich die Familie um die Behinderung herum organisiert, die Partnerschaft als beeinträchtigt dargestellt wird und gesundheitliche Probleme bestehen, ist es in dieser Geschichte über einen langen Auseinandersetzungsprozess gelungen, eine Veränderung der familiären Wertvorstellungen vorzunehmen, die als Ressource beschrieben wird.

Familien, die Geschichten vom Typ I erzählen, hatten hohe Werte im Familien-Kohärenzbogen, eine gute Aufgaben- und Rollenverteilung (Familienbögen) sowie niedrige Stresswerte und eine starke Paarbeziehung. Alle befragten Familien wiesen eine gute Selbstfürsorge im SOEBEK-Fragebogen auf. Die Ehe- und Familienbeziehung der Familien mit dem Geschichtentypus II war deutlich schwächer. Unter den Familien mit Geschichten vom Typus I und hoher Familienkohärenz war das Mädchen mit den schwersten medizinischen Problemen, unter anderem in Form von anhaltenden epileptischen Anfällen.

8.5 Zusammenfassung

Die gefundenen Typen von Narrativen sind Rekonstruktionen von erlebter Wirklichkeit. Familien, die einen ähnlichen Geschichtentypus erzählen, organisieren ihre Erfahrungen in ähnlicher Weise. Daraus lässt sich jedoch nicht verallgemeinern, dass sich beispielsweise Helfer objektiv in der beschriebenen Weise gegenüber der Familie verhalten haben; es handelt sich um subjektive Geschichten. In Anbetracht der verwendeten methodischen Vorgehensweise sind bei der Interpretation der Interviewdaten einige Grenzen zu beachten. Die Zahl der durchgeführten Interviews war klein, eine breite Verallgemeinerung auf alle Familien von Kindern mit Rett-Syndrom wäre nicht zulässig. Es ist nicht auszuschließen, dass Familien, die bereit sind, an einer Befragung teilzunehmen, eine positive Auswahl darstellen. Erfasst wurde nur ein Ausschnitt von Geschichten über die Behinderungsbewältigung und das Entstehen einer resilienten Haltung bei einer relativ einheitlichen Störung. Die Geschichtentypen beziehen sich auf Familien in einem bestimmten historischen und soziokulturellen Kontext und lassen sich nicht beliebig auf Familien mit anderen Lebensbedingungen übertragen. Kausalannahmen über einen Zusammenhang zwischen den Erzählungen und der Behinderungsbewältigung wären nicht zulässig. Bei anderen Krankheitsverläufen, bei Alleinerziehenden und in Familien mit Migrationshintergrund wäre es möglich, dass andere Typen von Resilienzgeschichten berichtet werden. Doch in ähnlichen *samples* von Familien mit behinderten Kindern ist zu erwarten, dass entsprechende Ressourcen und Geschichten wieder zu finden sind.

Familien mit unterschiedlich ausgeprägtem Kohärenzerleben unterscheiden sich in ihren Resilienzgeschichten. In beiden Typen wurde eine temporale Ordnung deutlich. Im Typus I wird sehr früh von einem Wandel in der Bedeutungsgebung erzählt und über das Kind als Gegenüber berichtet. Im Typus II werden diese kindbezogenen Ressourcen später und weniger akzentuiert berichtet. Schilderungen der Belastungen prägen die Erzählung. Veränderungen der familiären Glaubensvorstellungen wurden später beschrieben und waren nicht das Leitmotiv der Geschichten.

Die narrativen Interviews enthalten Erfahrungen der Familien, die in eine Erzählstruktur eingebettet sind. Dabei können ein Inhaltsaspekt und ein Mitteilungsaspekt unterschieden werden: Auf der Ebene von Inhalten werden Fakten, Sachverhalte und Begebenheiten mitgeteilt: »Dann und dann fiel uns eine irreguläre Entwicklung auf, die Zeit vor der Diagnosestellung war schwer für uns, Ärzte haben wir nicht als hilfreich erlebt, andere Eltern haben uns Tipps gegeben, wir entlasten uns durch dieses und jenes, uns fehlt eine behindertenfreundliche Wohnung, wir nutzen finanzielle Mittel, um uns eine Kinderbetreuung zu leisten.«

Benannt werden eine Reihe von Ressourcen, die zu einer guten Langzeitanpassung beitragen: Pflege der Partnerschaft, Annahme und Akzeptanz der Behinderung als etwas Normales, Selbstfürsorge und soziale Unterstützung als eine familienübergreifende Kernressource. Im Zeitverlauf wird in beiden Geschichten von einem Einbruch, einer Phase der Suche und der Krise berichtet. In Familien mit weniger ausgeprägtem Kohärenzgefühl ist diese Phase der Suche länger, die Krise führt nicht oder erst nach längerer Verzögerung zu einem Wendepunkt. Zu diesem Wandel in den Geschichten der hochkohärenten Familien trägt insbesondere ihre proaktive Haltung bei: »*Jetzt nehmen wir die Sache selber in die Hand! Warte nicht auf professionelle Helfer, das managen wir lieber selber!*«, »*Wir grenzen uns ab gegen Druck und dagegen, unsinnige Förderungen oder diagnostische Maßnahmen zu machen*« – das heißt, die Familie verlässt eine abwartende Haltung und entwickelt ein Gefühl der Handhabbarkeit. Positive Erfahrungen mit Freunden und helfenden Angehörigen, guten Familienbeziehungen und einer guten Partnerschaft, verfügbare materielle und soziale Ressourcen tragen zu diesem Gefühl wesentlich bei. Ein Ausdruck dieser proaktiven Haltung ist auch die aktive Suche nach Informationen in kohärenten Familien, die das Gefühl der Verstehbarkeit fördert.

Eine Besonderheit war die Wahrnehmung des behinderten Kindes als Bereicherung, als eine Ressource des Familienlebens. Durch die Wahrnehmung des Kindes als Person mit einer bestimmten Rolle in der Familie (»meine Tochter!«) leiten sich quasi selbstredend bestimmte fürsorgliche Verhaltensweisen ab, die man für das eigene Kind »eben tut«. Diese Betonung der Person und des Wesens des Kindes und seiner positiven Aspekte trägt mit zu einem Defokussieren der Belastungen, Stressoren, Verhaltensprobleme oder Defizite bei. Eine andere Ressource ist die Wahrnehmung des Kindes in seiner sozialen Rolle (»Sie ist meine Tochter!«), aus der sich wie selbstverständlich ableitet, sich so gegenüber dem Kind zu verhalten, wie es den soziokulturellen Rollenerwartungen an Väter und Mütter entspricht (Bogdan & Taylor 1989, Weber 1993). Die erweiterten Familien und die Partnerschaft werden als Unterstützung erlebt.

Mit der Zeit reorganisieren sich die Familien, spielen sich andere Routinen und Rollen ein. Sie haben auf der praktischen Ebene gelernt, mit den Belastungen zu leben und eine neue Identität zu entwickeln: »*Wir sind eine Familie mit einem behinderten Kind, das wir überallhin mitnehmen.*« Sie machen aber auch ganz praktische Erfahrungen, dass sie besser verstehen, was los ist, dass Belastungen bewältigbar sind und Freunde, Helfer und Angehörige sie unterstützen (Roberts 1984). Freunde, ein guter familiärer Rückhalt, eine liebevolle Partnerschaft, auch zweite Partnerschaft können zu dieser Balance beitragen. Der Modus der Auseinandersetzung ist aktiv. McDaniel (1996) spricht von *agency* und *communion*, von dem Gefühl, sozialen Rückhalt zu bekommen und aktiv Dinge anzugehen, die veränderbar sind. Antonovsky (1987) nahm an, dass ein gutes Leben nicht davon abhängig ist, dass es frei von Belastungen verläuft, sondern die Art und Weise, wie mit Lebensbelastungen umgegangen wird, bestimmt, ob ein Leben als gut und erfüllend angesehen wird. Nach Csikszentmihalyi (1991) sind glückliche Momente und Zufriedenheit nicht das Resultat von Entspannung und der Freiheit von Stress, sondern entstehen, wenn Menschen vor einer Herausforderung stehen, die angenommen und bejaht wird und die über einen längeren Zeitraum hinweg ein aktives Streben auslöst, nicht verkrampft, sondern mit Einsatz und zugleich Gelassenheit:

»Die besten Momente ereignen sich gewöhnlich, wenn Körper und Seele eines Menschen bis an die Grenzen angespannt sind, in dem freiwilligen Bemühen, etwas Schwieriges und etwas Wertvolles zu erreichen. Optimale Erfahrung ist daher etwas, das wir herbeiführen. (...) Solche Erlebnisse sind aber nicht notwendigerweise angenehm.« (Csikszentmihalyi 2008, S. 16)

Zum Erleben von Sinnhaftigkeit gehört die Integration von fortgesetzten Handlungen, die uns fordern, als sinnvoll wahrgenommen und mit Erfolg ausgeführt werden. Ähnliche Aussagen finden sich in der paartherapeutischen Literatur über gelingende Partnerschaften. Beziehungen genügen sich auf lange Sicht meist nicht selbst, sondern sind erfüllter, wenn beide Partner gemeinsame Ziele und

Anliegen verfolgen und auf eine tätige Weise Nähe und gute Momente entstehen (Jellouschek 1998, 2005). Wenn sich die Partner auf die gemeinsame Aufgabe einlassen, können sie daraus also Kraft und Stärke für die Paarbeziehung ziehen. Diese Logik funktioniert jedoch nur, wenn die Beziehung als ein Nicht-Nullsummenspiel verstanden wird und Glück als etwas angesehen wird, das aus dem Geben heraus entsteht und nicht aus der Maximierung des eigenen Vorteils.

Die befragten Familien berichten überwiegend, erkannt zu haben, dass Behinderungen, Not und Leid zum Leben dazugehören. Sie schildern eine gewachsene Fähigkeit, die Dinge zu nehmen, wie sie kommen, sich an den kleinen Dingen des Lebens zu erfreuen und sie haben eine tiefe Akzeptanz und ein »Ja zum Kind und zum Leben« erfahren – ein Prozess, für den es mehr als nur Leistungsorientierung braucht. Statt in einer Hybris zu verharren, zu hadern oder die als müßig erlebte »Warum-Frage« zu stellen, akzeptieren die Familien die Behinderung und zeigen Akzeptanz. Freiheit wird erlebt als die Einsicht in das Notwendige. Ähnliche Einstellungen finden sich in den großen ethischen Systemen wie im Christentum, im Zen-Buddhismus, und sie finden sich in neuerer Zeit etwa bei Viktor Frankl, der davon ausging, dass Menschen die Freiheit besitzen, stärker zu sein als das äußere Schicksal, denn:

>»Der Mensch wird allenthalben mit dem Schicksal konfrontiert und vor die Entscheidung gestellt, aus einem bloßen Leidenszustand eine innere Leistung zu gestalten. Man denke nur an das Schicksal kranker Menschen, besonders der unheilbaren« (Frankl 1982, S. 111).

Akzeptanz bedeutet, einen Weg gefunden zu haben, die eigene Lebensgeschichte durch verändertes Handeln der Behinderung oder Krankheit anzupassen. Über die Behinderung hinauszuwachsen heißt, trotz eingeschränkter Handlungsmöglichkeiten ein freudvolles Leben führen zu können (Corbin 1993). Das Erzählen von Geschichten ist mehr als eine reine Wiedergabe von Ereignissen, Fakten und Informationen, es ist auch Prozess der Verarbeitung. Die Ebene des Mitteilungsaspektes bezieht sich darauf, dass Geschichten für eine gedachte Hörerschaft konstruiert werden: Wir erzählen Euch etwas in diesem Kontext über uns: »*Schaut, so geht es uns! So ist das bei uns gewesen!*«, wobei Erwartungen an mögliche Reaktionen des Hörers bestehen. Die Geschichten sind auch eine soziale Konstruktion der eigenen Erfahrungen; bestimmte Teile werden hervorgehoben und akzentuiert und andere Teile in den Hintergrund gerückt, und damit dem Erlebten Sinn gegeben.

Ein bedeutsamer Unterschied zwischen den Familien, die Geschichten vom Typ I und II erzählten, ist ihre Einbindung in soziale Netze von Freunden, Angehörigen und wohlwollenden Professionellen, die als potenzielle Rezipienten von

Geschichten gelten können. Zwischen beiden Typen bestehen Unterschiede auf der Ebene der Geschichten, aber möglicherweise auch der Ebene der imaginierten Hörer, die anders reagieren, wenn erzählt wird: »Ja, es ist schwer, und wir bekommen es hin!« oder: »Es ist leicht und wir bekommen es hin!«

Für die Erfassung von Familienresilienz fehlt ein objektives Außenkriterium, etwa der Gesundheitsstatus, die Entwicklung der Geschwister oder die berufliche Situation der Eltern, und es ist möglich, dass Familien mit unterschiedlich ausgeprägten Kohärenzwerten bei diesen externen Maßen ähnlich gut oder schlecht abschneiden. Unterschiedliche Familienkohärenz und verschiedene Erzähltypen können daher als Ausdruck unterschiedlicher Herangehensweisen, Wahrnehmungsstile und ästhetischer Präferenzen verstanden werden, unabhängig von einer objektiveren Beurteilung. Als Autoren der von ihnen erzählten Geschichten, als Regisseure des eigenen Lebensdramas nehmen die Eltern eine mehr oder weniger aktive Rolle ein: Ihre Geschichten können von Menschen handeln, die schicksalhaft widrigen Kräften ausgesetzt sind und dennoch ihr Leben meistern. Resilienz kann Ausdruck der Entscheidung sein, die Dinge zu nehmen, wie sie sind, und im eigenen Leben und beim Erzählen dieser Lebensgeschichten eher den Abenteuern und Freuden unterwegs Beachtung zu schenken als den Mühen der Reise. Das Erleben von Kohärenz hätte damit im psychodynamischen Sinne Abwehrfunktion mit Anpassungscharakter.

Im Kapitel über Resilienz wurde darauf hingewiesen, dass auch die Weigerung, eine belastende Situation zu ertragen, eine Form sein kann, wie Resilienz entsteht. In den narrativen Befragungen gab es zwei Familien, in denen die Väter sich nach der Geburt eines behinderten Kindes getrennt hatten. Von einer neutralen Beobachterperspektive kann eine Trennung vom Partner als eine Handlung verstanden werden, welche der Resilienz dient – allerdings der Resilienz einer Einzelperson und nicht der Familien-Gruppe. Wenn man die Lebenssituation einer jungen Familie mit einem behinderten Kind aus spieltheoretischer Perspektive als Nullsummenspiel versteht, erscheint es folgerichtig, den eigenen »Gewinn« auf Kosten der anderen Beteiligten im Familiensystem zu maximieren. Resiliente Familien betrachten ihre Situation dagegen als »Nicht-Nullsummenspiel«: Das von einer Behinderung betroffene Kind ist keineswegs nur eine Last, sondern potenziell auch eine Bereicherung des Familienlebens, durch die die Familie als Ganze und die Einzelpersonen gewinnen können.

Die systemische Familienmedizin geht davon aus, dass eine Behinderung mehr als ein rein subjektives Phänomen ist, sondern einen stark prägenden Einfluss auf das Erleben von Menschen hat. Der Gesundheitszustand, konkrete behinderungsbedingte funktionale Einschränkungen, die Zahl der Geschwisterkinder in einer Familie, die Verfügbarkeit von Pflegeentlastung und die Reaktionen des sozialen Umfelds haben einen erheblichen Einfluss auf die Anpassung der Familien. Diese einschränkenden Bedingungen reduzieren die Freiheitsgrade der Familien, sie »*machen ihre eigenen Geschichten, aber sie machen sie unter vorgefundenen und vorgegebenen Umständen*« (Marx 1964, S. 226). Berater müssen deshalb die *konkreten funktionalen Einschränkungen* und ihre Folgen für das Alltagsleben anschauen.

Es scheint jedoch generische Haltungen und Strategien zu geben, die sich viele kompetente Familien selbst erschließen, und die krankheitsübergreifend zu einem günstigen Umgang mit den Folgen der Behinderung führen (Patterson 2002a, Rolland 1993, Walsh 1998). Die jeweilige Kombination dieser Schlüsselfaktoren kann sich bei unterschiedlichen Behinderungen, in verschiedenen Zeitphasen der Krankheit und von Familie zu Familie unterscheiden. Die Vielfalt an Familiengeschichten, die besonderen Vorerfahrungen und Lösungsstrategien, die sich in der Vergangenheit bewährt hatten, sind ideosynkratisch – es gibt nicht *das* Rezept zur Resilienz, sondern eine Reihe von »Zutaten« und Prozessen, die Familien nutzen können.

Die in Kapitel 8 vorgestellten Interviews unterstreichen den hohen Stellenwert einer *kompetenten Beratung in der Phase der Diagnosefindung* und der ersten Anpassung an die veränderte Lebenssituation, die sich aus der Behinderung des Kindes ergibt. In den narrativen Interviews wurde eine prolongierte Phase der Unsicherheit als hoch belastend beschrieben.

In der Anfangsphase der Anpassung geht es um Orientierung, Information, Kontrolle, Aufgabenorientierung. Die von den Familien benannte Unzufriedenheit mit professionellen Helfern in dieser maximal verunsichernden Situation kann im psychodynamischen Sinn als Verschiebung verstanden werden, die Unmut und Ärger bei Dritten unterbringt, die Familie emotional entlastet und ihre Kohäsion stärkt (Doherty et al. 1998, McDaniel et al. 1997a). Die Unzufriedenheit und die von allen Familien der Interviews vorgebrachte Kritik an Widrigkeiten im Umgang mit Schulen, Ärzten und Behörden kann aber auch als ernst zu nehmender Hinweis gewertet werden, der eine reale Basis hat. Die Betreuung von schwerstmehrfachbehinderten Schülern ist verbesserungswürdig; an den untersuchten Schulen für Körperbehinderte waren die am stärksten beeinträchtigten Kinder gleichzeitig die am schlechtesten betreute Gruppe (Klauß et al. 2004, Schendera et al. 2003). In einem Teil der Bundesländer erhalten Kinder mit Behinderung in drei von zwölf Monaten keine Förderung und Therapien, weil die Schulen geschlossen sind (vgl. Sarimski 2003). Dieser Umstand wurde auch von Eltern in der eigenen Interviewstudie beklagt (Retzlaff 2008). Andererseits wurde in den Interviews auch voll Dankbarkeit und Anerkennung von engagierten, gut informierten Ärzten, Therapeuten und Pädagogen erzählt, von denen sich die Familien unterstützt fühlten, was die verantwortungsvolle Aufgabe dieser Berufsgruppen unterstreicht.

In den qualitativen Interviews berichten die Familien von fortgesetzten Herausforderungen auch nach der anfänglichen Anpassungsphase im Zuge der Diagnosestellung. Aus familienmedizinischer Sicht ist zu erwarten, dass sich eine günstige oder weniger günstige Anpassung deutlicher in der mittleren Anpassungsphase manifestiert. Damit stellt sich die Frage, ob nicht über das bestehende Frühfördersystem hinaus, das primär auf Kinder im Vorschulalter zielt, auch familienzentrierte Beratungsangebote für Familien mit älteren behinderten Kindern und Jugendlichen entwickelt werden müssten.

In den Resilienzgeschichten vom Typ II wird das Erleben der Familien von einer Reihung oder Kumulation von Stressoren dominiert, die gerade noch handhabbar erscheinen. Materielle Ressourcen, die Verfügbarkeit von pflegeentlastenden Diensten, insbesondere bei Kindern, die ständige Präsenz und Aufsicht benötigen, sind wichtige Ressourcen, die das Gefühl der Handhabbarkeit bestärken können.

Eine nahe liegende Folgerung aus den Ergebnissen der in Kapitel 6 und 8 vorgestellten Befragungen könnte lauten, dass man durch direkte Beratungsmaßnahmen die Ressourcen von Familien stärkt. In Anlehnung an das Rahmenmodell protektiver Schlüsselfaktoren der Resilienz von Walsh (1998) mag es zweckmäßig erscheinen, Familien zu helfen, besser miteinander zu kommunizieren, bewusst Rollen abzustimmen, die Partnerschaft zu pflegen, sich soziale Unterstützung zu holen und auch Sinn im eigenen Schicksal zu finden. Auf dem Hintergrund der vorliegenden Befunde ist diese Idee jedoch skeptisch zu beurteilen. Einerseits gibt es nicht *das* richtige Bewältigungsmuster oder *die* richtige Form, wie eine Familie mit den behinderungsbedingten Belastungen umzugehen hat. Der nomothetische, verallgemeinernde wissenschaftliche Zugang bei der Beschreibung übergeordneter Schlüsselfaktoren bedarf der Übersetzung und Anpassung auf die ganz besonderen Gegebenheiten einer Familie, ihrer Geschichte(n), ihrer gegebenen Ressourcen und ihrer Eigenheiten. Außerdem ist zu bezweifeln, ob sich Familienkohärenz durch allzu einfache Interventionen oder Rezepte erzeugen lässt: »Tue/lasse X, macht ein bisschen mehr für die Ehe, und Ihr werdet resilient oder kohärent sein.«

Die nützliche Perspektive der Ressourcentheorie darf nicht dazu verleiten, Ressourcen als eine beliebige Ansammlung guter Dinge oder Persönlichkeitsmerkmale zu verstehen. Einer der befragten Väter verwahrte sich explizit im Interview: »*Es sind doch unsere Lebenserfahrungen – ob man die so einfach auf andere Familien übertragen kann?*« Es geht mehr um einen aktiven Prozess, manche »Rezepte« im Sinne von »schaut nicht zu viel auf das behinderte Kind« mögen theoretisch richtig sein, machen aber keinen Unterschied für Eltern, in denen krankheitsbedingt zumindest für eine gewisse Zeit ein hoher Fokus auf das Kind unerlässlich ist. Die Bedeutung von externen und familiären Ressourcen ist auch abhängig von der richtigen Dosis, Zeitverläufen und einem guten *kairos* und der Aktivierung von inneren Kräften:

> »... das Eingreifen des Arztes (ist) nicht eigentlich als Machen oder Bewirken von etwas zu verstehen, sondern in erster Linie als Stärken der das Gleichgewicht bildenden Faktoren« (Gadamer 1993).

Hinter der Idee, Berater könnten Familien Ressourcen zuführen, um diese »fitter« für das Leben zu machen, steht latent ein Defizitmodell. Die Vorstellung, Familien müssten auf einem festgelegten Ressourcen-Menu möglichst viele Punkte ankreuzen können, um gut zurechtzukommen, erscheint naiv. Statt »*Erschließe Dir möglichst viele Ressourcen aus der Liste A, B, C ...*« geht es mehr um den übergeordneten Heurismus: »*Wenn Ihr in widrige Lebensumstände geratet, schaut, welche in Eurem Repertoire verfügbar sind oder verfügbar gemacht werden können. Macht das Beste aus diesen Ressourcen. Achtet dabei besonders auf Schlüsselressourcen wie Akzeptanz, Partnerschaft und Entlastungsmöglichkeiten. Nutzt, was da ist!*«

In den Narrativen der hoch kohärenten Familien wurde die Wende hin zu einer guten Balance mitgeprägt von der bewussten Entscheidung, sich nicht von Helfern und »Fachleuten« abhängig zu machen. Dies spricht für die Idee des *empowerment*, Familien in ihren eigenen Stärken zu unterstützen und Rahmenbedingungen zu schaffen, in denen sich Kompetenzen entfalten können, statt über sie hinweg zu entscheiden.

So betrachtet, kann der hohe Stellenwert von Selbsthilfegruppen nicht überraschen, der sich in der Kinderklink-Stichprobe abzeichnete und in den Interviews von allen Familien bestätigt wurde. Insbesondere in den Narrativen vom Typus I ist diese gezielte Suche nach Informationen eine Form, das Leben verstehbar zu machen durch einen aktiven Prozess, bei dem ein Stück der verlorenen Kontrollierbarkeit in einem Bereich wiederhergestellt wird, der beeinflussbar ist. Hilfen, die diesen Selbstorganisationsprozess nicht respektieren, laufen Gefahr, Familien zu schwächen, statt sie zu stärken.

In den Narrativen wird beschrieben, wie die Familien nach einer Zeit der Suche aktiv einen Wandel, eine Wende erleben. Die Behinderung ist nicht länger eine erklärungsbedürftige Ausnahmesituation, keine hervortretende Figur im Sinne der Gestaltpsychologie, sondern sie tritt in den Hintergrund; auf der Bedeutungsebene I nach Patterson und Garwick (1994) werden Stressoren normalisiert. Die

Familien ändern ihre Routinen und inkorporieren die neuen Rollen und Aufgaben in ihren Alltag. Sie entwickeln ein Familienselbstbild, das Behinderung als einen Teilaspekt des Familienlebens neben anderen Aspekten einschließt. In einem günstigen Fall wird dieser Prozess durch förderliche Umstände und helfende Freunde begünstigt, die die Familie mit ihrem Kind mit Behinderung akzeptieren und entlasten. Dieser Schritt ist verwoben mit veränderten Familien-Weltanschauungen, der Akzeptanz und der Bejahung der Situation und der Achtung des Kindes als Gegenüber, das als eine Person gesehen und geschätzt wird, die Freude schenken und am Familienleben teilzunehmen vermag. Diese warmherzige »*Ich-Du-Beziehung*« (Buber 1984) trägt dazu bei, das Engagement für das Kind mit Behinderung lohnend erscheinen zu lassen.

Familienkohärenz manifestiert sich als Akzeptanz der vorgegebenen Realität. Sie ist weniger als ein Merkmal oder als personale Ressource zu verstehen, sondern als ein Prozess, durch den Erfahrungen aktiv in einer Weise verarbeitet werden, die die Welt handhabbar, verstehbar und sinnhaft macht. Sie ist Ausdruck eines sozialen Konstruktionsprozesses, bei dem die Eltern eine Wirklichkeit erzeugen, die das Leben leichter macht, positive Elemente betont, liebenswerte Seiten des Kindes hervorhebt und als Motto oder Leitmotiv formuliert lauten könnte: »*Das schaffen wir irgendwie schon! Wir bekommen das hin!*« Kohärenz kann als eine Form der selektiven Aufmerksamkeitsfokussierung verstanden werden, die dazu führt, dass systematisch auf Ressourcen fokussiert wird und Belastungen defokussiert werden. Eine Voraussetzung für dieses Gefühl der Kohärenz ist die von den hoch kohärenten Eltern explizit als Kernressource benannte Akzeptanz oder *surrender*. Eine annehmende Haltung, jenseits von Hadern und Hybris, die das Leben nimmt, wie es ist, als etwas Gegebenes, gleichzeitig aber auch auf das schaut, was sich bewirken lässt, wird in verschiedenen psychotherapeutischen Systemen als ein wesentlicher Aspekt von psychischer Gesundheit verstanden – in der Logotherapie von Viktor Frankl, im salutogenetischen Modell von Antonovsky, beim Familienstellen, aber auch in philosophischen Systemen wie dem Existenzialismus, bei Thomas Morus oder im Zen-Buddhismus.

Narrative über das Leben können »flach« und bedeutungsleer präsentiert werden. Wenn die Welt als stochastischer Prozess aufgefasst wird, erscheinen Belastungen und Stresserfahrungen als sinnlose Aneinanderreihung von Ereignissen, die nur für sich selbst stehen, wie in einem Roman vom Typus des *Ulysses* von James Joyce oder einer *Reality Show*, in der Ereignisse ablaufen, die keinerlei weitergehende Bedeutung haben und eher Langeweile und Unbehagen auslösen.[3]

---

3 »Sinnloser Schall und Rauch, von einem Narren erzählt, die nichts bedeuten.« »All sound and fury, told by an idiot, telling nothing« (Shakespeare 1974).

Narrative können aber auch als eine unerhörte Novelle, als ein Drama erzählt werden, voller Spannung, mit kleinen und großen Höhepunkten, einem Anfang, einem dramatischen Einbruch, einer Wende zum Guten, in der es die Mannschaftshelden schaffen, Klippen und Untiefen zu meistern, unterwegs zu neuen Abenteuern, mit der Hoffnung auf einen guten Ausgang. Gute Beziehungen »an Bord« zu schaffen, eine gute Ausstattung auf der Reise ist sicherlich hilfreich. Die Fähigkeit, einen guten Teamgeist zu schaffen, das »Team« an das zu erinnern, was bereits erreicht wurde und was in Zukunft möglich sein wird, damit ein gutes Gelingen und eine sichere Ankunft der Reisenden gewährleistet ist – dies alles trägt zur Resilienz bei, wenn man in unbekannte Regionen vordringt.

Geschichten sind ein Psychotherapeuten vertrautes Medium. Techniken wie Ressourcen- und Kompetenzinterviews (Minuchin 1983, Minuchin & Fishman 1983, Wikler et al. 1984), die Technik des wechselseitigen Geschichtenerzählens (Gardner, R. 1993, Retzlaff 2009), Bildergeschichten, die Nutzung von Metaphern und Anekdoten, die »Mein-Freund-Hans-Technik« (Erickson et al. 1978) oder die »Mein-Freund-Jim-und-mein-Freund-Joe-Technik« (Retzlaff 2009) sind nur einige Beispiele für die therapeutische Arbeit auf der Ebene von Geschichten.

TEIL III Therapie und Beratung

9 Beratungspraxis

> *Es kommen keine nach uns*
> *die es erzählen werden*
> *keine, die was wir*
> *ungetan ließen*
> *in die Hand nehmen und zu Ende tun*
> HILDE DOMIN (1994)

9.1 Einführung

Die Leitfrage dieses Buches – *Was hilft Familien mit Kindern, die Behinderungen haben, gesund zu bleiben?* – hat eine hohe Praxisrelevanz für die beraterische Arbeit und die Prävention. Die Lebenssituation von behinderten Kindern und ihren Angehörigen kann auf lange Sicht durch familienzentrierte Beratungs- und Förderangebote günstig beeinflusst werden. Gute Familienbeziehungen tragen in hohem Maße zur Resilienz bei. Die Entwicklung einer positiven Behinderungsanpassung ist essenziell, um einem *Burnout* entgegenzuwirken. Eine kompetente Beratung betroffener Familien ist deshalb von erheblicher gesundheitspolitischer Relevanz.

In Umfragen zu ihrem Beratungsbedarf wünschen sich betroffene Familien Unterstützung bei der Lösung von praktischen Problemen (Wikler 1981b). Der Wunsch nach einer Psychotherapie wird dagegen nur selten geäußert (Sarimski 1996). Zur Stärkung von Familien sind weniger (familien-)therapeutische Interventionen gefragt, geeigneter sind Angebote, die praktische Hilfen bieten, Ressourcen der Familie mobilisieren, ihre sozialen Netzwerke aktivieren und ihnen Gesprächs- und Ansprechpartner an die Seite stellen.

Das Familien-Kohärenzgefühl als globale Ressource auf Ebene der familiären Überzeugungsmuster ist ein wichtiger Faktor für einen resilienten Umgang mit den Folgen der Behinderung eines Kindes. Es läge daher nahe zu versuchen, Familien-Kohärenz direkt zu stärken. Doch das Kohärenzgefühl hat Strukturcharakter (Antonovsky 1987) und stellt in Begriffen der Kybernetik eine langsame Variable dar, die sich nicht rasch verändern lässt. Die technizistisch anmutende Vorstellung, das Kohärenzgefühl, die Qualität der Partnerschaft oder die Familienbeziehungen und -prozesse durch psychoedukative Trainings zu stärken, um damit die Behinderungsbewältigung zu fördern, greift zu kurz.

Ob die Eltern ihre Aufgabe, Kinder aufzuziehen, zufriedenstellend ausüben können, hängt jedoch auch von Rollenanforderungen, Belastungen und Hilfen ab, die von anderen Lebensbereichen ausgehen. Wie Eltern ihre eigene elterliche Leistungsfähigkeit beurteilen und was sie über ihr Kind denken, steht in Beziehung zu äußeren Faktoren wie Flexibilität ihrer Arbeitszeit, guten Kinderpflegeeinrichtungen, der Anwesenheit von Freunden oder Nachbarn, die in kleineren oder größeren Notfällen aushelfen können, der Qualität des Gesundheits- und Sozialwesens, der Ungefährlichkeit des Wohngebiets und so weiter. Die Verfügbarkeit solcher günstigen Lebensbereiche wiederum ist eine Funktion ihrer Existenz und Häufigkeit in einer bestimmten Kultur oder Subkultur. Diese Häufigkeit schließlich kann durch gezielte sozialpolitische Maßnahmen erhöht werden, die weitere dem Familienleben förderliche Lebensbereiche und Gesellschaftsrollen schaffen. (Bronfenbrenner 1981, S. 23)

Eine gute Behinderungsbewältigung verlangt mehr als positives Denken, optimistische Einstellungen von Eltern oder eine gute Partnerschaft. Familien müssen in ihrem Alltag ganz praktisch erfahren, dass ihr Leben mit dem Kind und seiner Behinderung zu meistern ist, dass die Menschen in ihrer Umgebung freundlich und bejahend mit ihnen umgehen und das Leben trotz aller Belastungen reich und erfüllt sein kann. Voraussetzung für eine gute Adaption und ein starkes Kohärenzerleben ist das Gefühl, das eigene Schicksal zumindest teilweise gestalten zu können.

In Anbetracht der Komplexität der beteiligten Prozesse erscheint es sinnvoll, das Kohärenzgefühl zu stärken, indem ein breites Spektrum an Beratungsangeboten, präventiven Gesundheitsmaßnahmen, sozialen und schulischen Angeboten und finanziellen Maßnahmen zur Stärkung von Familien angeboten wird (vgl. Bengel et al. 1998). Für eine langfristig gute Entwicklung bedarf es eines Kontextes, der betroffenen Familien sozialen Rückhalt und das Gefühl bietet, von anderen in ihrer persönlichen Situation und ihrer besonderen Geschichte mit der Behinderung verstanden zu werden. Gefragt sind nicht nur eine fachlich hoch qualifizierte Beratungsarbeit und behindertenfreundliche sozialpolitische Rahmenbedingungen, sondern auch ein aufrichtiges Interesse an der Familie, an ihren Besonderheiten und ihrer spezifischen Weise, wie sie individuell mit der Behinderung ihres Kindes umgeht.

Für die Förderung der familiären Resilienz (Rutter 1999) und die Beratungspraxis gibt es eine Reihe von Empfehlungen (Krause 2002, Largo & Jenni 2005, Pelchat 1993, Ziegenhain et al. 2004). Familien profitieren von

- einer früh einsetzenden, gut erreichbaren, kompetenten und engagierten Beratung durch Ärzte, Therapeuten und Berater, besonders zum Zeitpunkt der Diagnosestellung
- der Verfügbarkeit von Information zur Schaffung von kognitiven und affektiven »Landkarten« über die Behinderung und das Leben mit ihr
- konkreten Hilfen bei der Bewältigung von Alltagsproblemen
- Kontakt zu betroffenen Eltern und Elterngruppen
- pflegeerleichternden Maßnahmen und der Schaffung eines behindertengerechten Wohnraums und Wohnumfelds
- guten materiellen Ressourcen (Pflegegeld, Behindertenfreibetrag[1])
- der Verfügbarkeit von Pflegeentlastung etwa durch familienentlastende Dienste und Betreuungsangeboten auch in »Ferien«-Zeiten, für deren Nutzung materielle Ressourcen Voraussetzung sind
- kompetenter, gut geschulter und engagierter Förderung der betroffenen Kinder in Sonderkindergärten, Schulen und Therapieeinrichtungen
- dem Abbau von bürokratischen Barrieren
- einem behindertenfreundlichen, von Vorurteilen freien Gemeinwesen
- Freunden und Angehörigen, die als Ansprechpartner zur Verfügung stehen
- Arbeitsregelungen, die Eltern von behinderten Kindern hohe Flexibilität ermöglichen und in besonderem Maße die Vereinbarkeit von Beruf und Familienleben und eine partnerschaftliche Verteilung von Rollen und Aufgaben zwischen den Eltern erleichtern
- familienzentrierten Beratungsangeboten auch für Familien mit älteren behinderten Kindern und Jugendlichen; die vorhandenen Beratungsangebote zielen eher auf den Frühförderbereich ab, aus familienmedizinischer Sicht sind aber wichtige Anpassungsleistungen in der mittleren Anpassungsphase und in späteren Phasen des Lebenszyklus zu erbringen
- Ausbau und Aufbau von Kompetenzzentren zur Förderung der elterlichen Kommunikationsfertigkeiten, auch mit technischen Hilfsmitteln
- Ausbau und Aufbau von Kompetenzzentren für die therapeutische Behandlung von akuten Verhaltensproblemen

In den vorangegangenen Kapiteln wurde dargelegt, dass viele Familien von Kindern mit Behinderungen über beträchtliche Kompetenzen verfügen und aus

---

[1] Der steuerliche Behindertenfreibetrag wurde seit 1973 – über 37 Jahre – nicht erhöht und ist kaufkraftbereinigt auf ca. 30 % seines ursprünglichen Wertes geschrumpft. Selbst unverzichtbare Umbauten, etwa um eine Wohnung rollstuhlgerecht zu machen, müssen vollständig von Familien getragen werden und können steuerlich nicht als behinderungsbedingte Sonderausgaben geltend gemacht werden.

ihren persönlichen Erfahrungen ein Expertenwissen entwickeln, wie Belastungen gemeistert werden können. In der Regel erreichen Eltern das »Land von Behinderung und Krankheit«, ohne eine psychosoziale Landkarte dieser unvertrauten Region zur Verfügung zu haben. In der Beratungsarbeit lassen sich vier übergeordnete Aspekte unterscheiden, die diese Reise erleichtern:

Der *erste Aspekt* ist die Entwicklung einer affektiven und kognitiven Landkarte, die *den Verstehensaspekt* im Sinne von Antonovsky fördert und hilft, sich in dem unvertrauten Gelände besser zu orientieren. Auf kognitiver Ebene zählt dazu der Erwerb von behinderungsrelevantem Wissen über Ursachen, greifbare Entlastungsmöglichkeiten, Förderangebote, finanzielle und institutionelle Hilfen und Unterstützungsangebote; die Kenntnis von förderlichen Interaktionsformen, die Entscheidung über geeignete diagnostische und therapeutische Maßnahmen und die Entwicklung einer realistischen Zukunftsperspektive für das Kind. Auf emotionaler Ebene bedeutet dies zu lernen, mit Gefühlen von Unsicherheit, Trauer und Einsamkeit und mit ablehnenden Reaktionen der sozialen Umwelt umzugehen und die Behinderung zu akzeptieren.

Ein *zweiter Aspekt* ist das Entwickeln eines *Gefühls der Handhabbarkeit*. Das Gefühl, handlungsfähig zu sein und das eigene Leben ein Stück weit zu gestalten, wird gestärkt werden, indem sich alltägliche Pflege- und Betreuungsaufgaben erfolgreich bewältigen lassen. Dazu zählt die Erfahrung, die häufigen Behandlungstermine neben dem Familienleben managen zu können, über materielle Ressourcen zu verfügen, die Möglichkeit, den Wohnraum behindertengerecht umzugestalten und medizinische oder Verhaltensprobleme lösen zu können.

Ein *dritter Aspekt* ist die *Stärkung des Gemeinsinns*. Ein gutes Familienleben, eine erfüllte Paarbeziehung, das Gefühl emotionaler Verbundenheit, gute Gespräche miteinander und die Mobilisierung von sozialer Unterstützung fördern das Gefühl der Verbundenheit.

Ein weiterer übergeordneter Aspekt ist die Entwicklung eines *Gefühls von Sinnhaftigkeit*. Das Erreichen einer neuen Einschätzung der Lebenssituation ist für manche Familien ein langer, mühsamer Prozess, für andere Familien wird dieser Schritt als radikaler Umbruch der für alle folgenden Anpassungsschritte erleichtert.

Die Arbeit mit Familien von behinderten Kindern hat stark den Charakter einer Beratung oder Konsultation und ist weniger psychotherapeutisch ausgerichtet (Guski 1989, Wynne 1986). Der Beratungsprozess wird wesentlich von der Qualität der Therapeut-Klient-Beziehung bestimmt. Der Berater bietet der Familie Information und vermittelt eine Vorstellung von notwendigen Schritten und Anpassungsleistungen, die auf die Familie voraussichtlich innerhalb eines bestimmten Zeitrahmens zukommen werden.

9.2 Allgemeine Beratungsprinzipien

Settingfragen

Zu Beginn einer Beratung empfiehlt es sich, zuerst mit den Eltern allein zu sprechen. Kinder – auch wenn sie sehr jung sind oder intellektuell behindert – schätzen es nicht, wenn lange Zeit über ihren Kopf hinweg über sie gesprochen wird und ihre Eltern beispielsweise mit einem Arzt in besorgtem Ton medizinische Befunde durchsprechen. Ein Erstgespräch unter Erwachsenen ermöglicht es, medizinische Informationen auszutauschen, die belastend sein können oder deren Diskussion bei Kindern Langeweile oder Abwehr erzeugen würde. In weiteren Sitzungen kann das betroffene Kind dann stärker in den Mittelpunkt rücken.

Von großem Vorteil ist die Einbeziehung beider Elternteile (Koller et al. 1992, Ray 2002). Dies erfordert eine gewisse Flexibilität bei der Terminvergabe und die Bereitschaft, auch in den Abend hinein Gespräche anzubieten. Die Einladung von Vätern – und gegebenenfalls das aktive Werben um ihre Teilnahme – ist eine wichtige Botschaft an die Familie und vielleicht die wichtigste Intervention überhaupt. Elterngruppen und Multifamilien-Gruppen sind sinnvolle Ergänzungen der Arbeit im üblichen Einzel-, Eltern- und Familiensetting.

Es ist sinnvoll, nicht pauschal vorauszusetzen, dass alle Familien von Kindern mit Behinderungen emotional bedürftig sind und eine längere psychotherapeutische Betreuung nötig hätten. Viele Beratungen sind verhältnismäßig kurz und werden innerhalb von drei bis sechs Sitzungen beendet. Die Dauer des Beratungsprozesses richtet sich nach den Bedürfnissen der Familie; das Kontinuum reicht von einer Reihe eher kurzer, loser Kontakte über eine Beratung mit zehn oder zwölf Sitzungen bis hin zu längeren, intensiveren Begleitungen über zwei bis drei Jahre und Intervalltherapien, bei denen Familien mit Unterbrechungen wiederholt zur Beratung kommen.

Kooperation im Versorgungsnetz

An der Betreuung von Kindern mit gesundheitlichen Problemen sind in der Regel zahlreiche Behandler beteiligt (Neugebauer 2008, Straßburg 1997b, Neuhäuser & Steinhausen 1999). Allein die Zahl der beteiligten Fachleute – Kinderärzte und -neurologen, andere Fachärzte, Mitarbeiterinnen aus der Frühförderung, Ergotherapeuten, Physiotherapeuten, Logopäden, Musiktherapeuten, Psychologen, Sozialpädagogen, Vertreter des Jugend- und Schulamtes, Erzieher, Sonderpädagogen und Fachlehrer – macht deutlich, dass eine fallbezogene Kooperation zwischen den Experten verschiedener Fachdisziplinen erforderlich ist. Psychosoziale Beratungsangebote sind nur eine Intervention neben vielen anderen. Aus familienmedizinischer Sicht ist es günstig, wenn sich Arzt und Familie und Therapeut als Mitglieder eines Teams begreifen und Zeit investieren, um sich über den jungen Patienten und die Behandlung auszutauschen. Allerdings honoriert unser Krankenkassensystem derzeit die Zusammenarbeit von Behandlern nicht in angemessener Weise. Intensivere Formen der berufsgruppenübergreifenden Kooperation, wie familienmedizinische Fallkonferenzen sind nach wie vor eine Ausnahme (Cierpka et al. 2001, Kröger et al. 2000).

Zugang zum Familiensystem

Einer der ersten Schritte zu Beginn einer Beratung besteht im Herstellen eines guten Kontakts und eines kooperativen Arbeitsbündnisses. Unter *Joining* versteht man den Prozess, sich als Therapeut auf die Familie, auf ihre Regeln und ihre Weltsicht einzustimmen. Es soll ein gemeinsames therapeutisches System gebildet werden, welches einen Kontext für eine gute Kooperation bei der Lösung der präsentierten Probleme bietet (Minuchin 1977).

Joining ist eine ressourcenorientierte Haltung, die von einem aufrichtigen Interesse an den Fähigkeiten, Besonderheiten, Nöten und Sorgen der Familie getragen wird. Innerlich öffnet man sich für das Leid und die Klagen der Familie, ist dabei in Kontakt mit der eigenen Person und dem Gegenüber. Dabei hält man Ausschau nach interessanten und kompetenten Seiten der Klienten und begegnet dem behinderten Kind und seiner Familie offen und neugierig (Hennicke 1994).

Ausgehend von einem optimistischen Menschenbild wird vermittelt: »Auch wenn ihr momentan feststeckt – ihr habt schon so vieles geschafft und habt das Potenzial, eure Probleme zu lösen!« (Retzlaff 2009). Im Kontext der Beratung von Familien mit behinderten Angehörigen bedeutet dies auch, nach Erfahrungen mit der Krankheit, nach Krankheitstheorien und Gesundheitsüberzeugungen zu fragen und kulturspezifische Erklärungsmuster zu würdigen. Die Grundhaltung ist geprägt von Achtung und offener Neugierde. Den Klienten wird vermittelt, dass man bereit ist, gemeinsame Lösungen zu erarbeiten und sie zu unterstützen.

Ein Schlüssel für den Aufbau einer tragfähigen therapeutischen Beziehung ist geduldiges, nicht wertendes, von Respekt und Anteilnahme getragenes Annehmen der Berichte und Klagen der Familie. Ohne vorschnell in eine oberflächliche Lösungsorientierung zu verfallen, hilft man Erfahrungen einzuordnen und emotionale Reaktionen zu normalisieren. Die Familie wird gebeten, ihre Probleme und ihre Geschichte zu erzählen, diese werden akzeptiert, gleichzeitig aber wird ihre Wirklichkeitssicht erweitert und nach Perspektiven und Lösungswegen gesucht, die den Umgang mit der Behinderung leichter machen.

Auftrags- und Rahmenklärung

Das Anliegen und die Problemdefinition der Familie werden sorgfältig erarbeitet und gemeinsam Beratungsziele festgelegt. Die Familie kann sich aus eigener Initiative angemeldet haben, oder sie kommt auf Veranlassung von Bekannten, des Kinderarztes, eines Kinder- und Jugendpsychiaters oder eines Lehrers. Zunächst versucht man, sich ein Bild zu machen, was die Familie über Therapie und über die Person des Beraters vorab gehört hat. Die Dynamik des Behandlungsdreiecks *Familie–Berater–Überweiser* kann für den weiteren Verlauf eine wichtige Rolle spielen. Die überweisende Person hat möglicherweise eigene Erwartungen, was in der Therapie geschehen soll, die wiederum die Erwartungen der Familie an den Berater beeinflussen. Die implizite Frage lautet: »Wer will was von wem?« Die Vorstellungen der Familie und des Überweisers über die Ziele der Beratung können übereinstimmen oder divergieren. Manchmal führt ein Arzt die Fütterstörung oder die Schreiattacken eines Kindes mit Behinderung auf das Interaktionsverhalten der Eltern zurück, die ihrerseits eine somatische Ursachenerklärung haben. Typische Fragen zum Überweisungskontext lauten:

- »Durch wen haben Sie von mir gehört?«
- »Was hat Ihnen der Überweiser über eine Therapie und über mich erzählt?«
- »Was, glauben Sie, erwartet die zuweisende Person, was in einer Therapie geschehen sollte?«
- »Warum wurde die Überweisung gerade jetzt veranlasst?«
- »Was hat der Überweiser über die Person des Beraters und den Sinn einer möglichen Beratung geäußert? Was halten Sie von dieser Idee?«
- »Wären Sie damit einverstanden, wenn ich telefonisch Kontakt mit dem Überweiser aufnehme?«

Nicht selten haben Angehörige negative Erfahrungen mit dem Gesundheitssystem gemacht. Manche Familien fühlen sich von Helfern kritisiert und haben eine Abwehrhaltung eingenommen, ohne diese offen auszudrücken. Die wohlgemeinte Empfehlung eines Arztes, eine psychologische Beratung aufzusuchen, kann schnell als Kritik an den Eltern aufgefasst werden, an deren Umgangsweise mit dem Kind und der Art, wie sie die Pflege durchführen. Sie sind entsprechend skeptisch, wenn sie zur psychologischen Beratung geschickt werden und sie ihr Verhalten ändern sollen, statt dass der Arzt ihnen mit ihrem Kind weiterhilft. Familien mit chronisch kranken und behinderten Angehörigen suchen in der Regel tatkräftige Unterstützung bei konkreten Problemen. Zumindest zu Beginn einer

Beratung ist es deshalb sinnvoll, eine praktische, lösungsorientierte Vorgehensweise zu wählen und themenzentriert vorzugehen.

In manchen Fällen verspricht sich ein überweisender Arzt, dass die Familie mit ihrem schwer behinderten Kind vom Berater emotional gestützt werden soll und er gleichzeitig bei der Betreuung eines bedrückenden Falles unterstützt wird. In anderen Fällen kommen Familien mit wenig realistischen Heilserwartungen zur Beratung, etwa mit dem Wunsch, durch Gespräche, durch Hypnose oder in Familienaufstellungen oder einer perfekten Förderung die Behinderung »wegzutherapieren«. Solche Wünsche von Eltern werden mitunter von Freunden und Angehörigen induziert.

- Grenze durch eine genaue Klärung des Behandlungsauftrages die eigene Arbeit ein.
- Die Familie ist Auftraggeber der Behandlung – ihre Wünsche sind entscheidend für das Vorgehen, das verabredet wird.
- Fasse zu Beginn eines Erstgesprächs den eigenen Wissensstand zusammen.
- Sprich aktuelle gesundheitliche Probleme an.
- Frage »Was kann ich für Sie tun?«
- Prüfe genau, was die Familie wünscht –
  - eine diagnostische Abklärung?
  - einen Rat?
  - Information und Aufklärung?
  - Bestätigung als Person und in der Umgangsweise mit der Behinderung?
  - therapeutische Aufarbeitung der Diagnose und damit verbundenen Reaktionen?
  - Hilfen für die Geschwister?
  - Persönliche Entlastung?
  - Begleitung?

Systemischer Rat

Die Lösungs- und Ressourcenorientierung der systemischen Therapie hat zu einer übergroßen Skepsis gegenüber dem Erteilen von Ratschlägen geführt. Wenn Klienten eine Beratung wünschen und um Information und Vorschläge bitten, was sie tun sollen, macht es Sinn, auf diese Anliegen direkt einzugehen und ihnen das eigene Wissen und die Kompetenzen zur Verfügung zu stellen.

Vorbehalte gegenüber dem Erteilen von Ratschlägen haben durchaus ihre Berechtigung, denn es ist möglich, dass sie kontraproduktiv wirken. Zahlreiche Studien belegen, dass dies eher der Fall ist, wenn Ratschläge in herablassender Weise erteilt werden, die ratsuchende Person als inkompetent behandelt wird und ein Gefühl der Verpflichtung und Abhängigkeit entsteht (Dunst et al. 1988). Ratschläge und Hilfsangebote haben eine eher negative Wirkung, wenn sie an den Wünschen der Klienten vorbeigehen und ihnen die Handlungshoheit und Selbstbestimmung über das eigene Leben genommen wird. Ungebetenes helfendes Verhalten wird oft nicht angenommen und schwächt das Selbstwertgefühl der Klienten. Helfendes Verhalten weckt negative Reaktionen, wenn die erbetene Hilfe und der angebotene Rat nicht passen. Ratschläge haben eher dann schädliche Effekte und lösen negative Reaktionen aus, wenn Außenstehende die Situation als problematisch ansehen, die betroffene Person jedoch nicht. Hilfsangebote wirken eher dann positiv, wenn sie die Stärken der Familie fördern.

Kompetente systemische Ratschläge
- stellen eine ausgeglichene Beziehung zwischen Klient und Berater her und vermeiden Gefühle von Abhängigkeit und Verpflichtung
- gehen direkt und genau auf das Anliegen der Klienten ein
- werden in einem engen zeitlichen Zusammenhang zum Ersuchen der Eltern gegeben und nicht einfach dann, wenn es dem Berater passt oder die Institution Kapazität hat
- belassen die Entscheidungshoheit über weitere Schritte und die Verantwortung für deren Umsetzung bei den Betroffenen
- stärken das Gefühl der Selbstwirksamkeit und das Selbstwertgefühl

Ratschläge wirken im Sinne eines *empowerment*, wenn sie weder aus einer überlegenen Position, von oben herab, noch aus einer unterlegenen bittstellerischen Position gegeben werden, sondern von einer Ich-Position »auf gleicher Augenhöhe«. Die setzt eine gute Therapeut-Klient-Beziehung voraus. Bei einer auf ein *empowerment* ausgerichteten Vorgehensweise werden Klienten nicht pathologisiert, das Ersuchen um Hilfe wird nicht als Beleg für Defizite gewertet, sondern als kompetenter, selbstverantwortlicher Schritt, sich zu informieren und ihr Leben aktiv zu gestalten. Ihre Autonomie und der Wunsch nach Selbstbestimmung sollten geachtet und vorhandene eigene Ressourcen ans Licht gebracht werden (Tsirigotis 2009).

9.3 Aufgaben in der akuten Anpassungsphase

Viele Beratungsmodelle fokussieren auf die akute Phase und die Zeit unmittelbar nach der Diagnosestellung, in der die betroffenen Kinder meist noch klein sind. In ihr bietet sich die Chance, die Weichen für die langfristige Anpassung zu stellen und präventiv zu wirken.

Die Familie ist in dieser Zeit mit der Bewältigung der akuten Krisensituation beschäftigt. In dieser Krisensituation zu Beginn der Auseinandersetzung mit der Behinderung muss der Familie geholfen werden, mit den befürchteten langfristigen Folgen und Verlusten umzugehen. Sie muss den Verlust ihrer bisherigen Lebensweise als Familieneinheit betrauern und sich möglicherweise auf bevorstehende weitere Härten und ein hohes Ausmaß an Ungewissheit einstellen. In Erwartung neuer Anpassungsleistungen muss sie lernen, quasi auf dem Sprung zu leben. Der Verlust des Gefühls, das eigene Leben zu kontrollieren, kann bedrückend wirken und eine hektische Suche oder ein Gefühl der Lähmung auslösen. Der Wunsch nach Kontrolle kann auch dazu führen, manche Gesprächsangebote abzulehnen, um die Grenzen der Familie zu schützen und sich nicht von Außenstehenden abhängig zu machen.

Für die Familie ist es sehr hilfreich, wenn der Berater sie dabei unterstützt, die akute Krise zu bewältigen und gewissermaßen wieder »anzukommen«. In dieser von Unsicherheit geprägten Verarbeitungsphase ist es sinnvoll, der Familie zu helfen, das Gefühl von Handlungsfähigkeit wiederzuerlangen, auch wenn nur in sehr beschränktem Maß konkret etwas getan werden kann. Man kann Eltern ermuntern, kleine konkrete Schritte zu tun und Prioritäten zu setzen, und sie darüber orientieren, was in der nächsten Zeit auf die Familie zukommen wird und mit welchen Entwicklungen zu rechnen ist.

Allgemeine Hinweise für Berater
- Hilf der Familie, die Dinge ruhiger anzugehen.
- Nimm die körperlichen Aspekte der Behinderung ernst, statt sie zu ignorieren oder zu psychologisieren.
- Bremse Schuldvorwürfe der Eltern und emotionale Reaktionen wie Hadern oder Grübeleien, die nur unnötig Kraft kosten.
- Hinterfrage allzu starre Vorstellungen, wie zum Beispiel: »Unser Kind muss es einfach schaffen!«
- Hilf der Familie, sich unvermeidlichen Einwicklungen zu stellen.
- Respektiere ablehnende Haltungen und ambivalente Gefühle.
- Zügle den eigenen therapeutischen Ehrgeiz.
- Biete effektive Hilfen an.
- Setze auf die Resilienz der Familie. Die Familie muss die wichtigsten Schritte selbst tun, Hilfe zu Selbsthilfe ist sinnvoller als die Idee, ihr alles abnehmen zu wollen.
- Vermittle Vertrauen in die Fähigkeit der Familie, auf lange Sicht einen Weg zu finden.
- Strebe danach, die Familie im Sinne eines *empowerment* zu stärken.

Beratungspraxis

Psychosoziale Anforderungen der Behinderung

Mit Familien kann die psychosoziale Typologie von Krankheiten nach Rolland (1994) durchgesprochen werden, um zu erkennen, welche besonderen Aufgaben mit der Behinderung verbunden sind.

- Mache dir ein Bild von den vorliegenden psychosozialen Anforderungen, die mit der Behinderung einhergehen:
- Besteht die Behinderung seit der Geburt, ist sie allmählich deutlich geworden oder hat sie plötzlich eingesetzt?
- Ist die Behinderung progredient, konstant, oder kommt es zu einer Besserung?
- Wird die Lebenserwartung durch die Behinderung verringert? Besteht die Gefahr eines plötzlichen Todes?
- Wie schwerwiegend sind die Beeinträchtigungen durch die Behinderung?

Informieren und Aufklären

In der Anfangsphase gibt es ein zum Teil sehr ausgeprägtes Bedürfnis nach Information – über die Diagnose, medizinische Ursachen, Behandlungsmöglichkeiten und alles, was die Eltern tun können, um ihrem Kind zu helfen. Eine systemische Standardintervention besteht darin, Wissen zur Verfügung zu stellen und damit Handlungsoptionen zu erweitern (Minuchin & Fishman 1983, Fishman 1988). Manche Behinderungen sind sehr selten oder medizinisch bislang nicht gut erforscht. Eltern müssen oft feststellen, dass sie sich mit der Zeit selber zu Experten über die Behinderung ausbilden müssen und vielleicht sogar einen Wissensvorsprung vor den Behandlern haben. In manchen Familien übernimmt eine Person die Rolle des »Informationsexperten«. Im Sinne einer funktionierenden Aufgabenverteilung ist es günstig, wenn alle Angehörigen einen guten Kenntnisstand über die Behinderung haben.

- Prüfe, welche Kenntnisse die Familie bereits über die Behinderung besitzt.
- Frage das betroffene Kind – wenn möglich – und die Geschwister, was sie alles über die Behinderung wissen.
- Biete den Eltern in verständlicher Sprache Informationen über die Behinderung.
- Unterstütze Eltern darin, zu Experten für die Behinderung zu werden und sich über alle damit verbundenen Bereiche kundig zu machen, zum Beispiel Ernährungsfragen, Physiotherapie, medizinische Pflegemaßnahmen, indem sie weitere Information einholen über

- die Behinderung
- Bewältigungsmöglichkeiten
- diagnostische Einrichtungen und spezialisierte Behandlungsangebote
- sozialrechtliche Fragen und Beratungsangebote
- mögliche künftige Entwicklungen.
- Gute Informationsquellen sind Selbsthilfegruppen, das Internet und spezialisierte Behandlungszentren.

Hinweise auf Selbsthilfegruppen finden sich im Anhang.

Behinderungsbezogene Überzeugungen und Erwartungen

Wenn bei einem Kind die Diagnose einer Behinderung gestellt wird, werden zentrale Annahmen, Überzeugungen und Hoffnungen der Familie in Frage gestellt. Vorstellungen über Behinderungen allgemein und über die konkreten Entwicklungschancen des eigenen Kindes haben einen entscheidenden Einfluss auf den künftigen Umgang mit der Lebenssituation.

- Erkundige dich, was sich die Eltern unter einem normalen Kind und einer normalen Entwicklung vorstellen.
- Bringe in Erfahrung, welche Bedeutung die Familie der Behinderung beimisst. Berücksichtige dabei ihre spirituellen Überzeugungen, ihre Weltanschauung oder ihrer ethnische Gruppenzugehörigkeit.
- Hilf der Familie, alle Seiten des Kindes wahrzunehmen und die Behinderung nur als einen Aspekt unter vielen zu begreifen.
- Frage die Eltern: »Was haben Sie Dritten über das Problem Ihres Kindes erzählt? Was glauben Sie, wie Ihr Kind sich in fünf Jahren entwickelt haben wird?«
- Beginne, dysfunktionale Haltungen und Glaubenssysteme zu hinterfragen: »Wie viele andere Eltern stellen auch Sie sich die Frage, warum gerade Ihr Kind eine Behinderung hat.« »Auch wenn Ihr Verstand Ihnen sagt, dass dies nicht logisch ist, machen Sie sich wie viele andere Eltern zurzeit noch Vorwürfe, ihr Kind nicht vor dieser Behinderung geschützt zu haben.«

Gefühle und Bedürfnisse respektieren

Oft reagieren die Angehörigen mit heftigen negativen Affekten, Stresssymptomen, Erschöpfung, Gefühlen der Verlorenheit und der Trauer, depressiven Stimmungen, dem Gefühl, betrogen worden zu sein, und Zukunftsängsten; diese Gefühle werden nicht immer offen gezeigt. Um emotionale Blockaden und Hilflosigkeit zu überwinden, ist es hilfreich, deutlich zu machen, dass Gefühle von Überlastung und Stress kein Zeichen für ein persönliches Versagen der Eltern sind, sondern eine häufige, verständliche Reaktion auf die besondere Situation der Familie.

- Wie hat sich die Behinderung auf das Leben der Familie ausgewirkt?
- Lass die Familie mitentscheiden, ob und in welcher Form Unterstützung erwünscht ist. Werte die Ablehnung von Ratschlägen und gut gemeinten Empfehlungen von schul- und alternativmedizinischen Behandlern als gesundes Bestreben, die eigene Autonomie zu wahren und sich das »Heft nicht aus der Hand nehmen zu lassen«.
- Akzeptiere, dass es möglicherweise nicht die eine Heilmethode und keine simplen Lösungen gibt, sondern viele einzelne Förderschritte ineinander greifen müssen.
- Frage direkt nach konkreten Erfahrungen der Familie mit der Behinderung.
- Sprich direkt Gefühle an, die durch die Behinderung ausgelöst werden.
- Zeige Mitgefühl für diese Gefühle und würdige sie.
- Erkundige dich, welche Gefühle andere Familienmitglieder gezeigt haben.
- Hat jemand sich öfters oder seltener ärgerlich, traurig, niedergedrückt, hilflos, hoffnungslos, optimistisch, warmherzig, liebevoll oder spielerisch gefühlt?
- Welche Gefühle können am leichtesten ausgedrückt werden, welche am schwersten?
- Deute die Reaktionen, Gefühle und den Stress als etwas Normales. »Sie haben sich vielleicht daran gewöhnt, dass es ist, wie es ist, aber daran zeigt sich, wie viel Sie permanent leisten.«
- Frage gezielt nach typischen emotionalen Reaktionen: »Das Leben mit einer Behinderung kann zuweilen sehr frustrierend sein. Werden Sie manchmal sauer?«
- Werden diese Gefühle dem Angehörigen mit der Behinderung gezeigt oder eher nicht? Wie reagiert er oder sie darauf?
- Normalisiere Gefühle, die nicht akzeptiert werden, zum Beispiel Groll, Trauer, Frustration oder Schuldgefühle: »Die meisten Familien möchten ihr Kind gelegentlich auf den Mond schicken ... Viele Geschwister sind manchmal unzufrieden, weil sich immer alles um den Bruder dreht ...«
- Berichte gegebenenfalls über ähnliche Reaktionen von anderen Familien.
- Respektiere das bewusste Zurückdrängen von negativen Gefühlen als einen Schutzmechanismus und Ausdruck der affektiven Selbstregulation, ohne welche die Situation emotional schwerer fallen würde. Sinnvoller als zu empfehlen, Gefühle »herauszulassen«, ist es, ihnen einen angemessenen Raum zu geben.

»Wir können uns vielleicht einen Teil dieser Gefühle anschauen oder vielleicht auch nur die Überschriften dazu, und das Buch aufheben und ein andermal wieder in die Hand nehmen.«
- Frage nach, wie es ihnen mit diesen Gefühlen geht.
- Aufmunterungsversuche können oberflächlich wirken. Ermutige die Familie, ihre Gefühle zu äußern und zu akzeptieren.
- Biete die Metapher an, dass auch *Dem Groll* oder *Der Erschöpfung* ein Platz gegeben werden sollte, ohne sie in den Mittelpunkt zu stellen.
- Erwähne gegebenenfalls Lösungsschritte, die anderen Familien geholfen haben.
- Gestehe Familien zu, dass die Behinderungsverarbeitung sehr unterschiedlich ablaufen kann; Phasenmodelle sind nur bedingt von Nutzen.
- Weise darauf hin, dass es nicht *den* richtigen, sondern viele verschiedene Wege gibt, wie das Leben mit der Behinderung organisiert werden kann.

In einer antizipatorischen Trauerarbeit setzen sich die Familien auch mit dem Verlust von erhofften Zukunftsperspektiven auseinander: »Unser Kind wird nicht wie andere Kinder eingeschult werden, es wird nicht Rad fahren lernen, es wird keine Enkelkinder für uns geben ...«

Umgang mit Schuldgefühlen

Eltern sind bereit, alles Erdenkliche zu tun, damit es ihren Kindern gut geht und sie gesund sind. Eine schwere Krankheit oder Behinderung eines Kindes führt die eigene Hilflosigkeit drastisch vor Augen. In unserer westlichen Kultur sind Menschen bestrebt, die Dinge steuern zu können und Herr der Lage zu sein. Die Suche nach Schuld – bei der eigenen Person oder bei Helfern – kann als die Bemühung aufgefasst werden, Entlastung zu erfahren. Das schwer zu ertragende Gefühl der Unkontrollierbarkeit wird auf diese Weise gebannt. Wenn jemand die Schuld trägt, impliziert dies, dass zumindest theoretisch etwas hätte getan werden können; dies ist leichter zu ertragen, als wenn man sich eingestehen müsste, einer nicht beeinflussbaren Situation hilflos ausgeliefert zu sein.

Familien brauchen eine Entlastung von Schuldgefühlen und die Bestätigung, dass sie mit der Behinderung gut umgehen. Schlimme Dinge können durchaus auch guten Menschen passieren. Eine Behinderung oder Krankheit ist kein Beweis dafür, etwas falsch gemacht zu haben. Manchmal kommen Schuldzuweisungen von außenstehenden Personen. *In einer Beratung berichtete eine Mutter empört, wie bei einem Ausflug eine frömmlerische Passantin auf sie zueilte und ihr ins Gesicht sagte:* »*Dieses Kind ist die Strafe Gottes für Ihre Sünden!*« *Eine andere Familie zitierte den Arzt ihres behinderten Kindes: »Sie und Ihr Mann haben die falschen Gene, die passen nicht zusammen, deswegen ist Ihr Kind krank!«*

Langfristig wirken Schuldgefühle lähmend und zermürbend. Auf einer übergeordneten Ebene geht es darum, die Grenzen unserer Verantwortlichkeit zu erkennen und zu lernen, mit Ungewissheit und Unkontrollierbarkeit zu leben. Wenn sich Eltern Vorwürfe machen, ist es zweckmäßig, nicht zu versuchen, ihnen diese auszureden. Eine sinnvolle Vorgehensweise besteht darin, Schuldgefühle anzunehmen, auszuhalten und zu akzeptieren, ohne ihnen eine besondere Bedeutung beizumessen. Eltern, die von Schuldvorwürfen geplagt sind, können Selbstwahrnehmungsübungen zum Erkennen ihrer inneren Antreiber und Über-Ich-Attacken empfohlen werden (Retzlaff 2009).

- Bereite Eltern darauf vor, dass Schuldgefühle längere Zeit fortbestehen oder wiederkehren können – zum Beispiel das Gefühl, nicht genug für das behinderte Kind, seine Geschwister, den Partner oder sich selbst zu tun.
- Erinnere an die Gabe vieler Menschen, einfach wegzuhören, die sich nutzen lässt, wenn sich innere Antreiber melden.
- Rege an, einen selbststärkenden Satz zu finden, der als positives Mantra dienen kann: »Nimm es, wie es kommt«, »es muss gehen und es geht auch«, »einen Weg gibt es immer«. Besser als Sätze, die vom Therapeuten kommen, sind Ermutigungen, die Klienten selbst einfallen.

Förderstress reduzieren

Wenn Kinder regelmäßig Untersuchungstermine bei Ärzten, Physiotherapeuten, Ergotherapeuten, in Frühfördereinrichtungen, beim Heilpraktiker und bei alternativmedizinischen Behandlern wahrnehmen müssen, kann die Fülle dieser Therapien zu einer Belastung für das betroffene Kind und die Eltern werden. Manche Eltern nehmen aus dem verständlichen Wunsch, keine Chance zu versäumen, extreme Anstrengungen auf sich und verausgaben sich dabei. Empfehlungen von Freunden, unbedingt diesen oder jenen »Experten« aufzusuchen, diese oder jene seriöse oder esoterische Therapie zu machen kann einen erheblichen sozialen Druck aufbauen. Die Suche nach anderen Behandlungsformen kann allerdings auch Ausdruck einer berechtigten Unzufriedenheit mit der schulmedizinischen Standardbehandlung sein.

Eltern sollen selbst frei entscheiden, welche Förderung sie für sinnvoll halten und welche Maßnahmen sie nicht wahrnehmen wollen. Berater können bei der Abwägung helfen, welche Hilfsangebote und Fördermaßnahmen nach Einschätzung der Familie weiterführen. Wenn die Eltern akzeptieren, dass eine bleibende Behinderung vorliegt, fällt der Verzicht auf überflüssige Fördermaßnahmen leichter.

▶ Frau Erb: »Also, ich würd' jemandem, der sich neu mit einer Behinderung auseinander setzt, mitgeben, in Hinsicht auf die Therapien, dass man es da einfach nicht übertreibt, und das Kind nicht überlädt mit Terminen. Man kann so ein Kind auch leicht überfordern. Es wird ja so viel angeboten und jeder weiß irgendwas, was dem Kind gut tut. Ich denke, es ist nicht immer das Beste, wenn man von Termin zu Termin hetzt und das Kind überlädt, sie brauchen auch ihren Freiraum und Ruhe.«

Offen über die Behinderung sprechen

Für ruhige Gespräche über die Gesamtsituation der Familie fehlt häufig die Zeit. Dies kann dazu führen, dass eher über funktionale Aspekte gesprochen wird, die Tragweite der Behinderung aber nur selten thematisiert wird. Nicht über die Behinderung als solche zu reden kann die Funktion erfüllen, keine schmerzlichen Gefühle anzurühren. Wird der Behinderung kein angemessener Platz in den Gesprächen eingeräumt, ist es letztlich auch schwerer, sie zu akzeptieren. Mit den folgenden Fragen lässt sich die Kommunikation über die Behinderung einschätzen:

- Wie hat sich die Behinderung auf die Gespräche in der Familie ausgewirkt?
- Wird offen miteinander über die Behinderung gesprochen oder gibt es Tabubereiche? Wer spricht mit wem darüber?
- Wird jemand von solchen Gesprächen ausgeschlossen – Kinder, ältere oder weniger belastbare Personen, Großeltern?
- Gibt es Aspekte der Behinderung, die Sie beschäftigen, aber nicht offen ansprechen? Um was geht es dabei? Welche Gründe haben Sie, diese Themen für sich zu behalten?
- Welche Umstände müssten gegeben sein, damit Sie offen darüber reden würden?
- Mit welchen Personen aus der Familie oder dem weiteren Umfeld können Sie am ehesten über die Behinderung sprechen, mit welchen Personen eher weniger?
- Erlauben Sie sich, bewusst zu entscheiden, mit wem Sie wann wie viel über die Behinderung sprechen wollen und mit wem nicht?

Dies gilt analog auch für den Umgang mit außenstehenden Personen.

Geschwister aufklären

Eltern stellt sich die nicht ganz einfache Aufgabe, ihre Kinder über die Behinderung aufzuklären. Geschwister sollten in kindgerechter Weise aufgeklärt werden und an dem Informationsfluss der Familie teilhaben. Kinder verstehen eine ganze Menge und können durchaus die Tragweite einer ernsten Krankheit oder Behinderung erfassen. Dies kann auch der Fall sein, wenn man ihnen kognitiv wenig zutraut. Mit einfachen Sätzen kann man Kindern die Situation erklären und sie auf mögliche Entwicklungen vorbereiten. Sie sind von Natur aus neugierig und stellen von sich aus Fragen, über die am besten offen mit ihnen gesprochen wird.

- Was genau ist mit meinem Bruder oder meiner Schwester los?
- Wann und wie soll ich mit meinen Freunden darüber reden, was mit meinem Bruder oder meiner Schwester los ist?
- Wie kann ich mit ihm oder ihr sprechen, spielen und guten Kontakt bekommen?

Manchmal wird versucht, die Behinderung des Kindes gegenüber Außenstehenden zu verschweigen – sie wird zu einem Geheimnis gemacht. Hauptbeweggrund ist der Wunsch, dem Kind, seinen Geschwistern oder sich selbst lästige Fragen zu ersparen. Schlimmer als über eine schwerwiegende Diagnose informiert zu sein ist es für Kinder, wenn Erwachsene versuchen, diese vor ihnen geheim zu halten, weil damit unterschwellige Ängste ausgelöst werden (Bowen 1978). Geheimnisse können das emotionale Klima in Familien unmerklich, aber tiefgreifend beeinflussen. Durch Geheimnisse werden Subsysteme, Grenzen und Koalitionen markiert. Wenn ein älteres Geschwister über den Gesundheitszustand seines behinderten Bruders oder seiner Schwester informiert wird, jüngere Geschwister und das betroffene Kind jedoch nicht, wird das informierte Kind partiell aus dem Kreis der Geschwister ausgegrenzt.

Kommunikation zwischen Eltern und Kind fördern

Der Beziehungsaufbau zwischen Eltern und Kind kann durch syndromspezifische Symptome und Besonderheiten erschwert werden (Sarimski 1993). Besonders gravierend sind Behinderungen, die die Ausdrucksfähigkeit und die Verständigung mit der sozialen Umgebung beeinträchtigen und eine Barriere zur sozialen Umwelt schaffen. Kinder mit Behinderungen sind darauf angewiesen, dass die Menschen in ihrer Umgebung ein hohes Maß an Feinfühligkeit zeigen. Eltern müssen ihre kommunikativen Signale auf das Kind abstimmen, es bei seiner Selbstregulation unterstützen und in einen dialogischen Austausch treten

(Sarimski 1997). Eine gute Kommunikation mit dem Kind und ein positiver Beziehungsaufbau sind Grundbausteine einer positiven Bindung, die langfristig entscheidend für das Gedeihen des Kindes und das Befinden der Eltern ist. Der Zugang zum Kind kann durch besondere Verhaltensweisen, eine leichte Irritierbarkeit, ein sehr passives Wesen und andere Temperamentsfaktoren erschwert sein. Fehlbildungen des Gesichts können die Interpretation von kindlichen Signalen erschweren, und Eltern stellt sich die Herausforderung, ein optisch schwieriges Erscheinungsbild anzunehmen. Erschwerend für den Kontaktaufbau zum Kind können auch intensivmedizinische Maßnahmen und Apparaturen sein, die das Kind beeinträchtigen.

Eltern und Therapeuten können sich nicht ausschließlich auf sprachliche Verständigungsformen verlassen (Kleemann 1996). Feinfühligkeit im Sinne von Ainsworth (1969) und die Fähigkeit, mit dem Kind trotz der gegebenen Einschränkungen zu kommunizieren und seine kommunikative Fertigkeit zu wecken, tragen wesentlich zu einer gelungenen Anpassung bei. Vielen Kindern mit ausgeprägten Behinderungen fällt es nicht leicht, ihre Gefühle und Bedürfnisse zu artikulieren, obwohl sie vieles von dem verstehen, was ihre Mitmenschen äußern. Eltern können Gefühle, Absichten und Bedürfnisse, die nach ihrer Vermutung das Kind bewegt, artikulieren und schauen, ob die Reaktionen die eine oder andere Idee bestätigen.

Will man die Entwicklung einer guten Eltern-Kind-Beziehung fördern, ist es sinnvoll, an der intuitiven Elternkompetenz anzusetzen und kleine liebevolle Momente zu fokussieren. Der von Aarts (2002) ursprünglich aus der Arbeit mit autistischen Kindern entwickelte Marte-Meo-Ansatz wird bei Kindern mit Entwicklungsproblemen, schweren kommunikativen Beeinträchtigungen und für Eltern mit geringen kommunikativen Kompetenzen angewendet (Bünder et al. 2009). Das Verfahren will die intuitive Elternkompetenz fördern. Die Eltern werden gebeten, Videos von Spielsituationen und Mahlzeiten mitzubringen, die dann gemeinsam angeschaut werden, um Entwicklungsmöglichkeiten aufzuzeigen. Die Sequenzen werden nicht gedeutet oder bewertet, sondern die Eltern schätzen zunächst selbst ein:

- Wie treffend werden Signale des Kindes verstanden und seine Initiativen erkannt?
- Werden die Initiativen angemessen bestätigt und benannt?
- In welcher Weise wird auf Initiativen eingegangen?
- Wie gut stellen sich die Eltern auf besondere Entwicklungsbedürfnisse ein?
- Wie ist der Rhythmus oder das Wechselspiel zwischen Eltern und Kind?
- Folgen die Eltern dem Verhalten, dem Tempo und den Initiativen des Kindes?

- Wie sind die Kontaktaufnahme und die gemeinsame Affektabstimmung?
- Werden Initiativen des Kindes strukturiert?
- Strukturieren die Eltern ihr eigenes Tun mit einem Anfang und einem Ende?
- Können die Eltern leiten?

Die Orientierung ist positiv und setzt am Potenzial der Eltern an. Kompetente Aspekte werden bei der gemeinsamen Auswertung hervorgehoben, aufgezeigt und gestärkt, ohne zu belehren. Auch Problemfamilien verfügen über ein Repertoire an guten und weniger guten Verhaltensweisen, guten oder weniger guten »Filmszenen«. Das Marte-Meo-Modell geht davon aus, dass es beschreibbare elterliche Kompetenzen gibt, die zu einer guten psychosozialen Entwicklung von Kindern beitragen. Bei einer Variante dieses Modells spielt der Therapeut zunächst selbst mit dem Kind, während die Eltern hinter der Einwegscheibe zuschauen. Der Prozess kann von einem Co-Therapeuten unmittelbar kommentiert oder anhand von Videoaufnahmen nachbereitet werden.

Der Umgang mit Menschen, die sich verbalsprachlich nicht zu äußern vermögen, erinnert daran, dass Kommunikation auch ohne Wort möglich ist – durch Gesten, Mimik, Laute, über Musik, Körperkontakt, Bewegung und über Bildsymbole. Menschen teilen sich nicht nur sprachlich mit, sondern auch durch ihr Blickverhalten, durch Gesten und Gebärden oder einfache Handzeichen.

In der unterstützten Kommunikation werden Bildsymbole eingesetzt, mit denen Kinder ihre Bedürfnisse zeigen können. Kommunikationstafeln – angefangen bei Bildkarten (von Loeper Literaturverlag und ISAAC-Gesellschaft für Unterstützte Kommunikation e. V. 2003) – ermöglichen es Menschen, die keinen sprachlichen Verständigungsmodus beherrschen, sich durch die Auswahl von Bildsymbolen, per Handzeichen, Tastendruck oder gezielte Blicke mitzuteilen. Eine andere Option sind Geräte mit einer Tastatur, auf der Piktogramme angebracht sind, mit deren Hilfe sich Aussage- oder Fragesätze zusammenstellen lassen, die über ein Sprachausgabesystem hörbar gemacht werden können. Eine einfachere Variante sind Big-Macs – verschiedenfarbige Schalter, die unterschiedliche Botschaften abspielen und dem Kind eine Auswahlmöglichkeit anbieten, indem es durch Druck auf den jeweiligen Schalter sein Bedürfnis laut werden lassen kann. Wegen der kritischen Entwicklungsfenster bei dem Erwerb des Sprach- und Symbolverständnisses ist es wichtig, diese Hilfsmittel zur Förderung der Kommunikationsfertigkeit frühzeitig einzusetzen, am besten in Kooperation mit einer erfahrenen Therapeutin. Andere Geräte ermöglichen es, Computertastaturen mit Hilfe einer speziellen Kamera über Augenbewegungen und die Blickrichtung oder durch Ableitung von evozierten Potenzialen durch Gedanken zu steuern, sie verlangen aber einen erheblichen Schulungsaufwand und sind nur für einen Teil der behinderten Kinder geeignet.

Anpassung der Rollenverteilung und Aufgaben in der Familie

Ein wichtiger Schritt in der ersten Anpassungsphase ist die Mobilisierung von Unterstützung innerhalb der Familie. Eine gelungene Verteilung der Aufgaben und Routinen und die Anpassung der Familienstruktur an behinderungsbedingte Erfordernisse sind eine resilienzfördernde Anpassungsleistung.

- Prüfe, wie befriedigend die Aufgaben- und Rollenverteilung beurteilt wird und welche Abläufe vielleicht anders organisiert werden können.
- Ermutige alle Angehörigen, bestimmte Teile der Pflege oder Betreuung zu lernen und zu übernehmen.
- Beziehe nach Möglichkeit das Kind mit Behinderung ein und berücksichtige seine Wünsche, wer wie in welcher Weise helfen kann.
- Rege Absprachen darüber an, wer welche Aufgaben konkret übernehmen wird.

Oftmals sind die Abläufe um die Behinderung herum stark von Routinen geprägt. Es bietet sich an, mit der Familie zu besprechen, wie ein positives Ritual aussehen könnte, das den Umgang mit der Behinderung auf den Punkt bringen könnte – zum Beispiel das allabendliche Einparken des Rollstuhls im Schlafzimmer, das morgendliche Wechseln der Windeln oder das Zubettgeh-Ritual.

Soziale Unterstützung mobilisieren

Ein Schlüsselfaktor für Resilienz ist Unterstützung durch Angehörige, Freunde und weitere Personen aus dem sozialen Umfeld. Wegen der Pflegeaufgaben ist es für betroffene Familien schwerer, den Kontakt nach außen zu pflegen. Verabredungen, Kinobesuche oder gemeinsame Ausflüge mit Freunden sind nur mit einem höheren Aufwand möglich, weil die Betreuung des pflegebedürftigen Kindes organisiert und bezahlt werden muss. Umso wichtiger ist es, das vorhandene Beziehungsnetz bewusst zu pflegen. Manche Eltern lehnen es ab, Hilfe in Anspruch zu nehmen, weil sie sich dadurch abhängig fühlen würden und keine Verpflichtungen eingehen wollen. Hilfe in Anspruch nehmen zu können, ist als Stärke anzusehen.

Mit Hilfe einer Netzwerkkarte lässt sich prüfen, wie gut das soziale Netz der Familie funktioniert und an welcher Stelle soziale Unterstützung mobilisiert werden kann. Wichtige Angehörige und Bezugspersonen werden in einem Familien-Soziogramm auf einem Kreis eingetragen und anschließend Fragen zur Qualität und Quantität des Kontaktes gestellt. Beziehungen werden mit farbigen Strichen eingezeichnet (Retzlaff 2009). Auf diese Weise erhält man ein Soziogramm der

Familie und des sozialen Umfeldes, das die Qualität der Beziehung und Nähe, Verstrickung und Blockaden verdeutlicht. Die Technik des Soziogramms eignet sich auch zur Darstellung der Beziehungen zum Helfersystem.

- Welche Familienbeziehungen und Freundschaften und Kontakte können wieder aufgefrischt werden?
- Welchen Aktivitäten gehen die Angehörigen gerne nach, zum Beispiel kulturell oder sportlich?
- Wo können neue Kontakte geknüpft werden?
- Welche Personen der Familie waren besonders hilfreich, welche am wenigsten?
- Stelle Kontakt zu einer aktiven, konstruktiv orientierten Selbsthilfegruppe her. Ein nützlicher Link ist die Nationale Kontakt- und Informationsstelle zur Anregung und Unterstützung von Selbsthilfegruppen.
- Rege an, als ersten Schritt eine Unterstützung zum Beispiel durch den Familienentlastenden Dienst zu organisieren, um Freiräume für Aktivitäten zu schaffen.
- Neue Kontakte ergeben sich am ehesten beiläufig über Aktivitäten, denen man gerne nachgeht und bei denen man Menschen mit ähnlichen Interessen begegnet, wie Sport, Musik und andere entsprechende Aktivitäten.
- Eine etablierte Form von Unterstützung bieten Selbsthilfegruppen, die in einer ganz anderen Weise Hilfestellungen geben können, als dies professionellen Stellen möglich ist.

Der Besuch einer Selbsthilfegruppe kann auch Nachteile mit sich bringen. Bei Behinderungen mit fortschreitendem Verlauf kann der Kontakt zu Familien mit älteren, gesundheitlich stärker beeinträchtigten Kindern auf manche Eltern erschütternd wirken. Manche Eltern betonen, dass sie auch gerne bewusst mit Freunden zusammen sind, die mit dem Thema Behinderung nichts zu tun haben.

Umgang mit schwierigen Situationen und Problemen

Ein erheblicher Teil der Eltern zeigt in der akuten Anpassungsphase Erschöpfungssymptome. Komplizierende Faktoren wie die Pflegebedürftigkeit der betagten Großeltern, gesundheitliche Probleme eines Elternteils oder Sorgen um den Erhalt des Arbeitsplatzes können zu einer Potenzierung der Anforderungen führen. Wenn ein Elternteil aus gesundheitlichen Gründen ausfällt oder die Summe der Belastungen nicht mehr zu tragen ist, muss die Last verteilt und müssen zusätzliche Stützsysteme aktiviert werden, ein Pflegedienst, die Inanspruchnahme von Verhinderungspflege oder eine Tagesbetreuung.

Manchmal fühlen sich Eltern in einer Zwickmühle, weil sie das Gefühl haben, nicht genügend für ein weiteres Kind da zu sein. Dies ist besonders dann der Fall, wenn bei diesem Kind besondere Bedürfnisse bestehen – etwa in Folge einer chronischen Krankheit, weil es als überaktiv gilt oder in der Schule über- oder unterfordert ist. In der Beratungspraxis begegnet man häufig Familien mit zwei, drei oder mehr Symptomträgern. Multi-Problemkonstellationen erfordern ein aktives, strukturiertes Vorgehen, eine klare Verabredung von Anliegen und die Erarbeitung von Prioritäten und eine ausgeprägte Hier-und-Jetzt-Orientierung.

Nicht immer gelingt es beiden Eltern gleich gut, die Diagnose einer Behinderung zu akzeptieren. Lehnt ein Elternteil das Kind mit seiner Behinderung offen oder latent ab, stellt dies für das andere Elternteil, aber natürlich auch für das betroffene Kind eine zusätzliche Belastung dar. In einer solchen Situation sind Freunde und Angehörige hilfreich. Sie können das Elternteil, das Vorbehalte hat, ermutigen und bestätigen, dass trotz aller enttäuschten Erwartungen das Engagement wertvoll ist.

Eine ungünstige Familienkonstellation besteht, wenn sich ein Partner unmittelbar vor der Geburt des Kindes oder vor der Diagnosestellung trennen wollte, sich wegen der Behinderung aber auf den Ehepartner angewiesen fühlt. Groll und Ressentiments sind der Stoff, aus dem weniger glückliche Paargeschichten gemacht sind. Eine gewisse Chance für solche Paare liegt darin, dass sie durch die Aufgabe, für das gemeinsame Kind über persönliche Konflikte hinauszuwachsen, und durch die damit verbundenen Aufgaben zusammenfinden können.

Wenn Großeltern auf das Kind mit Behinderung dauerhaft ablehnend reagieren, kann dies sehr belastend wirken. Manchmal wissen Großeltern nicht recht, wie sie mit ihrem Enkelkind und seiner Behinderung umgehen sollen. Manche Großeltern signalisieren offen, dass sie keinen Kontakt zu ihrem Enkel wünschen, was von den Eltern des Kindes mit Behinderung meist bedauert wird. Der Familie fehlt dann eine potenzielle Quelle von sozialer Unterstützung und die Eltern fühlen sich mit ihrem Kind nicht angenommen. In dieser Situation hat sich eine Strategie des langen Atems bewährt, in der durch Briefe, Anrufe an Feiertagen und Geburtstagen und lose Kontaktangebote zunächst mit geringem Verbindlichkeitsgrad eine allmähliche Annäherung angebahnt werden kann. Günstiger als Nähe erzwingen zu wollen ist es, Vorbehalte zu *pacen* und mit Geduld und Ausdauer auf die Kraft familiärer Bindung zu setzen.

Geschwistern kann es peinlich sein, wenn ihr behinderter Bruder oder ihre Schwester in der Öffentlichkeit angestarrt wird, wenn sie zum Beispiel ihren Schulfreunden begegnen. Statt eine Abwehrhaltung einzunehmen oder innerlich den Kopf einzuziehen, kann man abfällig reagierende Menschen einfach übersehen. Dabei helfen Achtsamkeitstechniken und Übungen zum Stärken der inneren Souveränität. Kindern kann man von einem Mädchen erzählen, das für sich entdeckt hat, Leute, die komisch gucken, grimmig anzublicken, mit dem Ausdruck: »Haben Sie etwa noch nie ein behindertes Kind gesehen?« Dazu die Mutter eines Kindes mit geistiger Behinderung:

▶ »Was ich allen Eltern mitgeben würde, was es auch viel leichter macht: So, wie ich selber mit meinem Kind umgehe und mich in der Öffentlichkeit zeige, den Leuten also ins Gesicht gucke und sage: Hier ist mein Kind, es ist ein besonderes Kind! Und ich akzeptiere das, so auszudrücken mit meinem Verhalten. Das ist ganz wichtig. Und so, wenn ich sage, ich stehe zu meinem Kind, dann sind die Leute eben auch aufgeschlossener, als wenn ich so duckmäuserisch reagiere und denke: ›Sei doch bitte still – wir sind hier in der Öffentlichkeit!‹ Das finde ich ganz wichtig, wie ich mich selber zu meinem Kind verhalte, das strömt auch auf die anderen über. Und nicht verstecken, sondern nach außen gehen.«

9.4 Aufgaben in der mittleren Anpassungsphase

In der mittleren Anpassungsphase stehen andere Belastungen und Aufgaben im Vordergrund als in der akuten (Hintermair 2001). Die betroffenen Kinder sind bereits älter, werden bald eingeschult oder besuchen schon die Schule. Über die Jahre hat sich die Familie mehr oder weniger mit dem Status quo arrangiert. Sie hat neue Kompetenzen im Umgang mit der Behinderung und dem Helfersystem erworben. Einige drängende Fragen sind gelöst, die Eltern verbringen weniger Zeit mit der Suche nach Informationen über die Behinderung, und der unmittelbare Druck hat nachgelassen. Ein Wendepunkt ist erreicht und das Leben hat sich wieder mehr oder weniger normalisiert.

Allmählich werden die Langzeitauswirkungen der anhaltenden Belastung sichtbar, die durch Pflege, berufliche und persönliche Einschränkungen, die finanzielle Bürde bedingt sind. Die Angehörigen zeigen oft Anzeichen körperlicher und emotionaler Erschöpfung. Gegenüber Behörden können sich die Eltern besser durchsetzen, sie wissen, von wem man Unterstützung erhält, und haben sich ein Netzwerk geschaffen, das ihnen bei der Bewältigung ihrer Aufgaben zugute kommt. Manchmal bestehen ambivalente Gefühle oder es gibt einen unterschwelligen Groll. Konflikte, die in der Zeit vor der Diagnosestellung bestanden hatten, können unter dem Eindruck der anhaltenden Bewährungsprobe an Gewicht gewinnen. Das Gleichgewicht des Paares und vertraute Muster an Intimität haben sich mit der Zeit verändert, ein Elternteil – meist die Frau – leistet einen Hauptteil der Pflege. Die weit reichenden Folgen des Lebens mit der Behinderung des Kindes auf das Leben als Paar, erträumte Reisen, einen schönen Ruhestand usw. werden allmählich deutlich und können potenziell zu einer Verbitterung führen.

Typische Auswirkungen von Behinderung in der mittleren Anpassungsphase

- Die Behinderung beherrscht das Familienleben, und andere Interessen der Familie werden vernachlässigt.
- In der Familie entstehen Koalitionen zwischen dem Patienten und einem Angehörigen, oder alte Koalitionen werden intensiviert.
- Die Bewältigungsmuster der Familie werden oft rigide, und die Familie fürchtet, jede Veränderung könnte sie und den von ihr errungenen Status quo negativ beeinflussen.
- Betroffene Familien neigen dazu, sich bei der Bewältigung der mit chronischen Behinderungen verbundenen Aufgaben zu isolieren (McDaniel et al. 2004).

Auch in dieser Phase müssen Anliegen und Aufträge der Familien sorgfältig geklärt werden. Oft wünschen Familien Hilfe bei der Lösung von praktischen Problemen, etwa schwierigen Verhaltensweisen des behinderten Kindes, oder äußern den Wunsch, den Geschwistern besser gerecht zu werden. Manchmal wird ein Geschwisterkind als Indexpatient präsentiert, das eine leichtere Verhaltensstörung entwickelt hat, die als »Eintrittskarte« für eine Therapie oder Beratung dient.

Die Problemsicht und das Anliegen der Familie sollten sorgfältig herausgearbeitet und gemeinsame Beratungsziele festgelegt werden. Neben der Arbeit am präsentierten Problem lohnt es zu prüfen, wie sich die Familie mit den Folgen der Behinderung eingerichtet hat und wie sie insgesamt gestärkt werden kann. Primär geht es um die Güte der Passung zwischen den behinderungsbedingten Herausforderungen und den individuellen Besonderheiten der Familie.

Familien, die gut zurechtkommen, weisen eine ausgeprägte Aufgabenorientierung auf. Die einzelnen Mitglieder verfolgen persönliche Interessen, nehmen sie aber nicht übertrieben wichtig. Mit einigen diagnostischen Fragen lässt sich prüfen, wie die Familie mit der Behinderung umgeht, wie befriedigend die Familienfunktionen erlebt werden und ob es zu einer Strukturverschiebung gekommen ist. Man erhält so eine Einschätzung, welche Bereiche aus Sicht der Familie und nach Einschätzung des Beraters gut laufen und in welchen Bereichen die Balance verbessert werden kann. Neben einem Blick auf die Lösung der aktuellen Schwierigkeiten kann angeboten werden, auch einen Blick zurück zu werfen, um freier in die Zukunft schauen zu können. Mit der Familie können die Auswirkungen der Behinderung erörtert werden, die sich im Laufe der Jahre eingestellt haben:

- Bilanz ziehen: »Wie kommen wir mit der Behinderung zurecht?«
- »Wo stehen wir im Prozess der Anpassung?«

- »Haben wir eine Normalisierung erreicht?«
- »Wo befinden wir uns im Lebenszyklus?«
- »Wie ist unser Bewältigungsstil?«
- »Was tut uns gut?«
- »Welche Beziehungen sind enger, welche distanzierter geworden? Inwiefern?«
- »Mit welchen Einstellungen und Krankheitsüberzeugungen gehen die Familienmitglieder an die Gesundheitsprobleme des Kindes heran?«
- »Ist die Krankheit des Kindes Teil einer dysfunktionalen Triangulation geworden?«
- »Wie werden andere Beziehungen innerhalb der Familie und zu Personen außerhalb gepflegt?«
- »Wie geht es den Geschwistern?«
- »Welche Teilbereiche der präsentierten Beschwerden sind überhaupt krankheitsbedingt, welche sind einfach entwicklungsabhängig?«
- »Wie ist die Qualität der Beziehungen der Eltern zu den Behandlern?«
- »Wie unterstützend ist das soziale Beziehungsnetz der Familie?«

Hausbesuche sind eine gute Möglichkeit zu prüfen, wie eine Familie zurechtkommt. Wenn sich diese nicht realisieren lassen, kann man sich Videoaufnahmen vom Alltagsleben daheim mitbringen lassen. Ältere Geschwister können die Aufgabe erhalten, mit einer Kamera eine Bild- oder Filmreportage des Familienlebens zu machen, Jüngere Kinder können mit Hilfe eines Puppenhauses »Ein Tag in unserem Leben« spielen und veranschaulichen, wie sich das Leben daheim abspielt. Aus ökosystemischer Perspektive hat die bauliche Umwelt einen starken Einfluss auf die Lebensqualität. Kinder können einen Wohnungsgrundriss zeichnen, damit man den Einfluss der räumlichen Umwelt auf die Familieninteraktion besser versteht. Zeichnungen der Wohnung zeigen, wie Grenzen und Subsysteme von Kindern erlebt werden.

Neben den Auswirkungen der Behinderung sollten bei der Erhebung des Belastungsstatus weitere kritische Lebensereignisse beachtet werden, die zu einer Kumulation von Stressfaktoren beitragen können:

- »Was war in den vergangenen Jahren sonst noch in ihrer Familie los?«
- »Sind Angehörige schwer erkrankt? Gab es in der letzten Zeit Todesfälle?«
- »Müssen Eltern gepflegt werden?«
- »Gab es Ehestreitigkeiten, Trennungen oder Scheidungen, Sorgerechtsstreitigkeiten?«
- »Bestehen finanzielle Sorgen?«
- »Gibt es Sorgen um den Arbeitsplatz oder vor Arbeitslosigkeit?«

- »Gab es Veränderungen wie einen Umzug oder Schulwechsel?«
- »Gab es positive Ereignisse wie einen Umzug, Hausbau oder eine neue Arbeitsstelle, die dennoch belastet haben?«

Warnzeichen sind die Vernachlässigung der medizinischen Versorgung, anhaltende Probleme bei der Einstellung von Medikamenten oder fortgesetzte gesundheitliche körperliche Komplikationen ohne hinreichenden medizinischen Befund. Sie lassen sich häufig auf fehlende Unterstützung oder Kooperationsprobleme mit dem Helfersystem oder eine ungünstige Einstellung zur Behinderung zurückführen. Die Behinderung kann bagatellisiert werden, mit der Folge, dass Pflegemaßnahmen, notwendige Therapien und physiotherapeutische Übungen vernachlässigt werden. Umgekehrt kann es passieren, dass Eltern in exzessiver Form fördern und sich und ihr Kind einem erheblichen Druck aussetzen. Weitere Signale für eine Überlastung sind körperliche Erkrankungen von Angehörigen, emotionale Störungen, insbesondere Depressionen, Schlafstörungen, anhaltende Familien- und Ehekonflikte und Schwierigkeiten in der Sexualität (McDaniel et al. 1997a).

Wichtig ist ein Ressourceninterview:

- »Was sind die Stärken eurer Familie?«
- »Welche Krisen, welche Tiefpunkte habt ihr in der Vergangenheit erlebt und gemeistert? Wie habt ihr sie überwunden?«
- »Was habt ihr schon alles geleistet und gut hinbekommen?«
- »Worauf seid ihr stolz?«
- »Was hat der Familie in der Vergangenheit bei der Bewältigung von Krisen geholfen?«
- »Wie gut kann sich eure Familie an Veränderungen anpassen?«
- »Macht eine Liste der erreichbaren Angehörigen und Freunde, die euch unterstützen!«
- »Welche Ärzte und Behandler sind eine echte Unterstützung?«
- »Welche Ansprechpartner und Unterstützer gibt es in der Gemeinde – zum Beispiel die Frühförderstelle, den Familienentlastenden Dienst, die Mitarbeiter des Aufsuchenden Familienteams etc.?«
- »Wird Hilfe von Außenstehenden – insbesondere von Gesundheitsdiensten – angenommen?«
- »Über welche weiteren Ressourcen verfügt ihr – besondere Merkmale von Angehörigen, Bildung, Zeit, materielle Ressourcen, Raum?«
- »Über welche Kompetenzen verfügt das Kind, trotz seiner Behinderung? Was hat es schon erreicht?«
- »Was tut ihr gegenwärtig, was euch besonders hilft und gut tut?«

Die Antworten können auf einem Flipchart gesammelt werden, oder jede Person schreibt ihre Antworten auf farbige Zettel, die dann an einer Pinnwand angeheftet und diskutiert werden. Bei jüngeren Kindern bietet es sich an, Ressourcen zu malen (Retzlaff 2009, Vogt-Hillmann 1999).

Gesundheitsbezogene Überzeugungen

In den Annahmen über Gesundheit und Krankheit der Familie vermengt sich medizinisches Wissen mit subjektiven Annahmen und Laienvorstellungen. Erklärungsmodelle wie »Schicksal«, »Pech« oder Schuldzuweisungen – zum Beispiel an das betroffene Kind oder einen Angehörigen: »Ich hatte so ein komisches Gefühl und wollte nochmals einen Ultraschall machen lassen, aber meine Frau hat gesagt: Das ist nicht nötig!« – oder religiöse Überzeugungen – »Gott hat es so gewollt« – haben weit reichende Auswirkungen auf das Handeln der Familie.

- Welche Erklärung haben die einzelnen Familienmitglieder für die Behinderung?
- Welche Vorstellungen existieren, was normal ist und was nicht?
- Was wissen die einzelnen Personen über medizinische Zusammenhänge?
- Welche Bedeutung wird der Behinderung durch die soziokulturelle Gemeinschaft zugeordnet, der die Familie angehört?
- Welche Vorstellungen existieren über die Beeinflussbarkeit oder Unbeeinflussbarkeit der Behinderung?
- Sind die gesundheitsbezogenen Kontrollüberzeugungen rigide oder flexibel, eher perfektionistisch, realistisch oder resignativ?
- Wenn Aktivität und Handlungsschritte erforderlich sind – sollen diese vom behinderten Angehörigen kommen, von bestimmten Familienangehörigen, oder von Außenstehenden?
- Wer ist der bevorzugte Kandidat für Schuldvorwürfe?
- Mit welchen zukünftigen Entscheidungspunkten und Weichenstellungen rechnet die Familie,
  - falls sich die medizinische Situation zuspitzt?
  - wenn das Kind mit Behinderung erwachsen ist?
  - wenn die Eltern in Rente gehen?

Mehrgenerationale Erfahrungen mit Krankheit und Behinderungen

Das Verhalten einer Familie in der Gegenwart lässt sich besser verstehen, wenn die Familiengeschichte bekannt ist. Diese bietet einen Verstehenskontext und ermöglicht es, den Einfluss von Schlüsselereignissen, wichtigen biografischen

Knotenpunkten und Veränderungen der Organisationsstruktur der Familie auf das Bewältigungsverhalten in der Gegenwart zu erkennen (Boszorményi-Nagy & Spark 1981, Bowen 1978, Reich et al. 2007, Rolland 1994). Insbesondere ist von Interesse, wie die Familie in der Vergangenheit mit Verlusten, schweren Krankheiten und Behinderungen umgegangen ist.

Manche Familien haben aus ihren Vorerfahrungen mit Krankheiten, Verlusterfahrungen und Behinderungen ein Gefühl von Selbstkompetenz mitgenommen (McDaniel et al. 1997a) und sind stolz auf das, was sie in der Vergangenheit geleistet haben – »Mutter wurde bis zum letzten Moment in der Familie gepflegt und erst, als es unumgänglich war, kurz vor ihrem Tod, ins Landeskrankenhaus gegeben« –, sie haben ein gutes »Wir-Gefühl« entwickelt. Andere Familien wenden Lösungsstrategien, die früher bei einer Krankheit genutzt wurden, auf eine Krankheit oder Behinderung in der Gegenwart an, obwohl dies eigentlich gar nicht passt. Ungeklärte Probleme und offene Themen aus der Vergangenheit können den Umgang mit einer Krankheit erschweren (Penn 1983, Walker 1983).

Ein medizinisches Genogramm ermöglicht einen raschen Überblick über die Stärken und Besonderheiten der Familien, die für die gegenwärtige Situation von Bedeutung sind, und stellt gegenwärtige Themen in einen mehrgenerationalen Kontext. Bei der Lösung von aktuellen Problemen können gegenwärtige und frühere Problemlösemuster und Haltungen miteinander verglichen und auf ihre Tauglichkeit geprüft werden. – Als erster Schritt wird die Struktur des Genogramms erstellt, dann werden Informationen und insbesondere medizinische Daten ergänzt, die Qualität der Familienbeziehungen vermerkt und die wichtigsten Anekdoten und Berichte zu einzelnen Personen eingeholt.

- Frage nach Veränderungen in der Familie in der jüngeren Vergangenheit, etwa ein Umzug, Krankheiten, Tod, Stellenwechsel, der Weggang oder die Aufnahme von neuen Mitgliedern in die Familie.
- Welche Erfahrung hat die Familie in der Vergangenheit mit Gesundheit, Krankheit, mit Tod und Verlusten gemacht?
- Welche Vorerfahrungen gibt es im Umgang mit Krisen?
- Welche guten, welche weniger guten Berichte und Legenden gibt es über die Bewältigung von Lebenswidrigkeiten?
- Kennt die Familie aus dem Umgang mit früheren Krankheiten die Besonderheiten der akuten, der mittleren oder der Endphase einer Krankheit?
- Was hat die Familie aus diesen Erfahrungen mitgenommen?
- Welche Muster finden sich über Generationen hinweg im Genogramm?
- Welche Auswirkungen hatten vergangene Krankheiten auf
  - die Struktur?

- die Konflikte?
- die Gefühlslage der Familie?
- Welche guten, welche weniger guten Erfahrungen gibt es beim Umgang mit dem Gesundheitssystem und mit Helfern?
- Was ist ein typischer Satz des eigenen Vaters oder der eigenen Mutter, den man immer wieder über das Leben und die Gesundheit gehört hat?
- Gibt es lang anhaltende Konflikte in der Familie, die sich auf den Umgang mit der Behinderung auswirken?
- Welche Personen sind Leitbilder für den Umgang mit Gesundheit in der eigenen Familie?

Lebenszyklus

Manche Schwierigkeiten von Kindern mit Behinderung sind alters- und entwicklungstypisch und haben nicht primär mit ihrer Behinderung zu tun, sondern betreffen in ähnlicher Weise die meisten Familien mit Kindern in diesem Alter. An Schwellen im Lebenszyklus treten gehäuft Krisen auf, die sich auch auf den Umgang mit einer Behinderung auswirken. Beratungsangebote sollten gezielt Unterstützung bei der Bewältigung der anfallenden Schwierigkeiten bieten (Rotthaus 1996, Sloman & Konstantareas 1990). Mit Hilfe von zukunftsorientierten hypothetischen Fragen kann eine Auseinandersetzung mit möglichen Szenarien angeregt werden. Die folgenden Fragen verdeutlichen den Zusammenhang von Lebenszyklusphasen und Entwicklungsproblemen:

- Welche Übergänge im Lebenszyklus stehen im kommenden Jahr, welche in den kommenden drei oder in sechs Jahren an?
- Wie beeinflussen die anstehenden Entwicklungsschritte der Familie den Umgang mit der chronischen Erkrankung, und umgekehrt?
- Ist sich die Familie bewusst, welche Entwicklungsschritte auf die einzelnen Personen und die Familie insgesamt zukommen?
- Stelle hypothetische Veränderungsfragen, um hypothetische Zukunftsszenarien zu erkunden: Angenommen, die ältere Schwester zieht aus – wie gehen dann die Eltern mit der Pflegesituation um?
- Angenommen, die Eltern entschließen sich, einen betreuten Wohnplatz zu finden – wie geht es damit dem betroffenen Heranwachsenden, der Mutter, dem Vater?
- Bereite die Familie darauf vor, dass Gefühle wie Ambivalenz oder Erschöpfung und manche komplexe Aufgaben wiederkehren werden und sie sich wieder und wieder neu organisieren müssen.

- Angenommen, es käme zu einer weiteren Verschlechterung des Gesundheitszustandes:
  - Welche Möglichkeiten hätten die Eltern, damit zurechtzukommen?
  - Für den Fall, das bei einem Elternteil in ein paar Jahren gesundheitliche Probleme aufgetreten sind und die Pflege in dieser Form nicht mehr zu leisten ist – welche Lösungen wären dann denkbar?

Stärkung des Selbstwirksamkeitsgefühls

Krankheiten und Behinderungen führen Menschen die Grenzen ihrer Handlungsmöglichkeiten vor Augen. Will man das Kohärenzgefühl stärken, müssen Familien die Erfahrung machen, dass praktische Probleme handhabbar und Ressourcen verfügbar sind. Die Möglichkeit einer Einflussnahme wird betont, ohne zu vermitteln, dass das nur am Tun der Eltern liege. Eltern sollen ermutigt werden, aktiv Lösungsschritte zu unternehmen und sich persönlich für das Erreichen von Fortschritten im Behandlungs- oder Förderplan zuständig zu fühlen. Ungünstige Entscheidungen für weniger geeignete Vorgehensweisen werden hinterfragt – »Glauben Sie, dass es Ihnen auf lange Sicht gut tut, wenn Sie, Herr Fischer, sich immer mehr zurückziehen und Sie, Frau Fischer, sich aus Sorgen um Ihren kranken Sohn keine ruhige Minute gönnen?« Voraussetzung für die Lösung von Verhaltensproblemen ist eine klare Problemdefinition, die sich mit folgenden Fragen erreichen lässt:

- »Was genau ist das Problem – beschreiben Sie es in konkreten Verhaltensbegriffen!«
- »Seit wann besteht das Problem?«
- »Wann tritt das Problem auf?«
- »Was daran ist für wen in welcher Weise problematisch?«
- »Wer ist daran beteiligt?«
- »Wer leidet am meisten unter dem Problem?«
- »Welche Rolle spielen materielle Probleme – Pflegeunterstützung, unzulängliche medizinische Versorgung, akute oder chronische gesundheitliche Probleme, finanzielle Nöte, Einschränkungen der Wohnsituation, fehlende Unterstützung, Einsamkeit?«
- »Was bekommen Sie gut hin?«
- »Welche Erklärung haben Sie für das Problem? Wie kommt es, nach Ihrer Meinung, dass dieses Problem in seiner jetzigen Form weiterhin besteht?«
- »Was müssten Sie tun, damit alles noch ärger wird?«
- »Was haben Sie getan, dass es nicht noch schlimmer gekommen ist?«

Beratungspraxis

- »Woran würden Sie ablesen können, dass sich die Beschwerden gebessert haben?«
- »Angenommen, das Problem würde sich um 5 % bessern – woran könnten Sie das ablesen?«
- »Angenommen, über Nacht wären die Beschwerden fort – wie würde sich das auswirken?«
- »Angenommen, ein Wunder findet nicht statt. Wie würden Sie dann mit der Situation umgehen, wenn Sie wüssten, dass die Dinge sich nicht wesentlich ändern?«
- »Was wäre ein erster, kleiner machbarer Schritt, der in den nächsten Tagen umgesetzt werden kann?«

Lösungsversuche, an denen festgehalten wird, obwohl sie untauglich sind, können zu einer Verschlimmerung des Problems führen. Deshalb sollte man herausfinden, was die Familie schon alles probiert hat, um die Schwierigkeiten zu lösen. Bei besonders hartnäckigen Problemen gibt es häufig einen bedeutsamen Faktor, der zu dem kontraproduktiven Verhalten führt. Manchmal wird eine an und für sich sinnvolle Strategie zu früh aufgegeben, oder es fehlten Zeit und Energie, um sie wirklich konsequent umzusetzen. Mit folgenden Fragen können Lösungsversuche, Ausnahmen und Kompetenzerfahrungen erfragt werden:

- »Was wurde alles schon unternommen, um dieses Problem zu lösen?«
- »Wer tut bzw. sagt was, um das Problem zu lösen?«
- »Haben Sie vorher schon jemanden um Hilfe gebeten? Was haben Freunde oder andere Behandler geraten?«
- Bitte die Eltern zu rekapitulieren, was sie schon erreicht haben und welche Schwierigkeiten gemeistert wurden:
- »Was haben Sie in der Vergangenheit getan, das geholfen hat?«
- »Wann ist es besser, bzw. wann tritt das Problem nicht auf?«
- »Was tun Sie in Situationen, in denen es Ausnahmen vom Problem gibt?«

Techniken zur Verhaltensmodifikation gehören seit vielen Jahren zum Allgemeingut von Therapeuten, Erziehern und Eltern. Konsequent eingesetzt, können sie erheblich zur Lösung von Verhaltensproblemen beitragen. Bekannte verhaltenstherapeutische Programme wie *Stepping Stones* (Sanders et al. 2004) zielen darauf ab, die Kompetenz für Bewältigungsstrategien der Eltern im Umgang mit typischen Verhaltensproblemen zu erhöhen, die bei Behinderungen auftreten können, geeignete effektive Erziehungspraktiken einzusetzen, die Kommunikationsfähigkeit der Eltern und den Austausch über Erziehungsfragen zu verbessern und die Belastung der Eltern zu reduzieren. Parallel dazu sollen die sozialen und sprachlichen Fertigkeiten der Kinder, ihre Fähigkeit zur Emotionsregulation, ihre Selbständigkeit und ihre Problemlösefertigkeiten verbessert werden. Das Programm erscheint eher für Kinder mit leichteren intellektuellen Behinderungen geeignet. Neben dem Schaffen einer sicheren, interessanten und anregenden Atmosphäre, Akzeptanz des Kindes, elterlicher Konsequenz und der Berücksichtigung der Fähigkeiten des behinderten Kindes werden Verstärkungstechniken – insbesondere mit sozialer Zuwendung, gemeinsamen Aktivitäten, Punkteplänen für den Aufbau von Zielverhalten – eingesetzt. Zum Einsatz kommen auch Auszeiten, Zeiten auf einem so genannten stillen Stuhl und das Löschen von Verhalten durch Änderung der verstärkenden Bedingungen. Eltern und Beratern sollten berücksichtigen, dass sich bestimmte Verhaltensbesonderheiten, die mit genetischen Syndromen einhergehen, kaum durch operante Techniken beeinflussen lassen (Sarimski 1997).

Autoren wie Sarimski (1997) und Theunissen (2008) betonen, dass zunächst die Funktion des Verhaltens verstanden werden muss, um Techniken zur Verhaltensänderung sinnvoll einsetzen zu können. Eine der Hauptbelastungen für Eltern von älteren Kindern mit Behinderungen sind anhaltende Verhaltensstörungen (Lustig 1997), weil sie die Teilnahme am sozialen Leben erheblich erschweren können. Zu Hause kann sich die Familie noch arrangieren und Wege entwickeln, mit sozial auffälligem Verhalten umzugehen; in der Öffentlichkeit oder bei einem Besuch von Freunden ist dies sehr viel schwerer möglich. Eltern wird vermittelt, dass andere Familien mit ganz ähnlichen Schwierigkeiten ringen und diese in gewisser Weise »normal« sind. Viele schwierige Verhaltensweisen lassen sich eher beeinflussen, wenn man versteht, was das Kind mit seinem Verhalten mitteilen will. Ein vermeintliches Problemverhalten kann als sinnvolles Ausdrucksgeschehen verstanden werden. Ein Beispiel sind vermeintlich »autoaggressive« Verhaltensweisen von Kindern mit Behinderungen, die nicht primär ein behandlungsbedürftiges psychiatrisches Problem darstellen, sondern ein Verhalten mit Mitteilungsfunktion, das Frustration, Langeweile, Ärger oder dergleichen signalisieren kann. Mädchen mit Rett-Syndrom neigen beispielsweise zu heftigen Gefühlsschwankungen, die oft einen realen Grund haben. Wird die Not des Kindes in Worten ausgedrückt und auf seine Bedürfnisse eingegangen, löst sich das Problemverhalten rascher auf als durch starre erzieherische Maßnahmen wie »Grenzen setzen« oder einen simplen Belohnungsentzug. In manchen Fällen sind einfache Informationen und beruhigende Versicherungen für eine Lösung des präsentierten Problems hinreichend. Statt das scheinbar unerklärliche Schreien von Mädchen mit Rett-Syndrom wegtherapieren zu wollen, kann man darüber informieren, dass eine Ursache häufig schmerzhafter Reflux ist, der sich mit einfachen Mitteln beheben oder zumindest lindern lässt. Obwohl Rett-Mädchen eine zierliche Statur haben, ist ihr Grundumsatz erhöht. Da sie sehr langsam essen – 90 Minuten für eine Mahlzeit sind keine Seltenheit –, kann lautes Schreien nach dem Essen einfach bedeuten, dass sie noch nicht satt sind, obwohl alle anderen Personen schon lange fertig gegessen haben.

Nicht immer gibt es Spielraum für Veränderungen: Manche Probleme lösen sich durch die Erkenntnis auf, dass bestimmte Verhaltensweisen nicht beeinflussbar sind und zum Kind und seiner Behinderung dazugehören. Eine sorgfältige Einschätzung der Kompetenzen und Limitierungen des Kindes ist Voraussetzung für einen respektvollen Zugang. Zu einem liebevollen Umgang mit einem Kind mit Behinderung zählt auch, neben seinen Stärken auch seine Schwächen anzuerkennen. Die Einschätzung, welche Verhaltensweisen beeinflussbar sind und welche als Einschränkungen hingenommen werden müssen, kann mitunter recht frustrierend sein.

Aus systemischer Perspektive lässt sich Verhalten besser unter Berücksichtigung des Entstehungskontextes verstehen. Eine Strategie zur Veränderung von Verhaltensweisen, die als problematisch erlebt werden, setzt nicht unmittelbar am Kind oder seinen Bezugspersonen an, sondern versucht ihre Umgebung kind- bzw. behindertengerechter zu gestalten. Durch das Schaffen von förderlichen Rahmenbedingungen können viele Problemverhaltensweisen gemildert werden.

▶ Das Familienleben von Monika, ihren Eltern und Schwestern war von ständigen Streitereien um scheinbare Kleinigkeiten geprägt – wegen ihrer ausgeprägten Sehbehinderung war Monika darauf angewiesen, dass Gegenstände in der Wohnung sich zuverlässig an einem festen Platz befanden bzw. wieder dahin zurückgeräumt wurden, was ihrer pubertierenden Schwester, in geringerem Grad aber auch den Eltern als übermäßig pedantisch erschien. Mit den Eltern und Monika wurde ausgehandelt, dass in der Wohnung bestimmte Bereiche und Schrankräume speziell für Monika reserviert waren, was ihr sehr half sich zu orientieren und die Familie insgesamt entlastete.

Die meisten Menschen können nachvollziehen, welche besonderen Bedürfnisse mit einer Gehbehinderung verbunden sind. Doch es gibt auch ganz andere Einschränkungen, die für Außenstehende sehr viel weniger erkennbar sind, aber massive Verhaltensprobleme auslösen können, wenn sie nicht angemessen berücksichtigt werden. Kindern mit Entwicklungsbehinderungen fällt es beispielsweise oft schwer, Wahrnehmungsreize zu integrieren, und sie können sich gegen einen übermäßigen Reiz-Input nicht gut abschirmen.

Kindern mit besonderen Bedürfnissen fällt die emotionale Selbstregulation leichter, wenn ihnen eine angenehme, »nutzerfreundliche« Umgebung geboten wird, die eine Überstimulation vermeidet und gelegentliche Rückzugsmöglichkeiten bietet. Das Verhalten von Menschen ist kontextabhängig, unruhiges Verhalten von Kindern an Sonderschulen kann beispielsweise durch eine hohe Schülerzahl im Klassenzimmer und einen entsprechenden Reiz-Input mitbedingt werden. Wenn die Reduktion der Klassengröße auf eine vertretbare Größe nicht durchsetzbar ist, können möglicherweise Ruhephasen in einem stillen Raum Abhilfe schaffen. Besondere sensorische Angebote wie weiches Licht, bequeme Liegen, rhythmisches Wiegen in einer Hängematte, besondere Formen von Musik mit vollen, ruhigen und einigen hellen Klängen, von der Körpertambura, CDs mit Klängen, die einem weißen Rauschen entsprechen – Meeresrauschen, Kuhglocken –, helfen bei der Selbstberuhigung. Manche Einrichtungen verfügen über Snoezelen-Räume, die für diesen Zweck ausgestattet sind. Sie ermöglichen eine Reizabschirmung nach außen und bieten einen ruhigen sensorischen Input.

Hinterfragen von problematischen Familienmustern

Große Fürsorge – die von Außenstehenden allzu leicht als Überfürsorglichkeit kritisiert wird – ist oft eine aus Sicht der Familie und des Kindes notwendige Anpassungsleistung; zumindest vorübergehend in der akuten Anpassungsphase. Eine zu hohe Kohäsion kann gesundheitliche Risiken nach sich ziehen und in manchen Konstellationen in Krisenzeiten sogar zu Ausstoßungstendenzen führen (Gonzalez et al. 1989).

Andere tendenziell ungünstige Muster sind eine starr asymmetrische Rollenverteilung, die übermäßige Parentifizierung eines Geschwisters, das zu viele Aufgaben übernimmt, und starre Außengrenzen sowie das Ablehnen von Unterstützung von außen.

- Beginne mit einem *Joining* und mit Wertschätzung der Position der betroffenen Personen: »Was ich sehe, sind zwei Eltern, die sich total engagieren für das Wohlergehen ihrer Tochter ... und eine kleine Schwester, die gerne bereit ist mitzuhelfen. Ihr haltet wirklich zueinander!«
- Beschreibe konkret das beobachtete Muster: »Was ich wahrnehme ist, dass Sie müde und erschöpft wirken, und Sie Forderungen an Ihre Frau stellen und diese dabei zu kurz kommt.«
- Kläre – »Ist das für Sie ein Problem?«
- Wenn das beschriebene Muster als Problem wahrgenommen wird –
  - bitte die Angehörigen, Änderungswünsche vorzutragen, und

- nutze Verhandlungsstrategien zum Aushandeln eines neuen Gleichgewichtes.
- Wenn das beschriebene Muster nicht als Problem wahrgenommen wird –
  - konnotiere diese Einschätzung positiv und erwähne, dass Du als Berater zur Verfügung stehst, wenn sich diese Einschätzung ändern sollte.
  - arbeite mit zirkulären Fragen Unterschiede zwischen den Angehörigen heraus.
  - biete ein therapeutisches Splitting an: »Es gibt eine Seite von mir, die sagt: ›Toll, wie Sie das hinbekommen.‹ Aber eine andere Seite von mir sagt: ›Ob das auf lange Sicht gut gehen wird? Müssten die nicht beginnen, die Lasten anders zu verteilen?‹«
  - Hole vor einer etwaigen Konfrontation immer zuerst einen Auftrag ein.
  - Konfrontiere die Realitätswahrnehmung der Familie durch ein Reframing: »Sie halten sich an der Illusion fest, alles sei in Ordnung, dabei läuft Ihre Frau Gefahr, ein *Burnout* zu entwickeln – und wie würden Sie dann dastehen? Wenn Sie dies verhindern wollen, müssen Sie über Entlastungsmöglichkeiten sprechen – jetzt!«
  - »Frau Siebers, Ihr Mann ist frustriert, weil Sie sich so verausgaben und seine Hilfeangebote nicht annehmen. Natürlich haben Sie Recht – Ihr Kind braucht Sie, und es gibt niemanden, der so gut auf sie eingestimmt ist wie Sie. Aber gerade deshalb ist es wichtig, dass Sie nicht zulassen, vor Erschöpfung zusammenzubrechen – denn wer wäre für die Käthe da, wenn Sie längere Zeit ausfallen würden? Reden Sie einmal mit Ihrem Mann, welche Möglichkeiten es gibt, dass Sie regelmäßig Kraft schöpfen können.«
  - Sprich die kompetente Seite der Klienten an: »Sie haben so viele Schwierigkeiten gemeistert ...«
  - Verwende Ich-Botschaften: »Was ich sehe, ist ... aus meiner Perspektive ...«
  - Trenne das Problemmuster von der Familie als Ganzem, zum Beispiel mit einer Externalisierung: »Sie haben offensichtlich zugelassen, dass *Der Frust* regiert – das passiert sehr leicht, mich wundert nur, dass Sie es einfach geschehen lassen ...«
  - Fordere einzelne Personen heraus: »Sie sind so festgefahren in Ihrem Klagen – ich weiß nicht, ob Sie es schaffen werden, bis zur nächsten Sitzung auch den einen oder anderen positiven Augenblick wahrzunehmen!«
  - Gehe taktische Koalitionen mit einzelnen Angehörigen ein.

Ein anderes Problemmuster ist die Unterforderung eines behinderten Kindes. Viele Familien und Helfer neigen dazu, Kinder oder Jugendliche auf ihre Behinderung zu reduzieren und vorhandene Kompetenzen zu übersehen. Die Diagnose einer Behinderung führt zu niedrigeren Erwartungen durch das soziale Umfeld. Wenn Kinder dies spüren, wirkt es sich negativ auf ihr Vertrauen in ihre eigenen Kompetenzen aus. Berater sollten helfen, einen Kontext zu schaffen, in dem das Kind seine Kompetenzen entfalten kann und angemessene Anforderungen gestellt werden.

Konflikte lösen

Auseinandersetzungen zwischen Familienangehörigen sind etwas Alltägliches. Familien, die durch einen kranken oder behinderten Angehörigen gefordert sind, können es sich weniger erlauben, ihre Energie für Streitigkeiten zu verwenden. Konflikte zwischen Partnern führen zu einem höheren Pegel an Stresshormonen, zu größerer Krankheitshäufigkeit und einer höheren psychophysiologischen Aktivierung (Gottman & Katz 1989, Minuchin et al. 1981). Konfliktthemen lassen sich leichter klären, wenn die Beziehungsqualität gut ist und das Gefühl besteht: »Wir haben uns gern!« Manchmal bestanden bereits vor Auftreten der Behinderung Spannungen, die jetzt noch deutlich zum Tragen kommen. Gemäß der Devise »Lieber vorbeugen als heilen« ist es ratsam, die Partnerschaft und ein starkes »Wir-Gefühl« zu pflegen. Selbst wenn sich Partner gut verstehen, kann es zu kleineren oder größeren Beziehungskonflikten bei der Auseinandersetzung mit der Behinderung kommen.

Klassische Konfliktmuster sind symmetrische Streitigkeiten über die Frage, wer Recht hat – »deine Familie, meine Familie« –, welche Heilmethode oder welcher Behandler richtig ist. Beziehungskonflikte zwischen den Partnern können nach außen verlagert werden. Statt sich einzugestehen, dass erhebliche persönliche Differenzen bestehen, kann es sicherer sein, über das Für und Wider einer alternativen Therapieform zu streiten. Andere typische Konfliktmuster sind generationsübergreifende Koalitionen, zum Beispiel zwischen einer Mutter, die sich bei der Pflege ihres Kindes mehr und mehr auf die Meinung ihrer Eltern verlässt, während sich ihr Mann zunehmend entzieht. Ein weiteres Konfliktmuster ist eine Triangulation, bei der Angehörige, Freunde oder Behandler in Streitigkeiten als Bündnispartner einbezogen werden. Anhaltende Konflikte zwischen Partnern sind häufig ein Zeichen, dass wichtige Bindungsbedürfnisse in Frage gestellt sind und man sich als Person nicht gesehen, im Stich gelassen oder verraten fühlt (Johnson 2004).

Bedürfnisse in Balance bringen

Die besonderen Bedürfnisse des Kindes mit Behinderung und die Interessen der übrigen Familienangehörigen müssen in eine Balance gebracht werden. Alltagsroutinen und gewohnte Abläufe an Feiertagen und Rituale sollten beibehalten oder wieder aufgenommen werden, um nicht zuzulassen, dass die Behinderung das Familienleben dominiert. Metaphorisch gesprochen, sollte diese nicht den Fahrersitz, sondern einen Platz in der zweiten Reihe einnehmen. Die gefundene Balance muss nicht immer allen Familienmitgliedern gerecht werden, sollte aber insgesamt ausgewogen sein. Nicht nur mit den Bedürfnissen des behinderten Kindes, sondern auch mit den Interessen der übrigen Angehörigen sollte fürsorglich umgegangen werden.

Diese Balance lässt sich mit dem Waagschalen-Modell der Familienanpassung veranschaulichen (s. Abb. S. 83). Wenn Belastungen auf der einen Seite zunehmen, müssen auf der anderen Seite Ressourcen und Entlastungsangebote in die Waagschale gelegt werden, um ein gutes Gleichgewicht zu wahren. Statt dass man nur an den Belastungen ansetzt und versucht, diese loszuwerden, ist es also auch möglich, die Seite der Ressourcen zu stärken. Das Ansprechen der Möglichkeit des Scheiterns und der Option, die Situation zu verlassen, unterstreicht die Idee, dass es Wahlmöglichkeiten gibt.

Ein anderes nützliches Instrument, mit dem sich die Balance der Energien der Familie veranschaulichen lässt, sind Skalierungstechniken (de Shazer 1989):

- Gib jedem Elternteil und den Geschwistern, die malen oder schreiben können, ein Blatt Papier und bunte Stifte.
- Fordere die Mitglieder der Familie auf: »Bitte male auf dieses Blatt einen Kreis.«
- »Jetzt trage ein, wie viel Energie du zur Zeit für verschiedene Bereiche verwendest, so, wie es jetzt gerade ist
  - für dich selbst
  - für die Familie
  - für die Partnerschaft
  - für deinen Beruf oder die Schule
  - für die Behinderung von ...
- Hier ist ein zweites Bild. Bitte zeichne ein, wie viel Energie du gerne einteilen würdest – also dein Wunschbild –
  - für dich selbst
  - für die Familie
  - für die Partnerschaft

- für deinen Beruf oder die Schule
- und für die Behinderung von ...«
- Besprich mit der Familie die unterschiedlichen Bilder vom gegenwärtigen und vom Wunschzustand.

Eine weitere nützliche Zugangsform sind Externalisierungen. Familien von Kindern mit Behinderungen können gefragt werden: »Wer in der Familie ist der Chef oder der Bestimmer über euer Leben – du, deine Eltern oder die Behinderung? Habt ihr ein Mitspracherecht, oder macht er oder sie, was sie will?« Eine andere Frage lautet: »Wo genau hat sich die Behinderung eingenistet – hat sie sich in eurem Wohnzimmer eingenistet oder das Schlafzimmer oder die Küche übernommen? Was müsste geschehen, damit sie sich mit dem Gästezimmer begnügt?« Externalisierungstechniken können in Familien und in Multi-Familiengruppen eingesetzt werden.

- Biete eine allgemeine Idee über das Leben mit der Behinderung an: »Oft beherrscht eine Behinderung das gesamte Familiengeschehen.«
- Führe eine externalisierende Metapher ein und sprich über die Behinderung wie über eine Person, zum Beispiel einen dreijährigen Terroristen oder Klabautermann, der die Familie mit unvorhersehbaren und exzessiven Forderungen schikaniert und mit katastrophalen Folgen droht, falls nicht auf seine fortgesetzten Sonderwünsche eingegangen wird. »Angenommen, ihr sitzt bei Tisch und stellt fest, es ist noch eine weitere Gestalt anwesend – *Die Behinderung*. Könnt ihr dennoch Spaß beim Essen haben? Oder richtet sie ein Riesendurcheinander an und meldet ständig Sonderwünsche an? Könnt ihr dafür sorgen, dass jeder dran kommt und ihr sogar vielleicht den Nachtisch genießen könnt?«
- Bitte die Familie(n), ihre Stühle aufzustellen, als ob sie in einem imaginären Auto säßen. Ein leerer Stuhl wird für *Die Behinderung* reserviert.
- »Stellt euch vor, eure Familie macht einen Ausflug, und *Er* will neue Windeln. Alle 30 km soll angehalten werden, weil *Er* eine Pause braucht. Sie müssen extra Gepäck mitnehmen für *Ihn*.«
- Führe ein Interview die Familie mit Hilfe von zirkulären Fragen nach dem Umgang mit dem externalisierten Symptom als weiterem Familienmitglied: »Wer hat am meisten Verständnis für seine besonderen Bedürfnisse?«
- »Was passiert, wenn man ihn übergeht?«
- »Was könnte ihn am ehesten bewegen, für einige Zeit Ruhe zu geben?«
- »Wer könnte ihn am ehesten auf einen angemessenen Platz auf der Rückbank verweisen?«

- Diskutiere mit den Familien Lösungsideen, wie sie *Ihn* wieder vom Fahrersitz auf einen der Beifahrerplätze bekommen können.

Familienskulpturen

Die Auswirkungen der Behinderung auf die Familie können als thematische Familienskulptur deutlich gemacht werden (Retzlaff 2009). Die Beziehungen der Familie und charakteristische Interaktionssequenzen um die Behinderung werden als lebendiges Porträt symbolisch dargestellt. Skulpturen sollen die Interaktion der Familie um das Problem herum verdeutlichen. Man kann eine Vorher-nachher-Skulptur aufstellen lassen.

- Wähle ein Kind oder einen Jugendlichen als Protagonisten aus. Bitte darum, ein typisches Bild der Familie zu zeigen. Es soll einen typischen Eindruck von euch wiedergeben. Das aufstellende Kind soll jeder Person eine bestimmte Position und Haltung geben, ohne dabei zu sprechen. Der Gesichtsausdruck der jeweiligen Person wird vorgemacht. Zum Schluss baut es sich selbst in die Skulptur ein.
- Beginne mit einer Vorher-nachher-Skulptur: »Zeige mir, wie ihr als Familie vor der Behinderung von Hans wart.«
- Oder bitte um eine Skulptur, welche die Auswirkungen der Behinderung in der Gegenwart verdeutlicht: »Zeige mir, welchen Platz die Behinderung als Problem in eurer Familie eingenommen hat!«
- Frage alle an der Skulptur beteiligten Personen:
- »Wie geht es dir an deinem Platz?«
- »Wie fühlst du dich mit dem Abstand zu den anderen?«
- »Hast du gewusst, dass der Bildhauer die Familie so sieht und erlebt?«
- »Stimmst du zu, dass eure Familie so funktioniert?«
- »Was wäre ein Änderungsschritt, den du gerne machen würdest?«
- »Zeige einmal, wohin du dich bewegen würdest. Komm dann in die Ausgangsposition zurück.«
- Bitte gegebenenfalls ein Familienmitglied, eine Wunsch- oder Lösungsskulptur zu entwickeln, mit der Vorgabe: »Entwickelt ein Gleichgewicht, das eurer Situation im Lebenszyklus gerecht wird.«
- Möglicherweise sind Veränderungen in Teilschritten realistischer als kaum zu erreichende Wunschbilder: »Was würde die Situation für euch etwas verbessern – was wäre eine etwas andere Skulptur, wie ihr als Familie mit der Behinderung lebt?«
- Würdige die Rückmeldungen der Personen. Benenne eigene Eindrücke und Wahrnehmungen, ohne zu deuten oder zu interpretieren.

- Bitte gegebenenfalls andere Familienmitglieder, zu zeigen, was sie gerne verändern möchten.
- Frage die Familienmitglieder, was sie aus der Skulptur mitnehmen und welche Schritte sich daraus für ihre Therapieziele ergeben.
- Mögliche Varianten sind Skulpturen über die Familie in einer akuten medizinischen Krisensituation oder über das Familienleben zu einem zukünftigen Zeitpunkt, zum Beispiel, wenn das Kind mit Behinderung erwachsen ist.

Geschwister stärken

Ein häufiger Anmeldegrund ist der Wunsch von Eltern, dafür zu sorgen, dass Geschwister eines chronisch kranken oder behinderten Kindes nicht zu kurz kommen. Dieses Anliegen kann durchaus berechtigt sein, allerdings bietet das Leben mit einem behinderten Geschwister neben allen Einschränkungen auch Chancen für die Entwicklung von Kindern. Die Möglichkeiten von Eltern, sich zusätzlich ungeteilte Zeit für gesunde Geschwister zu nehmen, sind begrenzt. Untersuchungen der ungarischen Kinderärztin Pikler (2008) aus den 40er und 50er Jahren zeigen, dass Kinder, die in Heimen aufwachsen, sich in jeder Hinsicht gut entwickeln, wenn es eine einfühlsame Bezugsperson gibt, die ihnen täglich eine verhältnismäßig kurze Zeitspanne zuverlässig widmet, in der sie ganz für sie da ist. – Viele Familien entwickeln kleine und größere, oftmals ritualisierte Zeiten, an denen sie vielleicht eine fest verabredete Aktivität nur mit einem der Kinder unternehmen. So lässt sich verhüten, dass sie erst dann gehört werden, wenn sie ihrerseits eventuell ein Problem entwickelt haben.

- Würdige das fürsorgliche Engagement des Kindes für den Bruder oder die Schwester.
- Finde heraus, welche besonderen Qualitäten durch den Bruder oder die Schwester mit der Behinderung in die Familie kommen.
- Insbesondere kleine Kinder benötigen Informationen: »Was ist mit meiner Schwester, meinem Bruder los? Wie kommt es, dass sie oder er behindert ist? Kann so etwas auch mir passieren oder jemandem, der mir nahe steht?«
- Gibt es magische Vorstellungen wie »Wenn ich immer brav bin, wird meine Schwester gesund«?
- Hat das Kind das Gefühl, zu kurz zu kommen?
- Gibt es Zeichen für Konkurrenzgefühle oder Groll?
- Widme dem Kind ungeteilte Aufmerksamkeit, etwa in Einzelgesprächen.
- Nimm dir Zeit – insbesondere für Kinder unter sechs Jahren – und höre ihnen aktiv zu.

- Prüfe zusammen mit den Eltern und Kindern, ob ein Geschwisterkind hinreichend Freiräume für die eigene Entwicklung hat: Wird ein Kind allzu sehr in die Pflicht genommen? Übernimmt es aus freien Stücken zu viel Verantwortung? Werden eigene Interessen und Entwicklungsschritte aus einem Loyalitätsgefühl heraus hintenangestellt?
- Unterstütze die Familie, eine neue Aufgabenverteilung auszuhandeln und Aktivitäten speziell für die gesunden Kinder zu verabreden.
- Entlaste Eltern durch Reframings von Schuldgefühlen: »Die besondere Situation Ihrer Familie bringt Einschränkungen mit sich, bietet aber auch besondere Entwicklungschancen.«
- Hilf der Familie, Aktivitäten zu finden, bei denen alle gemeinsam etwas Schönes tun.

Pflege der Partnerschaft

Familien in der heutigen »postmodernen« Zeit sind übermäßig verplant und unter Zeitnot (Fraenkel et al. 1994, Jellouschek 2003). In der mittleren Anpassungsphase befinden sich die Familien mit großer Wahrscheinlichkeit in der so genannten *Rush-hour* des Lebenszyklus. Intensive Anforderungen im Berufsleben, die Schule, Elternabende, möglicherweise die Suche nach einem behindertengerechten Wohnraum können eine gewisse Atemlosigkeit bewirken. In diesen Lebensabschnitt fallen möglicherweise die Großeltern des behinderten Kindes als potenzielle Unterstützer aus, weil sie selbst zunehmend auf Unterstützung und Pflege angewiesen sind. Das bewusste Schaffen von Freiräumen ist eine Form der Lebenskunst. Eltern brauchen Zeit für sich als Paar und müssen ausgehen und gemeinsam etwas unternehmen, um nicht zu »versauern«. Die amerikanische Paartherapeutin Perel (2008) weist darauf hin, dass wilde Tiere in Gefangenschaft das Interesse an der Sexualität verlieren. Auch bei Menschen, die sich in ihren Alltagsroutinen und Belastungen gefangen fühlen, so ihre Vermutung, kommt die Lust am Sex zum Erliegen. Nähe und Intimität benötigen geschützte Räume, zum Beispiel einen Jour fixe oder einen Abend in der Woche, der nur für die Zweisamkeit reserviert ist, für Gespräche, Muße, Nichtstun oder was immer daraus entstehen mag.

- Ermuntere die Eltern, sich regelmäßig über behinderungsbedingte Fragen, über die Familie und Partnerschaft und eigene Sorgen, Wünsche und Hoffnungen auszutauschen.
- Rege einen Jour fixe ein, an dem die Eltern in ritualisierter Weise miteinander sprechen können.

- Rege an, einander wechselseitig fünf Minuten Zeit zu schenken – der Mann erzählt fünf Minuten, wie es ihm geht, die Frau hört einfach zu und dankt am Ende für das, was mitgeteilt wurde, dann ist die Frau an der Reihe und erzählt fünf Minuten, wie es ihr geht, der Mann hört ihr zu und bedankt sich anschließend.
- Führe diese einfache Übung unmittelbar in der Sitzung durch.
- Bitte um eine Verabredung, wann dies regelmäßig daheim durchgeführt werden kann – am besten allabendlich, oder einmal in der Woche, zu einer bestimmten Zeit, an einem bestimmten Ort.
- Nutze vertraute Formen des Paares, miteinander ins Gespräch zu kommen, wie beispielsweise lange Spaziergänge, die wöchentliche Walking-Runde ...

Das Selbstbild der Familie

Das Leben der Familie wird häufig von der Behinderung geprägt und weniger von all dem, was die Familie sonst ausmacht – Zuneigung, Gemeinsamkeiten, Vorlieben, Dinge, die man gerne zusammen unternimmt. Die Stärkung des innerfamiliären Zusammenhalts und der Verbundenheit oder Kohäsion ist ein weiterer Schlüsselfaktor, der die Resilienz fördert. Jede Familie ist einzigartig und hat ihre besonderen Stärken und Vorlieben. Auch wenn die Familien stolz darauf sein können, was sie im Umgang mit der Behinderung leisten, ist es gut daran zu erinnern: »Ihr seid mehr als die Behinderung!«

Ein guter Familienzusammenhalt und ein positives »Wir-Gefühl« erleichtern einen positiven Umgang mit Belastungen. Im Beratungskontext können Familien nach ihrem Leitmotiv befragt werden, einem Satz, der am besten die Stimmung und die zentralen Glaubenssätze widerspiegelt oder – musikalisch gesprochen – nach der Familienhymne (Papp & Imber-Black 1996). Ein Beispiel für einen Leitspruch ist der Satz »Einen Weg gibt es immer!« (Stierlin 2007).

- »Welche Hoffnungen, welche Sehnsüchte habt ihr?«
- »Was für eine Familie seid ihr – im Vergleich zu anderen Familien, die ihr kennt? Wie seid ihr nicht?«
- »Wie war euer Selbstverständnis, euer Bild von euch vor der Behinderung und der Pflege?«
- »Was hat sich seither geändert?«
- »Wie würdet ihr euch eigentlich gerne sehen – wie würdet ihr euch eigentlich gerne fühlen?«
- »Was müsste passieren, damit dies ein klein wenig mehr möglich wird? Was könntet ihr heute schon tun, um dem ein bisschen näher zu kommen?«

- Erkundige Dich nach Schlüsselwörtern, Leitsätzen und Familienhymnen und rege dann eine Diskussion an:
- »Welches Motto, welcher Leitsatz gibt am besten wieder, wie ihr euer Leben in der letzten Zeit gelebt habt?«
- »Passt dieses Motto heute noch zu euch?«
- »Was wäre für die Gegenwart und die Zukunft ein gutes neues Motto, ein gutes Leitmotiv, etwas, das ihr als Slogan eurer Familie wählen könnt?«
- »Vielleicht könnt ihr diesen Satz auf ein T-Shirt drucken oder einen Sticker herstellen mit eurem Familien-Motto.«

Die vielschichtigen, zum Teil heftigen emotionalen Erfahrungen, die mit den behinderungsbedingten Belastungen einhergehen, können durch Gestaltungen und insbesondere Familien-Collagen Ausdruck finden. Collagen erlauben zugleich eine Externalisierung des Erlebten und führen eine Beobachterperspektive ein. Auch kleinere Kinder können aktiv an einem solchen Familien-Kunstprojekt mitwirken. Die Technik stammt aus der Arbeit mit Multi-Familiengruppen, kann aber gut mit einzelnen Familien durchgeführt werden. Die Familie wird gebeten, ihre Erfahrungen im Umgang mit der körperlichen Behinderung als eine große Collage zu gestalten, die auf ein Poster geklebt werden soll. Zunächst müssen sich die Angehörigen absprechen, welche Form die Collage erhalten soll. Das Material kann vom Therapeuten gestellt oder von der Familie zusammengetragen werden. Ist die Collage fertig, soll die Familie sich auf einen Titel für ihr Werk einigen und dies dem Therapeuten erläutern. In einer späteren Sitzung kann eine Collage erstellt werden mit der Vision des zukünftigen Lebens der Familie. Der Berater kann nach Fertigstellung ein Gespräch der Familie anregen:
    Diskutiert ausgehend von eurer Collage:

- »Wie habt ihr die schwere Zeit mit der Krankheit oder der Krise gestaltet?«
- »Welche Verbindung besteht zum Familien-Motto?«
- »Was wünscht sich die Familie für die Zukunft – wenn ihr in einem Jahr zurückblicken würdet?«
- »Wo wollt ihr sein? Wofür ist euch das wichtig?«
- »Wie kommt ihr dorthin?«
- »Welche Hindernisse erwartet ihr?«
- »Wie wird die Familie in Zukunft aussehen?«
- »Gibt es schon Ideen für ein neues Familien-Motto?«
- »Überlegt, was mit eurer Collage passieren soll – gibt es einen Ort, wo sie für einige Zeit aufgehängt werden soll?«

Rezepte des Scheiterns

Häufig gibt es viele Gründe, nicht zu tun, was gut für uns ist, entsprechend dem biblischen Spruch: »*Denn das Gute, das ich will, das tue ich nicht*«. Als eine *Anleitung zum Unglücklichsein* kann man mit paradoxen Verschlimmerungsfragen erkunden, wie man gute Vorsätze zum Scheitern bringen könnte und nicht respektvoll mit sich umgeht. Die meisten Klienten können sehr genau benennen, wie sie dies bewerkstelligen könnten. Einige hilfreiche Fragen dazu lauten:

- »Nenne mir sechs gute Gründe, nicht zu tun, was du dir vorgenommen hast!«
- »Was müsstest du tun oder dir sagen, um garantiert nicht zu tun, was gut ist für dich?«
- »Was könnte dich in eine Verfassung bringen, die mit großer Wahrscheinlichkeit dazu führt, dass du deine Interessen vernachlässigst?«

Nach einem solchen, in scherzhaft-provokantem Unterton geführten Gespräch können erste kleine Schritte vereinbart werden, die zu einer Verbesserung von maximal 5 % führen. Sehr hilfreich ist es, ein neues Zielverhalten an bereits bestehende feste Gewohnheiten zu koppeln, zum Beispiel: »immer wenn die Tochter mit dem Schulbus fortgefahren ist, zehn Minuten Stretching-Übungen machen«.

Manchmal sind »Wettkämpfe« zwischen Angehörigen nützlich, bei denen derjenige gewinnt, der es schafft, häufiger umzusetzen, was er oder sie sich vorgenommen hat. Mit Unterstützung einer Gruppe oder eines Elternkreises fällt es leichter, gute Absichten zu verwirklichen.

Selbstfürsorge

Für eine gute Behinderungsbewältigung ist neben einem achtsamen Umgang mit der Partnerschaft und der Familie ein guter Umgang mit eigenen Bedürfnissen von entscheidender Bedeutung. Körperliche und psychische Symptome lassen sich auf einen Mangel an Respekt zurückführen – einen respektlosen Umgang mit dem eigenen Körper, mit der eigenen Person, dem Partner oder den Angehörigen (Beaumont 2008). Prinzipiell geht es um sehr viel mehr als um Entspannung und Stressreduktion, es geht um die grundlegende respektvolle Haltung, mit der eigenen Person achtsam und fürsorglich umzugehen.

In Gesprächen über das Thema Selbstfürsorge von pflegenden Angehörigen entsteht leicht eine symmetrische Dynamik – Helfer drängen, »Tut euch Gutes!«, die Eltern halten dagegen, weil sie dafür nun wirklich keine Zeit haben! Die gut gemeinte Empfehlung, öfters an sich zu denken, erreicht viele Eltern nicht, weil sie nicht ihrer Lebenswelt gerecht wird. Sie sind darauf gepolt, für ihr Kind da zu sein. Häufig ist es erforderlich, zunächst Unterstützung durch den Ehepartner, weitere Angehörige oder einen Familienentlastenden Dienst zu organisieren, um Freiräume zu schaffen, die eine individuelle Entlastung überhaupt ermöglichen, etwa durch geänderte Arbeitszeiten des Mannes oder die Organisation externer Hilfen, damit zum Beispiel ein Fitnesstermin wahrgenommen werden kann.

Um auf lange Sicht gut für das Kind sorgen zu können, ist es erforderlich, regelmäßig die eigenen »Batterien aufzuladen«. Selbstfürsorge wird zu einem fürsorglichen Schritt umgedeutet und der Wunsch, für das behinderte Kind auf lange Sicht sorgen zu können, wird damit utilisiert.

Familien verfügen über eine Fülle an Strategien, die helfen, Stress abzubauen und trotz aller Widrigkeiten im Lot zu bleiben und gelegentliche Durststrecken zu überwinden. In Einzelberatungen, Familiengesprächen und in Multi-Familiengruppen können die Familienmitglieder gebeten werden zu erzählen, was ihnen gut tut, und gewissermaßen ihre persönlichen »Rezepte« auszutauschen. Nicht jedes Rezept wird für jede Person geeignet sein – aber irgendetwas passt fast immer.

Eine gelassene Atmosphäre wird begünstigt, wenn die Familie die Alltagsaufgaben gut geregelt bekommt und besondere Zeiten reserviert, um miteinander Spaß zu haben (Stern 2000).

- Frage die Eltern, was sie für sich tun: »Die meisten von uns wissen, wie wichtig es ist, immer wieder Kraft zu schöpfen und gewissermaßen die Batterien aufzuladen. Was sind kleine oder große Dinge, die euch gut tun?«
- »Was sind deine oder eure Lieblingsaktivitäten, wenn es eine Reihe von nicht enden wollenden trüben Tagen gibt?«
- »Gibt es etwas, wovon ihr wisst, dass es sogar vorbeugend hilft, im Lot zu bleiben?«
- »Angenommen, ihr wolltet daheim dafür sorgen, dass ihr öfters etwas tut, was euch glücklich macht. Wie könnte ein »Wohlfühl-Plan« ausschauen, bei dem es weniger Stress und mehr Spaß gibt?«
- »Wie könnt ihr Zeiten reservieren, um jeder für sich oder miteinander Spaß zu haben?«

Hier einige Dinge, die von Familien genannt wurden:

Individuelle Ressourcen
- einen Moment der Geborgenheit schaffen
- gemütlich duschen
- an Gutes aus der Vergangenheit anknüpfen

- eigene Ressourcen sichten
- einen kleinen Schritt tun
- Tagebuch schreiben
- gute Tage wahrnehmen
- einen sicheren Ort aufsuchen – in der Natur, einen Lieblingsplatz daheim
- in Gedanken an einen Lieblingsort schweifen
- aufräumen und Dinge aussortieren
- sich kleine Wünsche erfüllen
- Lesen
- etwas Neues ausprobieren
- sich an Wendepunkte im Leben erinnern
- den Wechsel der Jahreszeiten genießen
- die tageszeitlichen Körperrhythmen respektieren
- etwas tun, was man wirklich gut kann – bis es richtig gut läuft und man und in den *flow* kommt
- Dankbarkeit zeigen

Kreativ sein
- malen, zeichnen, basteln, werkeln, künstlerisches Gestalten, handarbeiten
- singen, Musik machen
- eine Lieblings-Gute-Laune-Musik hören

Kontakte
- Zeit mit Freunden verbringen
- telefonieren oder chatten
- einen Brief schreiben
- ein Lieblingsessen für jemanden zubereiten

Fitness
- Sport machen, joggen, walken, klettern

Entspannung und Meditation
- sich entspannen mit Autogenem Training, Muskelentspannung
- Yoga, Tai Chi
- spirituelle Erfahrungen
- Andacht und Gebete
- Meditation

Partnerschaft

- gemeinsam ausgehen
- tanzen
- sich gegenseitig massieren
- Zeit füreinander
- etwas zusammen machen ohne Kinder – für eine Stunde, einen Nachmittag, einen Abend, einen Tag oder ein Wochenende

Familienaktivitäten

- morgens fünf Minuten auf dem Trampolin hüpfen
- zusammen Sport machen
- gemeinsam einen lustigen Film anschauen
- etwas draußen unternehmen
- schöne Musik hören
- einen Faulenzertag einlegen

Zentrierungs- und Entspannungsübungen

Körper- und achtsamkeitsbasierte Techniken gelten als wirksame Möglichkeiten für den Umgang mit Stress, Ängsten und Trauer (Kabat Zinn 1998). Sie knüpfen an Verfahren der Meditation und Kontemplation an, die auf eine jahrtausendealte Tradition zurückblicken und bereits von C. G. Jung (1943), Fromm (1960), Perls (1970) und Schultz (1973) aufgegriffen wurden.

Eine wirksame Methode zur Verhütung von Stresssymptomen, Burnout und einem körperlichen Zusammenbruch ist die Beachtung von tageszeitlichen Körperrhythmen (Rossi 1986). Kürzere Erholungspausen von 10 bis 20 Minuten nach einer Aktivitätsphase von 90 Minuten – am Vormittag, nach dem Mittagessen und am Nachmittag – wirken vorbeugend gegen eine Daueranspannung. Mit den Eltern kann diskutiert werden, was ihre bevorzugten Wege sind, sich im Alltag zu entspannen. Gegebenenfalls können ihnen einfache Techniken wie Autogenes Training, Muskelentspannung nach Jakobsen oder integrative Entspannungstechniken vermittelt werden.

Eine leicht zu erlernende Zentrierungsübung stärkt den Selbstkontakt und das Gefühl innerer Souveränität. Statt zu erleben, wie man sich in Stresssituationen mehr und mehr aufregt, wird die Fähigkeit gefördert, die eigene Aktiviertheit regulieren zu können. Dabei spürt man im Sitzen oder Liegen mit der Aufmerksamkeit zu den Gelenken hin – Handgelenk, Finger, Ellbogen, Schultern rechts, dann links, gefolgt von den Zehen, dem Knöchel, Knie- und Hüftgelenk jeweils rechts, dann links, sowie dem Übergang vom Kopf in den Hals und das Unterkiefergelenk. Die Körperwahrnehmung der Stellung der Gelenke wird durch ganz kleine, orientierende, ruckelnde Bewegungen des jeweiligen Gelenkes angeregt. Anschließend können in freier Folge verschiedene Gelenke ganz leicht bewegt werden, um ein Gespür für den Körper als Ganzen zu bekommen. Zum Schluss registriert man den Aktivierungsgrad und die Gestimmtheit. Die Übung sollte regelmäßig in 10–20 Minuten durchgeführt werden, nach kurzer Zeit gelingt es dann den meisten Klienten, sich innerhalb von drei bis fünf Minuten in der beschriebenen Weise zu zentrieren (Retzlaff 2009).

Eine einfache Übung zur Kurzentspannung ist *Palmieren* (Scholl 1985). In sitzender Position werden die Klienten gebeten, ihre Augen sanft und ohne Druck mit den Händen abzudunkeln – vielleicht die Ellbogen auf die Knie zu stützen –, zu genießen, dass die Augen – die soviel den ganzen Tag über leisten – für ein oder zwei Augenblicke Ruhe finden ... und dabei in der samtigen Schwärze, die nun die Augen umhüllt, kleine bunte Lichtpunkte tanzen zu sehen – die weniger und weniger werden können, wenn Du weiter ruhig atmest ... ein und aus ... ein und aus ... und es den Augen erlaubst, weicher zu werden ... als ob sie sich in einem bequemen behaglichen Bett zurücksinken lassen können ... und mit jedem Atemzug – ein und aus ... ein und aus ... – spüren, wie auch die Nackenmuskeln beginnen zusammen mit den Augäpfeln Spannung abzugeben ... um nach einer angenehmen Erholungspause ... mit einem erfrischten Gefühl etwas zu blinzeln, die Hände von den Augen zu nehmen, die Augen wieder zu öffnen und während du wieder hier, in diesem Raum landest, zu erkennen: Wie einfach es doch ist, sich drei oder vier Minuten eine kleine Pause zu nehmen!«

Eine andere Kurzentspannungstechnik lenkt die Aufmerksamkeit auf das Kommen und Gehen des Atems: »Nimm wahr, wie auf jedes Ausatmen ein Einatmen folgt ... beachte, ohne etwas ändern zu wollen, einfach nur, wie auf das Ausatmen das einatmen folgt und auf das Einatmen ... das Ausatmen. Und während du das ständige ... Auf und ... Ab ... Auf ... und Ab ... des Atmens beachtest, ... das Kommen ... und Gehen des Atems, ... kannst du ohne besonderes Zutun Farben sehen ... Formen ... Farben und Formen ... du kannst beginnen spazieren zu gehen ... zu der einen oder anderen angenehmen Erfahrung, bei der du dir für ein paar Minuten einfach nur erlaubst zu sitzen und den Atem zu spüren ... um nach einiger Zeit ... frisch und erholt anzukommen im Hier und Jetzt, bereit für das, was an diesem Tag noch vor dir liegt ...«

Die hohe Dauerbelastung und anhaltende Sorgen um die Gesundheit des behinderten Kindes führen manchmal zu einem ausgeprägten Binnenfokus der Wahrnehmung, mit grüblerischen Gedanken, negativen inneren Dialogen und dem Gefühl, nicht abschalten zu können. Folgende Übung ist sehr hilfreich (Gilligan 1997):

»Nimm eine bequeme Sitzposition ein. Beobachte das Einatmen und das Ausatmen. Lass den Atem einfach kommen. Wo erlebst du die Grübelgedanken?« Meist wird ein Punkt außerhalb des Atmens benannt, zum Beispiel zwei Zentimeter vor dem Kehlkopf. »Atme durch diesen Punkt hindurch. Lass diesen Punkt weich werden, indem du den Atem einfach hindurchfließen lässt.«

Annehmen und Akzeptanz

Die Behinderung des Kindes anzunehmen, zu bejahen und nicht zu hadern ist ein wesentlicher Aspekt von Resilienz. Menschen können auf sehr unterschiedliche Weise diesen Schritt vollziehen, und sie tun dies in ihrem eigenen Tempo. Grundsätzlich handelt es sich auch um eine Einsicht in die Begrenztheit der eigenen Einflussmöglichkeiten. Menschen wollen gerne bestimmen, wie ihr Leben läuft. Doch wir haben nur sehr bedingt Einfluss darauf, was uns das Leben schenkt – wir sind aber zumindest ein Stück weit frei zu entscheiden, was wir aus diesem Geschenk machen. Dazu äußerte ein Vater:

▶ »Und wenn die Liebe da ist und wenn man die Behinderung annimmt, dann entwickelt sich der Rest fast von allein. Das ist fast schon ein christlicher Gedanke. Aber ich glaube, das ist das Entscheidende überhaupt. Der Rest, kann man sagen, wenn die Liebe so groß ist, und man die Behinderung annimmt; wenn sich jemand einfach keine Gedanken macht und sich nicht permanent überlegt, dann wandelt sich alles zum Guten. Das war bei uns so, das ist der Durchbruch, der absolute Durchbruch!«

Das Wissen über gute Anpassungsstrategien und Resilienzprozesse lässt sich überzeugender durch persönliche Berichte über gute und auch leidvolle Erfahrungen von Familien vermitteln, die das Leben mit einer Behinderung aus eigener Anschauung kennen, als dies bei einer überwiegend kognitiven Wissensvermittlung möglich wäre. Konkret kann einer Familie von anderen Familien berichtet werden. Wesentlich anschaulicher ist es, Videoausschnitte von Familiengesprächen zu zeigen, in denen deutlich wird, was ihnen geholfen hat. Auf die Frage »Was würden Sie einer Familie raten, die heute vielleicht in einer ähnlichen Situation steckt wie Sie vor einigen Jahren?« gibt es meist eine Reihe von zum Teil sehr bewegenden, überzeugenden Antworten. Wenn man Eltern mehrere Geschichten oder Videoausschnitte mit unterschiedlichen Resilienzerfahrungen anbietet, hat dies den Vorteil, dass diese sich – selbst wenn manche Resilienzgeschichten nicht zu ihnen passen mögen – von dem einen oder anderen Beispiel doch persönlich angesprochen fühlen. Die ausdrückliche Empfehlung einer Familie lautete: »Schaut auf das, was euch ganz persönlich gut tut und zu euch passt!«

Manchen Familien gelingt es verhältnismäßig rasch, die Behinderung zu akzeptieren und ihre familiären Werte neu zu definieren, andere dagegen benötigen mehr Zeit. Wenn sich Eltern schwer damit tun, ihre Situation zu akzeptieren, ist es nicht sinnvoll, sie zu bedrängen. Es hilft ihnen mehr, wenn die Nichtakzeptanz vom Berater als eine gültige Haltung akzeptiert wird.

▶ Vater: »Erst einmal würde ich mal sagen, wenn die nicht damit klarkommen, ist das auch ganz normal. Ich finde das erst mal in gewisser Weise selbstverständlich, wenn man das nicht auf die Reihe kriegt und damit große Probleme hat. Letztendlich sich damit zu arrangieren ist ein persönlicher Prozess, der davon abhängt, wie ich generell mit dem Leben klarkomme. Man muss sich intensiv damit auseinander setzen, mit sich selbst und mit dem Leben. Und dann kann man auch eine Behinderung entsprechend positiv einordnen. Es gehört zum Leben dazu, es werden nicht nur Genies geboren, die nach der einen Seite ausschlagen, die Natur lässt es auch zur anderen Seite hin ausschlagen. Man muss das Leben anerkennen, wie es ist.«

Einige Vorgehensweisen zum Fördern einer akzeptierenden Haltung:
- Gehe davon aus, dass Menschen mindestens zwei Seelen in ihrer Brust haben – »einer Seite von Ihnen fällt es schwer, die Behinderung zu akzeptieren, und sie hadert immer wieder ... und vielleicht kennen Sie auch die andere Seite, die leise im Hintergrund sagt: ›Nimm es, wie es ist, schau nach vorne ...‹«
- Verwende Techniken der Aufmerksamkeitsfokussierung.
- Lass die Klienten auf grüblerische Gedanken und Hadern mit einem Satz antworten, der mit »Ja ... und ...!« beginnt – »heute ist es wieder mal ganz furchtbar ... *und* irgendwie bekommen wir es ja doch immer wieder hin ...«
- Bitte die Klienten, einen ich-stärkenden Satz zu finden, den sie als ihr inneres Mantra sagen können, etwa: »Es gibt immer einen Weg!«
- Verwende die Metapher des Lebens als einem Buch – »Sie haben erzählt, dass die vergangenen Kapitel dieses Buches mit dem Titel »Das Leben der Familie X« angefüllt waren mit etlichen dramatischen Momenten, vielen Hürden und entbehrungsreichen Wegstrecken. Angenommen, die folgenden Kapitel würden etwas heiterer – ohne dass ein Wunder passiert wäre –, wie könnte die Geschichte weitergehen?«

Eine weitere Möglichkeit besteht darin, Beispiele aus der Literatur zu finden und mit Familien durchzusprechen, zum Beispiel die bekannten Sätze von Beppo Straßenkehrer aus »Momo« von Michael Ende (1973):

»Manchmal hat man eine sehr lange Straße vor sich. Man denkt, die ist schrecklich lang, das kann man niemals schaffen. Aber man darf niemals die ganze Straße auf einmal denken. Man muss nur an den nächsten Schritt denken, an den nächsten Atemzug, an den nächsten Besenstrich. Auf einmal merkt man, dass man Schritt für Schritt die ganze Straße gemacht hat. Man hat gar nicht gemerkt wie, und man ist nicht außer Puste.«

Wahrnehmung liebevoller Momente

In der wissenschaftlichen Literatur wird das Kind nur selten als Bereicherung der Familie behandelt. Für resiliente Familien ist dieser Aspekt jedoch ganz entscheidend. Fröhliche, schöne Momente, in denen Eltern und Kind nur Spaß haben, etwas singen, Quatsch machen, schäkern, leisten einen wichtigen Beitrag zu deren Resilienz. In Beratungen mit Familien kann gezielt nach entsprechenden Erfahrungen gefragt werden – in den allermeisten Fällen antworten Eltern und Geschwister mit einer ganzen Reihe von Beispielen.

- »Neben vielen mühsamen Situationen gibt es bestimmt auch heitere Momente mit Ihrem Sohn, Ihrer Tochter, die Außenstehende vielleicht gar nicht so recht nachvollziehen können; wie schauen die aus?«
- »Wann haben Sie einfach nur Spaß miteinander?«
- »Welche – vielleicht auch nur ganz kleinen – Situationen gab es, in denen es irgendwie einfach lustig war?«
- »Welche kleinen Entwicklungsschritte gab es, über die Sie sich in der letzten Zeit richtig gefreut haben?«

Blick zurück

Die Aufmerksamkeitsregulation und das Selbsterleben in der schockartigen Anpassungsphase können als eine Form von alterniertem Bewusstseinszustand verstanden werden. Eltern finden kaum Zeit, in Ruhe über ihre veränderte Lebenssituation nachzudenken und sich innerlich zu sortieren. Um eine kohärente Geschichte entwickeln zu können, ist es erforderlich, gelegentlich innezuhalten und zurückzuschauen, um eine Rückblende zu machen und zu prüfen, welchen Weg man schon geschafft hat.

In Gesprächen mit einem Berater kann die eigene Geschichte in einem anderen affektiv tragenden Rahmen erzählt werden. Dies hilft bei dem Prozess, schwere Erfahrungen einzuordnen und zu verarbeiten. Im Erzählen wird die eigene Lebensgeschichte subtil umgestaltet. Verluste, Dinge, die man aufgeben musste, und Konsequenzen für das eigene Leben werden eingestanden. Im Prozess des Erzählens und Wiedererzählens können einzelne Aspekte der Lebensgeschichte eine neue Bedeutung gewinnen und vergangene Situationen werden im Licht der Gegenwart anders bewertet. Die Behinderung des Kindes wird in die eigene Lebensgeschichte eingeordnet und eine neue Biografie entwickelt. Auf übergeordneter Ebene werden der Behinderung neue Bedeutungen und neuer Sinn beigemessen – was dazu beiträgt, dass sie sich mit ihrer Situation aussöhnen und die Folgen der Behinderung für das Leben annehmen (Corbin & Strauss 1988).

In Beratungen zeigt sich manchmal, dass sich eine Frau von ihrem Mann in der Zeit der Diagnosestellung allein gelassen gefühlt hatte und er wenig mit ihr über die Situation sprechen wollte. Umgekehrt klagen Männer gelegentlich, der fortgesetzte Wunsch, über die Behinderung zu sprechen, hätte die Dinge eher zerredet als geklärt und den Kummer nur vertieft, ihre Bemühungen seien von der Frau nicht gewürdigt worden. Ein möglicher Zugang besteht darin, mit der Familie ein medizinisches Genogramm zu erstellen oder einfach die Geschichte erzählen zu lassen, »wie alles anfing«.

- Bitte die Eltern zu erzählen, was seit der allerersten Feststellung »Mit der Entwicklung unseres Kindes stimmt etwas nicht!« passiert ist.
- »Welche Gefühle haben die Zeit in der Klinik, die Diagnose, die erforderlichen Behandlungen ausgelöst?«
- »Welche Erfahrungen haben Sie damals gemacht?«
- »Als das Kind aus dem Babyalter herausgewachsen ist – was haben Sie da verändert? Wie haben Sie Ihre Zeit, Ihre Freiräume neu verteilt?«
- »Was hat sich in Ihrem Leben seither verändert?«
- »Was hat Ihnen auf Ihrem Weg in die Gegenwart geholfen?«
- »Wie gehen Sie heute mit der Behinderung um – etwa an Feiertagen, wenn Sie Essen gehen wollen oder Freunde einladen?«
- »Nehmen Sie das Kind mit der Behinderung zu Außenaktivitäten mit oder finden Sie andere Lösungen?«
- »Welche Aspekte Ihres Familienlebens sind befriedigend?«
- »In welchem Ausmaß ist das Familienleben durch die Behinderung beeinträchtigt? Was davon lässt sich ändern?«

Während der Erzählung der Familienangehörigen werden die zentralen Themen und Leitmotive, ihre Merkmale und innere Logik und ihre Auswirkungen auf das Verhalten der Beteiligten beachtet und geprüft, wie diese Erfahrungen zu einer Geschichte organisiert sind.

- Wie ist die affektive Tönung – wird eher ein Drama, eine Tragödie erzählt oder auch mal gelacht?
- Welche Aspekte werden fokussiert, welche vielleicht übersehen?
- Fördere alternative Geschichten – welche Möglichkeiten bieten sich an, um die Wirklichkeitskonstruktion der Familie zu öffnen und alternative Sichtweisen zu ermöglichen?
- Versuche den Angehörigen andere Sichtweisen der von ihnen beschriebenen Ereignisse zu ermöglichen. Dies kann mit Hilfe von zirkulären und linearen Fragen oder durch Fragen nach Ausnahmen geschehen. Eine andere Möglichkeit sind positive Konnotationen, Reframings und die Akzentuierung bestimmter Aspekte der Schilderung. Die Geschichte der Familie wird durch das Angebot von zum Teil ungewöhnlichen Sichtweisen und gelegentlich sogar durch unorthodoxe Bemerkungen in Frage gestellt, um die Transformation inhaltlicher Aspekte und der Erzählweise der gemeinsamen Geschichte zu fördern.
- Sobald eine Alternative zur Hauptgeschichte sichtbar wird und sich im Gespräch ein Konsens über eine Bewertung und Einordnung der Erfahrungen abzeichnet, werden diese alternativen Sichtweisen durch weitere Fragen und Kommentare bestätigt und gefestigt.
- Ziel ist dabei, die neue Geschichte mit einer kohärenten Logik und einer passenderen Verteilung von Rollen, Zuschreibungen und Haltungen zu festigen und eine neue gemeinsame Geschichte zu erreichen, welche die alte Geschichte ersetzt und zu einer Auflösung von Problemen beiträgt, die Anlass der Beratung waren.
- Die neue Geschichte kann durch Aufgaben und Rituale innerhalb und außerhalb der Sitzung weiter gefestigt werden, die speziell darauf zugeschnitten sind, die neue Beschreibung aufzubauen und zu festigen, die der ursprünglichen Geschichte dagegen widersprechen und sie letztlich unhaltbar machen (Sluzki 1992).

Dazu ein Beispiel aus der Beratung:

▶ Der Vater von Nils, einem sechsjährigen Jungen mit einer geistigen Behinderung unklarer Genese, tat sich schwer – er haderte, weil sein Sohn es so schwer hatte. Er berichtete, wie er und seine Frau sich aus einfachen Verhältnissen hochgearbeitet hätten, er habe nur durch harte Arbeit das Abitur machen können, sich mit vielen Entbehrungen ein Haus gebaut. Er sei erschöpft, seine Frau noch mehr. Wenn er nach der Arbeit nach Hause kommt und sieht, wie die Kinder die Türen ramponiert haben, und die Unordnung – jeden Abend erlebe er sich als kompletten Versager. – Im Laufe einiger Gespräche begannen wir eine andere Geschichte zu entwickeln – einen mühsamen, harten Aufbruch, zwei Menschen, die sich gerne haben und eine Familie gründen, Rückschläge, Not, Verunsicherung und Mühen durch die Behinderung von Nils, aber auch das Wissen, dass es im Leben mehr gibt als Leistung, viele kleine lustige und verrückte Momente, die Fähigkeit von Nils, mit kleinen Dingen glücklich zu werden, und Eltern, die ihn schützen und einen guten Platz bieten – Seiten, die bisher übersehen worden waren. Manchmal ist weniger mehr, denn all die Kritik und der Druck machten die Familie nicht glücklicher. Auf den Vorschlag hin, einen kleinen guten Moment mit Nils zu schaffen, einen anderen mit der Ehefrau, strahlte der Vater. Das Wetter sei mild genug, um jetzt nach dem Winter das Fahrrad auszupacken und eine Tour zu machen – etwas, das Vater und Sohn sehr genossen. Etwas länger dauerte es, bis die beiden Eltern begannen für sich mehr zu sorgen und auszugehen.

Blick nach vorn

In der mittleren Anpassungsphase sind Eltern durch aktuelle Aufgaben gefordert, und es bleibt wenig Zeit darüber nachzudenken, welche Entwicklungsschritte in der nahen oder ferneren Zukunft bevorstehen. Eine wesentliche Aufgabe von Beratern besteht darin, eine Diskussion über künftige Entwicklungen anzuregen. In einem günstigen Fall hat die Familie zuversichtliche, realistische Zukunftsvisionen.

- Sind die Entwicklungsprozesse im Gang, die in der aktuellen Lebenszyklusphase zu erwarten sind?
- Setzt sich die Familie mit bevorstehenden Änderungen auseinander oder stagniert sie und tut sich schwer, sich auf bevorstehende Veränderungen einzustellen?
- Diskutiere mit der Familie, was innerhalb des kommenden Jahres auf sie zukommen wird:
  - »Welche Wünsche und Hoffnungen gibt es für die nächsten Jahre?«
  - »Welche Befürchtungen haben Sie, wenn Sie an die Zukunft denken?«
  - »Angenommen, die Entwicklung und Förderung Ihrer Tochter oder Ihres Sohnes verläuft optimal: Wie wird es ihr oder ihm dann in einem, in drei oder sechs Jahren gehen?«

Zeitlinienarbeit

Chronische Beschwerden führen leicht zu einem Verlust des Zeitgefühls – der Strom der Ereignisse wird nicht mehr als ein fließendes Geschehen erlebt (Boscolo & Bertrando 1994). Familien, die große Belastungen zu tragen haben, können positive Visionen der Zukunft aus den Augen verlieren. Mitunter fällt es schwer, sich vorzustellen, dass sich die Dinge überhaupt noch wandeln könnten. Die Technik der Zeitlinienarbeit holt zukünftige Szenarien in die Gegenwart (Nemetschek 2006, Retzlaff 2009). Gleichzeitig werden mögliche Hindernisse deutlich gemacht, die künftige Entwicklungen blockieren.

- Führe die Idee einer Zeitlinie ein: »Man kann sich das Leben wie einen Weg oder wie einen Fluss vorstellen. Man könnte sagen: Dort, wo ihr jetzt steht, ist die Gegenwart, hinter euch liegen die vergangenen Jahre. Wenn ihr nach vorne schaut, liegt dort der Weg in die Zukunft.«
- Bitte die Eltern, Ihre Zeitlinie zu beschreiben: »In der Vergangenheit gab es einige schwierige kurvige Passagen und Tiefpunkte, richtig?«
- Fordere dazu auf, Schritte in die Zukunft zu machen: »Was glaubt ihr, wo ihr in einem Jahr sein werdet? Wo steht ihr in zwei Jahren? Wenn der Peter achtzehn ist, wo seid ihr dann?«
- Lass die Angehörigen in der Gegenwartsform beschreiben, was sie in irgendeinem Jahr in der Zukunft machen, denken, fühlen werden. Stelle systemische Fragen: »Was hat euch ermöglicht, hierher zu gelangen? Ist der Peter bei euch oder lebt er selbständig?
- Wie geht es euch im Jahr Zweitausend-X, wenn ihr zurückschaut auf die schwierige Passage der Anfangsjahre eurer Familie?
- Und jetzt schaut einmal nach vorne in die weitere, noch unbestimmte Zukunft, die sich hinter dem Horizont abzuzeichnen beginnt. Irgendwo dort vorne könnt ihr jemanden erkennen, der euch ähnlich zu sein scheint, der souverän seinen Weg zu gehen scheint. Was macht er da vorne?«
- Hole die Personen zum Abschluss der Zeitlinienarbeit an ihren Ausgangspunkt in der Gegenwart zurück.

Eine Technik mit einer ähnlichen Wirkung ist die Reportage aus der Zukunft (Retzlaff 2009, Vogt-Hillmann 1999), die sich für die Arbeit mit Einzelnen, Familien und die Familiengruppen eignet. In einem Instant-Rollenspiel wird das Szenario eines Rundfunkinterviews aufgebaut und ausgemacht, wer Interviewpartner und wer Reporter ist. Im Einzelsetting übernimmt diesen Part der Therapeut. Weitere Angehörige können das Publikum bilden oder ebenfalls ad hoc befragt werden.

- Führe ein Interview »Im Jahr Zweitausend-X« durch. Der Reporter fasst kurz zusammen, was früher war. »Frau X, vor sechs Jahren hatten Sie und Ihr Mann sich sehr schwer mit all den medizinischen Problemen getan, und Hans ging es nicht so gut.«
- »Wie geht es Ihnen heute, im Jahr Zweitausend-X? Wie haben Sie es erreicht, ... Wie sind Sie an diesen Punkt gekommen? Was hat Ihnen geholfen ...?«
- Runde das Interview mit guten Wünschen für die Zukunft ab.

Kooperationsprobleme im Behandlungsdreieck

Zur besonderen Situation von Familien von Kindern mit Behinderungen gehört es, dass sie mit einer Vielzahl an Helfern konfrontiert sind, die neben den Eltern das behinderte Kind mitbetreuen. Kooperative Beziehungen zwischen der Familie, dem Kind und den betreuenden Personen können das Leben erheblich einfacher machen.

Aus systemischer Sicht sind Berater und Familie gleichberechtigte Partner. Therapeuten stehen nicht über, sondern neben der Familie (McDaniel et al. 2004). Kooperationsprobleme treten eher dann auf, wenn Klienten und Behandler unterschiedliche Ziele haben und fürchten, etwas zu verlieren oder aufzugeben, wenn sie sich auf das einlassen, was ihnen geraten wird. Das Gefühl, von kompetenten Helfern unterstützt zu werden, trägt wesentlich zu einer guten Anpassung bei. In unseren Umfragen beschrieben manche Eltern, welch große Entlastung von engagierten Helfern ausgeht. Doch viele Eltern berichteten über bürokratische Hindernisse, Vorurteile und Abwertungen, mitunter auch von Ärzten und Therapeuten.

Das Verhältnis zum medizinischen System wandelt sich mit der Zeit – in der Phase der Diagnosesuche sind die Eltern innerlich emotional stark aufgewühlt und suchen im Arzt oder Berater oft eine Person, die Halt und Orientierung gibt. Mit der Zeit müssen sie jedoch erkennen, dass viele Fragen auch von Fachleuten nicht beantwortet werden und sie nicht umhinkommen, selbst zu Experten zu werden. Manche Familien klagen darüber, dass sie unzureichend informiert wurden, ihr Arzt sich zu wenig Zeit nimmt oder sie sich nicht ernst genommen fühlen. Umgekehrt berichten Ärzte, dass manche Eltern nicht gerne auf das hören, was ihnen mitgeteilt wird.

Im Behandlungsdreieck Berater, Familie und Kind können Kooperationsprobleme entstehen, die Reibungsverluste erzeugen und in ungünstigen Fällen die Förderung des Kindes beeinträchtigen. Der Begriff *compliance* basiert zu sehr auf einem linearen Verständnis und setzt eine Beziehungsdefinition zum Klienten voraus, die verlangt, dass Patienten das Behandlungsregime des Therapeuten einseitig übernehmen (Retzer 1994). Aus systemischer Sicht ist *compliance* eine triadisches Geschehen und beruht auf einer kooperativen Beziehung der Beteiligten, die vom sozialen Kontext beeinflusst wird. Familien und Helfer müssen gemeinsam geteilte Vorstellungen und Erwartungen über die Krankheit und die Behandlung haben, damit eine kooperative Beziehung entsteht.

Problematische Familienmuster korrelieren eng mit *non-compliance* im Sinne einer fehlenden Kooperation zwischen Helfer und Familie. Auch in eher unkomplizierten Familien können redundante Interaktionsmuster um den Umgang mit der Behinderung die Kooperation beeinträchtigen, etwa wenn Eltern einen Jugendlichen allzu sehr drängen, seine Medikamente einzunehmen und dieser sich in eine trotzige Stimmung hineinsteigert: »Ich lass' mir gar nichts sagen!« Manche stark engagierte Angehörige übernehmen zu viel Verantwortung, andere erwarten, dass der Arzt und die Behandler es schon richten werden. Viele Angehörige von Gesundheitsberufen sind selbst nicht besonders compliant, und es lohnt, einmal selbst zu prüfen: »Wie compliant sind Sie selbst mit Ratschlägen, die Sie von Ihrem Arzt erhalten haben? Wann hat Ihnen Ihre non-compliance möglicherweise geholfen? Wie unterscheiden Sie compliance von der Bereitschaft sich unterzuordnen und von einer resignativen Haltung?«

Die Reaktion von professionellen Helfern ist nicht immer so, wie es sich Familien wünschen. Eltern können ihrerseits anklagend oder fordernd auftreten oder aus Angst vor Kritik sich aus dem Gefühl heraus »Keiner versteht und hilft uns wirklich, alle stellen nur Forderungen!« defensiv verhalten. Obwohl die Eltern die Auftraggeber der Behandlung sind, werden sie von Behandlern gelegentlich »auf den Prüfstand« gestellt und Verhaltensschwierigkeiten des behinderten Kindes auf vermeintliche Interaktionsprobleme in der Familie zurückgeführt.

Eine Empfindlichkeit von Eltern im Kontakt mit Behandlern hat oft Gründe in der Vorgeschichte. Häufig berichten Familien von kraftzehrenden Kooperationsproblemen im Umgang mit Ärzten, Therapeuten, Behandlern und Lehrern. Betreuer, die länger mit einem Kind und seinen Eltern arbeiten, können leicht in die Familien hinein»adoptiert« werden. Nicht nur in der Familie, sondern auch innerhalb des erweiterten Systems, das aus dem Kreis der Helfer und der Familie gebildet wird, kann es zu chronifizierten Beziehungsmustern kommen. Leicht entstehen negative Eskalationen, etwa wenn die Behandlung nicht recht hilft oder wenn Eltern sich vom Behandler verdrängt fühlen (Rotthaus 1991, Schubert & Tatzer 1987).

Umgekehrt kommt es allzu häufig vor, dass vom Helfersystem das Engagement von Eltern als »Überfürsorglichkeit« abgewertet wird. Wenn es in einer Behandlung zu Rückschlägen kommt und eine medizinische Situation ohne ersichtlichen Grund kompliziert wird, beispielsweise vermehrt Anfälle auftreten, ist es allzu simpel, die Schuld bei den Eltern oder den Betreuern zu suchen. Manche Berater überidentifizieren sich mit den behinderten Kindern und ihrem Leiden, werden böse auf Eltern, die es scheinbar nicht richtig machen, und fordern eine Trennung von den Eltern. Eltern geraten leicht in eine Verlierer-Verlierer-Position, in der sie kritisiert werden, weil sie sich zu viel oder zu wenig engagieren. Derartige Konkurrenzkämpfe sind in der Regel wenig hilfreich.

- Wirke darauf hin, dass weder die Eltern noch das Kind vom medizinischen Behandlungsteam zum Sündenbock gemacht werden.
- Nimm die Klagen von Betroffenen ernst.
- Erfrage sorgsam, wie die Beziehungen zu verschiedenen Helfern sind.
- Prüfe – welche Personen werden als hilfreich erlebt?
- Mit welchen Einrichtungen und Personen gibt es Konflikte?
- Berate die Eltern, wie sie als Anwalt ihres Kindes dessen Interessen gut vertreten können.
- Hilf den Eltern zu prüfen: Welche Forderungen an Behandler sind inhaltlich berechtigt, welche könnten möglicherweise negativ aufgefasst werden?
- Welche eigenen Verhaltensweisen sind förderlich, welche verschließen eher Türen?
- Hinterfrage mögliche rigide Muster der Eltern mit zirkulären Fragen:
- »Wie genau müssten Sie vorgehen, damit die Betreuer garantiert verprellt sind?«
- Können Eltern um Hilfe bitten und diese annehmen? Was macht es ihnen leichter, dies zu tun?
- Können die professionellen Helfer die Kenntnisse der Eltern anerkennen und von ihnen lernen?

In vielen Fällen stellt sich die zentrale Frage: Wie kann der Berater die Kooperation von Indexpatient und Familie erlangen? Der Schlüssel zu einer kooperativen Beziehung liegt darin, die Problemsicht der Klienten aufzugreifen. Die Ansichten der Klienten unterscheiden sich naturgemäß von denen der Behandler, weil sie als Laien über einen anderen Wissensstand verfügen und persönlich und emotional betroffen sind. Es ist ausreichend, wenn in konkreten, spezifischen Bereichen, die wesentlich für einen guten Umgang mit dem Problem sind, gut kooperiert wird. Manchmal sehen Eltern, dass ein Handlungsschritt notwendig ist, zögern aber dennoch ihn auszuführen. In diesem Fall ist es besser, als Berater nicht zu insistieren, sondern die Gegenseite der Ambivalenz zu vertreten und die Ängste, Sorgen und Einwände offen anzusprechen.

Manchmal steht man vor der schwierigen Aufgabe, den Klienten zu bewegen, ein problemerhaltendes oder -verstärkendes Verhaltensmuster zu ändern, obwohl es als notwendig und sinnvoll angesehen wird. Fruchtlose Diskussionen lassen sich am besten vermeiden, indem man die Ansichten des Patienten akzeptiert und *reframed*. Zuerst wird der kritische Punkt in der Sprache des Klienten angesprochen und dann etwas hinzugefügt, was auch aus der Sicht des Klienten die Bedeutung der Situation und die erforderlichen Handlungsschritte verändert. Zwischen den Eltern von Kindern, die in stationären oder teilstationären Einrichtungen betreut werden, und den Betreuern entsteht häufig ein typisches symmetrisches Konfliktmuster. Die Eltern beklagen sich, dass ihr Kind nicht »richtig« betreut wird, und führen eine Reihe von Belegen an, die Betreuer ihrerseits fühlen sich unter Druck gesetzt und belästigt, wenn Eltern nicht »loslassen« – ein Beispiel für mangelnde Kooperation, die viel Kraft kosten kann. Widerstand und Kooperation sind interaktionelle Phänomene – letztlich ist Widerstand ein Maß dafür, wie gut die Passung zwischen Behandler und Klient ist. Der Begriff *compliance* impliziert dagegen eine hierarchische Beziehung, bei der sich ein Patient an das halten soll, was ihm der Behandler vorgibt.

Bei Kooperationsproblemen ist der eigentliche »Kunde« oft eine dritte Person, die meint, dass etwas geschehen muss – ein Arzt, die Großmutter oder ein Fachtherapeut. Mangelnde Kooperation kann auch darauf zurückzuführen sein, dass eine Problemlage vom Berater nicht richtig verstanden wurde – wenn ein Vater seine verzweifelten Bemühungen, seine beiden behinderten Zwillinge zu fördern, als Akt der Liebe und der Loyalität begreift und ein Nachlassen seiner Anstrengungen dagegen als Verrat, wird die Empfehlung »weniger Förderung ist mehr« bei ihm vermutlich Unverständnis auslösen.

Fehlende *compliance* kann ein Hinweis sein, dass wichtige Kontextfaktoren nicht verstanden werden oder das eigentliche Anliegen der Klienten nicht berücksichtigt wird. Manchmal wollen Mitarbeiter einer Familie um jeden Preis helfen, die sich jedoch eine Bestätigung wünscht, normal zu sein und den Auftrag gibt: »Lasst uns bitte möglichst in Frieden.«

Umgang mit Kooperationsproblemen
- Begreife »widerständiges« Verhalten als Rückmeldung und Anzeichen für ein Problem der Passung zwischen Klienten- und Helfersystem.
- Vermeide es, non-compliance bzw. mangelnde Kooperation einseitig als Problem der Klienten zu definieren.
- Prüfe zunächst, für wen eigentlich was genau schwierig ist. Vielleicht hat es nicht nur ein Berater mit einer Familie schwer, sondern eine Familie mit den Helfern.
- Führe erneut Auftragsklärung durch: »Wer will was von wem, in welcher Weise, für wie lange?«

- Gibt es eine gemeinsame Problemdefinition? Sind Klient und Behandler auf ein gemeinsames Ziel ausgerichtet?
- Biete bei Kooperationsproblemen als ersten Schritt eine gewisse Zeit lang mehr Information an.
- Vermeide es, Klienten im Sinne eines Mehr-desselben-Musters mit Informationen zu überschütten.
- Rege bei anhaltenden Kooperationsproblemen eine Beziehungsklärung an.
- Sind die Klienten Kunden für eine Beratung, oder gibt es eine außenstehende Person, die der eigentliche Auftraggeber für die Beratung ist?
- Prüfe, ob non-compliance und Symptome ein Ausdruck von Familien-Loyalität sein könnten.
- Gibt es einen verdeckten Auftrag oder ein nicht ausgesprochenes Anliegen?
- Sind persönliche Themen des Beraters für die Behandlung bedeutungsvoll, zum Beispiel eine ähnlich gelagerte Behinderung in der eigenen Familie, besondere Vorerfahrungen mit der Rollen- und Arbeitsaufteilung von Männern und Frauen in der Familie, Anschauungen über genetische Tests und Schwangerschaftsabbrüche?
- Entwickle eine gute Kooperationskultur mit Familien und mit anderen Behandlern.
- Coache Eltern, wie sie berechtigten Forderungen durch Konsultation mit anderen Eltern und Selbsthilfeverbänden Nachdruck verleihen.
- Lade die beteiligten Helfer und die Familie gegebenenfalls zu einem Helfergespräch ein.

Familien und größere Systeme

Bei der Arbeit mit einer Familie, die ein jüngeres behindertes Kind hat, kann es eine gute Idee sein, das Vorgehen verschiedener beteiligter Helfer aufeinander abzustimmen. Das familienmedizinische Behandlungsmodell geht davon aus, dass die unterschiedlichen Helfer ein kooperierendes Team bilden sollten, weil die Herangehensweise nur des Arztes, nur des Psychologen, Lehrers, Physiotherapeuten etc. nicht hinreichend der Komplexität der Aufgabe gerecht wird. Oft hakt es in dieser Zusammenarbeit und kann eine systemische Herangehensweise zu einer Lösung beitragen.

Häufige Probleme sind mangelnde Information, fehlende Absprachen, Schuldzuweisungen, Rivalitäten zwischen Helfersystemen, zwischen Helfersystem und Familie oder unklare Definitionen der Rollen und des Auftrages. Arbeit im Multi-Helferkontext muss alle beteiligten Seiten respektieren und gleichzeitig die Kompetenzen der Familie stärken. Bei der Planung von Behandlungsmaßnahmen ist zu prüfen, ob sie von der Familie erwünscht werden und sie stärken oder aus der jeweiligen Eigenlogik des Helfersystems heraus erfolgen.

- Kläre Familien über ihre Rechte und über Erwartungen auf, die Helfersysteme an Familien berechtigterweise stellen.
- Verschaffe dir ein genaues Bild, welche Personen und Einrichtungen mit der Familie arbeiten. Fördere diese Beziehungen durch Helfertreffen und Einzelkontakte.
- Arbeite mit der Familie heraus, welche Sicht sie von diesem Helfernetz hat und wie die Familie vom Helfernetz gesehen wird.
- Entwickle gemeinsam mit Familie und Helfern einen klaren Auftrag für jede der verschiedenen Personen und Einrichtungen.
- Lass die Familie einschätzen, welche Angebote förderlich sind und welche nicht.
- Lass ein genaues zeitliches Limit der einzelnen Maßnahmen festlegen.
- Coache die Eltern, für sich Netzwerke zu nutzen und Rückhalt zu bekommen.

Ein gutes Maß für die Familienfreundlichkeit von Einrichtungen ist deren Bereitschaft, Familien zu einem Treffen einzuladen, zu einer Tageszeit, zu der möglichst viele Angehörige auch Zeit haben zu kommen. Die Beziehung der Familie zum Helfersystem lässt sich mit folgenden Fragen einschätzen (Imber-Black 1988):

- Wie sind üblicherweise die Grenzen zwischen der Familie und den größeren Systemen – starr, diffus, durchlässig, flexibel? Gibt es einen Konflikt um die Definition der Grenzen?
- Sucht eine der Parteien einen Verbündeten, um die Grenzen neu zu definieren?
- Aus welchen Quellen stammen die Mythen der Familie, aus welchen die des Helfersystems?
- In welcher Weise stimmen diese Mythen überein, in welcher Weise widersprechen sie sich?
- Was sind die bevorzugten Lösungsversuche der Familie im Umgang mit der Helferinstitution und umgekehrt?
- Gibt es Eskalationskreisläufe zwischen Familie und Institution?
- Gibt es typische Doppelbotschaften zwischen Familie und Helfersystem?
- Ist das Helfersystem durch einen häufigen Wechsel von Helfern geprägt?
- Gibt es aktuell neue Bestimmungen und Verordnungen, die das Verhalten des Helfersystems verändert haben?

- Gibt es einschneidende Veränderungen in der Familie, zum Beispiel Verlustereignisse?
- Welche Erwartungen hat die Familie an das Helfersystem und umgekehrt?

Multi-Familiengruppen

Multi-Familientherapiegruppen werden bei verschiedenen psychischen und körperlichen Erkrankungen eingesetzt (Steinglass 1998). Es handelt sich um ein spezielles Verfahren der systemischen Therapie, das die Vermittlung von behinderungsspezifischen Informationen mit gruppentherapeutischen und systemischen Interventionen verbindet. Im Behindertenbereich wird dieser viel versprechende Ansatz bislang noch nicht sehr häufig angewendet (Goll-Kopka 2004, McDonell & Dyck 2004, Retzlaff et al. 2009, Tsirigotis 2004, Wamboldt & Levin 1995).

Im Setting von MFT-Gruppen können Familien-Stärken besonders gut entwickelt werden. An MFT-Gruppen nehmen fünf bis neun Familien teil, die einen Angehörigen mit der gleichen oder einer zumindest ähnlichen Behinderung haben. Sie finden als fortlaufende Gruppen in vierzehntägigen oder vierwöchentlichen Abständen statt, mit sechs bis zwölf zweistündigen Gruppensitzungen, wenn im ambulanten Setting gearbeitet wird. Für Familien mit behinderten Kindern bietet es sich an, MFT-Gruppen im Rahmen von Wochenendseminaren und Familienfreizeiten durchzuführen, die in einem behindertengerechten Tagungshaus stattfinden können, wie beispielsweise im Frankfurter MFT-Modell für Familien mit entwicklungsbeeinträchtigten, chronisch kranken und behinderten Kindern (Goll-Kopka 2009). Wegen der hohen Teilnehmerzahl sind in der Regel zwei Therapeuten und zusätzliche Kinderbetreuer oder Praktikanten erforderlich.

MFT-Gruppen beginnen meist mit einer strukturierten, psychoedukativen Phase, die in eine psychotherapeutische Phase übergeht, in der stärker mit systemischen Interventionen gearbeitet wird. Sie werden von zwei Therapeuten geleitet. Wenn jüngere Kinder teilnehmen, ist es zweckmäßig, dass weitere Gruppenhelfer zur Verfügung stehen.

Die Anwesenheit von mehreren Familien, die Kinder mit ähnlichen Behinderungen haben, wirkt entlastend. Sowohl die von einer Behinderung betroffenen Kinder als auch ihre Eltern und Geschwister erleben, dass sich andere Familien mit ähnlichen Themen und Problemen herumschlagen und vergleichbare Rollenmuster und typische Schleifen um den Umgang mit der Behinderung entstanden sind. Die Erfahrung, dass andere Familien sich in einer ähnlichen Lage befinden wie sie selbst, kann eine größere Offenheit ermöglichen.

MFT-Gruppen im Rahmen eines Familienwochenendes oder einer Familienfreizeit ermöglichen es, das Miteinander der Eltern und Kinder bei alltagsnahen

Aktivitäten, gemeinsamen Mahlzeiten, Spaziergängen oder Grillabenden unmittelbar zu beobachten – dies ermöglicht es, typische Erziehungssituationen anzusprechen und gemeinsam mit den Eltern gewissermaßen in der Live-Situation durchzusprechen.

Ziel der Gruppen ist eine *Normalisierung von Problemen* im Umgang mit der Behinderung. In ihnen werden *Aufklärung und Information* geboten, *Hoffnung induziert, die emotionalen Auswirkungen von Behinderungen aufgehoben, Problemlösestrategien für zu Hause* entwickelt, Strategien für gelingende *Kooperationsprozesse zwischen Familie und Helfern* erarbeitet und eine *Vernetzung von Familien ermöglicht, die ähnliche Probleme haben*. Die Gruppen bieten einen Rahmen, in dem die Familienangehörigen miteinander darüber sprechen können, wie sie das, was sie erleben, besser verstehen und interpretieren können (von Schlippe 2003). Spielerische Aktivitäten und Übungen führen zu einem Perspektivenwechsel und einer größeren Empathie gegenüber dem Kind.

Aufklärung und Information

In Kurzreferaten, durch Videoaufzeichnungen von »erfahrenen« Familien, Vorträgen von eingeladenen Experten und mittels Aufklärungsmaterial wird den Familien behinderungsspezifisches Wissen und allgemeinen Wissen zur Alltagsbewältigung der Behinderung des Kindes geboten.

Gruppentherapeutische Interventionen

Die Zusammenarbeit von Familien mit ähnlichen Problemen wirkt der Tendenz zu sozialer Isolation entgegen. Da alle Familien sich in einer vergleichbaren Lage befinden, werden Kontakte leichter geknüpft, und es entsteht ein offene Atmosphäre und Neugierde darauf, wie andere Familien mit ihrer Situation umgehen. Im Gruppenprozess werden die Verbundenheit und der Kontakt der Familien untereinander gefördert, es kann aber auch an der Kommunikation und Interaktion innerhalb der jeweiligen Familie gearbeitet oder eine therapeutische Einzelarbeit im Gruppenkontext angeboten werden (Saayman, Saayman & Wiens 2006). Weitere klassische gruppentherapeutische Interventionen sind die Förderung von Kontakt zwischen Gruppenteilnehmern, das Spiegeln von Gefühlen, wechselseitiges Feedback und das Erarbeiten von Problemlösungen in der Gruppe (Yalom 2007).

Erlebniszentrierte Interventionen, Gestaltungstechniken und kreative Übungen. Gemeinsame Bewegungs- und Spielsituationen dienen vor allem zu Beginn einer MFT-Gruppe der Gruppenkohäsion. Einfache Bewegungsspiele, Zeichnungen und Gestaltungsarbeiten zum Beispiel mit Tonskulpturen oder einfache Schwungtuchsequenzen sind Beispiele. Mit spielerischen Aktivitäten, die alle Sinnesbereiche ansprechen, wird eine kindgerechte Gruppenatmosphäre ermöglicht (Retzlaff et al. 2008) und ein größeres gegenseitiges Verständnis für die Welt des behinderten Kindes, der Geschwister und der Eltern ermöglicht. Das Selbstbild der Familie und ihr Gefühl der Selbstwirksamkeit werden durch Ausdruckstechniken, Familienskulpturen und Familien-Collagen gestärkt. Familienchoreografen, Videoreportagen über das Leben mit der Behinderung, die von älteren Geschwistern gedreht werden, oder das Anfertigen von T-Shirts mit einem Motto, das jede Familie gestaltet, sind weitere beliebte Aktivitäten.

Systemische Interventionen und Grundhaltung

Hauptziel der MFT-Arbeit sind neben Aufklärung über konstruktive Muster im Umgang mit der Behinderung die Aktivierung von Selbsthilfekräften und Ressourcen und die Förderung der sozialen Vernetzung der Familien (Asen 2006). Durch die Arbeit mit dem ganzen Familiensystem wird ein Teamgefühl aufgebaut: »Dies ist ein Problem von uns allen, gemeinsam können wir es lösen!« Die teilnehmenden Familien werden zu einem gegenseitigen Unterstützungsteam für den Umgang mit den Schwierigkeiten, mit denen sie ringen. Sie profitieren von den Erfahrungen anderer Familien und erleben sich zugleich auch als Ratgeber anderer Familien, mit denen sie ein gemeinsames Problem teilen. Durch diese wechselseitige Unterstützung werden die Selbsthilfekräfte der Familie angesprochen und wird ihr Gefühl gestärkt, über Kompetenzen zu verfügen.

Die interfamiliäre Kommunikation wird angeregt und in der Gruppe eine Stimmung erzeugt, die das Gefühl von Kohärenz fördert. Durch das Erzählen von leidvollen Geschichten in einem affektiv tragenden Gruppenkontext entstehen jenseits der alten problemgesättigten Erzählungen neue Narrative und wird die familiäre Kohärenz gefördert. Im Unterschied zu rein psychoedukativen Gruppen werden Veränderungen in der Familie als primärem sozialem Umfeld angeregt, Eltern werden in ihrer ursprünglichen Funktion und Rolle bestätigt.

Systemische Interventionen zielen auf Handlungsmuster, die innerhalb eines Systems und zwischen den einzelnen Systemen wiederkehren und die Symptome aufrechterhalten. Resilienzfragen, lösungsorientierte und ressourcenorientierte Fragen, Reframings, Externalisierungsübungen, die Arbeit an männer- und frauentypischen Mustern und problemlöseorientierte Strategien führen zu einem besseren gegenseitigen Verständnis der Eltern untereinander und zu Möglichkeiten der gegenseitigen Entlastung. Neben der Gesamtgruppe wird mit Subsystemgruppen, bestehend aus Eltern, Vätern, Müttern, betroffenen Kindern, Geschwis-

Beratungspraxis

tern, Jugendlichen, gearbeitet, auch im *Fishbowl*, z. B. einer Innengruppe von Kindern und einer zuhörenden Außengruppe von Eltern.

Die Möglichkeit, mit Subgruppen zu arbeiten – zum Beispiel parallel mit den Eltern, jüngeren Geschwistern, Jugendlichen und betroffenen Kindern –, ist einer der Vorzüge des MFT-Settings. Eine Herausforderung ist die Einbeziehung der Kinder mit besonders ausgeprägter körperlicher und geistiger Behinderung, denen bei vielen Aktivitäten eine Mitwirkung nur erschwert oder gar nicht möglich ist. Generell wird versucht, sie in Gruppenaktivitäten einzubeziehen, indem man sie zum Beispiel zu Bewegungsspielen einlädt, und dabei eine Balance zu wahren zwischen ihrer Teilhabe an dem Gesamtgeschehen und individuellen Angeboten für unterschiedliche Teilsysteme der Familie.

Eltern können in separater Teilgruppen-Arbeit über ihre Sorgen und belastenden Erfahrungen sprechen und sich über ihre Lösungsstrategien austauschen. In einer anderen Arbeitssequenz werden Entspannungs- und Zentrierungstechniken vermittelt, die ihnen helfen, besser mit Stress umzugehen. In einer Untergruppe mit den behinderten Kindern werden Aktivitäten angeboten, die auf ihre Fähigkeiten abgestimmt sind, Bewegungsspiele mit Musik, Gestaltungen mit Ton und Farben oder Spiele und Übungen mit bunten Schwungtüchern. Ihre Eltern erleben zum Teil zum ersten Mal, dass sie ihre Kinder Dritten mit einem guten Gefühl überlassen können. Wir laden zeitweise ältere Kinder als Experten mit ihrer eigenen Perspektive zu bestimmten Themen wie Geschwisterneid oder Benachteiligungsgefühlen in die Erwachsenenrunden mit ein. Parallel zur Elternrunde kann eine Geschwistergruppe für Kinder über sechs Jahren stattfinden, um ihnen zu ermöglichen, sich über ihre Erfahrungen auszutauschen. Für sie ist es oft sehr entlastend, Gleichaltrige zu treffen, die ebenfalls besondere Geschwister haben.

Gegen Ende der MFT-Gruppen kommen zukunftsorientierte systemische Techniken zum Einsatz – magische, mit Hilfe von hypothetischen zukunftsorientierten Fragen mit einem »Zauberstab« gesprochene Wünsche, Familien-Collagen oder ein Familien-Motto für die kommenden Lebensabschnitte, »Reportagen aus der Zukunft«. Als Gruppenabschlussritual kann allen Familienangehörigen eine persönliche Urkunde oder ein Familienfoto, das eine besondere positive Stimmung vermittelt und ein positives Selbstbild der Familie präsentiert, überreicht werden, um die neu gewonnenen Fähigkeiten und Erkenntnisse zu festigen.

9.5 Aufgaben in der langen Anpassungsphase

In der Adoleszenz und dem Übergang in das frühe Erwachsenenalter sind vordringliche Themen Individuation und Ablösung junger Menschen mit Behinderung; früher oder später verlassen sie das Elternhaus. Diese Entwicklungsphase reaktiviert viele Themen, die in der Vergangenheit bereits von Bedeutung waren, und kann Ängste, Trauer oder Schuldgefühle auslösen. Die Eltern befinden sich in der mittleren Lebenszyklusphase und sind möglicherweise beruflich oder durch die erforderliche Pflege der eigenen Eltern gefordert.

Adoleszente benötigen ein starkes Selbstwertgefühl. Üblicherweise tragen ein gutes Aussehen, sportliche Aktivitäten und Freunde zu einem guten Selbstwertgefühl bei. Junge Menschen mit Behinderung müssen ihre Stärken kennen und gleichzeitig mit ihren Schwächen zurechtkommen, zum Beispiel mit einem Erscheinungsbild, das möglicherweise nicht dem konventionellen Schönheitsideal entspricht. Letztendlich müssen sie mehr können als andere und akzeptieren, anders zu sein und sich dennoch zu mögen. Insgesamt mangelt es an Rollenmodellen für einen guten Umgang mit Behinderungen im Erwachsenenalter – vielleicht mit eine Folge davon, dass durch die Auswirkungen der Nazi-Zeit eine ganze Generation weitgehend ohne Kontakt zu älteren Menschen mit Behinderung aufgewachsen ist.

In einem bestimmten Alter beginnen Jugendliche zu erkennen, dass ihre Möglichkeiten im Vergleich zu Geschwistern und Verwandten begrenzt sind, die einen Beruf oder ein Studium ihrer Wahl ergreifen, einen Freund oder eine Freundin haben oder den Führerschein machen. Jugendlichen mit schweren Behinderungen sind viele berufliche Chancen verwehrt, sie finden weniger leicht Freunde, und bestimmte gendertypische Verhaltensweisen, die zu einer männlichen oder weiblichen Identität beitragen, stehen ihnen oft nur eingeschränkt zur Verfügung. Es ist wichtig, die eigene Identität nicht primär an der Behinderung festzumachen, die lediglich einen Teilaspekt der eigenen Person ausmacht.

Der Betroffene muss sich auf das Leben als Erwachsener vorbereiten. Sobald sich die Frage in den Vordergrund drängt, wie selbständig er leben kann, wird deutlich, welche realen Einschränkungen bestehen. Dies erinnert die Eltern an frühere schmerzliche Zeiten, in denen sie damit konfrontiert waren, was ihr Kind im Vergleich zu anderen alles nicht konnte. Die Kompetenzgrade von jungen Erwachsenen mit Behinderungen sind sehr unterschiedlich, einige haben sehr diskrete Einschränkungen, andere können relativ selbständig im Rahmen eines betreuten Wohnens leben, wieder andere sind stets auf intensive Hilfe angewiesen und eine Unabhängigkeit ist für sie nicht erreichbar. Wenn eine ausgeprägte Behinderung besteht, wird oft übersehen, dass es sich um einen erwachsenen

Beratungspraxis

Menschen handelt. Bei einem mäßigen Behinderungsgrad gab es im geschützten Rahmen der Familie möglicherweise die Illusion, dass eine weitgehende Selbständigkeit möglich sein würde, obwohl doch erhebliche Einschränkungen bestehen (Hennicke & Rotthaus 1993). Mit den Betroffenen muss also geprüft werden, welche Hilfen sie benötigen und was sie allein zu schaffen vermögen. Die Eltern müssen für sich klären, was sie weiterhin tun können und wo sie sich stärker abgrenzen wollen (Marshak et al. 1999).

Die Ablösephase verläuft in bestimmter Weise paradox. Für eine zunehmende Verselbständigung brauchen Jugendliche Kompetenzen, die jedoch nicht immer gegeben sind. Die Ablösung muss von den Betroffenen und den Eltern aktiv angegangen werden. Die Eltern müssen aktive Schritte dafür tun, damit die Autonomie gelingt, dabei Ausdauer zeigen – und gleichzeitig mehr und mehr die Kontrolle aufgeben.

Irgendwann muss eine Entscheidung getroffen werden, wo der Mensch mit Behinderung auf Dauer einen guten Platz findet und leben will. Wenn er oder sie in der Familie bleiben möchte, ist es wichtig, dass möglichst viel Unabhängigkeit ermöglicht wird, und zwar sowohl für den Behinderten als auch für die Eltern. Alternativen sind Wohnformen wie das Betreute Wohnen, die Familienpflege, Tageswohneinrichtungen und Wohnheime und -gruppen. Wenn der junge Erwachsene in eine Einrichtung zieht, ist zu klären, in welcher Form die Verbundenheit zur Familie gewahrt bleiben kann; die Elternschaft geht auch nach der Ablösezeit weiter. Oft bleiben Eltern für bestimmte Bereiche zumindest partiell verantwortlich, müssen gleichzeitig aber auch bestimmte Verantwortungen an andere Personen wie zum Beispiel Mitarbeiter des Betreuten Wohnens abgeben.

Es gibt eine große Zahl von Erwachsenen mit Behinderung, die bei ihren betagten Eltern leben und von ihnen versorgt werden (Eike & Braksch 2009). Für alte Menschen ist der Abschied von Menschen, die man liebt, besonders schwer. Dies gilt umso mehr, wenn sie sich eingestehen müssen, dass niemand die Pflege in einer ähnlich aufopferungsvollen Weise fortsetzen wird wie sie. Loslassen fällt leichter, wenn man etwas bekommt.

- Wie wird mit dem Gedanken an eine mögliche lebenslange Abhängigkeit umgegangen?
- Wie realistisch sind der Wunsch und die Hoffnung, allein selbständig leben zu können?
- Wie können Eltern eine gute Balance für sich finden?
- Sind die Eltern und der Betroffene bereit, weiter zusammenzuleben?
- Wie müssten die Eltern und der Betroffene ihr Rollenverhalten ändern, um für sich eigene Lebensbereiche zu schaffen und ihre Autonomie zu wahren?

- Ist die Aufnahme in eine betreute Einrichtung eine akzeptable Lösung? Welche Wohnformen kommen in Frage? Wann wäre ein geeigneter Zeitpunkt für diesen Schritt gekommen?
- Kann mit der Einrichtung eine kooperative Beziehung hergestellt werden?
- Gibt es für Eltern ein Leben als Paar auch nach dem Auszug des Kindes mit Behinderung?
- Sind die Geschwister frei, ihr eigenes Leben zu leben?
- Wie gehen sie mit ihren Gefühlen von Verantwortung und Verbundenheit um?

Mit zunehmendem Alter und dem Fortschreiten der Lebenszyklusphase steigt die Zahl von Eltern, die ihre Kinder pflegen, während die eigenen Eltern gebrechlich werden und ihrerseits der Pflege bedürfen. Dies kann zu erheblichen Loyalitätskonflikten führen. Wegen ihrer hohen Bereitschaft, für andere da zu sein und sie zu pflegen, besteht oft der Anspruch an sich selbst, die eigenen Eltern versorgen zu wollen. Der Wunsch, für Eltern zu sorgen und zurückzugeben, was man an Fürsorge bekommen hat (Boszorményi-Nagy & Spark 1981), kann zu einer Überforderung führen. Es besteht die Gefahr, sich gesundheitlich zu übernehmen und letztlich dem eigenen Kind die Pflegeperson zu nehmen.

9.6 Persönliche Themen von Beratern

Die Arbeit mit kranken Menschen und Kindern mit Behinderung kann eigene Verletzlichkeiten und Hilflosigkeit deutlich werden lassen und führt uns mitunter an unsere persönlichen Grenzen. Angehörige helfender Berufe sind darauf sozialisiert, Leid zu reduzieren; sie machen ihr Selbstwertgefühl häufig davon abhängig, ob es gelingt, Beschwerden zu lindern oder zu heilen. Wenn sich das Befinden unserer Patienten nicht wesentlich bessert, kann dies leicht als persönlicher Misserfolg oder Versagen gewertet werden (Rolland 1994). Für Berater ist es entlastend, sich mit den Grenzen des eigenen Tuns auseinander zu setzen und sich einzugestehen, dass wir emotional von unseren Patienten berührt werden. Unsere Person, unsere Gefühle, Hoffnungen und Befürchtungen sind Teil des relevanten Behandlungssystems. Beispielsweise identifizieren sich Helfer eher mit Patienten, die sich in einer ähnlichen Lebenszyklusphase befinden. Ist eine Beraterin schwanger, wird der Kontakt mit einer jungen Mutter mit einem behinderten Kind bei ihr wahrscheinlich eine andere Reaktion auslösen als in einem anderen Lebensabschnitt.

Stellt man im Verlauf einer Beratung fest, dass man sich in eine Sackgasse verrannt hat, kann man die Handlungsfreiheit wiedererlangen, indem man die eigene Haltung zum Fall reflektiert. Wenn man gemeinsam mit den Eltern zu stark änderungsorientiert vorgegangen ist, kann man beispielsweise prüfen, ob eine gelassenere, akzeptierende Herangehensweise sinnvoller ist. Auch ohne greifbare therapeutische Fortschritte ist es hilfreich, einer Familie empathisch verbunden zu bleiben und ihr zur Seite zu stehen (Madsen 1992); die Beratung nimmt dann eher den Charakter einer Begleitung an (Meyerstein 1994).

Es macht Sinn, sich die Erfahrungen und die eigene Familiengeschichte im Umgang mit Gesundheit und Krankheit bewusst zu machen. Welche Stärken und Verletzlichkeiten gibt es, welche heiklen Themen und Tabuzonen bestehen? Was waren wichtige Erfahrungen mit Krankheit, Verlusten oder widrigen Umständen in der eigenen Herkunftsfamilie? Welche krankheitsbezogenen Glaubenssysteme wurden in der damaligen Situation genutzt? Wie haben diese Erfahrungen die persönlichen Überzeugungen geprägt, zum Beispiel darüber, was »normal« ist, ob Resignation erlaubt ist und ob man es für sinnvoll hält, aktiv etwas für die Gesundheit zu tun, oder ob dies eher als sinnlos erachtet wird? Wie beeinflussen diese Erfahrungen die eigene Behandlungsphilosophie und die praktische Arbeit in der Gegenwart?

Berater, die mit schweren Schicksalen konfrontiert sind, benötigen einen Unterstützungskreis. Die alltäglichen Erfahrungen im Arbeitskontext wirken sich potenziell auf die eigene Partnerschaft und Familie aus. Der erhebliche emotionale Druck des Berufsalltags kann dazu führen, dass belastende Themen mit nach Hause genommen werden. Dem Partner kann dies leicht zu viel werden und in ihm den Gedanken auslösen: »Um seine Patienten kümmert er sich, kommt erschöpft nach Haus, ohne Energie für seine eigene Familie!« Umgekehrt fühlt man sich vielleicht emotional allein gelassen, wenn sich der Partner abgrenzt und von den drängenden beruflichen Nöten nichts hören will. Berater benötigen deshalb Strategien, wie mit diesen Belastungen gut umgegangen werden kann – durch eine gute Selbstfürsorge, die bewusste Pflege der Partnerschaft, durch Auszeiten allein oder zu zweit, und vor allem durch einen Gesprächskreis mit befreundeten Kollegen, zum Beispiel eine familienmedizinische Fall- oder Balint-Gruppe, die ein geeigneter Ort für berufliche Themen ist und emotionalen Rückhalt geben kann.

Die Arbeit mit Behinderungen kann uns tiefere persönliche Einsichten vermitteln. Sie kann uns reifer machen und eine neue Sicht auf andere Seiten des Lebens ermöglichen. Öffnet man sich innerlich für das emotionale Leid, das Kinder und Familien tragen, und nimmt es aus einem weiten Blickwinkel wahr, beginnt man Behinderungen und Einschränkungen als Teil menschlichen Seins zu begreifen. Diese in ihrem Wesen spirituelle Offenheit hilft die Frage nach dem »Warum« ruhen zu lassen. Erforderlich sind Geduld und die Bereitschaft, Geschichten anzuhören als ein Gegenüber, das zuhört und mitfühlt, ohne in Mitleid zu versinken, in dem Bewusstsein, dass manche Entwicklungen einen langen Atem benötigen. Dies gelingt leichter, wenn man Schwierigkeiten als das Salz des Lebens begreift, wenn man auf schwierige Wegstrecken zurückblicken kann und daraus die Zuversicht schöpft, dass sich auch in Zukunft Wege finden werden.

Anhang

Überregionale Behindertenverbände und Selbsthilfegruppen

Allianz chronischer seltener Erkrankungen:
  www.achse-online.de
Bundesarbeitsgemeinschaft der Clubs Behinderter und ihrer Freunde e. V. (BAG cbf): www.bagcbf.de
Bundesverband für körper- und mehrfachbehinderte Menschen e. V.:
  www.bvkm.de
Bundesarbeitsgemeinschaft Gemeinsam leben – gemeinsam lernen e. V.:
  www.gemeinsamleben-gemeinsamlernen.de
Bundesvereinigung Lebenshilfe für Menschen mit geistiger Behinderung e. V.:
  www.lebenshilfe.de
Bundesverband Selbsthilfe Körperbehinderter e. V.:
  www.bsk-ev.de
Deutsche Arbeitsgemeinschaft Selbsthilfegruppen e. V.:
  www.dag-shg.de/site/
Intakt – Internetplattform für Eltern von Kindern mit Behinderung:
  www.intakt.info/
Nationale Kontaktstelle für Selbsthilfegruppen:
  www.nakos.de/site/
Selbsthilfe-Forum:
  www.selbsthilfe-forum.de
Selbsthilfegruppen für Behinderte:
  www.behinderung.org/selbsthi.htm
Selbsthilfe online. Selbsthilfe behinderter und chronisch kranker Menschen in Deutschland: www.selbsthilfe-online.de/

Österreich
Lebenshilfe: www.lebenshilfe.at/

Schweiz
Insieme – für Menschen mit geistiger Behinderung:
  www.insieme.ch/ge/ge_index.html

Literatur

Aarts, M. (2002): *Marte Meo. Ein Handbuch*. Harderwijk (Aarts Production).
Achilles, L. (1997): Die Situation der Geschwister behinderter Kinder. In: Wilken, E. (Hrsg.): *Neue Perspektiven für Menschen mit Down-Syndrom*. Erlangen (Selbstverlag), S. 132–137.
Ahlers, C. (1992): Solution-oriented therapy for professionals working with physically impaired clients. *Journal of Strategic and Systemic Therapies* 11, 53–68.
Ainsworth, M. (1969): Object relations, dependance and attachment: A theoretical review of the infant-mother relationship. *Child Development* 40, 969–1025.
Allport, G. W. (1968): The general and the unique in psychological science. In: Allport, G. W.: *The person in psychology: Selected essays by Gordon W. Allport*. Boston (Beacon Press), S. 81–102.
Altmeyer, S., Kröger, F. (Hrsg.) (2003): *Theorie und Praxis der systemischen Familienmedizin*. Göttingen (Vandenhoeck & Ruprecht).
American Association on Mental Retardation (1992): *Mental Retardation: Definition, classification, and systems of supports*. Washington, D. C. (AAMR).
American Psychiatric Association (APA) (1994): *Diagnostic and Statistical Manual of Mental Disorders (DSM IV)*. Fourth Edition. Washington DC (American Psychiatric Association).
Anderson, H., Goolishian, H. (1990): Menschliche Systeme als sprachliche Systeme. *Familiendynamik* 15, 212–243.
Anderson, K. (1998): The relationship between family sense of coherence and family quality of life after illness diagnosis: Collective and consensus views. In: McCubbin, H. I., Thompson, E., Thompson, A. I., Fromer, E. (Hrsg.): *Stress, coping, and health in families: Sense of coherence and resiliency*. Thousand Oaks (Sage Publications), S. 169–187.
Anthony, E. J. (Hrsg.) (1987): *Risk, vulnerability and resilience: An overview*. New York (Guilford Press).
Anthony, E. J., Cohler, B. J. (1987): *The invulnerable child*. New York (Guilford Press).
Anton, L. (2003): Das körperbehinderte Kind in der Familie. In: Altmeyer, S., Kröger, F. (Hrsg.): *Theorie und Praxis der systemischen Familienmedizin*. Göttingen (Vandenhoeck & Ruprecht), S. 202–219.
Antonovsky, A. (1979): *Stress, health, and coping*. San Francisco (Jossey-Bass).
Antonovsky, A. (1987): *Unravelling the mystery of health*. San Francisco (Jossey-Bass).
Antonovsky, A. (1993): Gesundheitsforschung versus Krankheitsforschung. In: Franke, A., Broda, M.: *Psychosomatische Gesundheit*. Tübingen (DGVT-Verlag).
Antonovsky, A. (1997): *Salutogenese: Zur Entmystifizierung der Gesundheit*. Tübingen (DGVT-Verlag).
Antonovsky, A. (1998a): The sense of coherence: A historical and future perspective. In: McCubbin, H. I., Thompson, E., Thompson, A. I., Fromer, J. E. (Hrsg.): *Stress, coping and health in families: Sense of coherence and resiliency*. Thousand Oaks (Sage Publications), S. 3–20.
Antonovsky. A. (1998b): The structure and properties of the sense of coherence scale. In: McCubbin, H. I., Thompson, E., Thompson, A. I., Fromer, J. E. (Hrsg.): *Stress, coping, and health in families: Sense of coherence and resiliency*. Thousand Oaks (Sage Publications), S. 21–40.

Literatur

Antonovsky, A., Sagy, S. (1990): The family sense of coherence and the retirement transition. *Journal of Marriage and the Family* 54, 983–993.
Antonovsky, A., Sourani, T. (1988): Family sense of coherence and family adaptation. *Journal of Marriage and the Family* 50, 79–92.
Aschenbrenner, R. M. (2008): *Resilienz und Kohärenzgefühl in Familien von Kindern mit geistiger Behinderung als Wegweiser zur Prävention und Intervention im Rahmen einer ressourcenorientierten Beratung.* Diplomarbeit am Psychologischen Institut der Universität Heidelberg.
Asen, E. (2006): Kinder und Erwachsene in der Multi-Familientherapie. *Psychotherapie im Dialog* 7, 49–52.
Asen, E., Dawson, N., McHugh, B. (2001): *Multiple family therapy: The Marlborough model and its wider applications.* London (Karnac).
Bailey, D. B., Golden, R. N., Roberts, J., Ford, A. (2007): Maternal depression and developmental disability: Research critique. *Mental Retardation and Developmental Disability Research* 13, 321–329.
Baird, M. A., Doherty, W. J. (1986): Family resources in coping with serious illness. In: Karpel, M. A. (Hrsg.): *Family resources: The hidden partner in family therapy.* New York (Guilford Press), S. 359–383.
Baker, B. L., Blacher, J., Crnic, K. A., Edelbrock, C. (2002): Behavior problems and parenting stress in families of three-year-old children with and without developmental delays. *American Journal on Mental Retardation* 107, 433–444.
Bandler, R., Grinder, J. (1982): *Reframing.* Moab (Real People Press).
Bandura, A. (1977): Self-efficacy: Toward a unifying theory of behavioral change. *Psychological Review* 84, 191–215.
Bandura, A. (2000): *Self-efficacy – the exercise of control.* New York (W. H. Freeman and Company).
Bank, S. P., Kahn, M. D. (1982): *The sibling bond.* New York (Basic Books).
Barakat, L. P., Linney, J. A. (1992): Children with physical handicaps and their mothers: The interrelation of social support, maternal adjustment, and child adjustment. *Journal of Pediatric Psychology* 17, 725–739.
Barth, J. (1996): Chronic illness and the family. In: Kaslow, F. (Hrsg.): *Handbook of relational diagnoses and dysfunctional families.* New York (John Wiley & Son), S. 496–508.
Bateson, G. (1981a): *Ökologie des Geistes.* Frankfurt am Main (Suhrkamp).
Bateson, G. (1981b): Die Kybernetik des Selbst: Eine Theorie des Alkoholismus. In: Bateson, G. (Hrsg.): *Ökologie des Geistes.* Frankfurt am Main (Suhrkamp), S. 400–435.
Beaumont, H. (2008): *Auf die Seele schauen: Spirituelle Psychotherapie.* 3. Auflage. München (Kösel-Verlag).
Beavers, J. (1989): Physical and cognitive handicaps. In: Combrinck-Graham, L. (Hrsg.): *Children in family contexts. Perspectives on treatment.* New York (Guilford Press), S. 193–212.
Beavers, J., Hampson, R. B. (1990): *Successful families: Assessment and intervention.* New York (W. W. Norton).
Beavers, W. R., Hampson, R. B. (1993): Measuring family competence. The Beavers systems model. In: Walsh, F. (Hrsg.): *Normal family process.* New York (Guilford Press), S. 73–95.
Beavers, J., Hampson, R. B., Hulgus, Y. F., Beavers, W. R. (1986): Coping in families with a retarded child. *Family Process* 25, 365–378.
Beckman, P. (1983): Influence of selected child characteristics on stress in families of handicapped infants. *American Journal of Mental Deficiency* 88, 150–156.
Bender, D., Lösel, F. (1998): Protektive Faktoren der psychisch gesunden Entwicklung junger Menschen: Ein Beitrag zur Kontroverse um saluto- versus pathogenetische Ansätze. In:

Margraf J., Siegrist J., Neumer S. (Hrsg.): *Gesundheits- oder Krankheitstheorie? Saluto- versus pathogenetische Ansätze im Gesundheitswesen*. Berlin (Springer), S. 117–145.

Bender, D., Lösel, F. (2003): Kohärenzsinn und andere Persönlichkeitsmerkmale als protektive Faktoren der Ehequalität. In: Grau, I., Bierhoff, H.-W. (Hrsg.): *Sozialpsychologie der Partnerschaft*. Berlin (Springer), S. 405–429.

Bengel, J., Strittmatter, R., Willmann, H. (1998): *Was erhält Menschen gesund? Antonovskys Modell der Salutogenese – Diskussionsstand und Stellenwert*. Köln (Bundeszentrale für gesundheitliche Aufklärung).

Bennett, T., Deluca, D. A., Allen, R. W. (1995): Religion and children with disabilities. *Journal of Religion and Health* 34, 301–312.

Benninghoven, D., Cierpka, M., Thomas, V. (2008): Überblick über die familiendiagnostischen Fragebogeninventare. In: Cierpka, M. (Hrsg.): *Handbuch der Familiendiagnostik*. 3. Auflage. Berlin (Springer), S. 427–446.

Beresford, B. A. (1994): Resources and strategies: How parents cope with the care of a disabled child. *Journal of Child Psychology and Psychiatry* 35, 171–209.

Berger, M. (1984): Social network interventions for families that have a handicapped child. In: Imber-Coppersmith, E. (Hrsg.): *Families with handicapped members*. Rockville (Aspen Publishers), S. 127–136.

Berger, M., Fowlkes, M. (1980): The family intervention project: A family network model for serving young handicapped children. *Young Children* 51, 22–32.

Berger, P. L., Luckmann, T. (1966): *The social construction of reality*. New York (Doubleday). Dt.: *Die gesellschaftliche Konstruktion der Wirklichkeit*. Frankfurt am Main 1969 (Suhrkamp).

Bielski, S. (1998): *Geistige Behinderung und soziale Kompetenz. Häufigkeit des Auftretens von geistiger Behinderung* (WWW-Dokument). URL http://homepage.ruhr-uni- bochum.de/sven.Bielski/Haeufi.htm.

Biermann, A. (2001): Schwermehrfachbehinderungen. In: Borchert, J. (Hrsg.): *Handbuch der Sonderpädagogischen Psychologie*. Göttingen (Hogrefe), S. 94–103.

Blanz, B. (1994): Die psychischen Folgen chronischer Krankheiten im Kindes- und Jugendalter. In: Petermann, F. (Hrsg.): *Chronische Krankheiten bei Kindern und Jugendlichen*. Berlin (Quintessenz), S. 11–28.

Bleidick, U. (1992): Schulen für Behinderte. In: Mühlum, A., Oppl, J. (Hrsg.): *Handbuch der Rehabilitation*. Neuwied (Luchterhand), S. 103–120.

Bleidick, U., Hagemeister, U. (1977): *Einführung in die Behindertenpädagogik*. Bd. 1. Stuttgart (Kohlhammer).

Bodenmann, G. (1998): Der Einfluss von Stress auf die Partnerschaft: Implikationen für die Prävention bei Paaren. In: Hahlweg, K., Baucom, D. H., Bastine, R., Markman, H. J. (Hrsg.): *Prävention von Trennung und Scheidung – Internationale Ansätze zur Prädiktion und Prävention von Beziehungsstörungen*. Stuttgart (Kohlhammer), S. 241–259.

Bodenmann, G., Perrez, M. (1995): The impact of stress and coping on marital interaction and satisfaction. In: Bernard, P. (Hrsg.): *Familie im Wandel – Famille en transition*. Fribourg/Bern (Universitätsverlag/Hans Huber), S. 202–233.

Boeckhorst, F. (1994): Theoretische Entwicklungen in der Systemtherapie II: Die narrative Denkrichtung. *Systhema* 8, 2–22.

Bogdan, J. (1984): Family organisation as an ecology of ideas: An alternative to the reification of family systems. *Family Process* 23, 375–388.

Bogdan, R., Taylor J. (1989): Relationships with severely disabled people: The social construction of humanness. *Social Problems* 36, 135–148.

Boothe, B. (1994): *Der Patient als Erzähler in der Psychotherapie*. Göttingen (Vandenhoeck & Ruprecht).

Boothe, B., Wyl, A.v., Wepfer, R. (Hrsg.) (1998): *Psychisches Leben im Spiegel der Erzählung. Eine narrative Psychotherapiestudie.* Heidelberg (Roland Asanger).
Boscolo, L., Bertrando, P. (1994): *Die Zeiten der Zeit. Eine neue Perspektive in systemischer Therapie und Konsultation.* Heidelberg (Carl-Auer-Systeme Verlag).
Boss, P. (1988): *Family stress management.* Newbury Park (Sage).
Boss, P. (1993): Die Konstruktion von Chronizität: Der uneindeutige Verlust. System Familie 6, 161–170.
Boss, P. (2002): *Family stress management – A contextual approach.* Thousand Oaks (Sage).
Boss, P., Greenberg J. (1984): Family boundary ambiguity: A new variable in family stress theory. Family Process 23, 535–546.
Boszorményi-Nagy, I., Spark, G. (1981): *Unsichtbare Bindungen. Die Dynamik familiärer Systeme.* 8. Aufl. 2006, Stuttgart (Klett-Cotta).
Bowen, M. (1978): *Family therapy in clinical practice.* New York/London (Jason Aronson).
Bowlby, J. (1980): *Attachment and loss.* New York (Basic Books).
Bowman, B.J. (1996): Cross-cultural validation of Antonovsky's sense of coherence scale. Journal of Clinical Psychology 52, 547–549.
Breslau, N., Staruch, K.S., Mortimer, E.A. (1982): Psychological distress in mothers of disabled children. American Journal of Disabled Children 36, 682–686.
Brinthaupt, G. (1991): The family of a child with cystic fibrosis. In: Seligman, M. (Hrsg.): *The family with a handicapped child.* 2nd. ed. Needham Heights (Allyn & Bacon), S. 295–336.
Broda, M., Burger, W., Dinger-Broda, A. (1995): Therapieerfolg und Kohärenzgefühl – Zusammenhänge zwei bis fünf Jahre nach stationär verhaltensmedizinischer Behandlung. In: Lutz, R., Mark, N. (Hrsg.): *Wie gesund sind Kranke? Zur psychischen Gesundheit psychisch Kranker.* Göttingen (Verlag für Angewandte Psychologie), S. 113–122.
Bronfenbrenner, U. (1979): *The ecology of human development.* Cambridge (Harvard University Press). Dt.: *Die Ökologie der menschlichen Entwicklung. Natürliche und geplante Experimente.* Stuttgart 1981 (Klett-Cotta).
Buber, M. (1984): *Das dialogische Prinzip.* 5. Auflage. Heidelberg (Lambert Schneider).
Bünder, P., Sirringhaus-Bünder, A., Helfer, A. (2009): *Lehrbuch der Marte-Meo-Methode. Entwicklungsförderung mit Videounterstützung.* Göttingen (Vandenhoeck & Ruprecht).
Bundesministerium für Gesundheit (2009): *Bericht des Beirats zur Überprüfung des Pflegebedürftigkeitsbegriffs.* Berlin (Bundesministerium für Gesundheit).
Byng-Hall, J. (1988): Scripts and legends in families and family therapy. Family Process 27, 167–179.
Camus, A. (1980): *Der Mythos des Sisyphos.* 2. Aufl. Reinbek (Rowohlt).
Canning, R.D., Harris, E., Kelleher, K.J. (1996): Factors predicting distress among caregivers to children with chronic medical conditions. Journal of Pediatric Psychology 21, 735–749.
Capuzzi, C. (1989): Maternal attachment to handicapped children and the relationship to social support. Research in Nursing and Health 12, 161–167.
Carter, E., McGoldrick, M. (1999): Overview: The expanded family life cycle. Individual, family and social perspectives In: Carter, B., McGoldrick, M. (Hrsg.): *The expanded family life cycle: Individual, family and social perspectives.* Boston (Allyn & Bacon), S. 1–46.
Cecchin, G. (1988): Zum gegenwärtigen Stand von Hypothetisieren, Zirkularität und Neutralität – Eine Einladung zur Neugier. Familiendynamik 13, 3–18.
Cecchin, G.L., Ray, W.A. (1992): *Respektlosigkeit – Eine Überlebensstrategie.* Heidelberg (Carl-Auer-Systeme Verlag).
Chang, Q., Kare, G., Dani, V., Nelson, S., Jaenisch, R. (2006): The disease progression of Mepc2 mutant mice is affected by the level of BDNF expression. Neuron 49, 341–348.
Cierpka, M. (Hrsg.) (2008): *Handbuch der Familiendiagnostik.* 3. Auflage. Berlin (Springer).

Cierpka, M., Frevert, G. (1994): *Die Familienbögen: Ein Inventar zur Einschätzung von Familienfunktionen.* Göttingen (Hogrefe).
Cierpka, M., Krebeck, S., Retzlaff, R. (2001): *Arzt, Patient und Familie.* Stuttgart (Klett-Cotta).
Cierpka, M., Stasch, M. (2003): Die GARF-Skala. *Familiendynamik* 28, 176–200.
Cierpka, M., Thomas, V., Sprenkle, D. H. (Hrsg.) (2005): *Family assessment – multiple perspectives.* Cambridge/Mass. (Hogrefe & Huber).
Cohen, S. (1999): Families coping with childhood chronic illness: A research review. *Families, Systems and Health* 17, 49–164.
Colman, S. V. (1991): The sibling of the retarded child: Self-concept, deficit compensation motivation, and perceived parental behaviour. Doctoral Dissertation, San Diego (California School of Professional Psychology).
Combrinck-Graham, L., Higley, L. W. (1984): Working with school-aged handicapped children. In: Imber-Coppersmith, E. (Hrsg.): *Families with handicapped members.* Rockville (Aspen Publishers), S. 18–29.
Conen, M. L. (Hrsg.) (2002): *Wo keine Hoffnung ist, muss man sie erfinden. Aufsuchende Familientherapie.* Heidelberg (Carl-Auer-Systeme Verlag).
Corbin, J. M. (1993): Chronizität und das Verlaufskurvenmodell. *System Familie* 6, 151–160.
Corbin, J. M., Strauss, A. L. (1988): Unending work and care. San Francisco (Jossey-Bass).
Csikszentmihalyi, M. (1991): *Flow. The psychology of optimal experience.* New York (Harper). Dt.: *Flow. Das Geheimnis des Glücks.* 14. Aufl. 2008, Stuttgart (Klett-Cotta).
Cullen, J. C., MacLeod, J. A., Williams, P. D., Williams, A. R. (1991): Coping, satisfaction, and the life cycle in families with mentally retarded persons. *Issues in Comprehensive Pediatric Nursing* 14, 193–207.
Cummings, S. T. (1976): The impact of the child's deficiency on the father: A study of mentally retarded and chronically ill children. *American Journal of Orthopsychiatry* 46, 246–255.
Cummings, S. T., Bailey, H. C., Rie, H. E. (1965): Effects of the child's deficiencies on the mother: A study of mothers of mentally retarded, chronically ill and neurotic children. *American Journal of Orthopsychiatry* 36, 595–608.
Damrosh, S. P., Perry, L. A. (1989): Self-reported adjustment, chronic sorrow, and coping of parents of children with Down's syndrome. *Nursing Research* 38, 25–30.
Dangoor, N. I., Florian, V. (1994): Women with chronic physical disabilities: Correlates of their long-term psychosocial adaptation. *International Journal of Rehabilitation* 17, 159–168.
Davison, G. C., Neale, J. M. (2002): Störungen im Kindesalter: Geistige Behinderung. In: Hautzinger, M. (Hrsg.): *Klinische Psychologie.* Weinheim (Beltz PVU), S. 554–580.
Dell, P. (1986): *Klinische Erkenntnis: Zu den Grundlagen systemischer Therapie.* Dortmund (Verlag Modernes Lernen).
de Maddalena, H., Arnold, R. (2001): Die Beeinträchtigung von Eltern hörgeschädigter Kinder und die erlebte soziale Auffälligkeit der Hörschädigung. *Hörgeschädigtenpädagogik* 55, 10–19.
de Shazer, S. (1989): *Wege der erfolgreichen Kurztherapie.* 8. Aufl. 2003, Stuttgart (Klett-Cotta).
de Shazer, S., Lipchik E. (1984): Frames and reframing. In: Imber-Coppersmith, E. (Hrsg.): *Families with handicapped members.* Rockville (Aspen Publishers), S. 88–97.
Deutscher Bildungsrat (1973): *Empfehlungen der Bildungskommission zur pädagogischen Förderung behinderter und von Behinderung bedrohter Kinder.* Stuttgart (Klett).
Dilling, H., Mombour, W., Schmidt, M. H., Schulte-Markwort, E. (Hrsg.) (2000): *Internationale Klassifikation psychischer Störungen ICD-10 Kapitel V (F): Diagnostische Kriterien für Forschung und Praxis.* 2. Aufl. Bern (Huber).
Dittmann, W., Klatte-Reiber, M. (1993): Zur veränderten Lebenssituation von Familien nach Geburt eines Kindes mit Down-Syndrom. *Frühförderung Interdisziplinär* 12, 165–175.

Dobslaff, O. (1999): *Förderung von Kindern mit geistiger Behinderung – Das Rett-Syndrom.* Berlin (Wissenschaftsverlag Volker Spiess).
Doege, D. (2008): Resilienzfaktoren in Familien mit geistig behinderten Kindern: Versuch einer empirischen Überprüfung mit Hilfe eines Strukturgleichungsmodells. Diplomarbeit am Psychologischen Institut der Universität Heidelberg.
Doherty, W. J., McDaniel, S. H., Hepworth, J. (1998): Medizinische Familientherapie bei Kindern mit chronischer Krankheit. *Praxis der Kinderpsychologie und Kinderpsychiatrie* 47, 1–18.
Dolto, F. (1989): *Alles ist Sprache: Kinder mit Worten helfen.* Weinheim (Quadriga).
Domin, H. (1994): *Nur eine Rose als Stütze.* Frankfurt am Main (Fischer).
Dunst, C., Trivette, C., Deal, A. (1988): *Enabling and empowering families. Principles and guidelines for practice.* Cambridge (Brookline Books).
Duss-von Werdt, J. (1995): Behindert in und von Strukturen der Einrichtungen und Organisationen. In: Strubel, W., Weichselgartner, H. (Hrsg.): *Behindert und verhaltensauffällig. Zur Wirkung von Systemen und Strukturen.* Freiburg i. Br. (Lambertus), S. 69–85.
Duvall, E. M. (1971): *Family development.* 4th edition. New York (Lippincott).
Dykens, E. M., Hodapp, R. M. (1997): Treatment issues in genetic mental retardation syndromes. *Professional Psychology: Research and Practice* 28, 263–270.
Dyson, L. L. (1991): Families of young children with handicaps: Parental stress and family functioning. *American Journal on Mental Retardation* 95, 623–629.
Dyson, L. L. (1993): Response to the presence of a child with disabilities: Parental stress and family functioning over time. *American Journal on Mental Retardation* 98, 207–218.
Dyson, L., Fewell, R. F. (1986): Stress and adaptation in parents of young handicapped and nonhandicapped children: A comparative study. *Journal of the Division for Early Childhood* 10, 25–35.
Dyson, L., Edgar, E., Crnic, K. (1989): Psychological predictors of adjustment by siblings of developmentally disabled children. *American Journal on Mental Retardation* 96, 623–629.
Ebbecke-Nohlen, A. (2004): Symptome als Lösungsversuch – Die Suche nach dem subjektiven Sinnzusammenhang in der Psychotherapie. In: Gunkel, S., Kruse, G. (Hrsg.): *Salutogenese, Resilienz und Psychotherapie – Was hält uns gesund? Was bewirkt Heilung?* Hannover (Hannoversche Ärzte-Verlags-Union), S. 309–328.
Eckert, A. (2008): Mütter und Väter in der Frühförderung – Ressourcen, Stresserleben und Bedürfnisse aus der Perspektive der Eltern. *Frühförderung Interdisziplinär* 27, 3–10.
Efran, J. (1991): Change the name and you change the game. *Journal of Strategic and Systemic Therapies* 10, 50–65.
Efron, D., Veenendahl, K. (1993): Suppose a miracle does not happen: The non-miracle option. *Journal of Systemic Therapies* 12, 1–18.
Eike, W., Braksch, G. (2009): Ist-Analyse der Lebenssituation von Menschen mit Behinderungen und chronisch psychischen Erkrankungen. *Theorie und Praxis der sozialen Arbeit* 60, 353–373.
Ende, M. (1973): *Momo oder Die seltsame Geschichte von den Zeit-Dieben und von dem Kind, das den Menschen die gestohlene Zeit zurückbrachte: ein Märchen-Roman.* Stuttgart (Thienemann).
Engel, G. (1977): The need for a new medical model: A challenge for biomedicine. *Science* 196, 129–136.
Engelbert, A. (1994): Familien mit behinderten Kindern – Probleme der Passung zwischen der familialen Situation und den Strukturen des Hilfesystems. In: Grunow, D., Hurrelmann, K., Engelbert, A. (Hrsg.): *Gesundheit und Behinderung im familialen Kontext.* München (Deutsches Jugendinstitut), S. 137–179.
Engelbert, A. (1999): *Familien im Hilfenetz: Bedingungen und Folgen der Nutzung von Hilfen für behinderte Kinder.* Weinheim (Juventa).

Epstein, N. B., Bishop, D., Ryan, C., Miller, I., Keitner, G. (1993): The McMaster model view of healthy family functioning. In: Walsh, F. (Hrsg.): *Normal family process*. New York (Guilford Press), S. 138–160.
Epstein, N. B, Baldwin, L. M., Bishop, D. S. (1983): The McMaster family assessment device. *Journal of Marital and Family Therapy* 9, 171–180.
Erickson, M. H., Rossi, E., Rossi, L. (1978): *Hypnose. Induktion – Psychotherapeutische Anwendung – Beispiele*. 7. Aufl. 2009, Stuttgart (Klett-Cotta).
Falicov, C. J. (1983): *Cultural perspectives in family therapy*. Rockville (Aspen Systems Corporation).
Featherstone, H. (1980): *A difference in the family. Life with a disabled child*. New York (Basic Books).
Feetham, S. L., Thomson, E. J. (2006): Keeping the individual and the family in focus. In: Miller, S., McDaniel, S., Rolland, J., Feetham, S. (Hrsg.): *Individuals, families, and the new era of genetics*. New York (Norton), S. 3–35.
Feldman, M., McDonald, L., Serbin, L. (2007): Predictors of depressive symptoms in primary caregivers of young children with or at risk for developmental delay. *Journal of Intellectual Disability Research* 51, 606–619.
Felitti, V. J., Anda, R. F., Nordenberg, D., Williamson, D. F., Spitz, A. M., Edwards, V., Koss, M. P., Marks, J. S. (1998): Relationship of childhood abuse and household dysfunction to many of the leading causes of death in adults. *American Journal of Preventive Medicine* 14, 245–258.
Ferreira, A. J. (1963): Family myths and homeostases. *Archives of General Psychiatry* 9, 457–463.
Fewell, R. R. (1986a): A handicapped child in the family. In: Fewell, R. R., Vadasy, P. P. (Hrsg.): *Families of handicapped children: Needs and supports across the life span*. Austin (Pro-Ed), S. 3–34.
Fewell, R. R. (1986b): Support from religious organisations and personal beliefs. In: Fewell, R. R., Vadasy, P. P. (Hrsg.): *Families of handicapped children: Needs and supports across the life span*. Austin (Pro-Ed), S. 297–316.
Fewell, R. R., Gelb, S. A. (1983): Parenting moderately handicapped persons. In: Seligman, M. (Hrsg.): *The family with a handicapped child*. New York (Grune & Stratton), S. 175–202.
Fiese, B. H., Hooker, K. A., Kotary, L., Schagler, J., Rimmer, M. (1995): Family stories in the early stages of parenthood. *Journal of Marriage and the Family* 75, 763–770.
Fiese, B. H, Wamboldt, F. S. (2003): Coherent accounts of coping with a chronic illness: convergences and differences in family measurement using narrative analysis. *Family Process* 42, 439–451.
Fisch, R., Weakland, J. H., Segal, L. (1982): *The tactics of change*. San Francisco (Jossey Bass). Dt. (1987): *Strategien der Veränderung*. 3. Aufl. 1996, Stuttgart (Klett-Cotta).
Fisher, L., Kokes, R. F., Ransom, D. C., Philipps, L., Rudd, P. (1985): Alternative strategies for creating »relational« family data. *Family Process* 24, 213–244.
Fishman, C. (1988): *Treating troubled adolescents*. New York (Basic Books).
Flannery, R. B., Flannery, G. J. (1990): Sense of coherence, life stress, and psychological distress: A prospective methodological inquiry. *Journal of Clinical Psychology* 46, 415–420.
Flannery, R. B., Perry, J. C., Penk, W. E., Flannery, G. J. (1994): Validating Antonovsky's sense of coherence scale. *Journal of Clinical Psychology* 50, 575–577.
Flick, U. (1998): *Qualitative Forschung*. Reinbek (Rowohlt).
Flick, U., Kardoff, E. v., Keupp, H., Rosenstiel, L. V., Wolff, S. (Hrsg.) (1995): *Handbuch qualitative Sozialforschung*. Weinheim (Beltz, PVU).
Floyd, F., Saitzyk, A. R. (1992): Social class and parenting children with mild and moderate mental retardation. *Journal of Pediatric Psychology* 7, 607–631.

Floyd, F. J., Purcell, S. E., Richardson, S. S., Kupersmidt, J. B. (2009): Sibling relationship quality and social functioning of children and adolescents with intellectual disability. *American Journal of Intellectual and Developmental Disabilities* 114, 110–127.
Flynt, S. W., Wood, T. A., Scott, R. S. (1992): Social support of mothers of children with mental retardation. *Mental Retardation* 30, 232–236.
Folkman, S., Schafer, G., Lazarus, R. S. (1979): Cognitive processes as mediators of stress and coping. In: Hamilton, V., Warburton, D. W. (Hrsg.): *Human stress and cognition*. New York (John Wiley), S. 265–298.
Fraenkel, P. (1995): The nomothetic-idiographic debate in family therapy. *Family Process* 34, 113–121.
Fraenkel, P., Shannon, M., Brandt, J. (1994): Time and rhythm in couples. *Family Process* 33, 37–51.
Frank, A. (1998): Just listening: Narrative and deep illness. *Families, Systems and Health* 16, 197–212.
Frank, J., (1961): *Persuasion and healing*. Baltimore (Johns Hopkins University Press).
Franke, A. (1997): Zum Stand der konzeptionellen und empirischen Entwicklung des Salutogenesekonzepts. In: Franke, A. (Hrsg.): *Salutogenese. Zur Entmystifizierung der Gesundheit*. Tübingen (DGVT-Verlag), S. 169–190.
Frankl, V. (1982): *Trotzdem Ja zum Leben sagen*. 22. Auflage. München (Deutscher Taschenbuch Verlag).
Frenz, A. W., Carey, M. P., Jorgensen, R. S. (1993): Psychometric evaluation of Antonovsky's sense of coherence scale. *Psychological Assessment* 5, 145–153.
Frey, K. S., Greenberg, M. T., Fewell, R. R. (1989): Stress and coping among parents of handicapped children: A multidimensional approach. *American Journal on Mental Retardation* 94, 240–249.
Friedrich, W. (1979): Predictors of the coping behaviors of mothers of handicapped children. *Journal of Clinical and Consulting Psychology* 47, 1140–1141.
Fromm, E., Suzuki, D. T., de Martino, R. (1960): *Zen Buddishm and Psychoanalyses*. New York (Harper & Row).
Gabriel, B., Zeender, N., Bodenmann, G. (2008): Stress und Coping bei Eltern von einem Kind mit einem Down-Syndrom. *Zeitschrift für Familienforschung* 20, 80–95.
Gadamer, H. (1993): *Über die Verborgenheit der Gesundheit*. Frankfurt am Main (Suhrkamp).
Gallagher, J. J., Beckman, P., Cross, A. H. (1983): Families of handicapped children: Sources of stress and its amelioration. *Exceptional Children* 50, 10–19.
Gallagher, T., Wagenfeld, M. O., Baro, F., Harpers, K. (1994): Sense of coherence and caregiver overload. *Social Science Medicine* 39, 1615–1622.
Gardner, H. (1993): *Multiple intelligences: The theory in practice*. New York (Basic Books).
Gardner, R. (1993): The mutual story telling technique. In: Schaefer, C., Cangelosi, D. (Hrsg.): *Play therapy techniques*. Northvale (Jason Aronson), S. 199–209.
Gasteiger-Klicpera, B., Klicpera, C., Hippler, K. (2001a): Soziale Anpassungsschwierigkeiten bei lernbehinderten Schülern und Schülern mit speziellen Lernbeeinträchtigungen – eine Literaturübersicht. I. Der Beitrag sozial-kognitiver und kommunikativer Kompetenzen. *Heilpädagogische Forschung* 27, 72–87.
Gasteiger-Klicpera, B., Klicpera, C., Hippler, K. (2001b): Soziale Anpassungsschwierigkeiten bei lernbehinderten Schülern und Schülern mit speziellen Lernbeeinträchtigungen – eine Literaturübersicht. II. Identifikation von Untergruppen mit besonderen Problemen in der sozialen Anpassung. *Heilpädagogische Forschung* 27, 124–134.
Gergen, K. J. (1991): *The saturated self*. New York (Basic Books).

Gerhardt, U. (1986): *Patientenkarrieren: Eine medizinsoziologische Studie.* Frankfurt am Main (Suhrkamp).
Gerhardt, U. (1995): Typenbildung. In: Flick, U., Kardoff, E. v., Keupp, H., Rosenstiel, L. v., Wolff, S. (Hrsg.): *Handbuch qualitative Sozialforschung.* 2. Aufl. Weinheim (Beltz), S. 435–439.
Gerlicher, K. (1991): Zur Psychodynamik in Familien mit einem behinderten Kind. *Praxis der Kinderpsychologie und Kinderpsychiatrie* 40, 265–272.
Geyer, S. (2000): Antonovskys sense of coherence – Ein gut geprüftes und empirisch bestätigtes Konzept? In: Wydler, H., Kolip, P., Abel, T. (Hrsg.): *Salutogenese und Kohärenzgefühl: Grundlagen, Empirie und Praxis eines gesundheits-wissenschaftlichen Konzepts.* Weinheim (Juventa), S. 71–84.
Gillberg, C. (1994): Debate and argument: Having Rett syndrome in the ICD-10 PDD category does not make sense. *Journal of Child Psychology and Psychiatry* 35, 377–378.
Gilligan, S. (1997): *The courage to love. Principles and practices of self-relations psychotherapy.* New York (W. W. Norton).
Glaser, B. G., Strauss, A. L. (1998): *Grounded Theory: Strategien qualitativer Forschung.* Bern (Huber).
Goffman, E. (1961): *Asylums: Essays on the social situation of mental patients and other inmates.* New York (Doubleday Anchor).
Goldstein Brooks, R. B. (2005): *Handbook of resilience in children.* New York (Kluwer Academic).
Goll-Kopka, A. (2004): Jedes Kind hat eine Familie – Formen ressourcenorientierter Familienarbeit in einem Sozialpädiatrischen Zentrum. *Kontext* 35, 21–42.
Goll-Kopka, A. (2009): Das Frankfurter MFT-Modell. Multi-Familientherapie (MFT) mit Familien von entwicklungsbeeinträchtigten, chronisch kranken oder behinderten Kindern. *Praxis der Kinderpsychologie und Kinderpsychiatrie* 56, 716–732.
Gonzalez, S., Steinglass, P., Reiss, D. (1989): Putting the illness in its place: discussion groups for families with chronic medical illnesses. *Family Process* 28, 69–87.
Gorell Barnes, G. (1999): Operationalizing the uncertain: Some clinical reflections. *Journal of Family Therapy* 21, 145–153.
Gortmaker, S. L., Sappenfeld, W. (1984): Chronic childhood disorders – prevalence and impact. *Pediatric Clinics of North America* 31, 3–18.
Gottlieb, A. (1998): Single mothers of children with disabilities: The role of sense of coherence in managing multiple challenges. In: McCubbin, H. I., Thompson, E., Thompson, A. I., Fromer, J., Fromer, E. (Hrsg.): *Stress, coping, and health in families: Sense of coherence and resiliency.* Thousand Oaks (Sage Publications), S. 189–204.
Gottman, J. M., Katz, L. (1989): Effects of marital discord on young children's peer interaction and health. *Developmental Psychology* 25, 373–381.
Gowen, J., Johnson-Martin, N., Goldman-Applebaum, M. (1989): Feelings of depression and parenting competence of mothers of handicapped and nonhandicapped infants: A longitudinal study. *American Journal on Mental Retardation* 94, 259–271.
Grawe, K., Grawe-Gerber, M. (1999): Ressourcenaktivierung – Ein primäres Wirkprinzip der Psychotherapie. *Psychotherapeut* 44, 63–73.
Greeff, A. P., Van der Merwe, S. (2004): Variables associated with resilience in divorced families. *Social Indicators Research* 68, 59–75.
Greeff, A. P., Vansteenwegen, A., DeMot, L. (2006): Resiliency in divorced families. *Social Work in Mental Health* 4, 67–81.
Grossman, F. K. (1972): *Brothers and sisters of retarded children.* Syracuse (Syracuse University Press).

Grunebaum, H., Chasin, R. (1978): Relabeling and reframing reconsidered: The beneficial effects of a pathological label. *Family Process* 17, 449–455.
Guralnick, M. J., Groom, J. M. (1988): Friendships of preschool children in mainstreamed playgroups. *Developmental Psychology* 24, 595–604.
Guralnick, M. J., Weinhouse, E. (1984): Peer-related social interactions of developmentally delayed young children: Development and characteristics. *Developmental Psychology* 20, 815–827.
Guski, E. (1989): Systemsicht und Familienorientierung am Beispiel der Frühförderung. *Geistige Behinderung* 29, 78–87.
Hadadian, A. (1994): Stress and social support of fathers and mothers of young children with and without disabilities. *Early Education and Development* 5, 226–235.
Hagberg, B. (Hrsg.) (1993): *Rett-Syndrome – clinical and biological aspects.* Cambridge (Mac Keith).
Hagberg, B., Aircadi, J., Dias, K., Ramos, O. (1983): A progressive syndrome of autism, dementia, ataxia, and loss of purposeful hand use in girls: Rett's Syndrome: A report on 35 cases. *Annals of Neurology* 14, 471–479.
Hagberg, B., Hanefeld, F., Percy, A., Skjeldat, O. (2002): An update on clinically applicable diagnostic criteria in Rett syndrome. *European Journal of Pediatric Neurology* 6, 293–297.
Haller, D. (2005): *DTV-Atlas der Ethnologie.* München (Deutscher Taschenbuch Verlag).
Hanney, L., Kozlowska, K. (2002): Healing traumatized children: Creating illustrated storybooks in family therapy. *Family Process* 41, 37–63.
Hanson, M. J., Hanline, M. F. (1990): Parenting a child with a disability: A longitudinal study of parental stress and adaptation. *Journal of Early Intervention* 14, 234–248.
Haour-Knipe, M. (1999): Family sense of coherence (SOC) and adapting to a new culture. A case study. *Polish Psychological Bulletin* 30, 311–321.
Harris, V. S., McHale, S. M. (1989): Family life problems, daily caretaking activities, and the psychological well-being of mothers of mentally retarded children. *American Journal on Mental Retardation* 94, 231–239.
Hastings, R. P., Taunt, H. M. (2002): Positive perceptions in families of children with developmental disabilities. *American Journal on Mental Retardation* 107, 116–127.
Haupt, W. F., Jochheim, K.-A., Remschmidt, H. (1997): *Neurologie und Psychiatrie.* Stuttgart (Thieme).
Hawley, D. R. (2000): Clinical implications of family resilience. *The American Journal of Family Therapy* 28, 101–116.
Heaman, D. J. (1995): Perceived stressors and coping strategies of parents who have children with developmental disabilities: a comparison of mothers with fathers. *Journal of Pediatric Nursing* 10, 311–320.
Heller, T. (1993): Self-efficacy coping, active involvement, and caregiver well-being throughout the life course among families of persons with mental retardation. In: Turnbull, A. P., Patterson, J. M., Behr, S. K., Murphy, D. L., Marquis, J. G., Blue-Banning, M. J. (Hrsg.): *Cognitive coping, families, and disability.* Baltimore (Paul H. Brookes), S. 195–206.
Hennicke, K. (1993): System therapy for persons with mental retardation. In: Fletcher, R. J., Dosen, A. (Hrsg.): *Mental health aspects of mental retardation.* New York (Lexington Books), S. 402–417.
Hennicke, K. (1994): Therapeutische Zugänge zu geistig behinderten Menschen mit psychischen Störungen: Traditionelles und systemisches Konzept. *Geistige Behinderung* 33, 95–110.
Hennicke, K., Bradl, C. (1990): Systemic family therapy and mental retardation. In: Dosen, A., van Gennep, A., Zwannikken, G. (Hrsg.): *Treatment of mental illness and behavioural disorder in the mentally retarded.* Leiden (Logon), S. 225–232.

Hennicke, K., Rotthaus, W. (1993): Zur Einführung: Psychotherapie und geistige Behinderung. In: Hennicke, K., Rotthaus, W. (Hrsg.): *Psychotherapie und geistige Behinderung*. Dortmund (Verlag Modernes Lernen), S. 9–13.
Hildenbrand, B. (1990): Geschichtenerzählen als Prozess der Wirklichkeitskonstruktion. *System Familie* 3, 227–236.
Hildenbrand, B. (2004): Fallrekonstruktive Familienforschung und Familientherapie: Die Sequenzanalyse in der Genogrammarbeit. *Familiendynamik* 29, 257–287.
Hildenbrand, B. (2005): *Einführung in die Genogrammarbeit*. Heidelberg (Carl-Auer-Systeme Verlag).
Hildenbrand, B., Jahn, W. (1988): »Gemeinsames Erzählen« und Prozesse der Wirklichkeitskonstruktion in familientherapeutischen Gesprächen. *Zeitschrift für Soziologie* 17, 203–217.
Hill, R. (1949): *Families under stress*. New York (Harper).
Hill, R. (1958): Social stresses on the family. *Social Casework* 49, 139–150.
Hintermair, M. (2001): Welche Erfahrung die Frühförderung aus den Erfahrungen von Eltern mit älteren behinderten Kindern gewinnen kann. *Frühförderung Interdisziplinär* 20, 49–61.
Hintermair, M. (2002): *Kohärenzgefühl und Behinderungsverarbeitung – Eine empirische Studie zum Belastungs- und Bewältigungserleben von Eltern hörgeschädigter Kinder*. Heidelberg (Median-Verlag).
Hintermair, M. (2003): Das Kohärenzgefühl von Eltern stärken – Eine psychologische Aufgabe in der pädagogischen Frühförderung. *Frühförderung Interdisziplinär* 22, 61–70.
Hinze, D. (2002): *Väter behinderter Kinder – ihre besonderen Schwierigkeiten und Chancen in der Familie. Bericht über einen Workshop mit Vätern*. www.ricardas-homepage.de/Dorothee/Eltern/Vaeter/artikel3.htm.
Hobbs, N., Peerin, J. M., Ireys, H. T. (1985): *Chronically ill children and their families*. San Francisco (Jossey-Bass).
Hodapp, R. M., Dykens, E. M., Masino, L. L. (1997): Families of children with Prader-Willi Syndrome: stress-support and relations to child characteristics. *Journal of Autism and Developmental Disorder* 27, 11–24.
Hodge, D. R. (2005): Spiritual assessment in marital and family therapy: A methodological framework for selecting among six qualitative assessment tools. *Journal of Marital and Family Therapy* 31, 341–356.
Hölzl, M., Reiter. L. (1992): Kohärenzerleben, Stressverarbeitung und Partnerschaft. *System Familie* 5, 121–123.
Hofer, M., Wild, E., Noack, P. (2002): *Lehrbuch Familienbeziehungen. Eltern und Kinder in der Entwicklung*. Göttingen (Hogrefe).
Hohmeier, J., Veldkamp, B. (2004): Zur Pflegesituation von Familien mit behinderten und chronisch kranken Kindern – Ergebnisse einer empirischen Studie. *Sonderpädagogik* 34, 227–236.
Hohn, E. (1989): Zu dumm, um verrückt sein zu dürfen? Geistige Behinderung und Psychose. In: Rotthaus, W. (Hrsg.): *Psychotisches Verhalten Jugendlicher*. Dortmund (Verlag Modernes Lernen), S. 150–173.
Holmbeck, G. N., Gorey-Ferguson, L., Hudson, T., Seefeldt, T., Shapera, W., Turner, T., Uhler, J. (1997): Maternal, paternal, and marital functioning in families of preadolescents with spina bifida. *Journal of Pediatric Psychology* 22, 167–181.
Holroyd, J., McArthur, D. (1976): Mental retardation and stress on the parents: A contrast between Down's syndrome and childhood autism. *American Journal of Mental Deficiency* 80, 431–436.
Holtmann, M., Poustka, F., Schmidt, M. H. (2004): Biologische Korrelate der Resilienz im Kindes- und Jugendalter. *Kindheit und Entwicklung* 13, 201–211.

Holtmann, M., Schmidt, M. H. (2004): Resilienz im Kindes- und Jugendalter. *Kindheit und Entwicklung* 13, 195–200.
Holtz, K.-L. (2006): Was Kinder alles können: Kompetenz, Resilienz- und Salutogeneseforschung. *Psychotherapie im Dialog* 7, 89–93.
Holtz, K.-L., Eberle, G., Hillig, A., Marker, K. R. (1998): *Das Heidelberger Kompetenz-Inventar für geistig Behinderte (HKI). Handbuch*. 4. Auflage. Heidelberg (C. Winter Verlag).
Holtz, K.-L., Nassal, A. (2008): *HKI-R. Heidelberger Kompetenz-Inventar für Menschen mit geistiger Behinderung*. Pädagogische Hochschule Heidelberg.
Holtz, K.-L., Nassal, A. (2010): *HKI-R. Heidelberger Kompetenz-Inventar für Menschen mit geistiger Behinderung*. Göttingen (Hogrefe).
Hoppe, D. (2009): Perspektiven der medizinischen Versorgung geistig und mehrfach behinderter Menschen. *Lebenshilfe-Zeitung* 1.
Hornby, G. (1995): Fathers' views of the effects on their families of children with Down syndrome. *Journal of Child and Family Studies* 4, 103–117.
Hornig, S., Müller, B. (2005): Kohärenz als Ausdruck von Resilienz bei Eltern von Kindern mit geistiger Behinderung. Diplomarbeit am Psychologischen Institut der Universität Mannheim.
Hunter, K. (1999): *Das Rett-Syndrom Handbuch*. Remagen (Reha-Verlag).
Imber-Black, E. (1986): Towards a resource model of family functioning. In: Karpel, M. A. (Hrsg.): *Family resources: The hidden partner in family therapy*. New York (Guilford Press), S. 148–174.
Imber-Black, E. (1987): The mentally handicapped in context. *Family Systems Medicine* 5, 428–445.
Imber-Black, E. (1988): *Families and larger systems*. New York (Guilford Press).
Imber-Black, E. (Hrsg.) (1995): *Geheimnisse und Tabus in Familie und Familientherapie*. Freiburg i. Br. (Lambertus).
Imber-Black, E., Roberts, J., Whiting, R. (1993): *Rituale in Familien und Familientherapie*. Heidelberg (Carl-Auer-Systeme Verlag).
Imber-Coppersmith, E. (Hrsg.): (1984): *Families with handicapped members*. Rockville (Aspen Publishers).
Innocenti, M. S., Huh, K., Boyce, G. C. (1992): Families of children with disabilities. Normative data and other considerations on parenting stress. *Topics in Early Childhood Special Education* 12, 403–427.
Jackson, D. D. (1965): Family homeostasis and the physician. *Western Journal of Medicine* 103, 239–242.
Jahrreis, R. (1996): Salutogenese – Der Blick auf die gesunde Seite. *Münchwieser Hefte* 19, 3–15.
James, W. (1982): *The varieties of religious experiences* (erste Veröffentlichung 1902). London (Viking Penguins).
Janet, P. (1925): *Psychological healing: A historical and clinical study*. New York (MacMillan).
Jellouschek, H. (1991): Religiöse Erfahrung und Psychotherapie. Persönliche Reifung und Spiritualität. Vortrag, gehalten am 11. 09. 1991 im Evangelischen Jugendwerk, Stuttgart.
Jellouschek, H. (1998): *Wie Partnerschaft gelingt – Spielregeln der Liebe*. Freiburg i. Br. (Kreuz-Verlag).
Jellouschek, H. (2003): *Mit dem Beruf verheiratet. Von der Kunst, ein erfolgreicher Mann, Familienvater und Liebhaber zu sein*. München (Mosaik/Goldmann.)
Jellouschek, H. (2005): *Die Paartherapie*. Freiburg i. Br. (Kreuz-Verlag).
Jessop, J., Stein, R. E. (1985): Uncertainty and relation to the psychological and social correlates of chronic illness in children. *Social Science and Medicine* 20, 993–999.

Johnson, S. (2004): *The practice of emotionally focused couples therapy*. New York (Brunner-Routledge).
Jonas, K., Brömer, P. (2002): Die sozial-kognitive Theorie von Bandura. In: Frey, D., Irle, M. (Hrsg.): *Theorien der Sozialpsychologie Band II – Gruppen-, Interaktions- und Lerntheorien*. Bern (Huber), S. 277–300.
Joraschky, P., Cierpka, M. (1990): Von der geteilten zur ungeteilten Konstruktion der Realität. *Familiendynamik* 15, 3–61.
Joraschky, P., Retzlaff, R. (2008): System- und Strukturdiagnose. In: Cierpka, M. (Hrsg.): *Handbuch der Familiendiagnostik*. 3. Auflage. Berlin (Springer), S. 335–353.
Joyce, J. (1960): *Ulysses*. Harmondsworth (Penguin Books).
Juli, D., Engelbrecht-Greve, M. (1978): *Stressverhalten ändern lernen. Programm zum Abbau psychosomatischer Krankheitsrisiken*. Reinbek (Rowohlt).
Jung, C. G. (1943): *Zur Psychologie östlicher Meditation. Gesammelte Werke Bd. 11*. Düsseldorf (Walter/Patmos).
Kabat Zinn, J. (1998): *Im Alltag Ruhe finden. Das umfassende praktische Meditationsprogramm*. 7. Aufl. Freiburg i. Br. (Herder).
Kahn, M. D. (1995): Vertraute Reisende in einer postmodernen Welt: Der Lebenszyklus der Geschwisterbeziehung. *System Familie* 8, 234–242.
Kaminski, G. (1976): *Umweltpsychologie – Perspektiven, Probleme, Praxis*. Stuttgart (Klett-Cotta).
Kaminski, G. (1995): Behinderung in ökologisch-psychologischer Perspektive. In: Neumann, J. (Hrsg.): *»Behinderung«. Von der Vielfalt eines Begriffs und dem Umgang damit*. Tübingen (Attempto), S. 44–74.
Kamtsirius, P., Atzpodien, K., Ellert, U., Schlack, R., Schlaud, M. (2007): Prävalenz von somatischen Erkrankungen bei Kindern und Jugendlichen in Deutschland. Ergebnisse des Kinder- und Jugendgesundheitssurvey (KIGGS). *Bundesgesundheitsblatt Gesundheitsforschung Gesundheitsschutz* 50, 686–700.
Karpel, M. A. (Hrsg.) (1986): *Family resources: The hidden partner in family therapy*. New York (Guilford Press).
Kasari, C., Freeman, S. F. N., Hughes, M. A. (2001): Emotion recognition by children with Down syndrome. *American Journal on Mental Retardation* 106 59–72.
Kaslow, F. (2000): Families and family psychology at the millenium. *American Psychologist* 56, 37–46.
Kazak, A. (1986): Families with physically handicapped children: Social ecology and family systems. *Family Process* 26, 265–281.
Kazak, A. E. (1989): Families of chronically ill children: A systems and social-ecological model of adaptation and challenge. *American Journal of Family Therapy* 21, 60–70.
Kazak, A. E., Marvin, R. (1984): Difference, difficulties and adaptation: Stress and social networks in families with a handicapped child. *Family Relations* 33, 67–77.
Kazak, A. E., Wilcox, B. (1984): The structure and functioning of social support networks in families with handicapped children. *Journal of Community Psychology* 12, 645–661.
Keppner, R. (2009): Körperbehinderung. In: Fthenakis, E., Textor, M. R. (Hrsg.): *Online-Familienhandbuch*. http://www.familienhandbuch.de/. 6. 12. 2009.
Kirkman, M. (1985): The perceived impact of a sibling with a disability on family relationships: A survey of adult siblings in Victoria, Australia. *Sibling Information Network* 4, 2–5.
Klauß, T. (2006): Psychologie und Geistige Behinderung – eine Einleitung. In: Klauß, T. (Hrsg.): *Geistige Behinderung – Psychologische Perspektiven*. Heidelberg (Universitätsverlag Winter), S. 7–13.

Klauß, T., Lamers, W., Janz, F. (2004): Forschungsergebnisse zur Bildungsrealität von Kindern und Jugendlichen mit schwerer und mehrfacher Behinderung (BiSB). *Geistige Behinderung* 38, 108–128.
Klee, E. (2004): *»Euthanasie« im NS-Staat. Die »Vernichtung lebensunwerten Lebens«.* 11. Aufl. Frankfurt am Main (Fischer).
Kleemann, J. (1996): Systemisches Denken und Therapie im Kontext geistiger Behinderung – die Sprache der Sprachlosen. In: Lotz, W., Stahl, B., Irblich, D. (Hrsg.): *Wege zur seelischen Gesundheit für Menschen mit geistiger Behinderung. Psychotherapie und Persönlichkeitsentwicklung.* Bern (Huber), S. 194–205.
Kleinman, A. (1998): *The illness narratives: Suffering, healing and the human condition.* New York (Basic Books).
Klemenz, B. (2003): *Ressourcenorientierte Diagnostik und Intervention bei Kindern und Jugendlichen.* Tübingen (DGVT-Verlag).
Kluckhohn, F. R., Strodtbeck, F. L. (1961): *Variations in value orientation.* Westport (Greenwood).
KMK (Ständige Konferenz der Kultusminister der Länder in der Bundesrepublik Deutschland) (2008): *Sonderpädagogische Förderung in Schulen 1997 bis 2006. Statistische Veröffentlichungen der Kultusministerkonferenz 185.* Bonn: Sekretariat der KMK. (WWW-Dokument). URL http://kmk.org/statist/Dok185.pdf.
Knafl, K., Zoeller, L. (2000): Childhood chronic illness: A comparison of mothers' and fathers' experiences. *Journal of Family Nursing* 6, 287–302.
Kobasa, S. C. (1979): Stressful life events, personality, and health: An inquiry into hardiness. *Journal of Personality and Social Psychology* 37, 1–11.
Kobe, F. H., Hammer, D. (1994): Parenting stress and depression in children with mental retardation and developmental disabilities. *Research in Developmental Disabilities* 15, 209–221.
Koller, H., Richardson, S. A., Katz, M. (1992): Families of children with mental retardation: Comprehensive view from an epidemiological perspective. *American Journal on Mental Retardation* 97, 315–332.
Konstantareas, M. M., Homatidis, S. (1989): Assessing child symptom of severity and stress in parents of autistic children. *Journal of Psychology and Psychiatry* 34, 549–470.
Krause, M. P. (1986): Entwicklungsförderung behinderter Kinder: Ein familienzentriertes Konzept. *Sozialpädiatrie* 8, 39–42.
Krause, M. P. (1997): *Elterliche Bewältigung und Entwicklung des behinderten Kindes.* Frankfurt am Main (Lang).
Krause, M. P. (2002): *Gesprächstherapie und Beratung mit Eltern behinderter Kinder.* München (Ernst Reinhardt).
Krause, M. P., Petermann, F. (1997): *Soziale Orientierung von Eltern behinderter Kinder (SOEBEK).* Göttingen (Hogrefe).
Krauss Wyngaarden, M. (1993): Child-related and parenting stress: similarities and differences between mothers and fathers of children with disabilities. *American Journal on Mental Retardation* 97, 393–404.
Kröger, F., Altmeyer, S. (2000): Von der Familiensomatik zur systemischen Familienmedizin. *Familiendynamik* 25, 268–292.
Kröger, F., Hendrischke, A., McDaniel, S. (Hrsg.) (2000): *Familie, System und Gesundheit.* Heidelberg (Carl-Auer-Systeme Verlag).
Kühl, J. (2003): Kann das Konzept der Resilienz die Handlungsperspektiven in der Frühförderung erweitern? *Frühförderung Interdisziplinär* 22, 51–60.
Kuhn, R., Schmidt, U., Bahrs, O., Riehl-Emde, A. (2007): Beratung zu Pränataldiagnostik: Ein Modellprojekt zur Verbesserung der Kooperation zwischen Ärztinnen bzw. Ärzten und psychosozialen Beraterinnen. *Praxis der Kinderpsychologie und Kinderpsychiatrie* 56, 772–795.

Kusch, M., Petermann, F. (2000): Tiefgreifende Entwicklungsstörungen. In: Petermann, F. (Hrsg.): *Lehrbuch der Klinischen Kinderpsychologie und -psychotherapie.* Göttingen (Hogrefe), S. 431–452.
Lam, L.-W., McKenzie, A. E. (2002): Coping with a child with Down syndrome: The experiences of mothers in Hong Kong. *Qualitative Health Research* 12, 223–237.
Lamb, M. E., Meyer, D. J. (1991): Fathers of children with exceptional needs. In: Seligman, M. (Hrsg.): *The family with a handicapped child.* 2nd ed. Boston (Allyn & Bacon), S. 151–179.
Largo, R., Jenni, O. G. (2005): Das Zürcher Fit-Konzept. *Familiendynamik* 30, 111–128.
Larsson, G., Kallenberg, K. O. (1996): Sense of coherence, socioeconomic conditions and health. *European Journal of Public Health* 6, 175–180.
Larsson, G., Kallenberg, K. O. (1999): Dimensional analysis of sense of coherence using structural equation modelling. *European Journal of Personality* 13, 51–61.
Lavee, Y., Hamilton, I., McCubbin, H. I. (1985): Adaptation in family stress theory. *Vortrag beim Annual meeting of the National Council on Family Relations,* November 1985.
Lavee, Y., McCubbin, H. I., Olson, D. H. (1987): The effect of stressful life events and transitions on family functioning and well-being. *Journal of Marriage and the Family* 49, 857–873.
Lazarus, R. S. (1966): *Psychological stress and the coping process.* New York (McGraw-Hill).
Lee, I., Lee, E.-O., Kim, H. S., Park, Y. S., Song, M., Park, Y. H. (2004): Concept development of family resilience: A study of Korean families with a chronically ill child. *Journal of Clinical Nursing* 13, 636–645.
Leiling, N., Ries, H. (2002): *Geschwister geistig behinderter Kinder – Die psychosoziale Anpassung von Geschwistern geistig behinderter Kinder und die Geschwisterbeziehung.* Magisterarbeit, Universität Mannheim.
Leonard, H., Fyfe, S., Leonard, S., Msall, M. (2001): Functional status, medical impairments, and rehabilitation resources in 84 females with Rett syndrome: A snapshot across the world from the parental perspective. *Disability and Rehabilitation* 23, 107–117.
Libow, J. A. (1989): Chronic illness and family coping. In: Combrinck-Graham, L. (Hrsg.): *Children in family contexts. Perspectives on treatment.* New York (Guilford Press), S. 213–230.
Liepmann, M. C. (1979): *Geistig behinderte Kinder und Jugendliche. Eine epidemiologische, klinische und sozialpsychologische Studie in Mannheim.* Bern/Göttingen/Toronto (Huber).
Lindberg, B. (2000): *Rett-Syndrom. Eine Übersicht über psychologische und pädagogische Erfahrungen.* Wien (WUV Universitätsverlag).
Lindermeier, C. (2009): Geistige Behinderung. In: Fthenakis, E., Textor, M. R. (Hrsg.): *Online-Familienhandbuch.* http://www.familienhandbuch.de/. 6. 12. 2009.
Li-Tsang, C. W. P., Yau, M. K., Yuen, H. K. (2001): Success in parenting children with developmental disabilities: Some characteristics, attitudes and adaptive coping skills. *The British Journal of Developmental Disabilities* 47, 61–71.
Lloyd, H., Dallos, R. (2006): Solution-focused brief therapy with families who have a child with intellectual disabilities: A description of the content of initial sessions and the processes. *Clinical Child Psychology and Psychiatry* 11, 367–386.
Lösel, F., Bender, D. (1998): Risiko- und Schutzfaktoren in der Entwicklung zufriedener und stabiler Ehen: Eine integrative Perspektive. In: Hahlweg, K., Baucom, D. H., Bastine, R., Markman, H. J. (Hrsg.): *Prävention von Trennung und Scheidung – Internationale Ansätze zur Prädiktion und Prävention von Beziehungsstörungen.* Stuttgart (Kohlhammer), S. 27–66.
Lösel, F., Bender, D. (1999): Von generellen Schutzfaktoren zu differenziellen protektiven Prozessen: Ergebnisse und Probleme der Resilienzforschung. In: Opp, G., Fingerle, M., Freytag, A. (Hrsg.): *Was Kinder stärkt: Erziehung zwischen Risiko und Resilienz.* München (Ernst Reinhardt), S. 37–58.

Lorenz, R. (2004): *Salutogenese. Grundwissen für Psychologen, Mediziner, Gesundheits- und Pflegewissenschaftler.* München (Ernst Reinhardt).
Lotz, W., Koch, U. (1994): Zum Vorkommen psychischer Störungen bei Personen mit geistiger Behinderung. In: Lotz, W., Koch, U., Stahl, B. (Hrsg.), *Psychotherapeutische Behandlung geistig behinderter Menschen. Bedarf, Rahmenbedingungen, Konzepte.* Bern (Huber), S. 13–39.
Lustig, D. C. (1997): Families with an adult with mental retardation: Empirical family typologies. *Rehabilitation Counselling Bulletin* 47, 138–151.
Lustig, D. C. (1999): Families with an adult with mental retardation: Predictors of family adjustment. *Journal of Applied Rehabilitation Counselling* 30, 11–18.
Luthar, S. S., Cichetti, D., Becker, B. (2000): The construct of resilience A critical evaluation and guidelines for future work. *Child Development* 77, 543–562.
Lyon, S., Lyon, G. (1991): Collaboration with families of severely handicapped persons. In: Seligman, M. (Hrsg.): *The family with a handicapped child.* 2nd ed. Boston (Allyn & Bacon), S. 237–264.
MacKinnon, L., Marlett, N. (1984): A social action perspective: The disabled and their families in context. In: Imber-Coppersmith, E. (Hrsg.): *Families with handicapped members.* Rockville (Aspen Publishers), S. 111–126.
Madanes, C. (1990): *Sex, love and violence.* New York (W. W. Norton). Dt. (1997): *Sex, Liebe und Gewalt.* Heidelberg (Carl-Auer-Systeme-Verlag).
Madsen, W. C. (1992): Problematic treatment: Interaction of patient, spouse, and physician beliefs in medical noncompliance. *Family Systems Medicine* 10, 365–383.
Mahoney, G., O'Sullivan, P., Robinson, C. (1992): The family environments of children with disabilities: Diverse but not so different. *Topics in Early Childhood Special Education* 12, 386–402.
Maier, Christine (2005): *»Sich immer wieder orientieren zwischen Last und Reichtum«. Eine qualitativ empirische Studie über die Entwicklung von Kompetenz und Stärke von Familien im Alltag mit einem schwermehrfachbehinderten Kind.* Masters Thesis, Fakulät für Gesundheitswissenschaften, Universität Maastricht.
Mangold, B., Obendorf, W. (1981): Bedeutung der familiären Beziehungsdynamik in der Förderungsarbeit und Therapie mit behinderten Kindern. *Praxis der Kinderpsychologie und Kinderpsychiatrie* 30, 12–18.
Margalit, M., Raviv, A, Ankonina, D. B. (1992): Coping and coherence among parents with disabled children. *Journal of Clinical Child Psychology* 21, 202–209.
Marshak, L. E., Seligman, M., Prezant, F. (1999): *Disability and the family life cycle.* New York (Basic Books).
Martire, L. M., Lustig, A. P., Schulz, R., Miller, G. E., Helgeson, V. S. (2004): Is it beneficial to involve a family member? A meta-analysis of psychosocial interventions for chronic illness. *Health Psychology* 23, 599–611.
Marx, K. (1964): Der achtzehnte Brumaire des Napoleon Bonaparte. In: Marx, K., Engels, F. (Hrsg.): *Ausgewählte Schriften.* Berlin (Dietz Verlag), S. 22–316.
Maslow, A. (1968): *Toward a psychology of being.* 2. Aufl. New York (Van Nostrand Reinholt).
Mayring, P. (1983): *Qualitative Inhaltsanalyse.* 2. Aufl. Weinheim (Deutscher Studienverlag).
McCubbin, H. I., McCubbin, M. A. (1988): Typologies of resilient families: Emergent roles of social class and ethnicity. *Family Relations* 37, 247–254.
McCubbin, H. I., Patterson, J. M. (1983): The family stress process: The double ABCX model of adjustment and adaptation. In: McCubbin, H., Sussman, M., Patterson, J. M. (Hrsg.): *Advances in family stress theory and research.* New York (Haworth), S. 7–37.
McCubbin, M. A. (1989): Family stress and family strengths: A comparison of single- and two parent families with a handicapped child. *Research in Nursing and Health* 72, 101–110.

McDaniel, S. H. (1996): Kooperative, familienorientierte Gesundheitsfürsorge. *Psychotherapeut* 47, 45–50.
McDaniel, S. H. (2005): The psychotherapy of genetics. *Family Process* 44, 25–44.
McDaniel, S. H., Campbell, T. L., Hepworth, J., Lorenz, A. (2004): *Family-oriented primary care.* New York (Springer).
McDaniel, S. H., Hepworth, J., Doherty, W. J. (1997a): *Familientherapie in der Medizin.* Heidelberg (Carl-Auer-Systeme Verlag).
McDaniel, S. H., Hepworth, J., Doherty, W. (1997b): The shared emotional themes of illness. In: McDaniel, S. H., Hepworth, J., Doherty, W. (Hrsg.): *The shared experience of illness: Stories of patients, families, and their therapists.* New York (Basic Books), S. 1–9.
McDaniel, S. H., Hepworth, J., Doherty, W. J. (1997c): *The shared experience of illness: Stories of patients, families, and their therapists.* New York (Basic Books).
McDonell, M. G., Dyck, D. G. (2004): Multiple-family group treatment as an effective intervention for children with psychological disorders. *Clinical Psychology Review* 24, 685–706.
McGoldrick, M., Gerson, R. J. (1990): *Genogramme in der Familienberatung.* Bern (Huber).
McGoldrick, M., Giordano, J., Pearce, J. (1996): *Ethnicity and family therapy.* 2. Aufl. New York (Guilford Press).
McHale, S., Pawletko, T. M. (1992): Differential treatment of siblings in two family contexts. *Child Development* 63, 68–81.
Meyerstein, I. (1994): Reflections on »being there« and »doing« in family therapy: A story of chronic illness. *Family Systems Medicine* 12, 21–29.
Miller, S., McDaniel, S., Rolland, J., Feetham, S. (Hrsg.) (2006): *Individuals, families, and the new era of genetics.* New York (Norton).
Mink, I. T., Blacher, J., Nihira, K. (1988): Taxonomy of family life styles: III. Replication with families of severely mentally retarded children. *American Journal on Mental Retardation* 93, 250–264.
Minnes, P. M. (1988): Family resources and stress associated with having a mentally retarded child. *American Journal on Mental Retardation* 93, 184–192.
Minuchin, S. (1977): *Familie und Familientherapie.* Freiburg i. Br. (Lambertus).
Minuchin, S. (1983): Der Aufbau einer therapeutischen Wirklichkeit. In: Kaufman, E., Kaufmann, P. (Hrsg.): *Familientherapie bei Alkohol- und Drogenabhängigkeit.* Freiburg i. Br. (Lambertus), S. 20–41.
Minuchin, S., Fishman, C. (1983): *Praxis der strukturellen Familientherapie.* Freiburg i. Br. (Lambertus).
Minuchin, S., Montalvo, B., Guerney, B., Rosman, B., Schumer, F. (1967): *Families of the slums.* New York (Basic Books).
Minuchin, S., Rosman, B., Baker, L. (1981): *Psychosomatische Krankheiten in der Familie.* Stuttgart (Klett-Cotta).
Moos, R., Moos, B. (1976): A typology of family social environment. *Family Process* 75, 357–372.
Mount, R. H., Charman, T., Hastings, R. P., Reilly, S., Cass, H. (2002): The Rett Syndrome Behavior Questionnaire (RSBQ). Refining the behavioural phenotype of Rett syndrome. *Journal of Child Psychology and Psychiatry* 43, 1099–1110.
Mount, R. H., Hastings, R. P., Reilly, S., Cass, H., Charman, T. (2001): Behavioural and emotional features in Rett syndrome. *Disability and Rehabilitation* 23, 129–138.
Mount, R. H., Hastings, R. P., Reilly, S., Cass, H., Charman, T. (2003): Towards a behavioral phenotype for Rett syndrome. *American Journal on Mental Retardation* 708, 1–12.
Müller, B., Hornig, S., Retzlaff, R. (2007): *Kohärenz und Ressourcen in Familien von Kindern mit Rett-Syndrom. Frühförderung Interdisziplinär* 26, 3–14.

Müller-Zurel, C. (2008): Eine (fast) normale Familie. Die Perspektive der Angehörigen. *Psychotherapie im Dialog* 9, 167–170.
Naumann, H. (2008): Die Sicht auf die ganze Familie. Beratung und Therapie für Familien von geistig behinderten Kindern. *Psychotherapie im Dialog* 9, 125–130.
Nemetschek, P. (2006): *Systemische Therapie mit Kindern, Jugendlichen und Eltern*. Stuttgart (Klett-Cotta).
Neugebauer, L. (2008): Musiktherapie. Mehr als eine heilpädagogische Förderung? *Psychotherapie im Dialog* 9, 163–166.
Neuhäuser, G. (2007): *Syndrome bei Menschen mit geistiger Behinderung*. Marburg (Lebenshilfe-Verlag).
Neuhäuser, G., Steinhausen, H.-C. (Hrsg.) (1999): *Geistige Behinderung: Grundlagen, klinische Syndrome, Behandlung und Rehabilitation*. 2. Aufl. Stuttgart (Kohlhammer).
Newby, N. (1996): *Reliability and validity testing of the family sense of coherence scale*. Dissertation at Saint Louis University Saint Louis.
Nichols, M., Schwartz, R. (Hrsg.) (2004): *Family therapy: Concepts and methods*. Boston (Allyn & Bacon).
Noeker, M., Petermann, F. (1996): Körperlich-chronisch kranke Kinder: Psychosoziale Belastungen und Krankheitsbewältigung. In: Petermann, F. (Hrsg.): *Lehrbuch der Klinischen Kinderpsychologie*. Göttingen (Hogrefe), S. 517–554.
Nüchtern, E., Nitzschke, R. (2004): Krankheit im Kontext: Von der ICIDH zur ICF. *Ärzteblatt Baden-Württemberg* 59, 108–115.
Oda, H. (2000): *Das Erleben von Spontanremissionen bei Krebserkrankungen: Eine narrativ orientierte Studie über salutogenetische Ressourcen und Prozesse*. Dissertation an der Medizinischen Fakultät der Universität Heidelberg.
Ogletree, B., Wetjerby, A., Westling, D. (1992): Profile of the prelinguistic intentional communicative behavior of children with profound mental retardation. *Mental Retardation* 97, 186–196.
Olshansky, S. (1962): Chronic sorrow: A response to having a mentally defective child. *Social Work* 43, 190–194.
Olson, D. H., McCubbin, H. I., Barnes, H., Larsen, A., Muxen, M., Witson, M. (1983): *Families and what makes them work*. Beverly Hills (Sage).
Olson, D. H., Portner, J., Lavee. Y. (1985): *FACES III: Family Adaptability and Cohesion Evaluation Scales*. St. Paul: Family Social Science, University of Minnesota.
Olson, D. H., Russel, C. S., Sprenkle, D. H. (Hrsg.) (1989): *The circumplex model: Systemic assessment and treatment of families*. Binghampton (Haworth).
Overbeck, A. (1981): Familientherapeutische Ansätze in der Behindertenarbeit. *Geistige Behinderung* 21, 202–213.
Papousek, M. (1996): Frühe Eltern-Kind-Beziehungen: Gefährdungen und Chancen in der Frühentwicklung von Kindern mit genetisch bedingten Anlagestörungen. *Geistige Behinderung* 72, 95–107.
Papp, P. A., Imber-Black, E. (1996): Familienthemen: Übergänge und Wandel. *System Familie* 9, 12–21.
Patterson, J. M. (1988): Families experiencing stress: I. The family adjustment and adaptation response model II. Applying the FAAR model to health-related issues for intervention and research. *Families, Systems and Health* 6, 202–237.
Patterson, J. M. (1991a): Family resilience to the challenge of a child's disability. *Pediatric Annals* 20, 491–499.
Patterson, J. M. (1991b): A family systems perspective for working with youths with disabilities. *Pediatrics* 18, 129–141.

Patterson, J. M. (1993): The role of family meanings in adaptation to chronic illness and disability. In: Turnbull, A., Patterson, J. M., Behr, S. K. (Hrsg.): *Cognitive coping research and developmental disabilities*. Baltimore (Brooks), S. 221–238.
Patterson, J. M. (2002a): Integrating family resilience and family stress theory. *Journal of Marriage and the Family* 64, 349–360.
Patterson, J. M. (2002b): Understanding family resilience. *Journal of Clinical Psychology* 58, 233–246.
Patterson, J. M., Garwick, A. W. (1998): Theoretical linkages: Family meanings and sense of coherence. In: McCubbin, H. I., Thompson, E., Thompson, A. I., Fromer, J. E. (Hrsg.): *Stress, coping and health in families: Sense of coherence and resiliency*. Thousand Oaks (Sage), S. 71–89.
Patterson, J. M., Leonard, B. J., Titus, J. C. (1992): Home care for medically fragile children: Impact on family health and well-being. *Developmental and Behavioral Pediatrics* 73, 248–255.
Patterson, J. M., Leonard, B. J. (Hrsg.) (1994): *Caregiving and children*. Newbury Park (Sage).
Patterson, J. M., Garwick, A. W. (1994): Levels of meaning in family stress theory. *Family Process* 33, 287–304.
Pelchat, D. (1993): Developing an early-stage intervention program to help families cope with the effects of the birth of a handicapped child. *Family Systems Medicine* 77, 407–424.
Pelchat, D., Bisson, J., Ricard, N., Pereault, M., Bouchard, J.-M. (1999): Longitudinal effects of an early family intervention programme on the adaptation of parents with disability. *Nursing Study* 36, 465–477.
Penn, P. (1983): Coalitions and binding interactions in families with chronic illness. *Family Systems Medicine* 7, 16–25.
Penn, P., Sheinberg, M. (1991): Stories and conversations. *Journal of Strategic and Systemic Therapy* 70, 30–37.
Pennebaker, J. W. (1993): Putting stress into words: health, linguistics, and therapeutic implications. *Behavior Research and Therapy* 37, 539–548.
Perel, E. (2008): *Wild Life: Die Rückkehr der Erotik in die Liebe*. München (Piper).
Perls, F. (1970): Four lectures. In: Fagan, J., Shepherd, I. L. (Hrsg.): *Gestalt therapy now*. New York (Harper Colophon Books), S. 14–38.
Perrez, M. (2000): Psychologie des Familien- und Paarstresses; Forschungsentwicklungen. In: Schneewind, K. A. (Hrsg.): *Familienpsychologie im Aufwind – Brückenschläge zwischen Forschung und Praxis*. Göttingen (Hogrefe), S. 69–88.
Perry, A., Sarlo-McGarvey, A., Factor, D. C. (1992): Stress and family functioning in parents of girls with Rett Syndrome. *Journal of Autism and Development Disorders* 22, 235–248.
Peterander, F., Speck, O. (1995): Subjektive Belastungen von Müttern schwerbehinderter Kinder in der Frühförderung. *Geistige Behinderung* 72, 95–107.
Petermann, F., Wiedebusch, S. (1996): Interventionsverfahren bei chronisch kranken Kindern und ihren Familien. In: Petermann, F., Wiedebusch, S. (Hrsg.): *Lehrbuch der Klinischen Kinderpsychologie*. Göttingen (Hogrefe), S. 555–586.
Pfeiffer, E. M. (1989): Bewältigung kindlicher Behinderung. *Praxis der Kinderpsychologie und Kinderpsychiatrie* 36, 288–293.
Pikler, E. (2008): *Friedliche Babys – zufriedene Mütter. Pädagogische Ratschläge einer Kinderärztin*. 9. Aufl. Freiburg i. Br. (Herder).
Pixa-Kettner, U., Lotz-Rambaldi, W. (2003): Unterstützung von Familien mit behinderten Angehörigen. In: Irblich, D., Stahl, B. (Hrsg.): *Menschen mit geistiger Behinderung. Psychologische Grundlagen, Konzepte und Tätigkeitsfelder*. Göttingen (Hogrefe), S. 415–451.
Platen-Hallermund, A. (2006): *Die Tötung Geisteskranker in Deutschland*. 6. Aufl. (1. Auflage 1948). Frankfurt am Main (Mabuse-Verlag).

Pörtner, M. (1996): *Ernst nehmen – Zutrauen – Verstehen. Personenzentrierte Haltung im Umgang mit geistig behinderten und pflegebedürftigen Menschen.* 6., überarb. und erw. Aufl. 2008, Stuttgart (Klett-Cotta).
Pollner, M., McDonald-Wikler, L. (1985): The social construction of unreality. A case study of a family's attribution of competence to a severely retarded child. *Family Process* 24, 241–254.
Polster, E. (1987): *Every person's life is worth a novel.* New York (W. W. Norton).
Proshansky, H. M., Ittelsen, W. H., Rivlin, L. G. (Hrsg.) (1970): *Environmental Psychology.* New York (Holt, Rinehart and Winston).
Quittner, A. L., Glueckauf, R. L., Jackson, D. N. (1990): Chronic parenting stress: Moderating versus mediating effects of social support. *Journal of Personality and Social Psychology* 59, 1266–1278.
Quittner, A. L., Espelage, D. L., Opipari, L. C., Carter, B., Eid, N. (1998): Role strain in couples with and without a child with chronic illness: Associations with marital satisfaction, intimacy and daily mood. *Health Psychology* 77, 112–124.
Ramisch, J. L., Franklin, D. (2008): Families with a member with mental retardation and the ethical implications for therapeutic treatment by marriage and family therapists. *American Journal of Family Therapy* 36, 312–322.
Ransom, D. C., Fisher, L., Terry, H. E. (1992): The California family health project: II. Family world view and adult health. *Family Process* 37, 251–267.
Ray, L. D. (2002): Parenting and childhood chronicity: Making visible the invisible work. *Journal of Pediatric Nursing* 77, 711–716.
Reich, G., Massing, A., Cierpka, M. (2007): *Praxis der psychoanalytischen Familien- und Paartherapie.* Stuttgart (Kohlhammer).
Reich, G., Massing, A., Cierpka, M. (2008): Mehrgenerationenperspektive und Genogramm. In: Cierpka, M. (Hrsg.): *Handbuch der Familiendiagnostik.* 3. Aufl. Berlin (Springer), S. 259–282.
Reiss, D. (1981): *The family's construction of reality.* Cambridge (Harvard University Press).
Reiss, D., Gonzalez, S., Kramer, N. (1986): Family process, chronic illness, and death: On the weakness of strong bonds. *Archives of General Psychiatry* 43, 795–804.
Reiss, D., Oliveri, M. E. (1980): Family paradigm and family coping: a proposal for linking the family's intrinsic adaptive capacities to its responses to stress. *Family Relations* 29, 431–444.
Reiss, D., Steinglass, P., Howe, G. (1993): The family's organization around the illness. In: Cole, E., Reiss, D. (Hrsg.): *How do families cope with chronic illness?* New Jersey (Lawrence Erlbaum Associates), S. 173–214.
Rena, F., Moshe, S., Abrahams, O. (1996): Couples' adjustment to one partner's disability: The relationship between sense of coherence and adjustment. *Social Science & Medicine* 43, 163–167.
Retzer, A. (1994): Compliance, Krankheitstheorien und familiäre Interaktion. *Familiendynamik* 19, 101–121.
Retzlaff, R. (2006): Resilienz und Kohärenz in Familien von Kindern mit geistiger Behinderung. Unveröffentliche Dissertation an der Medizinischen Fakultät der Universität Heidelberg.
Retzlaff, R. (2007): Families of children with Rett Syndrome: Stories of coherence and resilience. *Families, Systems, and Health* 25, 246–262.
Retzlaff, R. (2008): Kohärenz und Resilienz. Narrative der Familien von Kindern mit Rett-Syndrom. *Psychotherapie im Dialog* 9, 183–186.
Retzlaff, R. (2009): *Spiel-Räume. Kinder und Jugendliche im Kontext der systemischen Therapie.* 3. Aufl., Stuttgart (Klett-Cotta).
Retzlaff, R., Brazil, S., Goll-Kopka, A. (2008): Multi-Familientherapie bei Kindern mit Teilleistungsfertigkeiten. *Praxis der Kinderpsychologie und Kinderpsychiatrie* 57, 346–361.

Retzlaff, R., Beher, S., Rotthaus, W., Schweitzer, J., Sydow, K. v. (2009): Systemische Therapie mit Erwachsenen, Kindern und Jugendlichen. Zum aktuellen Stand der Wirksamkeitsforschung. *Familiendynamik* 34, 284–295.

Retzlaff, R., Henningsen, P., Spranger, M., Janssen, B., Spranger, S. (2001): Prädiktive genetische Untersuchung auf Chorea Huntington: Erfahrungen mit einem begleitenden ressourcen- und familienorientierten Beratungs-Programm. *Psychotherapeut* 46, 36–42.

Retzlaff, R., Hornig, S., Müller, B., Reuner, G., Pietz, J. (2006): Kohärenz und Resilienz bei Familien von Kindern mit geistiger und körperlicher Behinderung. *Praxis der Kinderpsychologie und Kinderpsychiatrie* 55, 36–52.

Ribi, K., Landolt, M. A, Vollrath, M. (2002): Väter chronisch kranker Kinder. *Praxis der Kinderpsychologie und Kinderpsychiatrie* 57, 357–372.

Risdal, D., Singer, G. H. S. (2004): Marital adjustment in parents of children with disabilities: A historical review and meta-analysis. *Research and Practice for Persons with Severe Disabilities* 29, 95–103.

Roach, M. A., Orsmond, G. I., Barrat, M. S. (1999): Mothers and fathers of children with Down syndrome: parental stress and involvement in childcare. *American Journal of Mental Rehabilitation* 104, 422–436.

Roberts, J. (1984): Families with infants and young children who have special needs. In: Imber-Coppersmith, E. (Hrsg.): *Families with handicapped members*. Rockville (Aspen Publishers), S. 1–17.

Röhrle, B. (1994): *Soziale Netzwerke und soziale Unterstützung*. Weinheim (Beltz).

Rogner, J., Wessels, E. T. (1994): Bewältigungsstrategien von Müttern und Vätern mit einem erst- oder zweitgeborenen geistig behinderten Kind. *Praxis der Kinderpsychologie und Kinderpsychiatrie* 43, 125–129.

Rolland, J. S. (1987): Family illness paradigms. *Family Systems Medicine* 5, 482–503.

Rolland, J. S. (1990): Anticipatory loss: A family systems developmental work. *Family Process* 29, 229–244.

Rolland, J. S. (1993): Mastering family challenges in serious illness and disability. In: Walsh, F. (Hrsg.): *Normal family processes*. 2nd ed. New York (Guilford Press), S. 444–473.

Rolland, J. S. (1994): *Families, illness and disability – An integrative treatment model*. New York (Basic Books).

Rolland, J. S. (2000): Krankheit und Behinderung in der Familie. Modell für ein integratives Behandlungskonzept. In: Kröger, F., Hendrischke, A., McDaniel, S. (Hrsg.): *Familie, System und Gesundheit*. Heidelberg (Carl-Auer-Systeme Verlag), S. 62–104.

Ropohl, G. (1979): *Eine Systemtheorie der Technik*. München (Hanser).

Rossi, E. (1986): *The psychobiology of mind-body healing. New concepts of therapeutic hypnoses*. New York (Norton).

Rotter, J. B. (1966): Generalized expectancies of internal versus external control of reinforcements. *Psychological Monographs* 80, 1–28.

Rotthaus, W. (1991): Systemisches Arbeiten bei der Rehabilitation von Kindern und Jugendlichen. *Praxis Psychomotorik* 16, 75–80.

Rotthaus, W. (1993): Menschenbild und psychische Krankheit des Geistigbehinderten aus systemischer Sicht. In: Hennicke, K., Rotthaus, W. (Hrsg.): *Psychotherapie und geistige Behinderung*. Dortmund (Verlag Modernes Lernen), S. 195–203.

Rotthaus, W. (1996): Systemische Therapie mit geistig behinderten Menschen. *Behinderte in Familie, Schule und Gesellschaft* 19, 45–52.

Rotthaus, W. (2001): Systemic therapy. In: Dosen, A., Day, K. (Hrsg.): *Handbook of treatment of mental illness and behavior disorders in children and adults with mental retardation*. Washington (American Psychiatric Press), S. 167–178.

Rousey, A. M., Best, S., Blacher, J. (1992): Mothers' and fathers' perceptions of stress and coping with children who have severe disabilities. *American Journal on Mental Retardation* 97, 99–109.
Rutter, M. (1987): Psychosocial resilience and protective mechanisms. *American Journal of Orthopsychiatry* 57, 316–331.
Rutter, M. (1990): Psychosocial resilience and protective mechanisms. In: Rolf, A. S. M., Cicchetti, D., Nuechterlein, K. H., Weintraub, S. (Hrsg.): *Risk and protective factors in the development of psychopathology.* Cambridge (Cambridge University Press), S. 181–214.
Rutter, M. (1999): Resilience concepts and findings: Implications for family therapy. *Journal of Family Therapy* 27, 119–144.
Saayman, V., Saayman, G., Wiens, S. (2006): Training staff in multiple family therapy in a children's psychiatric hospital: from theory to practice. *Journal of Family Therapy* 28, 404–419.
Sack, M., Lamprecht, F. (1994): Läßt sich der »sense of coherence« durch Psychotherapie beeinflussen? In: Lamprecht, F., Johnen, R. (Hrsg.): *Salutogenese: Ein neues Konzept in der Psychosomatik?* Frankfurt am Main (Verlag für Akademische Schriften), S. 172–179.
Saetersdahl, B. (1997): Forbidden suffering: The Pollyanna syndrome of the disabled and their families. *Family Process* 36, 431–436.
Sagy, S. (1998): Effects of personal, family, and community characteristics on emotional reactions in stress situation. The Golan heights negotiations. *Youth & Society* 29, 311–329.
Sagy, S., Antonovsky, A. (1992): The family sense of coherence and the retirement transition. *Journal of Marriage and the Family* 54, 983–993.
Sagy, S., Antonovsky, A. (1998): The family sense of coherence and the retirement transition. In: McCubbin, H. I., Thompson, E., Thompson, A. I., Fromer, J. E. (Hrsg.): *Stress, coping, and health in families: Sense of coherence and resiliency.* Thousand Oaks (Sage Publications), S. 207–226.
Sagy, S., Dotan, N. (2001): Coping resources of maltreated children in the family: A salutogenetic approach. *Child Abuse & Neglect* 25, 1463–1480.
Salewski, C. (2004): *Chronisch kranke Jugendliche.* München (Ernst Reinhardt).
Salisbury, C. C. (1987): Stresses of parents with young handicapped and nonhandicapped children. *Journal of the Division of Early Childhood* 11, 154–160.
Sanders, M. R., Mazzucchelli, T. G., Studman, L. J. (2004): Stepping stones triple P: the theoretical basis and development of an evidence-based positive parenting program for families with a child who has a disability. *Journal of Intellectual & Developmental Disability* 29, 265–283.
Sarimski, K. (1993): *Interaktive Frühförderung – Behinderte Kinder: Diagnostik und Beratung.* Weinheim (Beltz/Psychologie Verlagsunion).
Sarimski, K. (1996): Bedürfnisse von Eltern mit behinderten Kindern. *Frühförderung Interdisziplinär* 75, 97–101.
Sarimski, K. (1997): *Entwicklungspsychologie genetischer Syndrome.* 3. Aufl. Göttingen (Hogrefe).
Sarimski, K. (1998a): Pädagogisch-psychologische Begleitung von Eltern chromosomal geschädigter Kinder. *Geistige Behinderung* 4, 323–334.
Sarimski, K. (1998b): Belastungen von Müttern von Kindern mit genetisch bedingter Behinderung. *Zeitschrift für Klinische Psychologie, Psychiatrie und Psychotherapie* 46, 233–244.
Sarimski, K. (2001a): *Kinder und Jugendliche mit geistiger Behinderung.* Göttingen (Hogrefe).
Sarimski, K. (2001b): Zur Validität des Fragebogens zur Beurteilung der »Sozialen Orientierung behinderter Kinder« SOEBEK. *Frühförderung Interdisziplinär* 20, 13–19.
Sarimski, K. (2003): Rett-Syndrom. Belastungen und Perspektiven der Eltern bei einer besonderen Diagnose. *Frühförderung Interdisziplinär* 22, 101–110.

Sarimski, K. (2005): *Psychische Störungen bei behinderten Kindern und Jugendlichen.* Göttingen (Hogrefe).
Sarimski, K. (2006a): Kompetenz- und Verhaltensdiagnostik – Neuropsychologische Differenzierungen des Konstrukts »geistige Behinderung«. In: Klauß, T. (Hrsg.): *Geistige Behinderung – Psychologische Perspektiven.* Heidelberg (Universitätsverlag Winter), S. 93–101.
Sarimski, K. (2006b): Soziale Beziehungen von Kindern mit geistiger Behinderung. In: Klauß, T. (Hrsg.): *Geistige Behinderung – Psychologische Perspektiven.* Heidelberg (Universitätsverlag Winter), S. 103–110.
Satir, V. (1964): *Conjoint family therapy.* Palo Alto (Science and Behavior Books).
Schatz, G. (1987): Wie verändern sich Beziehungen zur Umwelt durch die Existenz eines geistig behinderten Kindes? *Geistige Behinderung* 4, 237–246.
Scheier, M. F., Carver, C. S. (1987): Dispositional optimism and physical well-being: The influence of generalized outcome experiences on physical health. *Journal of Personality* 55, 169–210.
Schemmel, H., Schaller, J. (2003): *Ressourcen.* Tübingen (DGVT-Verlag).
Schendera, C. F., Janz, F., Klaus, T., Lamers, W. (2003): Die Umsetzung von Evaluationskriterien im Projekt – Perspektiven der schulischen Bildungs- und Erziehungsrealität von Kindern und Jugendlichen mit schweren und mehrfachen Behinderungen (BiSB-Projekt). *Zeitschrift für Evaluation* 2, 223–232.
Schiepek, G. (1999): *Die Grundlagen der Systemischen Therapie.* Göttingen (Vandenhoeck & Ruprecht).
Schlippe, A. v. (2003): Chronische Krankheit im Kontext sozialer Systeme. *Systhema* 17, 20–37.
Schlippe A. v. (Hrsg.) (2003): *Multi-kulturelle systemische Therapie.* Heidelberg (Carl-Auer-Systeme Verlag).
Schlippe, A. v., El Halchimi, M., Jürgens, G. (2004): *Multikulturelle systemische Praxis.* Heidelberg (Carl-Auer-Systeme Verlag).
Schlippe, A. v., Lob-Corzilius, T. (1993): Chronische Krankheit im Kontext der Familie. *Familiendynamik* 18, 37–55.
Schlippe, A. v., Schweitzer, J. (2007): *Lehrbuch der systemischen Therapie und Beratung.* 10. Aufl. Göttingen (Vandenhoeck & Ruprecht).
Schlippe, A. v., Theiling, S. (2002): Chronische Erkrankungen des Kindes- und Jugendalters. Ein Beitrag zur systemischen Familienmedizin. In: Wirsching, M., Scheib, P. (Hrsg.): *Paar- und Familientherapie.* Berlin (Springer), S. 411–424.
Schmidt, G. (2004): *Liebesaffären zwischen Problem und Lösungen.* Heidelberg (Carl-Auer-Systeme Verlag).
Schmidt-Rathjens, C., Benz, D., Van Damme, D., Feldt, K., Amelang, M. (1997): Über zwiespältige Erfahrungen mit Fragebögen zum Kohärenzsinn sensu Antonovsky. *Diagnostica* 43, 327–346.
Schneewind, K. A. (1999): *Familienpsychologie.* Stuttgart (Kohlhammer).
Scholl, L. (1985): *Das Augenübungsbuch.* Reinbek (Rowohlt).
Schubert, M. T. (1987): *System Familie und geistige Behinderung.* Berlin (Springer).
Schubert, M. T., Tatzer, E. (1987): Familien mit behinderten Kindern und ihre Helfer – Zwischen Kompetenz und Resignation. In: Rotthaus, W. (Hrsg.): *Erziehung und Therapie in systemischer Sicht.* Dortmund (Verlag Modernes Lernen), S. 139–146.
Schütze, F. (1983): Biografieforschung und narratives Interview. *Neue Praxis* 73, 283–293.
Schultz, J. H. (1973): *Autogenes Training.* Stuttgart (Thieme).
Schumacher, J., Gunzelmann, T. B., Brähler, E. (2000): Deutsche Normierung der Sense of Coherence Scale von Antonovsky. *Diagnostica* 46, 208–213.

Schumacher, J., Leppert, K., Gunzelmann, T., Strauss, B., Brähler, E. (2002): Die Resilienzskala – Ein Fragebogen zur Erfassung der psychischen Widerstandskraft als Personmerkmal. *Psychotherapie, Psychosomatik und Medizinische Psychologie* 50, 472–482.
Schuntermann, M. F. (2005): *Einführung in die ICF. Grundkurs, Übungen, offene Fragen.* Landsberg (ecomed Verlagsgesellschaft).
Schwarzer, R., Schmitz, G. S. (1999): Kollektive Selbstwirksamkeitserwartung von Lehrern: Eine Längsschnittstudie in zehn Bundesländern. *Zeitschrift für Sozialpsychologie* 30, 262–274.
Schwarz-Jung, M. (2007): Hauptschulen in Baden-Württemberg im Schuljahr 2006/07 – eine Zusammenstellung der Fakten. *Statistisches Monatsheft* 8. http://www.statistik.baden-wuerttemberg.de/Veroeffentl/Monatshefte/PDF/Beitrag07_08_06.pdf.
Scorgie, K., Wilgosh, L., McDonald, L. (1998): Stress and coping in families of children with disabilities: An examination of recent literature. *Developmental Disabilities Bulletin* 26, 22–42.
Scott, S. (1984): Mobilization: A natural resource of the family. In: Imber-Coppersmith, E. (Hrsg.): *Families with handicapped members*. Rockville (Aspen Publishers), S. 98–110.
Seaburn, D. B., Lorenz, A., Kaplan, D. (1992): The transgenerational development of chronic illness meanings. *Family Systems Medicine* 70, 385–394.
Seemann, H. (1999): Ressourcen- und lösungsorientierte Therapieformen. In: Verres, R., Schweitzer, J., Jonasch, K., Süssdorf, B. (1999): (Hrsg.): *Das Heidelberger Lesebuch Medizinische Psychologie*. Göttingen (Vandenhoeck & Ruprecht), S. 174–179.
Segal, L. (1988): *Das 18. Kamel oder die Welt als Erfindung. Zum Konstruktivismus Heinz von Foersters*. München (Piper).
Seifert, M. (1989): *Geschwister in Familien mit geistig behinderten Kindern: Eine praxisbezogene Studie*. Bad Heilbrunn (Julius Klinkhardt).
Seifert, M. (1997): Was bedeutet ein geistig behindertes Kind für die Familie? *Geistige Behinderung* 3, 237–250.
Seiffge-Krenke, I. (Hrsg.) (1996): *Chronisch kranke Jugendliche und ihre Familien: Belastung, Bewältigung und psychosoziale Folgen*. Stuttgart (Kohlhammer).
Seligman, M. (1990): *Learned optimism*. New York (Random House).
Seligman, M., Darling, R. B. (1997): *Ordinary families, special offspring: A systems approach to childhood disability*. New York (Guilford Press).
Selvini Palazzoli, M. (1988): Vorwort. In: Sorrentino, A. M. (1988): *Behinderung und Rehabilitation*. Dortmund (Verlag Modernes Lernen), S. 9–15.
Selvini Palazzoli, M., Cirillo, S., Selvini, M. Sorrentino, A. M. (1989): *Family games: General models of psychotic processes in the family*. New York (W. W. Norton).
Selvini Palazzoli, M., Boscolo, L., Cecchin, G., Prata, G. (1978): *Paradoxon und Gegenparadoxon*. 11. Aufl. 2003, Stuttgart (Klett-Cotta).
Senckel, B. (2000): *Mit geistig Behinderten leben und arbeiten: eine entwicklungspsychologische Einführung*. München (Beck).
Shakespeare, W. (1974): *The complete works of William Shakespeare*. London (Lex).
Shapiro, E. R. (2002): Chronic illness as a family process: A social-developmental approach to promoting resilience. *Psychotherapy in Practice* 58, 1375–1384.
Sharpe, D., Rossiter, L. (2002): Siblings of children with a chronic illness: A meta-analysis. *Journal of Pediatric Psychology* 27, 699–710.
Sheeran, T., Marvin, R. S., Pianta, R. C. (1997): Mothers resolution of their child's diagnosis and self-reported measures of parenting stress, marital relations and social support. *Journal of Pediatric Psychology* 22, 197–212.
Sheinberg, M. (1983): The family and chronic illness: A treatment diary. *Family Systems Medicine* 7, 26–36.

Sheridan, S. M., Eagle, J. E., Dowd, E. (2005): Families as contexts for children's adaptation. In: Goldstein Brooks, R. B. (Hrsg.): *Handbook of resilience in children*. New York (Kluwer Academic), S. 165–179.
Short, D., Erickson, B. A., Erickson-Klein, R. (2005): *Hope and resiliency. Understanding the psychotherapeutic strategies of Milton H. Erickson, M. D.* Norwalk (Crown House).
Silver, E. J., Westbrook, L. E., Stein, R. (1998): Relationship of parental psychological distress to consequences of chronic health conditions in children. *Journal of Pediatric Psychology* 23, 5–15.
Simon, F. (1993): Die Kunst der Chronifizierung. *System Familie* 6, 139–150.
Simon, F. B. (2000): Krankheit und Gesundheit aus systemischer Sicht. In: Kröger, F., Hendrischke, A., McDaniel, S. (Hrsg.): *Familie, System und Gesundheit. Systemische Konzepte für ein soziales Gesundheitswesen*. Heidelberg (Carl-Auer-Systeme Verlag), S. 49–61.
Simon, R. (1988): Chronic illness as a metaphor. *Family Systems Medicine* 6, 262–275.
Singer, G. H. S. (2006): Meta-Analysis of comparative studies of children with and without developmental disabilities. *American Journal of Mental Disabilities* 111, 155–169.
Singer, S., Brähler, E. (2007): *Die »Sense of Coherence Scale«. Testhandbuch zur deutschen Version*. Göttingen (Vandenhoeck & Ruprecht).
Skinner, H. A., Steinhauer, P. D., Santa-Barbara, J. (1983): The family assessment measure. *Canadian Journal of Community Mental Health* 2, 91–105.
Sloman, L., Konstantareas M. M. (1990): Why families of children with biological defects require a system approach. *Family Process* 29, 417–429.
Sluzki, C. E. (1992): Die therapeutische Transformation von Erzählungen. *Familiendynamik* 17, 19–38.
Sorrentino, A. M. (1988): *Behinderung und Rehabilitation*. Dortmund (Verlag Modernes Lernen).
Sozialgesetzbuch (SGB IX) (2008): *Rehabilitation und Teilhabe behinderter Menschen* vom 22. 12. 2008. 6. Aufl. München (Beck Texte/Deutscher Taschenbuch Verlag).
Speck, R., Attneave, C. (1973): *Family networks*. New York (Pantheon).
Spitczok von Brisinski, I. (1999): Zur Nützlichkeit psychiatrischer Klassifikationen in der systemischen Therapie – DSM, ICD und MAS als Hypothesenkataloge dynamischer Systemkonstellationen. *Zeitschrift für systemische Therapie* 17, 43–51.
Spitzenverbände der Pflegekassen (1997): *Richtlinien der Spitzenverbände der Pflegekassen zur Begutachtung von Pflegebedürftigkeit nach dem XI. Buch des Sozialgesetzbuches* (Begutachtungsrichtlinien – BRi vom 21. 03. 1997): Bonn (Spitzenverbände der Pflegekassen).
Sprenkle, D. (Hrsg.) (2002): *Effectiveness research in marriage and family therapy*. Alexandria (American Association of Marital and Family Therapists).
Stagg, V., Catron, T. (1986): Networks of social supports for parents of handicapped children. In Fewell, R. R., Vadasy, P. F. (Hrsg.): *Families of handicapped children: Needs and supports across the life span*. Austin, Texas (Pro-ed.), S. 279–296.
Statistisches Bundesamt (2008): *Pressemitteilung Nr.258 vom 17. 07. 2008*. Wiesbaden (Destatis) http://www.destatis.de/jetspeed/portal/cms/Sites/destatis/Internet/DE/Presse/pm/20.08/07/PD08__258__227,templateId=renderPrint.psml.
Statistisches Bundesamt (2009): *Armutsgefährdung in den Bundesländern*. http://www.destatis.de/jetspeed/portal/cms/Sites/destatis/Internet/DE/Navigation/Publikationen/STATmagazin/2009/Sozialleistungen2009__06,templateId=renderPrint.psml__nnn=true.
Steiner, S. (2003): Das Resilienzparadigma als handlungsleitender Gedanke der Zusammenarbeit mit den Eltern und die »Orientierungshiife zur Planung der Frühförderung« als Handlungsinstrument für die Praxis. *Frühförderung Interdisziplinär* 21, 130–139.
Steinglass, P. (1998): Multiple family discussion groups for patients with chronic medical illness. *Family, Systems & Health* 76, 55–70.

Stern, M. (2000): Relax. A family guide to combatting stress. In: Ackerman Institute for the Family (Hrsg.): *Family matters. A guide to parenting.* New York (Ackerman Institute for the Family), S. 111–113.
Stern, M. (2002): *Child-friendly therapy. Biopsychosocial innovations for children & families.* New York (W. W. Norton).
Stierlin, S., Herlo, B. (2007): *Trotz Alledem – Formen von Resilienz.* DVD. Heidelberg (Eigenverlag).
Stierlin, H., Rücker-Embden, I., Wetzel, N., Wirsching, M. (1977): *Das erste Familiengespräch. Theorie – Praxis – Beispiele.* 8. Aufl. 2001, Stuttgart (Klett-Cotta).
Straßburg, H.-M. (1997a): Einführung. In: Straßburg, H.-M., Dacheneder, W., Kreß, W.: *Entwicklungsstörungen bei Kindern. Grundlagen der interdisziplinären Betreuung.* Stuttgart (Gustav Fischer), S. 1–30.
Straßburg, H.-M. (1997b): Ursachen und Formen mentaler Entwicklungsstörungen. In: Straßburg, H. M., Dacheneder, W., Kreß, W.: *Entwicklungsstörungen bei Kindern. Grundlagen der interdisziplinären Betreuung.* Stuttgart (Gustav Fischer), S. 93–133.
Strauss, A. L., Corbin, J. (1996): *Grounded Theory: Grundlagen Qualitativer Sozialforschung.* Weinheim (Beltz).
Street, E., Soldan, J. (1998): A conceptual framework for psychosocial issues faced by families with genetic conditions. *Families, Systems and Health* 76, 217–232.
Summers, C. R., White, K. R., Summers, M. (1994): Siblings of children with a disability: A review and analysis of the empirical literature. *Journal of Social Behavior and Personality* 9, 169–184.
Sundermeier, A., Joraschky, P. (2003): Genetische Beratung – Ein Beratungskonzept für Familien mit Erbkrankheiten. In: Altmeyer, S., Kröger, F. (Hrsg.): *Theorie und Praxis der systemischen Familienmedizin.* Göttingen (Vandenhoeck & Ruprecht), S. 131–142.
Sydow, K. v., Beher, S., Retzlaff, R., Schweitzer, J. (2007): *Die Wirksamkeit der Systemischen Therapie/Familientherapie.* Göttingen (Hogrefe).
Taanila, A., Kokkonen, J., Järvelin, M.-R. (1996): The long-term effect of children's early-onset disability on marital relationships. *Developmental Medicine and Child Neurology* 38, 567–577.
Taner Leff, P., Walizer, E. H. (1992): The uncommon wisdom of parents at the moment of diagnosis. *Family Systems Medicine* 70, 147–168.
Tatzer, E., Schubert, M. T., Groh, C. (1985): Behinderung des Kindes – Herausforderung für die Familie. *Geistige Behinderung* 24, 193–199.
Theunissen, G. (2008): Positive Verhaltensunterstützung. *Psychotherapie im Dialog* 9, 144–147.
Thomas, V. (2008): Prozessmodelle und Ratingskalen. In: Cierpka, M. (Hrsg.): *Handbuch der Familiendiagnostik.* 3. Aufl. Berlin (Springer), S. 411–426.
Trömel-Plötz, S. (1980): Umstrukturierung als Familienintervention. In: Duss-von Werdt, J., Welter-Enderlin, R. (Hrsg.): *Der Familienmensch.* Stuttgart (Klett-Cotta), S. 181–200.
Tsirigotis, C. (2004): Gruppen mit Eltern behinderter Kinder – Störungswissen und elterliche Kompetenzen als Ressource in der Gruppe nutzen. *Systhema* 18, 31–43.
Tsirigotis, C. (2009): Von Autonomie und Eigensinn ausgehen und Ressourcen ans Licht bringen. Arbeit mit Eltern angesichts Behinderung oder Krankheit der Kinder. *Psychotherapie im Dialog* 10, 336–340.
Tunali, B., Power, T. G. (1993): Creating satisfaction: A psychological perspective on stress and coping in families of handicapped children. *Journal of Child Psychology and Psychiatry* 34, 945–957.
Urbano, R. C., Hodapp, R. M. (2007): Divorce in families of children with Down syndrome: A population-based study. *American Journal on Mental Retardation* 112, 261–274.

Verres, R. (2005): *Was uns gesund macht.* Freiburg i. Br. (Herder).
Verres, R., Bader, U. (2000): Krankheit, Gesundheit und Emotion. In: Otto, J., Euler, H. A., Mandl, H. (Hrsg.): *Emotionspsychologie.* Weinheim (Beltz), S. 532–544.
Vogt-Hillmann, M. (1999): Vom Ressourcensaurus und anderen fabelhaften Wesen – Malen und Zeichnen in der kreativen Kindertherapie. In: Vogt-Hillmann, M., Burr, W. (Hrsg.): *Kinderleichte Lösungen.* Dortmund (Verlag Modernes Lernen), S. 11–29.
von Loeper Literaturverlag und ISAAC-Gesellschaft für Unterstützte Kommunikation e. V. (2003): *Handbuch der unterstützten Kommunikation.* Karlsruhe (von Loeper Literaturverlag).
Vossler, A. (2001): Der Familien-Kohärenzsinn als kollektives Konzept. Das Ganze ist mehr als die Summe seiner Teile. *Zeitschrift für Gesundheitspsychologie* 9, 112–122.
Vossler, A. (2003): *Perspektiven der Erziehungsberatung: Kompetenzförderung aus der Sicht von Jugendlichen, Eltern und Beratern.* Tübingen (DGVT-Verlag).
Walker, G. (1983): The pact: The caretaker-parent-ill-child coalition in families with chronic illness. *Family Systems Medicine* 7, 6–29.
Walsh, F. (1993): *Normal family process.* New York (Guilford Press).
Walsh, F. (1998): *Strengthening family resilience.* New York (Guilford Press).
Walsh, F. (Hrsg.) (1999): *Spiritual resources in family therapy.* New York (Guilford Press).
Walsh, F. (2003): Family resilience: A framework for clinical practice. *Family Process* 42, 1–18.
Wamboldt, M. Z., Levin, L. (1995): Utility of multifamily psychoeducational groups for medically ill children and adolescents. *Family Systems Medicine* 73, 151–161.
Warschburger, P., Petermann, F. (2002): Belastungen bei chronisch kranken Kindern und deren Familien. In: Petermann, F. (Hrsg.): *Lehrbuch der klinischen Kinderpsychologie und -psychotherapie.* Göttingen (Hogrefe), S. 479–511.
Watzlawick, P., Weakland, J., Fisch, R. (1974): *Change. Principles of problem formation and problem resolution.* New York (W. W. Norton).
Weakland, J. (1977): »Family somatics«: A neglected edge. *Family Process* 16, 263–272.
Weber, G. (1993): *Zweierlei Glück. Die systemische Therapie Bert Hellingers.* Heidelberg (Carl-Auer-Systeme Verlag).
Weber, M. (1988): Die Objektivität sozialwissenschaftlicher und sozialpolitischer Erkenntnis. In: Winkelmann, J. (Hrsg.): *Max Weber – Gesammelte Aufsätze zur Wissenschaftslehre.* Tübingen (Mohr), S. 146–214.
Weingart, P., Kroll, J., Beingartz, K. (1988): *Rasse, Blut und Gene. Geschichte der Eugenik und Rassenhygiene in Deutschland.* Frankfurt am Main (Suhrkamp).
Welter-Enderlin, R., Hildenbrand, B. (1996): *Systemische Therapie als Begegnung.* 4., völlig überarbeitete und erweiterte Neuausgabe, Stuttgart (Klett-Cotta).
Welter-Enderlin, R., Hildenbrand, B. (Hrsg.) (1998): *Gefühle und Systeme. Die emotionale Rahmung beraterischer und therapeutischer Prozesse.* Heidelberg (Carl-Auer-Systeme-Verlag).
Wendeler, J. (1993): *Geistige Behinderung. Pädagogische und psychologische Aufgaben.* Weinheim (Beltz).
Wendt, S., Schädler, J. (1996): *Richtig begutachten – gerecht beurteilen. Die Begutachtung geistig behinderter Menschen zum Erlangen von Pflegeleistungen.* Marburg (Lebenshilfe Verlag).
Werner, E. E. (1993): Risk, resilience and recovery: Perspectives from the Kauai longitudinal study. *Development and Psychopathology* 5, 503–515.
Werner, E. E. (2005): What can we learn about resilience from large-scale longitudinal studies? In: Goldstein Brooks, R. B. (Hrsg.): *Handbook of resilience in children.* New York (Kluwer Academic), S. 91–105.
Werner, E. E., Smith, R. S. (1992): *Overcoming the odds.* Ithaca (Cornell University Press).

Werther, F. (2005): Warum finden Menschen mit geistiger Behinderung so schwer einen ambulanten Psychotherapieplatz? Überlegungen zu den Ursachen und Gedanken zur Überwindung der Misere. *Psychotherapeutenjournal* 2, 116–122.
Werther, F. H., Hennicke, K. (2008): Der Versuch einer Bestandsaufnahme. *Psychotherapie im Dialog* 9, 117–124.
White, M., Epston, D. (1989): *Narrative means to therapeutic ends.* Adelaide (Dulwich Center Publications).
White, M., Epston, D. (1990): *Die Zähmung der Monster.* Heidelberg (Carl-Auer-Systeme Verlag).
Wickens, L., Greeff, A. P. (2005): Sense of family coherence and the utilization of resources by first-year students. *American Journal of Family Therapy* 33, 427–441.
Wikler, L. (1981a): Chronic stresses of families of mentally retarded children. *Family Relations* 30, 281–288.
Wikler, L. (Hrsg.) (1981b): *Family therapy with families of retarded children* New York (Brunner/Mazel).
Wikler, L., Haak, J., Intagliata, J. (1984): Bearing the burden alone? Helping divorced mothers of children with developmental disabilities. In: Imber-Coppersmith, E. (Hrsg.): *Families with handicapped members.* Rockville (Aspen Publishers), S. 44–63.
Wikler, L., Wasow, M., Hatfield, E. (1981): Chronic sorrow revisited: Parents vs. professional depiction of the adjustment of mentally retarded children. *American Journal of Orthopsychiatry* 57, 63–70.
Wikler, L., Wasow, M., Hatfield, E. (1983): Seeking strengths in families of developmentally disabled children. *Social Work* 28, 313–315.
Wilgosh, L., Scorgie, K., Fleming, D. (2000): Effective life management in parents of children with disabilities: a survey replication and extension. *Developmental Disabilities Bulletin* 28, 1–14.
Willoughby, J. C., Glidden, L. M. (1995): Fathers helping out: Shared child care and marital satisfaction of parents of children with disabilities. *American Journal on Mental Retardation* 99, 399–406.
Wöhrlin, U. (1997): Beteiligungsprozesse von Eltern behinderter Kinder. In: Leyendecker, C., Horstmann, T. (Hrsg.): *Frühförderung und Frühbehandlung: Wissenschaftliche Grundlagen, praxisorientierte Ansätze und Perspektiven interdisziplinärer Zusammenarbeit.* Heidelberg (Universitätsverlag C. Winter), S. 53–60.
Wolfensberger, W. (1967): Counselling the parents of the retarded. In: Baumeister, B. A. (Hrsg.): *Mental retardation: appraisal, education, and rehabilitation.* Chicago (Aldine), S. 329–400.
Wolff, J. E., Däumling, E., Dirksen, A., Dabrock, A., Hartmann, M., Jürgens, H. (1996): Fertigkeiten-Skala Münster Heidelberg. Ein Instrument zum globalen Vergleich von Krankheitsfolgen. *Klinische Pädiatrie* 208, 294–298.
Wolin, S., Wolin, S. (1993): *The resilient self. How survivors of troubled families rise above adversity.* New York (Villard Book).
Woodyat, G., Ozanne, A. (1992): Communication abilities and Rett syndrome. *Journal of Autism and Development Disorders* 22, 155–173.
Wynne, L. C., McDaniel, S., Weber, T. T. (Hrsg.) (1986): *Systems consultation. A new perspective for family therapy.* New York (Guilford Press).
Yalom, I. D. (2007): *Theorie und Praxis der Gruppenpsychotherapie.* 9., völlig überarb. und erw. Aufl., Stuttgart (Klett-Cotta).
Yau, K. M., Li-Tsang, C. W. P. (1999): Adjustment and adaptation in parents of children with developmental disability in two-parent families: A review of the characteristics and attributes. *The British Journal of Developmental Disabilities* 45, 38–51.

Ziegenhain, U., Derksen, B., Dreisorner, R. (2004): Frühe Förderung von Resilienz bei jungen Müttern und ihren Säuglingen. *Kindheit und Entwicklung* 73, 226–234.

Ziemen, K. (2003): Kompetenzen von Eltern behinderter Kinder. *Frühförderung Interdisziplinär* 20, 29–37.

Zilbach, J. J. (1989): The family life cycle: A framework for understanding children in family therapy. In: Combrinck-Graham, L. (Hrsg.): *Children in family contexts. Perspectives on treatment*. New York (Guilford Press), S. 46–66.

Zuk, G. H. (1959): The religious factor and the role of parental acceptance of the retarded child. *American Journal of Mental Deficiency* 64, 130–147.

Zuk, G. H. (1961): Maternal acceptance of retarded children: A questionaire study of attitudes and religious background. *Child Development* 32, 525–540.

Zuk, G. H. (1978): *Familientherapie. Interventionen und therapeutische Prozesse*. 2. Aufl. Freiburg i. Br. (Lambertus).

Personenregister

Aarts, M. 196
Achilles, L. 68
Ahlers, C. 16
Ainsworth, M. 47, 105, 196
Allport, G. W. 99
Altmeyer, S. 36, 113
Anderson, H. 125
Anderson, K. 121f., 142
Anthony, E. J. 94f.
Anton, L. 26
Antonovsky, A. 16, 19, 38, 105, 108, 110–118f., 121–125, 169, 175, 179, 182
Arnold, R. 42
Aschenbrenner, R. M. 61–63, 106, 125, 133
Asen, E. 242
Attneave, C. 86

Bader, U. 145
Bailey, D. B. 60
Baird, M. A. 137
Baker, B. L. 42
Bandler, R. 140
Bandura, A. 116, 123f.
Bank, S. P. 68
Barakat, L. P. 102
Barth, J. 36
Bateson, G. 99, 110
Beaumont, H. 222
Beavers, J. 16, 69f., 73–76, 78, 85, 106–110, 147
Beavers, W. R. 17, 73, 86, 93, 100f., 105
Beckman, P. 42, 65
Bender, D. 94f., 102, 117
Bengel, J. 113, 115, 117ff., 180
Bennett, T. 109
Benninghoven, D. 81
Beresford, B. A. 64, 86, 99, 101
Berger, M. 88, 102, 103
Berger, P. L. 25, 123, 138
Bertrando, P. 233
Bielski, S. 28
Biermann, A. 34
Blanz, B. 33
Bleidick, U. 28
Bodenmann, G. 63f.
Boeckhorst, F. 139

Bogdan, J. 139, 142f.
Bogdan, R. 169
Boothe, B. 140
Boscolo, L. 233
Boss, P. 37, 54, 58, 81f., 84, 91, 93, 95, 105, 111, 126, 147
Boszorményi-Nagy, I. 56, 206, 246
Bowen, M. 55, 195, 206
Bowlby, J. 47
Bowman, B. J. 117
Bradl, C. 54
Brähler, E. 117
Braksch, G. 15, 22, 103, 245
Breslau, N. 41
Brinthaupt, G. 64
Broda, M. 118
Brömer, P. 117
Bronfenbrenner, U. 36, 180
Buber, M. 175
Bünder, P. 196
Byng-Hall, J. 141

Camus, A. 145
Canning, R. D. 41, 59
Capuzzi, C. 65, 102
Carter, E. 49f.
Carver, C. S. 117
Catron, T 61
Cecchin, G. 145
Chang, Q. 32
Chasin, R. 23
Cierpka, M. 17, 36, 49, 56, 106, 122, 128, 131, 135, 184
Cohen, S. 48, 52, 60, 62, 70
Cohler, B. J. 94
Colman, S. V. 69
Combrinck-Graham, L. 51
Conen, M. L. 93
Corbin, J. M. 37, 39, 139, 144, 148, 160, 170, 230
Csikszentmihalyi, M. 169
Cullen, J. C. 65
Cummings, S. T. 15

Dallos, R. S.22
Damrosh, S. P 60, 62, 64

Dangoor, N. I. 103, 119
Darling, R. B. 45f., 59, 70, 87
Davison, G. C. S.26–29
de Maddalena, H. 42
de Shazer, S. S.22, 140, 145, 215
Dell, P. 142
Dilling, H. S.21
Dittmann, W. 47
Dobslaff, O. 31f.
Doege, D. 34, 125, 133, 135
Doherty, W. J. 36, 52f., 137, 172
Dolto, F. 85, 105
Domin, H. 179
Dotan, N. 122
Dunst, C. 187
Duss-von Werdt, J. 23, 27, 35
Duvall, E. M. 49
Dyck, D. G. 240
Dykens, E. M. 42
Dyson, L. 40, 59f., 68, 99, 105

Ebbecke-Nohlen, A. 113
Eckert, A. 45, 61f., 103
Efran, J. 19
Efron, D. S. 22
Eike, W. 15, 22, 103, 245
Ende, M. 228
Engel, G. 21, 36
Engelbert, A. 40, 44, 47, 53, 60–64, 67
Engelbrecht-Greve, M. 105
Epstein, N. B. 105
Epston, D. 138, 140
Erickson, M. H. 85, 117, 176

Falicov, C. J. 58
Featherstone, H. 70
Feetham, S. L. 29
Feldman, M. 42
Felitti, V. J. 94
Ferreira, A. J. 140
Fewell, R. R. 40, 101, 109
Fiese, B. H. 139, 150
Fisch, R. 22
Fisher, L. 124
Fishman, C. 140, 176, 189
Flannery, G. J. 118f.
Flannery, R. B. 117ff.
Flick, U. 151
Florian, V. 103, 119
Floyd, F. 15, 68, 91
Flynt, S. W. 59
Folkman, S. 40
Fowlkes, M. 102
Fraenkel, P. 99, 219
Frank, A. 145
Frank, J. 117

Franke, A. 118
Frankl, V. 108ff., 146, 170, 175
Franklin, D. 18
Frenz, A. W. 117f.
Frevert, G. 128, 131, 135
Frey, K. S. 40, 42, 102, 107
Friedrich, W. 102
Fromm, E. 225

Gabriel, B. 64
Gadamer, H. 174
Gallagher, J. J. 49
Gallagher, T. 119, 132
Gardner, H. 28
Gardner, R. 176
Garwick, J. M. 52, 88ff., 123, 135f., 144, 174
Gasteiger-Klicpera, B. 67
Gelb S. A. 40
Gergen, K. J. 140
Gerhardt, U. 148ff.
Gerlicher, K. 46
Gerson, R. J. 56, 148
Geyer, S. 117ff.
Gillberg, C. 32
Gilligan, S. 226
Glaser, B. G. 19
Glidden, L. M. 101
Goffman, E. 58, 144
Goldstein Brooks, R. B. 16
Goll-Kopka, A. 240
Gonzalez, S. 212
Goolishian, H. 142
Gorell Barnes, G. 95
Gortmaker, S. L. 33
Gottlieb, A. 119, 122
Gottman, J. M. 214
Gowen, J. 60
Grawe, K. 85, 137
Grawe-Gerber, M. 85, 137
Greeff, A. P. 126
Greenberg, J. 54, 84
Grinder, J. 140
Groom, J. M. 67
Grossman, F. K. 69
Grunebaum, H. 23
Guralnick, M. J. 67
Guski, E. 182

Hadadian, A. 61
Hagberg, B. 31
Haller, D. 16
Hamilton, I. 121
Hammer, M. D. 67
Hampson, R. B. 17, 86, 100f., 105, 108f.
Hanney, L. 145
Hanline, M. F. 41, 48

Personenregister

Hanson, M. J. 41, 48
Haour-Knipe, M. 124
Harris, V. S. 60, 63
Hastings, R. P. 16, 59, 72, 106
Haupt, W. F. 28f.
Hawley, D. R. 93
Heaman, D. J. 43, 61f., 101, 106, 109
Heller, T. 44, 49
Hennicke, K. 23, 54, 66, 184, 245
Higley, L. W. 51
Hildenbrand, B. 37, 106, 138–141, 145, 148f.
Hill, R. 81f.
Hintermair, M. 18, 40, 85ff., 114, 117, 120, 137, 201
Hinze, D. 62
Hobbs, N. 45
Hodapp, R. M. 42, 59, 64
Hodge, D. R. 109
Hofer, M. 81
Hohmeier, J. 34
Hohn, E. 24
Holmbeck, G. N. 62
Holroyd, J. 65
Holtmann, M. 95
Holtz, K. L. 16, 27f., 34, 133
Hölzl, M. 115
Homatidis, S. 42
Hoppe, D. 18
Hornby, G. 61
Hornig, S. 128
Hunter, K. 31f.

Imber-Black, E. 85f., 89, 102, 104f., 220, 239
Imber-Coppersmith, E. 16, 53
Innocenti, M. S. 59

Jackson, D. D. 54
Jahn, W. 139
Jahrreis, R. 118
Jakobsen, E. 225
James, W. 109
Janet, P. 145
Jellouschek, H. 109, 170, 219
Jenni, O. G. 180
Jessop, J. 43
Johnson, S. 214
Jonas, K. 117
Joraschky, P. 35, 52, 122
Joyce, J. 175
Juli, D. 105
Jung, C. G. 225

Kabat Zinn, J. 225
Kahn, M. D. 68
Kallenberg, K. O. 118f.
Kaminski, G. 87

Kamtsirius, P. 33
Karpel, M. A. 85
Kasari, C. 67
Kaslow, F. 92
Katz, L. 214
Kazak, A. E. 16, 52f., 59, 62f., 101
Keppner, R. 22, 26
Kirkman, M. 68
Klatte-Reiber, M. 47
Klauß, T. 51, 67, 172
Klee, E. 24, 58
Kleemann, J. 196
Kleinman, A. 145
Klemenz, B. 85, 87
Kluckhohn, F. R. 91
Knafl, K. 61, 63
Kobasa, S. C. 95, 116
Kobe, F. H. 67
Koch, U. 26
Koller, H. 72, 183
Konstantareas, M. M. 22, 42, 103, 207
Kozlowska, K. 145
Krause, M. P. 47, 50, 59, 101f., 105, 128, 133, 180
Krauss Wyngaarden, M. 40, 61f.
Kröger, F. 36, 39, 114, 184
Kühl, J. 95
Kuhn, R. 44
Kusch, M. 31

Lam, L.-W. 60
Lamb, M. E. 62
Lamprecht, F. 115, 118
Largo, R. 180
Larsson, G. 118f.
Lavee, Y. 121f., 126
Lazarus, R. S. 114
Lee, I. 93, 98
Leiling, N. 44, 48
Leonard, H. 32, 76
Levin, L. 240
Libow, J. A. 54, 104, 109
Liepmann, M. C. 28
Lindberg, B. 31
Lindermeier, C. 25
Linney, J. A. 102
Lipchik, E. 22, 140
Li-Tsang, C. W. P. 40, 53, 62, 65, 68, 76ff., 86f., 97, 101f., 105f., 137
Lloyd, H. 22
Lob-Corzilius, T. 23, 37
Lorenz, R. 113
Lösel, F. 94f., 102, 117
Lotz, W. 26
Lotz-Rambaldi, W. 66
Luckmann, T. 25, 88, 123, 138

Lustig, D. C. 125f., 133, 210
Luthar, S. S. 95
Lyon, S. 59
Lyon, G. 59

MacKinnon, L. 61, 103
Madanes, C. 139, 141
Madsen, W. C. 247
Mahoney, G. 60
Maier, C. 88, 147
Mangold, B. 47
Margalit, M. 118, 120
Marlett, N. 61, 103
Marshak, L. E. 44, 48, 51f., 55, 66f., 70, 85f., 91, 101, 245
Martire, L. M. 37
Marvin, R. 16, 59, 63
Marx, K. 172
Maslow, A. 85
Mayring, P. 149
McCubbin, H. I. 81f., 95, 105, 121
McCubbin, M. A. 66, 81, 95
McDaniel, S. H. 29, 35, 37, 44, 46, 48, 52–54, 70, 85, 105, 108, 136, 139, 169, 172, 202, 204, 206, 234
McDonald-Wikler, L. 76, 86
McDonell, M. G. 240
McGoldrick, M. 49f., 56, 58f., 148
McHale, S. M. 60, 63, 68
McKenzie, A. E. 160
Merwe, S. van der 126
Meyer, D. J. 62
Meyerstein, I. 247
Miller, S. 44
Mink, I. T. 53
Minnes, P. M. 100
Minuchin, S. 36, 58, 93, 101, 140, 176, 184, 189, 214
Moos, B. 122
Moos, R. 122
Morus, T. 175
Mount, R. H. 32
Müller, B. 125, 128
Müller-Zurel, C. 44

Nassal, A. 16, 133
Naumann, H. 46
Neale, J. M. 26–29
Nemetschek, P. 233
Neugebauer, L. 183
Neuhäuser, G. 29, 183
Newby, N. 125
Nichols, M. 93
Nitzschke, R. 21
Noeker, M. 33
Nüchtern, E. 21

Obendorf, W. 47
Oda, H. 85, 140, 146
Ogletree, B. 42, 105
Oliveri, M. E. 36, 89f., 122f.
Olshansky, S. 15
Olson, D. H. 100, 125
Overbeck, A. 45
Ozanne, A. 42

Papousek, M. 105
Papp, P. A. 220
Patterson, J. M. 16f., 37, 41, 52, 60, 76, 78, 81–90, 93, 95–99, 101, 103, 105–108, 110, 122f., 126, 132, 135ff., 144, 172, 174
Pawletko, T. M. 68
Pelchat, D. 43, 180
Penn, P. 49f., 54, 57, 140, 206
Pennebaker, J. W. 105, 145
Perel, E. 219
Perls, F. 225
Perrez, M. 63, 126
Perry, A. 54, 60–64, 100, 109
Peterander, F. 60
Petermann, F. 31, 33, 47, 59, 66, 100, 102, 105, 128, 134
Pfeiffer, E. M. 60
Pikler, E. 218
Pixa-Kettner, U. 66
Platen-Hallermund, A. v. 58, 142
Pollner, M. 76, 86
Polster, E. 138, 140f.
Pörtner, M. 143
Power, T. G. 53, 55, 60, 99, 101
Proshansky, H. M. 87

Quittner, A. L. 61, 63

Ramisch, J. L. 18
Ransom, D. C. 57, 107
Ray, L. D. 60, 64f., 68, 71f., 145, 183
Reich, G. 56, 206
Reiss, D. 36, 50, 89f., 101, 107, 122f.
Reiter, L. 115
Rena, F. 119
Rett, A. 31
Retzer, A. 234
Retzlaff, R. 10, 29f., 35, 37, 42f., 46f., 52, 56, 61, 87, 90, 104, 106, 125, 128, 136, 140, 145, 172, 176, 184, 189, 198, 205, 217, 226, 233, 240, 242
Ribi, K. 60
Ries, H. 44, 48
Risdal, D. 63f.
Roach, M. A. 59
Roberts, J. 47, 51, 169
Rogner, J. 62

Personenregister

Röhrle, B. 86
Rolland, J. S. 23, 36–39, 41, 43, 49, 57f., 68, 100, 122, 132, 135, 172, 189, 206, 246
Ropohl, G. 52
Rossi, E. 225
Rossiter, L. 69
Rotter, J. B. 116
Rotthaus, W. 16, 103, 207, 235, 245
Rousey, A. M. 61
Rutter, M. 94f., 97, 102, 180

Saayman, V. 241
Sack, M. 115, 118
Saetersdahl, B. 67, 88, 90, 110f., 136
Sagy, S. 108, 121f.
Saitzyk, A. R. 15, 91
Salewski, C. 33
Salisbury, C. C. 60
Sanders, M. R. 209
Sappenfeld, W. 33
Sarimski, K. 18, 27, 29–32, 41–44, 46f., 59–62, 67ff., 128, 172, 179, 195f., 210
Satir, V. 106
Schädler, J. 34
Schaller, J. 85
Schatz, G. 40, 44, 47, 65
Scheier, M. F. 117
Schemmel, H. 85
Schendera, C. F. 172
Schiepek, G. 16
Schlippe A. v. 11, 21, 23f., 37, 58, 241
Schmidt, G. 17
Schmidt, M. H. 95
Schmidt-Rathjens, C. 118
Schmitz, G. S. 124
Schneewind, K. A. 49, 81
Scholl, L. 226
Schubert, M. T. 16, 52, 54, 63, 68, 235
Schultz, J. H. 225
Schumacher, J. 117
Schuntermann, M. F. 22
Schütze, F. 147
Schwartz, R. 93
Schwarzer, R. S, 124
Schwarz-Jung, M. 134
Schweitzer, J. 19, 21
Scorgie, K. 40, 42, 77, 100
Scott, S. 102
Seaburn, D. B. 56, 146
Seemann, H. 85
Segal, L. 141
Seifert, M. 47, 53, 64, 68
Seiffge-Krenke, I. 15, 66
Seligman, M. 45f., 59, 70, 87, 117
Selvini Palazzoli, M. 22, 63, 110
Senckel, B. 66

Shapiro, E. R. 98
Sharpe, D. 69
Sheeran, T. 44, 47
Sheinberg, M. 54, 140
Sheridan, S. M. 95
Short, D. 117
Silver, E. J. 41, 60, 63
Simon, F. 24
Simon, F. B. 36
Simon, R. 48, 57
Singer, G. H. S. 60, 63f.
Singer, S. 117
Skinner, H. A. 128
Sloman, L. 22, 103, 207
Sluzki, C. E. 146, 231
Smith, R. S. 94
Soldan, J. 29, 45
Sourani, T. 19, 38, 112, 115, 121f., 124f.
Sorrentino, A. M. 15f., 70
Spark, G. 56, 206, 246
Speck, R. 60, 86
Spitczok von Brisinski, I. 21
Sprenkle, D. 37
Stagg, V. 61
Stasch, M. 17, 49
Stein, R. E. 43
Steiner, S. 95
Steinglass, P. 240
Stern, M. 28, 223
Stierlin, H. 100
Stierlin, S. 220
Straßburg, H.-M. 28, 183
Strauss, A. L 37, 139, 144, 148, 160, 230
Street, E. 29, 45
Strodtbeck, F. L. 91
Summers, C. R. 70
Sundermeier, A. 35
Sydow, K. v. 16, 85

Taanila, A. 64f., 101
Taner Leff, P. 44
Tatzer, E. 54, 235
Taunt, H. M. 16, 59, 72, 106
Taylor, J. 142f., 169
Theiling, S. 24
Theunissen, G. 67, 210
Thomas, V. 73
Thomson E. J. 29
Trömel-Plötz, S. 140
Tsirigotis, C. 187, 240
Tunali, B. 53, 55, 60, 99, 101

Urbano, R. C. 64

Veldkamp, B. 34
Verres, R. 103, 145

Vogt-Hillmann, M. 205, 233
Vossler, A. 117, 124, 126, 137

Walizer, E. H. 44
Walker, G. 54, 57, 206
Walsh, F. 50, 58, 86, 93, 95f., 98, 103, 105ff., 109f., 122, 172f.
Wambold, F. S. 139, 150
Wamboldt, M. Z. 240
Warschburger, P. 66
Watzlawick, P. 111
Weakland, J. 22
Weber, G. 169
Weber, M. 149
Weingart, P. 58
Weinhouse, E. 67
Welter-Enderlin, R. 37, 106, 138, 140, 145
Wendeler, J. 26
Wendt, S. 34
Werner, E. E. 94f., 102, 108
Werther, F. H. 18, 66
Wessels, E. T. 62
White, M. 138, 140
Wickens, L. 126

Wiedebusch, S. 33
Wiens, S. 241
Wikler, L. 15, 48, 51, 53, 60, 64f., 89, 176, 179
Wilcox, B. 59
Wilgosh, L. 77, 86
Willoughby, J. C. 101
Wöhrlin, U. 46
Wolfensberger, W. 63
Wolff, J. E. 128
Wolin, S. 95
Wolin, S. 95
Woodyat, G. 42
Wynne, L. C. 182

Yalom, I. D. 241
Yau, K. M. 40, 53, 62, 65, 68, 76ff., 86f., 97, 101f., 105f., 137

Zeig, J. 99
Ziegenhain, U. 180
Ziemen, K. 72
Zilbach, J. J. 49
Zoeller, L. 61, 63
Zuk, G. H. 59

Sachregister

Achtsamkeit 200, 225
Adaption 84, 95
Adoleszenz 49, 51, 54, 244
Akzeptanz 15, 77, 90, 97, 99, 110, 142, 154, 170, 174f., 210, 227f.
Alltagssituation der Familie 162
Alter 207, 244
Aufklären 189, 195
Auftrags- und Rahmenklärung 185
Auftreten in der Öffentlichkeit 51

Balance von Bedürfnissen 76, 96, 101, 157, 215
Bedeutungsgebung 36, 57, 78, 81, 84, 88–92
Behinderung
– als soziales Konstrukt 10, 22
– Anforderungen an Familien 38, 42, 48, 63, 71ff., 78, 84, 99, 113f., 121, 154, 159, 132, 184
– Anpassungsphasen 37f., 43, 47ff., 132, 173, 181, 187, 198, 199, 201ff., 219, 224, 232, 244ff.
– Auftreten der Behinderung 38f.
– behinderungsbezogene Überzeugungen 190
– Familienstruktur und 101, 135, 198, 38, 54, 65, 73
– Funktionseinschränkungen 41, 78
– geistige 26–29
– generationsübergeifende Muster 56
– genetische 29f.
– Großeltern 54ff., 200, 219
– körperliche 25f.
– Konfliktmuster und 38, 54, 214, 219
– Prognose 37–40, 45
– Schweregrad 37–41, 60, 78, 103, 119, 127ff., 131f., 134, 189
– schwermehrfach 33f.
– seelische 32
– Ungewissheit 30, 38f., 43
– Verlauf 29, 36–39, 43ff., 75, 99, 153, 161, 188, 193
– Zeitphasen 37f., 43, 107, 172
Belastungserleben
– Alleinerziehende 65, 73, 97, 119
– betroffene Kinder 66f.
– Geschwister 68–71
– Mütter 41f., 60–63, 100, 120, 134
– ökopsychologische FaktorenS. 83

– Partnerschaft 63
– Väter 42, 60–63, 120, 134
Belastungsstatus 85, 203
Beratungsprinzipien 183

Chronische Krankheit 24, 33

Einschätzung
– der Belastung 88, 203
– der Bewältigung 96f., 202
– der Familie 206f.
– der Ressourcen 204f.
Emotionaler Ausdruck 73, 77, 105f.
empowerment 146f., 187f.
Energieverteilung 215
Entspannung 222, 224ff., 242
Externalisierung 213, 216, 221, 242

Familiäre Organisationsmuster 98–101
Familie
– erweiterte 54ff.
– größere Systeme und 238ff.
– kompetente 73–78
Familienanpassungsmodell 83, 126, 136
Familienbögen 128, 132, 134ff., 167
Familiencollagen 221, 242f
Familienkohärenz
– andere kollektive Konstrukte 122ff.
– Behinderung und 125f.
– -bogen 128, 132, 134ff., 167
– eigene Untersuchungen 127ff.
– Kritik 126f.
– Rett-Syndrom und 130–132, 148
– Schüler aus G-Schulen 133–136
– Stressbelastung 40, 132–135
Familienmuster 138, 212, 235
Familienselbstbild 90, 175
Familienskulpturen 217f.
Familien-Stresstheorie 81ff., 93, 111
Familienstruktur 38, 54, 65, 73, 101f., 195, 198
Flexibilität 17, 37, 39, 66, 71, 76, 82, 86f., 94, 96, 98ff., 112, 180f., 183, 193f.
Förderstress 45, 66, 120, 153, 193
Freude am Kind 106

Gefühle 48, 70, 74ff., 105f., 129, 140, 143, 149, 153, 182, 187, 190ff., 194, 196, 201, 207, 218, 230, 241, 243, 246
Gemeinsames Problemlösen 98, 106f.
Geschichte der wiedergefundenen Balance 151ff., 164
Geschichte vom langen mühsamen Weg bergauf 10, 144f., 160ff.
Geschwister 50ff., 56, 67–70, 72, 74, 78, 90, 111, 131, 171, 186, 189, 191, 193, 195, 200, 202f., 212, 215, 218f., 229, 240, 242ff., 246
Gesundheitsbezogene Glaubenssysteme 112, 146, 205
Gesundheitsbezogene Überzeugungen 57, 112, 146, 200
Geteilte Glaubenssysteme 17f., 37f., 57, 59, 81, 90f., 98, 107, 109f., 112, 123, 137f., 146, 158f., 165f., 190, 247
Grounded Theory 19, 148f.

Heidelberger Kompetenz-Inventar (HKI) 28, 40, 133f.
Heimaufnahme 245
Helfersystem 52, 54, 103, 163, 199, 204, 235, 237–240

Innere Stärke 200, 225, 233, 245
Interviews 19, 73, 127, 142f., 147ff., 151ff., 160ff.

Kohärenz
- andere gesundheitsbezogene Konstrukte 116f.
- Behinderung und 119f.
- Entstehung 115f.
- individuelle 113ff.
- Messung 117ff.
Kommunikationsförderung 196–197
Kommunikationsprozesse 98, 105
kompetente Familien 72–78, 100, 103, 107f., 172
Konflikte 17, 48, 54, 57, 63, 75, 93, 106, 135f., 201, 204, 214, 246
Kooperationsprobleme 204, 234–238

Lebensyzklus 37f., 49ff., 59, 68, 97, 100f., 181, 203, 207f., 217, 219, 232, 244, 246

Narrative 18, 56f., 110, 136, 138ff., 147ff., 151, 160, 162, 167f., 171, 174ff.
Narrative Ansätze 138ff.
- Krankheit und 139f.
- Leitmotive 144f.
- narrative Kohärenz 144
- Sinnstrukturen 92, 105, 138
- therapeutische Zugänge und 146

Optimismus . 85, 94, 117, 123

Partnerschaft 61, 63ff., 77f., 101ff., 118, 128
Pflegebelastung 38
Praktische Probleme 179, 208
proaktive Haltung 94, 168, 108
Psychosoziale TypologieS. 38, 43,189

Resilienz
- Familien- 86,93, 95–109, 171
- -geschichten 10, 19, 144, 148ff.
- im sozialen und zeitlichen Kontext 96–97
- individuelle 93ff.
- Kumulation von Stressoren und 173, 203
- Lebenszyklusphasen und 97,100,101
- Schlüsselprozesse 86, 93, 98f.
Ressourcen
- erkennen 204
- familiäre 86, 126
- materielle 70, 86, 92, 97f., 102f., 168, 173, 181f., 204, 208
- Mobilisierung von 81, 92, 98, 102ff., 182, 198,
- personale 77, 85, 87, 98, 120, 175
- soziale 86, 120, 168, 287
- -Status 147
Ressourceninterview 204
Rett-Syndrom 31f., 42f., 127, 133, 148ff., 210
Rezepte des Scheiterns 222
Rezeptsammlung 223
Rollenverteilung 18, 37, 53f., 64f., 89, 93, 101, 112, 167, 198

Schuldgefühle 30, 37, 44, 46, 68ff., 90, 106, 191ff., 219, 244
Selbstwirksamkeitsgefühl 42, 45, 47, 58, 95, 105, 108, 116, 122ff., 144f., 187, 208–212, 242
Settingfragen 183
Soziale Orientierung von Eltern behinderter Kinder (SOEBEK) 126, 132, 134, 167
Soziale Unterstützung 62, 68, 77, 86, 94, 102f., 120, 126, 131, 149, 160, 168, 173, 198
Spiritualität 98, 109f.
Stressbewältigung 82, 84

Transzendenz 98, 109f.
Trauer 43f., 46ff., 51, 55, 105f., 153, 182, 188, 190ff., 225, 244
Typenbildung 148–151

Verbundenheit 82, 86, 96, 98, 100, 182, 220, 241, 245f.
Verhaltensänderung 210

Weltsicht 88, 90, 92, 141, 149, 158, 184

Zeitlinien 233f.